35 · 2014

Handlungsfeld Entwicklung.
Schweizer Erwartungen und Erfahrungen
in der Geschichte der Entwicklungsarbeit
Le champ d'action «développement».
Attentes et expériences suisses dans le
travail de développement

Herausgegeben von / édité par:
Sara Elmer
Konrad J. Kuhn
Daniel Speich Chassé

Itinera
Beiheft zur Schweizerischen Zeitschrift für Geschichte
Supplément de la Revue Suisse d'Histoire
Supplemento della Rivista Storica Svizzera

Herausgegeben von der Schweizerischen Gesellschaft für Geschichte
Publié par la Société Suisse d'Histoire

Präsidentin der Publikationskommission / présidente de la commission
des publications: Prof. Dr. Janick Marina Schaufelbuehl, Lausanne

Publiziert mit Unterstützung
der Schweizerischen Akademie der Geistes- und Sozialwissenschaften
der Forschungskommission der Universität Luzern
des Schweizerischen Nationalfonds zur Förderung
   der wissenschaftlichen Forschung

Abb. Umschlag: «Tango in Kerala» (Originaltitel in der Bildersammlung der DEZA),
aufgenommen in Kerala/Indien, ca. 1961. Bildnachweis: DEZA/Historisches Archiv.

© 2014 Schwabe Verlag Basel
Gesamtherstellung: Schwabe AG, Muttenz/Basel
ISBN 978-3-7965-2949-8

www.schwabeverlag.ch

Inhaltsverzeichnis

Sara Elmer, Konrad J. Kuhn und Daniel Speich Chassé
Praktische Wirkung einer mächtigen Idee. Neue historische
Perspektiven auf die Schweizer Entwicklungsarbeit 5

I. Schweizerinnen und Schweizer in der Entwicklungspraxis

Lukas Zürcher
Ausgehandelte Entwicklung: Widersprüche und Konflikte
im Alltag eines Schweizer Ehepaars in Ruanda um 1970........ 19

Sara Elmer
Von Büffeln, bissigen Hunden und Platzhirschen: Schweizer
Entwicklungsversuche im Himalaja, 1958–1970 45

Patricia Hongler
«Die Haltung eines älteren Bruders». Ideal, Selbstverständnis
und Afrikabild der Schweizer Freiwilligen für Entwicklungsarbeit,
1964–1974... 75

Franziska Diener
Präzisionsmechanik im Räderwerk der internationalen Politik.
Das *Indo-Swiss Training Center* in Chandigarh, 1961–1968 99

Lukas Meier
Die Macht des Empfängers. Gesundheit als Verhandlungsgegenstand
zwischen der Schweiz und Tansania, 1970–1980.............. 125

II. Die Schweiz in der internationalen Entwicklungspolitik

Katharina Pohl und Daniel Speich Chassé
Gut im Vergleich. Spannungen im norwegischen und im
schweizerischen Entwicklungsdiskurs 147

Daniel Trachsler
Neutralität, Solidarität und Kalter Krieg: Die Entwicklungshilfe
als aussenpolitisches Instrument in der Ära Petitpierre, 1945–1961   167

Samuel Misteli
    Der UNCTAD-Moment. Die Entstehung des Nord-Süd-Konflikts
    und die Politisierung des Schweizer Entwicklungsdiskurses   185

Nuno Pereira
    Contre l'«aide au pillage» du tiers-monde: le réquisitoire gauchiste
    des années 1970.   213

III. Entwicklungsarbeit als historisches Forschungsfeld

Anita Ulrich und Konrad J. Kuhn
    Soziale Bewegungen und internationale Solidarität –
    Archivbestände und offene Forschungsfragen   231

Gregor Spuhler, Lea Ingber und Sonja Vogelsang
    Auslandhilfe als biografische Erfahrung. Das Zeitzeugenprojekt
    humem, zwei Freiwillige in Tansania 1967–1969 und die Sicherung
    von 75 Zeitzeugnissen durch das *Archiv für Zeitgeschichte*.   253

Peter Fleer
    'Entangling Archives'. Die Bestände des *Schweizerischen
    Bundesarchivs* zwischen Entwicklungsdiskurs und
    historischer Reflexion   281

English Summaries   309

Autorinnen und Autoren   315

Praktische Wirkung einer mächtigen Idee.
Neue historische Perspektiven auf die Schweizer Entwicklungsarbeit

Sara Elmer, Konrad J. Kuhn und Daniel Speich Chassé

Seit dem Ende des Zweiten Weltkriegs engagierten sich Schweizerinnen und Schweizer in der internationalen Entwicklungszusammenarbeit. 1950 stellte die Schweiz dem damals neu gegründeten Entwicklungsprogramm der UNO rund 1 Million Franken zur Verfügung.[1] 1960 betrugen die gesamten Ausgaben des Bundes für bilaterale und multilaterale Zusammenarbeit rund 15 Millionen Schweizer Franken. 2011 stellte der Bund mehr als 2,6 Milliarden Franken für die Förderung der internationalen Entwicklung bereit.[2] Dieses quantitative Wachstum ging mit einem qualitativen Wandel einher. Die Bekämpfung der weltweiten Armut und der damit verbundenen sozialen Diskriminierung etablierte sich dauerhaft als ein staatspolitisches und zivilgesellschaftliches Handlungsfeld.

Entgegen der anfänglichen Erwartung, dass Entwicklungshilfe nach wenigen Jahrzehnten dank ihres Erfolges hinfällig werden würde, ist das Schweizer Engagement heute so gross wie nie zuvor. Zwar war von Beginn weg eine Vielzahl verschiedener Interessensgruppen vertreten, doch haben sich die Akteure und Ansätze über die Jahrzehnte weiter diversifiziert. Dabei musste sich die staatliche Entwicklungshilfe seit den 1960er Jahren verstärkt gegen Kritik von aussen behaupten. Auf internationaler Ebene verschafften sich Stimmen aus armen Ländern Gehör. Und in der Innenpolitik begannen politisch konservative Kreise über eine 'Verschwendung' von Steuergeldern an ausländische Empfänger zu klagen, während die Linke die Entwicklungshilfe zum westlich-kapitalistischen Neokolonialismus erklärte.[3] Auch die Vertreter des Bundes und der grossen Hilfswerke hinterfragten den Sinn ihrer Tätigkeit immer wieder mit dem Ziel, einen tragfähigen und funktionierenden Ansatz zu finden. So entfaltete sich ein umstrittenes Handlungsfeld, dessen Geschichte in diesem Buch skizziert wird.

---

1 Botschaft des Bundesrates an die vereinigte Bundesversammlung über die Mitwirkung der Eidgenossenschaft am technischen Hilfsprogramm der Vereinigten Nationen (vom 14. Februar 1951), S. 425.
2 Vgl. Direktion für Entwicklung und Zusammenarbeit DEZA und Staatssekretariat für Wirtschaft SECO, *Statistik 2011: Internationale Zusammenarbeit der Schweiz*, Bern 2011, S. 4–5.
3 Zu den verschiedenen entwicklungspolitischen Lagern in den 1960er und 1970er Jahren siehe die Beiträge von Konrad J. Kuhn und Daniel Speich Chassé in: Patricia Purtschert et al. (Hg.), *Postkoloniale Schweiz: Formen und Folgen eines Kolonialismus ohne Kolonien*, Bielefeld 2012. Zu jüngeren Debatten der Schweizer Entwicklungspolitik siehe: Peter Niggli, *Der Streit um die Entwicklungshilfe: Mehr tun – aber das Richtige!*, Zürich 2008. Zu allgemeiner Kritik und Beständigkeit der Entwicklungsidee siehe Frederick Cooper, «Writing the History of Development», in: *Journal of Modern European History*, Vol. 8 (2010) Heft 1, S. 5–23.

Dass ein Engagement der Schweiz in der internationalen Entwicklungszusammenarbeit trotz vielseitiger Kritik auch heute nicht wegzudenken ist, liegt einerseits daran, dass die Probleme der weltwirtschaftlichen Ungleichheit, die seit dem Zweiten Weltkrieg bekämpft werden sollten, nach wie vor bestehen. Die Konstanz der Problemanalyse steht dabei in einem seltsamen Kontrast zu der stets postulierten Neuartigkeit der Anstrengungen und der immer wieder neu gewonnenen Überzeugung, nun auf dem richtigen Weg zu sein, um die Armut zu überwinden. Andererseits sind die Beständigkeit und Kraft des Themas aber auch auf die grundsätzliche Einfachheit und die damit verbundene hohe Plausibilität der Entwicklungsidee zurückzuführen, nach der durch den gezielten Einsatz von Geld, Wissen oder politischen Massnahmen Armut zu bekämpfen ist. Seit Jahrzehnten eröffnet diese Idee sehr unterschiedlichen Akteuren ein breites Handlungsfeld, so dass wir von einer mächtigen Idee sprechen können, deren praktische Wirkungen zu erkunden sind. Die Idee ermöglichte Perspektiven für die junge, abenteuerlustige Krankenschwester, die einen Freiwilligeneinsatz in Dahomey absolvierte, ebenso wie für den Ökonomen, der sein Expertenwissen in internationalen Gremien weitergab, oder den Bundesrat, der dem aussenpolitischen Spielraum der Schweiz Sorge tragen wollte. Insofern wurden im Handlungsfeld der internationalen Entwicklung einzelne Schweizerinnen und Schweizer ebenso tätig wie die offizielle Schweiz als kollektiver Akteur.

Die Texte in diesem Band handeln in einer historischen Perspektive von ganz unterschiedlichen Problemen, Personen und Orten. Gemeinsam ist ihnen das Anliegen, die Tragweite der Entwicklungsfrage zu verdeutlichen, ohne sich vorschnell auf einzelne Lösungsvorschläge festlegen zu lassen. Der Handlungsdruck, den das bestehende Elend in der Welt auslösen kann, ist hier nicht leitend. Vielmehr gehen die Beiträge davon aus, dass es hilfreich ist, jenen Handlungsraum auszuloten, der sich um die Entwicklungsfrage seit 1945 eröffnet hat, wo immer und wann immer man das bis heute drängende Problem der globalen Ungleichheit produktiv angehen wollte. Dabei stehen zum einen die Vielfalt der beteiligten Akteure und deren Perspektiven im Vordergrund. Und zum anderen wird exemplarisch der hohe Verflechtungsgrad der neueren Schweizer Geschichte in globalen Zusammenhängen aufgezeigt. Schweizerinnen, Schweizer und die Schweiz wurden nach 1945 in ihrem Selbstverständnis ganz entscheidend durch weltweite Sachverhalte geprägt. Das Abseitsstehen der offiziellen Schweiz gegenüber internationalen Organisationsprozessen spielte dabei keine Rolle.

Im historischen Rückblick veralten Zielsetzungen und werden fraglich. Widersprüche, Aporien und Zwangslagen werden sichtbar, längst vergessene Optionen blitzen auf, und Entscheidungen, die einst einleuchtend waren, scheinen rückblickend unplausibel. Das Versprechen von globalem Wohlstand erweist sich als ein fruchtbares Thema für globalgeschichtliche Forschungen.[4] Dieses Buch stellt Fragen an frühere Handlungskonzepte und Handlungsvorgaben und konturiert wahrgenommene und vergebene Chancen. Es tut dies am Beispiel der Schweiz. Dabei bietet es eine Bestandsaufnahme der Schweizer Erfahrung und zeigt auf, wie Schweizer Identitäten durch die praktischen Erfahrungen konstruiert worden sind. Auch wenn fast durchgängig von der Schweiz die Rede ist, geht es keineswegs um eine Nabelschau. Vielmehr glauben wir, einen verallgemeinerungsfähigen Ansatz zu präsentieren. Die Schweiz genügt sich hier also nicht selbst, sondern dient als exemplarisches Studienobjekt in einem internationalen Zusammenhang. Analoges gilt unter anderem auch für die Frage der Geschlechtsidentitäten. Schweizerinnen und Schweizer, Frauen und Männer haben sich in unterschiedlichen Stellungen in die Entwicklungspraxis eingebracht, ebenso wurde die Rolle des Geschlechts für die Entwicklungsarbeit unterschiedlich interpretiert. Die Absicht des Buches ist, die globale Geschichte der Entwicklungshilfe und der weltweiten Entwicklungspolitik als ein offenes Feld abzubilden, in dem zahlreiche Institutionen und Personen tätig waren, deren Ziele nicht unbedingt übereinstimmten.

Die internationale Entwicklungshilfe ist in jüngster Zeit wegen ihrer Bedeutung und Beständigkeit vermehrt ins Blickfeld der historischen Forschung gerückt.[5] So vielseitig wie die Entwicklungserfahrungen, so vielseitig sind auch die entsprechenden Forschungsansätze. Beispielsweise ist unter dem Einfluss postkolonialer Studien das Interesse an Kontinuität und Diskontinuität zwischen Kolonialismus und Entwicklungshilfe gewachsen.[6] Andere Forschungsarbeiten haben sich im Zuge neuerer Globalgeschichtsschreibung verstärkt mit transnationalen (Experten-) Netzwerken oder den globalen Karrieren von Entwicklungsideologien beschäftigt.[7] Diese Trends sind auch in der Erforschung der Geschichte der Schweiz feststellbar. Mit dem vorliegenden Sammelband soll eine repräsentative Auswahl der unterschiedlichen Ansätze zur Historisierung der Schweizer Entwicklungsarbeit geboten werden. Die Beiträge im dritten Teil stellen überdies brachliegende Quellenbestände in Schweizer Archiven vor. Es wäre erfreulich, wenn die vorgestellten Ansätze auf Grundlage dieses Materials vertieft würden. Insofern geht es dem

---

4 Zum Forschungsprogramm der Globalgeschichte siehe Michael Geyer, Charles Bright, «World History in a Global Age», in: *American Historical Review*, Vol. 100 (1995) Heft 4, S. 1034–1060.
5 Hubertus Büschel, Daniel Speich 2009, «Einleitung – Konjunkturen, Probleme und Perspektiven der Globalgeschichte von Entwicklungszusammenarbeit», in: dies. (Hg.), *Entwicklungswelten. Globalgeschichte der Entwicklungszusammenarbeit*, Frankfurt a.M. 2009, S. 7–29.
6 So verlief die Debatte an der Tagung: *Developing Africa: Development Discourse(s) in Late Colonialism* vom 13. bis 15. Januar 2011 an der Universität Wien.
7 So verlief die Debatte an der Tagung: *Towards a Global History of Development: Interweaving Culture, Politics, Science and the Economy of Aid* vom 16. bis 19. Oktober 2008 an der ETH Zürich. Daraus entstand der Sammelband von Hubertus Büschel und Daniel Speich (Hg.), *Entwicklungswelten. Globalgeschichte der Entwicklungszusammenarbeit*, Frankfurt a.M. 2009.

Buch auch darum, Anregungen zu weiteren Forschungsarbeiten zu geben im Wissen darum, dass die Geschichte der Schweizer Entwicklungsarbeit noch keineswegs abschliessend geschrieben ist.

Den Anfang zu diesem Projekt bildete eine Winter-School zur Entwicklungsproblematik, die Sara Elmer und Daniel Speich Chassé auf Anregung von Harald Fischer-Tiné im Tagungszentrum Stefano Franscini auf dem Monte Verità bei Ascona im Januar 2011 ausrichteten. Anlässlich des im April 2011 in London stattfindenden *European Congress on World and Global History* stiess Konrad J. Kuhn zum Projekt dazu, so dass sich im Rahmen der Jubiläumsfeierlichkeiten an der ETH Zürich zum 50-jährigen Bestehen der Direktion für Entwicklung und Zusammenarbeit (DEZA) die Möglichkeit bot, erste Ergebnisse der verschiedenen geschichtswissenschaftlichen Forschungen in einem Kolloquium weiter zu vertiefen.[8] Im Oktober 2011 kamen Masterstudierende, Doktorierende und fortgeschrittene Forschende verschiedener Schweizer Universitäten in Zürich zusammen, um ihre aktuellen Arbeiten zu diskutieren. Es ging um Fragen nach der Verflechtung von Innen-, Aussen- und Handelspolitik durch Entwicklungszusammenarbeit, Fragen nach dem Einfluss von Schweizer Identitätskonstruktionen auf Projektaktivitäten sowie Fragen zum Solidaritätsdiskurs und zur Rolle von zivilgesellschaftlichen Bewegungen. Auch persönliche Erfahrungen von Schweizerinnen und Schweizern in der Entwicklungsarbeit wurden diskutiert. Einige Beiträge fokussierten dabei auf Debatten und Auseinandersetzungen in der Schweiz, während andere konkrete Beispiele aus der Projektpraxis untersuchten. So unterschiedliche Perspektiven die Kolloquiumsbeiträge auch einnahmen, es war ihnen gemeinsam, dass sie nicht mit dem Zeigefinger auf frühere Fehler hinwiesen, um so belehrende Schlüsse für die heutige Entwicklungspraxis zu ziehen. Vielmehr ging es bei den Beiträgen darum darzustellen, auf welche Weise die globale Idee der Entwicklungshilfe von Schweizer Akteurinnen und Akteuren aufgegriffen wurde und welche Auswirkungen dies auf Politik und Gesellschaft in der Schweiz hatte.

Die vorliegende Publikation, die aus den Diskussionen dieses Forschungskolloquiums entstanden ist, verfolgt denselben Ansatz. Sie sieht sich als Beitrag zur jüngeren Schweizer Gesellschaftsgeschichte und möchte globale Verstrickungen und Verflechtungen der Schweiz über die etablierten Kanäle der Diplomatie und der Handelsbeziehungen hinaus sichtbar machen. Der Sammelband grenzt sich damit klar von jenen Entwicklungsstudien ab, die eine Verbesserung der bestehenden Entwicklungskonzepte zum Ziel haben. Bei den vorliegenden Untersuchungen

---

8 *'Un seul monde'? Forschungskolloquium zur Geschichte der Schweizer Entwicklungszusammenarbeit* vom 28. Oktober 2011 an der ETH Zürich, organisiert von der Professur für Geschichte der modernen Welt der ETH Zürich und dem Historischen Seminar der Universität Basel unter der Leitung von Martin Lengwiler, Daniel Speich Chassé, Konrad J. Kuhn und Sara Elmer.

zu früheren Entwicklungsanstrengungen geht es demnach nicht um das Aufspüren von 'best practices' und das Aufzeigen von 'lessons learnt'. Was die geschichtswissenschaftliche Erforschung der Schweizer Entwicklungshilfe bieten kann, sind Beobachtungen zu Aushandlungsprozessen der verschiedensten Akteure, die sich im Handlungsfeld der Entwicklungshilfe tummelten, sowie die Gegenüberstellung dieser Beobachtungen mit globalen Entwicklungsdebatten des 20. Jahrhunderts.

Der theoretische Ausgangspunkt vieler der hier versammelten Beiträge ist die Post-Development-Kritik.[9] Dies zeigt sich insbesondere an der kritischen Hinterfragung des Entwicklungsdiskurses und am Interesse für Fragen nach der Macht in Entwicklungsbeziehungen. Bei den Beiträgen geht es jedoch keinesfalls um eine verkürzte Darstellung der Entwicklungshilfe als neo-koloniales Projekt, wie es bei einigen Post-Development-Autoren der Fall ist.[10] Vielmehr wird in mehreren Beiträgen sichtbar, wie Macht bei der Umsetzung von Entwicklungsprojekten keineswegs nur auf Seite der 'Geber' lag, was nicht selten zu Erstaunen oder Frustration auf Seite der beteiligten Schweizerinnen und Schweizer führte. Das zu beschreibende Handlungsfeld war offen und mitgeprägt von der Handlungsmacht jener staatlichen und individuellen Akteure, die im leitenden Diskurs der Entwicklungszusammenarbeit bis heute vielleicht noch immer zu oft auf die Rolle von passiven Empfängerinnen und Empfängern reduziert werden.[11]

Als bedeutsam erweist sich dabei die Rolle des Zufalls. Ob einzelne Projekte erfolgreich waren oder scheiterten, lag nur selten in der Hand der entsendeten Schweizerinnen und Schweizer. Und wie einige Beiträge zeigen, unterlagen die Kriterien des Erfolgs und des Scheiterns von Entwicklungsprojekten selbst historischen Umdeutungen. Das Buch macht deutlich, dass die Frage nach der 'guten' Hilfe für die historische Forschung nicht fruchtbar ist. Zu oft wurde gerade das Verfehlen von gesetzten Zielen zur Rechtfertigung von neuen Interventionen benutzt. Auch wenn es bei der Historisierung der Schweizer Entwicklungshilfe nicht darum geht, neue Lösungsansätze zur Armutsbekämpfung zu präsentieren, möchten

---

9 Jonathan Crush (Hg.), *Power of Development*, London/New York 1995; Frederick Cooper, Randall Packard (Hg.), *International Development and the Social Sciences. Essays on the history and politics of knowledge*, Berkeley etc. 1997. Vgl. dazu Aram Ziai, *Entwicklung als Ideologie? Das klassische Entwicklungsparadigma und die Post-Development-Kritik: Ein Beitrag zur Analyse des Entwicklungsdiskurses*, Hamburg 2004.

10 Vgl. dazu beispielsweise Arturo Escobar, *Encountering Development: The Making und Unmaking of the Third World*, Princeton 1995 und Arturo Escobar, «Die Hegemonie der Entwicklung», in: Karin Fischer, Gerald Hödl, Wiebke Sievers (Hg.), *Klassiker der Entwicklungstheorie: Von Modernisierung bis Post-Development*, Wien 2008, S. 263–277. Als Übersicht dazu Aram Ziai, «Post-Development: Ideologiekritik in der Entwicklungstheorie», in: *Politische Vierteljahresschrift*, Vol. 47 (2006) Heft 2, S. 193–218.

11 Zur 'Agency' siehe Andreas Eckert, *Herrschen und Verwalten. Afrikanische Bürokraten, staatliche Ordnung und Politik in Tanzania, 1920–1970*, München 2007. Diese 'Agency' wird in den Beiträgen von Meier, Hongler und Zürcher besonders deutlich sichtbar.

die Herausgeberin und die Herausgeber mit den Erkenntnissen dieses Sammelbandes aber keineswegs im Elfenbeinturm der Geschichtswissenschaft verharren. Stattdessen hoffen wir, den Diskurs über die Entwicklungszusammenarbeit in kritischer Weise anreichern zu können und auf dem Umweg der historischen Verunsicherung neue Handlungsfelder zu erschliessen.

Forschungen zur Entwicklungsarbeit und zur internationalen Solidarität haben gegenwärtig Konjunktur. So erscheinen in den letzten Jahren vermehrt Bücher, die 'Entwicklung' und 'Solidarität' als historisch wirkungsmächtige Diskurse analysieren. Wenn die geschichtswissenschaftlichen Forschungsinteressen und Themenkonjunkturen als Indikatoren für gegenwärtige Prozesse zu verstehen sind, würde dies darauf hindeuten, dass aktuell eine Bedeutungsverschiebung stattfindet. Aus einer kritischen Perspektive werden nun jene Prozesse hin zu einer besseren und gerechteren Welt untersucht, die so stark auf die gegenwärtige Analyse und die zukünftig zu erreichenden Ziele ausgerichtet sind, dass dabei oft eine historische Perspektive nicht nur fehlt, sondern vielleicht für die konkrete Entwicklungspraxis auch gar nicht gewünscht ist. Nichtsdestotrotz hat sich in der Schweiz in den letzten Jahren ein produktives Konglomerat von Forschenden gebildet, die Fragen von Entwicklung geschichtswissenschaftlich erforschen und die teilweise auch zu diesem Band beigetragen haben. Allgemein stehen wir vor einem Forschungsstand, der einerseits durch eine stark helvetozentrische Sicht geprägt ist, andererseits aber zunehmend Forschungsperspektiven aufnimmt, die aus einer globalgeschichtlichen Beschäftigung mit der Thematik entstammen.[12] Neben dieser Ambivalenz sind es vor allem drei Felder, die bisher in den Forschungsfokus gerückt sind: Erstens lag der Schwerpunkt bisher stark auf der offiziellen staatlichen Entwicklungszusammenarbeit und da vor allem auf den 1950er und 1960er Jahren als Phasen von deren Entstehung. Daher sind wir über diese Prozesse wie auch über die aussenpolitischen Zielsetzungen und die institutionenpolitischen Ausformungen gut informiert. Dies soll nicht heissen, dass hier nicht zahlreiche Themen noch brachliegen, aber mit den Arbeiten von Dieter Schrötter, Albert Matzinger, Jacques Forster, Jean-François Giovannini und Marc Perrenoud wurde eine wichtige Basis für weitere Arbeiten gelegt.[13] Wie fruchtbar auf dieser Forschungsbasis ein detail-

---

12 Cooper 2010, *op. cit.* Vgl. auch Cooper/Packard 1997, *op. cit.* und Frederick Cooper, *Africa since 1940: The Past of the Present*, Cambridge 2002, S. 91–132.
13 Dieter Schrötter, *Schweizerische Entwicklungspolitik in der direkten Demokratie*, München 1981; Albert Matzinger, *Die Anfänge der schweizerischen Entwicklungshilfe 1948–1961*, Bern/Stuttgart 1991; Jacques Forster, «La Suisse et les pays en développement», in: Alois Riklin, Hans Haug, Raymond Probst (Hg.), *Neues Handbuch der schweizerischen Aussenpolitik*, Bern/Stuttgart/Wien 1992, S. 389–406; Jean-François Giovannini, «La Suisse et la coopération au développement», in: *ibid.*, S. 693–703; Marc Perrenoud, «Switzerland's relationship with Africa during decolonization and the beginnings of development cooperation», in: *Revue international de politique de développement*, Vol. 1 (2010) S. 77–93.

lierter Blick auf einzelne zentrale Akteure sein kann, hat kürzlich Daniel Trachsler mit seiner Studie zu Bundesrat Petitpierre gezeigt.[14] Jon A. Fanzun hat den Fokus auf Konfliktbereiche staatlichen Handelns gelegt, die aus einer technisch und apolitisch verstandenen Entwicklungshilfe und dem Menschenrechtsdiskurs entstehen, und dabei auf weiterführende Themenfelder der Erforschung staatlicher Handlungsmacht hingewiesen.[15] Dem Bereich der staatlichen Entwicklungszusammenarbeit ein grosses Gewicht geben auch einzelne stärker journalistisch ausgerichtete Monografien, die allesamt Narrative für eine Geschichte von 'Entwicklung' präsentieren, die den gesamten Zeitraum seit den 1950er Jahren umfassen. Wichtig sind hier die lesenswerte Übersicht von Daniele Waldburger, Lukas Zürcher und Urs Scheidegger, die Schrift von Jürg Bürgi und Al Imfeld und das engagiert geschriebene Buch von René Holenstein.[16] Diese drei Werke weisen alle zugleich aber auf das zweite Forschungsfeld hin, das Aufmerksamkeit erhalten hat: auf die zivilgesellschaftlichen Gruppen und Bewegungsakteure, die sich seit dem Aufbruch der späten 1960er Jahre aktiv und oftmals kritisch in das sich formierende Handlungsfeld einbrachten. Vor allem die spezifischen Entwicklungsorganisationen oder die kirchlichen Hilfswerke haben mit den Arbeiten von Richard Gerster, Jörg Ernst, Thomas Möckli oder auch Matthias Schmidhalter einiges an institutionengeschichtlichem Interesse erfahren.[17] Wie sich diese Hilfswerke und Organisationen zunehmend entwicklungspolitisch engagierten, zeigt Sibylla Pigni in ihrer Monografie.[18] In diesem Anliegen verbanden sich zivilgesellschaftliche Akteure mit anderen Gruppen zur heterogenen 'Dritte-Welt-Bewegung', die eine beträchtliche Öffentlichkeit mobilisierte und den entwicklungspolitischen Diskurs stark

---

14 Daniel Trachsler, *Bundesrat Max Petitpierre. Schweizerische Aussenpolitik im Kalten Krieg 1945–1961*, Zürich 2011. Vgl. dazu auch den Beitrag von Daniel Trachsler in diesem Band.
15 Jon A. Fanzun, *Die Grenzen der Solidarität: Schweizerische Menschenrechtspolitik im Kalten Krieg*, Zürich 2005.
16 Daniele Waldburger, Lukas Zürcher, Urs Scheidegger, *Im Dienst der Menschheit. Meilensteine der Schweizer Entwicklungszusammenarbeit seit 1945*, Bern 2012; Jürg Bürgi, Al Imfeld, *Mehr geben, weniger nehmen: Geschichte der Schweizer Entwicklungspolitik und der Novartis Stiftung für Nachhaltige Entwicklung*, Zürich 2004; René Holenstein, *Wer langsam geht, kommt weit. Ein halbes Jahrhundert Schweizer Entwicklungshilfe*, Zürich 2010.
17 Richard Gerster, «Entwicklungszusammenarbeit der privaten Hilfswerke», in: Alois Riklin, Hans Haug, Raymond Probst (Hg.), *Neues Handbuch der schweizerischen Aussenpolitik*, Bern/Stuttgart/Wien 1992, S. 705–715; Jörg Ernst, *Die entwicklungspolitische Öffentlichkeitsarbeit der evangelischen Kirchen in Deutschland und der Schweiz*, Münster 1999; Thomas Möckli, *Eine bewegte Geschichte: 50 Jahre Helvetas 1995–2005*, Zürich 2005; Matthias Schmidhalter, «Der schweizerische Caritasverband zwischen Beständigkeit und Wandel 1964–1991», in: Albert Schnyder (Hg.), *Von der katholischen Milieuorganisation zum sozialen Hilfswerk: 100 Jahre Caritas Schweiz*, Luzern 2002, S. 175–210. Vgl. als Überblick Ruedi Brassel-Moser, «Hilfswerke», in: *Historisches Lexikon der Schweiz (HLS)*, Band 6, Basel 2007, S. 359 und Albert Wirz, «Dritte Welt», in: *Historisches Lexikon der Schweiz (HLS)*, Band 3, Basel 2004, S. 800–801.
18 Sibylla Pigni, *Eine Stimme für die Entwicklungspolitik: Entwicklungspolitisches Lobbying am Beispiel von Swissaid, Fastenopfer, Brot für Brüder und Helvetas*, Frauenfeld/Stuttgart/Wien 2010.

prägte, wie das Buch von René Holenstein und die kulturgeschichtlich ausgerichteten Arbeiten von Monica Kalt und Konrad J. Kuhn zeigen.[19] Wie eng die Verbindungen dieser Bewegung zum Staat waren und sich in der konkreten Entwicklungspraxis, in kritischen Diskursen und in der innenpolitischen Abstützung manifestierten, haben bereits die Beiträge im Band von Peter Hug und Beatrix Mesmer gezeigt.[20] Der dritte Bereich, der zunehmend Aufmerksamkeit erhält, ist der Bereich der Erinnerungsliteratur, die (auto-)biografisch geprägt ist oder über Methoden der Oral History zustande kam. Wichtig sind hier die Erinnerungen der drei Pionierfiguren der *Erklärung von Bern*, Anne-Marie Holenstein, Regula Renschler und Rudolf H. Strahm. Kürzlich hat zudem der ehemalige stellvertretende DEZA-Direktor Rolf Wilhelm seine Memoiren vorgelegt, während das *humem*-Team um Thomas Gull und Dominik Schnetzer Einblick in verschiedene Lebensläufe von Aktivistinnen und Aktivisten gab.[21]

Im Überblick erweist sich der Forschungsstand als sehr disparat und vorläufig, dies gerade auch deshalb, weil gegenwärtig zahlreiche neue Arbeiten im Entstehen sind, die unser Bild weiter konturieren werden. Der vorliegende Band ist Teil einer dynamischen Forschungslandschaft und will im besten Sinne als Zwischenstand im wissenschaftlichen Erkenntnisprozess und als «konzentrierter Einblick in den Stand der Forschung» verstanden werden – eine Zielsetzung, wie sie die Schweizerische Gesellschaft für Geschichte für die Reihe Itinera, die Beihefte zur Schweizerischen Zeitschrift für Geschichte, vorgibt.

Der vorliegende Sammelband ist problemorientiert nach drei unterschiedlichen Forschungsperspektiven gegliedert. Die Beiträge im ersten Teil widmen sich Erfahrungen und Aushandlungsprozessen in der Entwicklungspraxis, während die Beiträge im zweiten Teil die Positionierung von Schweizer Akteurinnen und Akteuren in der internationalen Entwicklungspolitik untersuchen. Im dritten Teil werden ausgehend von verschiedenen Quellenbeständen methodisch-theoretische Überlegungen zur Historisierung der Entwicklungszusammenarbeit angestellt. Mit dieser Gliederung verzichtet der Sammelband bewusst auf eine chronologische

---

19 René Holenstein, *Was kümmert uns die Dritte Welt: Zur Geschichte der internationalen Solidarität in der Schweiz*, Zürich 1998; Monica Kalt, *Tiersmondismus in der Schweiz der 1960er und 1970er Jahre: Von der Barmherzigkeit zur Solidarität*, Bern 2010; Konrad J. Kuhn, *Entwicklungspolitische Solidarität. Die Dritte-Welt-Bewegung in der Schweiz zwischen Kritik und Politik 1975–1992*, Zürich 2011.
20 Peter Hug, Beatrix Mesmer (Hg.), *Von der Entwicklungshilfe zur Entwicklungspolitik*, Bern 1993.
21 Anne-Marie Holenstein, Regula Renschler, Rudolf Strahm, *Entwicklung heisst Befreiung: Erinnerungen an die Pionierzeit der Erklärung von Bern 1968–1985*, Zürich 2008; Rolf Wilhelm, *Gemeinsam unterwegs. Eine Zeitreise durch 60 Jahre Entwicklungszusammenarbeit Schweiz–Nepal*, Bern 2012; Thomas Gull, Dominik Schnetzer, *Die andere Seite der Welt. Was Schweizerinnen und Schweiz im humanitären Einsatz erlebt haben*, Baden 2011. Vgl. hierzu auch den Beitrag von Gregor Spuhler, Lea Ingber und Sonja Vogelsang in diesem Band.

Einordnung der Beiträge und damit auch auf eine Periodisierung der Geschichte der Schweizer Entwicklungshilfe. Periodisierungen wie diejenige nach den Entwicklungsdekaden der Vereinten Nationen können zwar eine hilfreiche Orientierung bieten, doch suggerieren sie zugleich ein vereinfachendes Fortschrittsnarrativ entlang der dominanten Entwicklungsparadigmen, das einerseits ein täuschendes Bild über die Konstanz der Grundproblematiken hinweg entwirft und das andererseits die vielfache Diskrepanz zwischen entwicklungspolitischen Debatten und alltäglichen Praxiserfahrungen zum Verschwinden bringt. Die folgenden Beiträge zeigen hingegen die offene Unbestimmtheit auf, in der sich Schweizerinnen und Schweizer sowie die Schweiz seit 1945 bewegten.

Der erste Teil blickt auf konkrete Entwicklungserfahrungen in Afrika und Asien. Dabei werden komplexe Macht- und Abhängigkeitsverhältnisse im Arbeitsalltag von Schweizer Entwicklungsfachleuten sichtbar, vor denen die dominanten Entwicklungsparadigmen oftmals in den Hintergrund treten. Lukas Zürcher zeigt anhand einer alltagsgeschichtlichen Darstellung der Erfahrungen eines Schweizer Ehepaars in Ruanda auf, wie sich angesichts der vielfältigen Konflikte und Unsicherheiten im 'Feld' scheinbar klare Machtasymmetrien zwischen sogenannten Gebern und Empfängern auflösten und immer wieder neu verhandelt werden mussten. Dabei werden nicht nur Aushandlungsprozesse in der eigentlichen Projektarbeit, sondern auch auf institutioneller und persönlicher Ebene berücksichtigt. So wird beispielsweise die Situation der Ehefrau thematisiert, die ihrem Ruanda-Aufenthalt durch die Mitarbeit in einem lokalen Spital mehr Sinn geben wollte, aber trotz ihrer beruflichen Qualifikation von der ruandischen Spitalverwaltung zurückgewiesen wurde. Persönliche Konflikte, Unsicherheiten und oftmalige Überforderung von Schweizer Entwicklungsfachleuten werden ebenfalls in den Beiträgen von Sara Elmer und Patricia Hongler sichtbar. Am Beispiel eines ländlichen Entwicklungsprojektes in Nepal zeigt Sara Elmer, wie sich Projektmitarbeitende zu Beginn der 1960er Jahre zwar mit grundlegenden kulturellen und sozialen Fragen in der Entwicklungsarbeit beschäftigten, konstruktive Lösungen jedoch durch zwischenmenschliche Auseinandersetzungen verunmöglicht wurden. Ausserdem wird deutlich, wie der Topos des Pioniers, der Verweis auf den Willen der nepalesischen Partner und die Demonstration des schweizerischen Wissensvorsprungs wichtige Strategien waren, um die Handlungen von Schweizer Entwicklungsfachleuten zu legitimieren, was allerdings wiederum häufig auch nicht gelang. Ganz ähnlich wie die Projektmitarbeitenden in Nepal sahen sich auch die von Patricia Hongler untersuchten Entwicklungshelferinnen in ihren Einsatzorten mit für sie nur schwer durchschaubaren gesellschaftlichen Dynamiken konfrontiert. Die lokalen Widerstände, auf welche die im Rahmen des Programms 'Schweizer Freiwillige für Entwicklungsarbeit' tätigen jungen Schweizerinnen immer wieder stiessen, führten bei ihnen häufig zu Unverständnis und Frustration. Auf der Suche nach Erklärungen für die Widerstände reagierten die Schweizer Entwicklungshelferinnen oftmals mit einem 'Othering' ihrer einheimischen Partnerinnen und Partner und der Reproduktion des kolonialen Bildes einer in Traditionen gefangenen Bevölkerung. Ebenfalls auf deutliche Widerstände stiess die Schweizerische Stiftung für technische Entwicklungshilfe in ihrem Berufsbildungsprojekt im indischen Chandigarh. Wie Franziska Diener aufzeigt, wurde die Stiftung trotz ihrer guten Beziehungen zu einflussreichen schweizerischen und indischen Führungspersonen aus Politik- und Wirtschaft von ihrer indischen Partnerorganisation aus dem Projekt verdrängt. Wie stark Schweizer Entwicklungsakteure nicht nur von ihren unmittelbaren Partnerinnen und Partnern abhängig waren, sondern auch von der Politik in den Einsatzländern, wird im Beitrag von Lukas Meier über die Schweizer Entwicklungshilfe in Tansania im Bereich der Gesundheit deutlich. Die vom tansanischen Präsidenten Julius Nyerere propagierte 'Entwicklung von unten' und die damit verbundenen Prinzipien einer flächendeckenden Sozialmedizin übten in den 1970er Jahren entscheidenden Einfluss aus auf die Konzeption einer Gesundheitspolitik im Rahmen der öffentlichen Entwicklungshilfe der Schweiz. Indem er die vielfältigen Interaktionen zwischen privaten und staatlichen Akteuren in der Schweiz und in Tansania bei der Herausarbeitung der DEZA-Gesundheitspolitik aufzeigt, argumentiert Lukas Meier gegen einen simplifizierenden Vorwurf des versteckten Neokolonialismus in der Entwicklungshilfe. Stattdessen beleuchtet er den transnationalen Raum, in dem Entwicklungswissen produziert wird. Deutlich werden dabei die wechselseitig wirksamen Einflüsse zwischen Nord und Süd, wobei die Hierarchien zwischen diesen beiden Entitäten nicht einfach klar zugeteilt waren.

Der zweite Teil dieses Sammelbandes beschäftigt sich mit der Gestaltungsmacht der Politik. Hier steht die Frage im Zentrum, welche Rolle der Politik in der Entwicklungsarbeit zugestanden, zugeschrieben oder auch erkämpft wurde. Dabei spielen neben nationalen auch globale, in die schweizerische Situation übersetzte Diskurse eine Rolle. Katharina Pohl und Daniel Speich Chassé vergleichen die entwicklungspolitischen Diskurse Norwegens und der Schweiz. Obwohl zahlreiche Parallelen zwischen den nationalen Narrativen des norwegischen 'Gutheitsregimes' und der schweizerischen 'humanitären Tradition' feststellbar sind, wurde Entwicklungshilfe in der Schweiz nie zu jenem nationalen Konsensprojekt, wie dies im sozialdemokratischen Norwegen der Fall war. In der Schweiz formierten sich insbesondere um die Debatten des Entwicklungshilfegesetzes von 1976 verschiedene entwicklungspolitische Lager, die sich uneinig waren in der Frage nach 'guter' Entwicklungsarbeit. Nebst der vergleichenden Untersuchung zur Funktion von Entwicklungshilfe für die nationale Identitätsbildung werfen Pohl und Speich zudem auch Fragen auf zur Konstituierung der Kategorie des 'Westens' vor dem Hintergrund der internationalen Entwicklungshilfe und den damit verbundenen Normvorgaben internationaler Organisationen. Daniel Trachsler geht zeitlich einen Schritt zurück und stellt mit seiner Untersuchung über Bundesrat Max Petitpierre einen der einflussreichsten Protagonisten der frühen Schweizer Entwicklungspolitik ins Zentrum. Zwar wurde erst mit der Gründung des *Dienstes für technische Zusammenarbeit* von 1961 eine staatliche Agentur für Entwicklungshilfe ins Leben gerufen, doch wurde die bilaterale und multilaterale Entwicklungshilfe bereits in der Nachkriegszeit zu einem zentralen Pfeiler der Schweizer Aussenpolitik ausgebaut. Mit der Postulierung der aussenpolitischen Maxime der 'Neutralität und Solidarität' prägte Bundesrat Petitpierre die Idee der vermeintlich apolitischen schweizerischen Entwicklungshilfe. Doch wie die Ausführungen von Trachsler zeigen, standen hinter dem Ausbau der staatlichen Entwicklungshilfe nebst normativ-humanitären und aussenwirtschaftlichen Motiven gerade bei Petitpierre auch eindeutig politische – insbesondere antikommunistische – Absichten. Die Mechanismen der Ent- und Repolitisierung von Entwicklungshilfe werden auch von Samuel Misteli thematisiert. Mit Blick auf die erste UN-Konferenz für Handel und Entwicklung von 1964 und der damit verbundenen Selbstkonstituierung der 'Dritten Welt' untersucht Misteli die Rückwirkungen der Forderung nach globaler Chancengleichheit auf die Schweiz. In der Schweiz setzte die kritische Entwicklungsdebatte im Lichte der Dependenztheorie im internationalen Vergleich zeitlich zwar etwas verzögert ein, doch ist dann auf der nationalen Ebene eine Umkehrung des bisher funktionierenden Mechanismus der Entpolitisierung feststellbar. Wie bei den Debatten in internationalen Gremien wurde Entwicklung damit politisch. Auf der nationalen und auf der internationalen Ebene wurde die technokratische Rhetorik der vermeintlich apolitischen Entwicklungsökonomie durch das Aufzeigen der globalen Interdependenzen zur 'Repolitisierung' der Entwicklungsarbeit benutzt, wobei die Berufung auf technische Wissensbestände der Betonung der Objektivität und damit der Legitimation der Forderungen der Dritte-Welt-Bewegung diente. Im Zuge einer breit abgestützten Dritte-Welt-Bewegung radikalisierten sich die Entwicklungsdebatten in Kreisen der radikalen Linken während der 1970er Jahre. Wie Nuno Pereira aufzeigt, betrachteten Organisationen, die links von der kommunistischen *Partei der Arbeit* standen, die staatliche Entwicklungshilfe als Instrument zur Sicherung der imperialen Vorherrschaft des Westens und der Ausbeutung von armen Ländern. Mit Blick auf marxistisch-leninistische, trotzkistische sowie maoistische Gruppierungen in der Romandie beleuchtet Pereira zudem, wie die radikale Linke ihre Solidarität mit anti-imperialen Bewegungen im Süden mit dem von ihnen propagierten Klassenkampf in der Schweiz verknüpften. Der zweite Teil des Bandes bietet somit einen Einblick in das breite Spektrum politischer Akteure, für welche die Entwicklungsthematik ein vielfältiges Handlungsfeld bot, um ihren teilweise sehr unterschiedlichen Interessen Ausdruck zu verleihen.

Der dritte Teil dieses Sammelbandes möchte zu weiteren Studien zur Geschichte der Schweizer Entwicklungsarbeit anregen. In diesem Sinne stellen Anita Ulrich und Konrad J. Kuhn die weitgehend brachliegenden Bestände des *Schweizerischen Sozialarchivs* in Zürich vor. Anhand dieser Darstellung fordern sie auf, mit der bis zum jetzigen Zeitpunkt feststellbaren Dominanz staatlicher Quellen zu brechen, und skizzieren offene Forschungsfelder, die zu neuen Fragestellungen und zur Erweiterung der Forschungsperspektiven auf zivilgesellschaftliche Bewegungen und private Hilfswerke einladen. Gregor Spuhler, Lea Ingber und Sonja Vogelsang informieren über das *Archiv für Zeitgeschichte der ETH Zürich*, welches sich der Sicherung der Bestände aus dem Oral-History-Projekt des Vereins *humem* angenommen hat. Diese Bestände umfassen Videointerviews mit 75 Zeitzeuginnen und Zeitzeugen der humanitären Hilfe und der Entwicklungszusammenarbeit. An zwei Interviews stellen sie exemplarisch methodische und theoretische Überlegungen zur Verwendung von Oral-History-Quellen an und zeigen zugleich, wie die Bestände des *Archivs für Zeitgeschichte* für weitere Forschungsarbeiten mit biografischem Ansatz genutzt werden können. Auch Peter Fleer stellt in seinem Beitrag zum *Bundesarchiv* heraus, welche weiterführenden Forschungsfragen gestellt werden können. Dabei kommt dem Editionsprojekt der *Diplomatischen Dokumente der Schweiz* (Dodis) eine zentrale Rolle zu.

I.

Schweizerinnen und Schweizer in der Entwicklungspraxis

als 'Strategische Gruppe' der 'Weltgesellschaft', die sich langfristig die Kontrolle über transnationale Ressourcenflüsse anzueignen versuchen,[19] sondern vielmehr als eine disparate und durch Partikularinteressen zersplitterten Gruppe von Akteuren, die einerseits in lokale Machtlogiken verstrickt sind und andererseits als 'Hybride Experten' permanent in einer Vermittlerfunktion zwischen unterschiedlichen Akteurgruppen und deren Interessen navigieren müssen.[20] Ausgangspunkt für die Beschreibung der Lebensrealität von Herrn und Frau Schweitzer soll hier die Vorstellung von Entwicklungszusammenarbeit als einer Aushandlungszone sein.[21] Mit dem Konzept der Aushandlungszone werden Entwicklung und Entwicklungszusammenarbeit zu Gegenständen, die konzeptionell offen und verhandelbar sind.[22] Im Folgenden wird nun der Weg von Herrn und Frau Schweitzer in und durch die Aushandlungszone 'Entwicklungszusammenarbeit' nachgezeichnet. Die Untersuchung konzentriert sich dabei auf verschiedene Verhandlungssituationen, seien sie nun familiär, institutionell oder projektabhängig. Zunächst wird der Weg in diese sogenannte Aushandlungszone dargestellt und auf Verhandlungssituationen hin untersucht. Anschliessend folgen Beschreibungen des Alltags von Herrn und Frau Schweitzer in Ruanda.

Die Ausführungen basieren zunächst auf verschiedenen Interviews, die ich mit dem Ehepaar im Rahmen meiner Dissertation durchführte.[23] Die Eheleute wurden dabei einzeln befragt, als Paar und gemeinsam mit anderen Entwicklungsfachleuten, Freiwilligen für Entwicklungsarbeit und Missionarinnen und Missionaren, die in den 1960er und 1970er Jahren in Ruanda tätig waren.[24] Eine wichtige Quelle ist zudem das Interview, das Herr Schweitzer im Juni 2009 im Rahmen des 2006 angelaufenen Projekts *humem. Das Gedächtnis der humanitären Schweiz* gegeben hat, und das Forschenden auf Anfrage online zur Verfügung steht.[25] Darüber hinaus

---

19 Hans-Dieter Evers, *Wissen ist Macht. Experten als Strategische Gruppe*, ZEF Working Paper Series 8, Zentrum für Entwicklungsforschung, Universität Bonn 2005.
20 Thomas Hüsken, *Der Stamm der Experten. Rhetorik und Praxis des Interkulturellen Managements in der deutschen staatlichen Entwicklungszusammenarbeit*, Bielefeld 2006, S. 194; ders., «Outside the Whale: The Contested Life and Work of Development Experts», in: *Journal für Entwicklungspolitik*, Vol. 26 (2010) Heft 3, S. 14–28.
21 Monica M. van Beusekom, *Negotiating Development. African Farmers and Colonial Experts at the Office du Niger, 1920–1960*, Oxford 2002.
22 Richard Rottenburg, «Kultur der Entwicklungszusammenarbeit», in: Steffen Wippel, Inse Cornelssen (Hg.), *Entwicklungspolitische Perspektiven im Kontext wachsender Komplexität. Festschrift für Prof. Dr. Dieter Weiss*, Köln/London 2001, S. 349–377; ders., *Weit hergeholte Fakten. Eine Parabel der Entwicklungshilfe*, Stuttgart 2002.
23 Lukas Zürcher, *Die Schweiz in Ruanda. Mission, Entwicklungshilfe und nationale Selbstbestätigung (1900–1975)*, Zürich 2014.
24 Hierzu habe ich 2010 an der Universität Zürich ein ganztägiges Erinnerungsseminar mit Unterstützung des Lehrstuhls für Geschichte der Neuzeit von Prof. Dr. Gesine Krüger organisiert.
25 Im Rahmen des Projekts *humem. Das Gedächtnis der humanitären Schweiz* wurden rund achtzig Interviews mit Personen durchgeführt, die einen wichtigen Teil ihres Lebens der Entwicklungszu-

basiert dieser Beitrag auf mündlichen Kommentaren und Präzisierungen von Herrn und Frau Schweitzer zu früheren Versionen dieses Texts. Diese mündlichen Quellen, die aus einer subjektiven Ex-post-Perspektive die Vergangenheit beleuchten, wurden mit Interviewaussagen von anderen ehemaligen Schweizer Entwicklungshelferinnen und -helfern in Ruanda ergänzt. Ebenso kann diese Arbeit auf verschiedenen Ego-Dokumenten von Herrn Schweitzer aus den 1960er und 1970er Jahren aufbauen, insbesondere auf seinem Tagebuch, verschiedenen Briefen und persönlichen Notizen – Material, das nach wie vor im Besitz von Herrn Schweitzer ist.[26] Insgesamt umfasst der Quellenkorpus fast nur Quellen, die von Schweizerinnen und Schweizern erstellt wurden, und gibt damit eine im Entwicklungsunterfangen stets vorhandene Hierarchie zwischen 'Gebern' und 'Nehmern' wider. Gleichwohl wird in dieser Arbeit versucht, auch eine ruandische Perspektive auf den Aufenthalt von Herrn und Frau Schweitzer sowie auf die allgemeine schweizerische Präsenz aufzuzeigen. Diese Perspektive basiert zum einen auf Interviews, die ich 2009 in Ruanda mit ehemaligen ruandischen Projektmitarbeitern durchführte. Zum anderen werden die vorhanden schweizerischen Quellen nach afrikanischen Perspektiven durchsucht.

Auf dem Weg in die Aushandlungszone 'Entwicklungszusammenarbeit'

Herr und Frau Schweitzer, beide Mitte der 1930er Jahre geboren, beschäftigten sich bereits in jungen Jahren mit den Themenbereichen Armut und globales Reichtumsgefälle sowie mit Möglichkeiten der Solidaritätsbezeugung gegenüber benachteiligten Menschen in aller Welt. Herr Schweitzer wuchs in privilegierten Verhältnissen auf und mit dem Satz des Vaters: «Wenn wir schon Privilegien haben, dann schulden wir auch etwas dafür.»[27] Auch seiner Mutter war es ein Anliegen, dass man den Armen half. Dass Hilfe nicht nur eine moralische Pflicht war, sondern auch eine Möglichkeit, Missstände zu beseitigen, war für die Familie eine Selbstverständlichkeit, ungeachtet von Weltanschauung und Religion. An einer schweizerischen Universität studierte Herr Schweitzer unmotiviert Volkswirtschaft. Politisiert wurde er während seiner Studienjahre durch den Ungarn-

---

sammenarbeit und humanitären Hilfe gewidmet haben. Siehe dazu http://www.humem.ch (Stand: 30. September 2012).

26 Zur Methode und Quellenkritik der Oral History siehe Gregor Spuhler, «Das Interview als Quelle historischer Erkenntnis. Methodische Bemerkungen zur Oral History», in: Dora Imhof, Sibylle Omlin (Hg.), *Interviews. Oral History in Kunstwissenschaft und Kunst*, München 2010, S. 15–27; Alexander von Plato, «Zeitzeugen und die historische Zunft. Erinnerung, kommunikative Tradierung und kollektives Gedächtnis in der qualitativen Geschichtswissenschaft – ein Problemaufriss», in: *BIOS*, Vol. 13 (2000) Heft 1, S. 6–29.

27 Wo nicht anders vermerkt, ganzes Teilkapitel nach: *humem. Das Gedächtnis der humanitären Schweiz*, http://index.humem.ch/search, Interview vom 22. Juni 2009 (Stand: 30. September 2012).

Ausgehandelte Entwicklung: Widersprüche und Konflikte im Alltag eines Schweizer Ehepaars in Ruanda um 1970

Lukas Zürcher

Als Herr und Frau Schweitzer[1] im Herbst 1968 von Bern nach Kabgayi in Ruanda reisten, reihten sie sich in eine weltweit wachsende Gruppe von sogenannten 'Entwicklungsexpertinnen' und 'Entwicklungsexperten' ein, die es sich seit Beginn der 1940er Jahre zur Aufgabe gemacht hatten, Menschen und Gebiete in anderen Weltregionen zu entwickeln. Diese 'Entwicklungsexperten' – anfänglich waren es mehrheitlich Männer – bildeten dabei schnell eine zentrale Stütze einer neuen internationalen Weltordnung, welche sich ab 1940 konzeptionell an der Vorstellung 'entwickelter' und 'unterentwickelter' Regionen und Länder orientierte.[2] Grundlegend für den Einsatz von 'Entwicklungsexperten' war dabei die Annahme, dass 'Unterentwicklung' auf einem Wissensrückstand beruhe, der mit Hilfe von Fachleuten durch einen Wissens- und Technologietransfer von reichen in arme Länder beseitigt werden könne.[3]

Der triumphale Auftritt der Figur des 'Entwicklungsexperten' in der internationalen Politik des 20. Jahrhunderts ging auf die europäische Kolonialpolitik um 1940 zurück.[4] Zu diesem Zeitpunkt richteten namentlich die französischen und englischen Kolonialpolitiker ihre Herrschaftsstrategien neu aus und wandten sich von einer konsequent auf den Nutzen ihrer europäischen Metropole ausgerichteten Kolonialpolitik ab. An ihre Stelle trat eine koloniale Entwicklungspolitik, die dem Wohlergehen der Menschen in den Kolonien mehr Bedeutung beimass und stärker auf eine Verbesserung der allgemeinen Lebensbedingungen in den Kolonien abzielte.[5] Anlass zu diesem Entwicklungskolonialismus gaben der zunehmend orga-

---

1   Diese Studie wäre ohne die Offenheit von Herrn und Frau Schweitzer nicht möglich gewesen. Ihnen möchte ich für die Einblicke in ihre Lebensgeschichten sowie für die Lektüre des vorliegenden Textes herzlich danken. Herr und Frau Schweitzer tragen in Wirklichkeit einen anderen Familiennamen.
2   Andreas Eckert, «Spätkoloniale Herrschaft, Dekolonisation und internationale Ordnung. Einführende Bemerkungen», in: *Archiv für Sozialgeschichte*, Vol. 48 (2008), S. 3–20.
3   Berthold Unfried, «EntwicklungsexpertInnen: Andere entwickeln. Sich selbst entwickeln?», in: *Journal für Entwicklungspolitik: EntwicklungsexpertInnen*, Vol. 26 (2010) Heft 3, S. 4–13, hier S. 4.
4   Joseph Morgan Hodge, *Triumph of the expert. Agrarian doctrines of development and the legacies of British colonialism,* Athens Ohio 2007. Grundlegend zur Geschichte der Entwicklungszusammenarbeit und der Entwicklungspolitik: Gilbert Rist, *The History of Development. From Western Origins to Global Faith,* New York ³2008; Frederick Cooper, «Writing the History of Development», in: *Journal of Modern European History*, Vol. 8 (2010) Heft 1, S. 5–23; Frederick Cooper, *Africa since 1940. The past of the present,* Cambridge 2002.
5   Zu den Gründungsdokumenten der Entwicklungspolitik gehören der 1940 in Kraft getretene *Colonial Development and Welfare Act* und der 1946 verabschiedete *Fonds d'investissement pour le développe-*

nisierte Widerstand in den Kolonien, die Hoffnung auf mehr Profit für die Metropolen und die Suche nach einer neuen Legitimation für koloniale Fremdherrschaft.[6] Für die wachsende Zahl von Experten, die sich in dieser Zeit von Kolonialbeamten zu 'Entwicklungsexperten' wandelten, ging die politische Neuausrichtung mit einer Vielzahl neuer Zielkonflikte und Dilemmata einher. Mit Blick auf Landwirtschaftsexperten hielt Josef Morgan Hodge etwa fest:

> Local officials and technical experts vacillated between reasserting order and stability, on the one hand, and answering the demand for intensifying production and productivity, on the other; between raising colonial living standards and welfare, and responding to the pressures of metropolitan needs; between maintaining soil fertility and conservation, and exploiting colonial resources.[7]

Seit dieser Frühphase des Expertentums für Entwicklungsarbeit haben sich die unterschiedlichen, teils widersprüchlichen Zielsetzungen der Entwicklungsarbeit verändert und vervielfältigt. Zu den politischen und nationalökonomischen Interessen der reichen Länder zählten mit dem Aufkommen des Kalten Kriegs bald auch geostrategische Interessen, die es von den Entwicklungsfachleuten mit den vielfach konträren Bedürfnissen der armen Bevölkerungsgruppen in Einklang zu bringen galt. Ausserdem wurde 'Entwicklungszusammenarbeit' schon bald zu einer Aporie. So mussten sich die 'Entwicklungsexperten' mit der Dekolonisation Asiens und Afrikas immer mehr als gleichwertige und gleichberechtigte Partnerinnen und Partner in einer Zusammenarbeit auf Augenhöhe verhalten, ohne allerdings von ihrer Rolle als Vorbild und 'Besserwisser'[8] abzuweichen. Denn nur ihr angeblicher Technik- und Wissensvorsprung – ihr sogenanntes Expertenwissen – legitimierte sie dazu, anderen Menschen Wege zu Fortschritt und Entwicklung aufzuzeigen.[9]

Auch Herr und Frau Schweitzer fanden sich 1968 in Ruanda in solchen konfliktträchtigen Grundkonstellationen wieder. Die Frage, wie sich das Ehepaar im Alltag und bei der Umsetzung von Entwicklungsprojekten zurechtfand, ist Ausgangspunkt dieser Ausführungen. Dass dieser zentrale Aspekt der Entwicklungsanstrengungen – die eigentliche Implementierung von Entwicklungsvorhaben in den 'Entwicklungsländern' – bislang so wenig Beachtung gefunden hat, ist be-

---

ment économique *et social des territoires d'outre-mer*. Siehe dazu Andreas Eckert, «'We are All Planners Now.' Planung und Dekolonisation in Afrika», in: *Geschichte und Gesellschaft* 34 (2008), S. 375–397, hier S. 378–382.

6   Für eine Zusammenfassung dazu siehe Martin Rempe, *Entwicklung im Konflikt. Die EWG und der Senegal 1957–1975*, Köln/Weimar/Wien 2012, S. 33–36.
7   Hodge 2007, *op. cit.*, S. 231.
8   Philipp H. Lepenies, «Lernen vom Besserwisser. Wissenstransfer in der 'Entwicklungshilfe' aus historischer Perspektive», in: Hubertus Büschel, Daniel Speich (Hg.), *Entwicklungswelten. Globalgeschichte der Entwicklungszusammenarbeit*, Frankfurt a.M. 2009, S. 33–59.
9   Grundlegend zu dieser Aporie Maria Eriksson Baaz, *The Paternalism of Partnership. A postcolonial Reading of Identity in Development Aid*, London/New York 2005.

merkenswert. Ein Grund hierfür liegt wohl darin, dass Entwicklungsexperten viel zu lange als bloss ausführende Akteure, ja als 'Marionetten' der Entwicklungsagenturen in den reichen Ländern betrachtet und ihnen damit eigenständige Handlungskompetenz und Mitgestaltungsmöglichkeiten der Entwicklungsvorhaben abgesprochen wurden.[10] Ausserdem sind Informationen zum Arbeits- und Lebensalltag in den Archiven bis heute nur bruchstückhaft vorhanden und erfordern eine aufwendige Suche nach persönlichen Quellen wie Tagebüchern, Briefen oder mündlich überlieferten Erinnerungen. Dieses Quellenmaterial ist nur über Kontaktaufnahmen und Beziehungen zu heben, was neben grossem Zeitaufwand auch einen angemessenen Umgang mit Zeitzeuginnen und Zeitzeugen und deren Rechten und Befindlichkeiten voraussetzt.[11]

Erkenntnisse aus der Erforschung der Entwicklungspraxis sind aus unterschiedlichen Gründen relevant. Die Untersuchung der konkreten Entwicklungspraxis gewinnt zum einen vor dem Hintergrund der sogenannten Entwicklungsdekaden an Bedeutung, welche bisher die Geschichte der Entwicklungszusammenarbeit von 1945 bis 2012 zu strukturieren und zu periodisieren halfen.[12] So wird zum Beispiel die Dekade von 1960 bis 1970 als Höhepunkt ökonomischer Modernisierungstheorien beschrieben, in der Entwicklungsakteure auf Industrialisierung, Weltmarktanschluss und Trickle-down-Effekte hofften, während die Jahre zwischen 1970 und 1980 als Dekade der Neuorientierung im Zeichen der Befriedigung der Grundbedürfnisse gelten.[13] Auswirkungen solcher Paradigmenwechsel auf konkrete Projekte vor Ort und auf die Alltagspraxis von 'Entwicklungsexperten' sind bis heute allerdings kaum untersucht. Zum anderen gewinnt die Erforschung der Entwicklungspraxis aufgrund zweier *master narratives* oder Meistererzählungen an Bedeutung, welche die Erarbeitung einer Geschichte der Entwicklungszusammenarbeit bestimmen. So war bis anhin entweder die nationale Perspektive forschungsleitend, in der die Entwicklungspolitik als Instrument der Aussenpolitik verstanden und interpretiert wurde. Oder aber es dominierte eine Meistererzählung, die von einer kaum überwindbaren, meist statisch gedachten Machtasymmetrie zwischen Entwickelten und Unterentwickelten oder zwischen aktiven Gebern und passiven

---

10 Anne-Meike Fechter, Heather Hindman, «Introduction», in: dies. (Hg.), *Inside the Everyday Lives of Delvelopment Workers. The Challenges and Futures of Aidland*, Sterling 2011, S. 1–19, hier S. 3–5.
11 Zu entsprechenden Problemen siehe Almut Leh, «Forschungsethische Probleme in der Zeitzeugenforschung», in: *BIOS*, Vol. 13 (2000) Heft 1, S. 65–76.
12 Daniele Waldburger, Lukas Zürcher, Urs Scheidegger, *'Im Dienst der Menschheit'. Meilensteine der Schweizer Entwicklungszusammenarbeit seit 1945*, Bern 2012.
13 Zur Kritik an der Periodisierung siehe Hubertus Büschel, «Geschichte der Entwicklungspolitik, Version: 1.0», in: *Docupedia-Zeitgeschichte*, 11. Februar 2010, URL: https://docupedia.de/zg/Geschichte_der_Entwicklungspolitik?oldid=75517 (Stand: 30. September 2012).

Empfängern ausging.¹⁴ Beide Meistererzählungen sind bis heute erkenntnisfördernd und tragen zum Verständnis für die Geschichte der Entwicklungszusammenarbeit bei. Auch für die Analyse der Schweizer Entwicklungszusammenarbeit können solche Perspektiven gewinnbringend sein.¹⁵ Sie bergen allerdings die Gefahr, dass der Fokus auf nationale Aussenpolitik und systemimmanente Machtasymmetrien die zentralen Akteure der Entwicklungszusammenarbeit zum Verschwinden bringt: die Menschen, die sich tagtäglich mit der Umsetzung des Entwicklungsvorhabens beschäftigen und sich damit in einem von Widersprüchen und Zielkonflikten durchzogenen Tätigkeitsfeld bewegen. Indem dieser Beitrag den Fokus auf die Menschen legt, hier sogar bloss auf ein einzelnes Ehepaar, folgt er einem akteurzentrierten und mikrohistorischen Forschungsansatz. Damit sollen – wie bei jedem quellennahen Ansatz – überhöhte geschichtswissenschaftliche Generalisierungen und kaum hinterfragte Periodisierungen korrigiert und innere Widersprüche und Fragmentierungen makrohistorischer Entwicklungen sichtbar werden.¹⁶ Ausserdem sollen mit diesem Ansatz die Vielfalt von Handlungsoptionen aller historischen Akteure berücksichtigt und bisher wenig beachtete Gruppen wie etwa die Kinder der 'Entwicklungsexperten' miteinbezogen werden. Insbesondere Kinder und ihre Implikationen für die 'Entwicklungszusammenarbeit' sind bislang kaum als relevante Akteure im Entwicklungskontext berücksichtigt worden. Mit dem hier verfolgten Ansatz versteht sich der Beitrag nicht in erster Linie als Kritik an spezifischen Formen, Ansätzen oder Policies von Entwicklungszusammenarbeit. Vielmehr folgt er zunächst schlicht dem von Anne-Meike Fechter und Heather Hindman erlassenen «call to take seriously aid work as work and as life».¹⁷

Die Studie baut auf den bisherigen, meist ethnologischen oder kulturwissenschaftlichen Arbeiten auf.¹⁸ Sie versteht die 'Entwicklungsexperten' dabei weniger

---

14 Hubertus Büschel, Daniel Speich, «Einleitung – Konjunkturen, Probleme und Perspektiven der Globalgeschichte von Entwicklungszusammenarbeit», in: dies. (Hg), *Entwicklungswelten. Globalgeschichte der Entwicklungszusammenarbeit*, Frankfurt a.M. 2009, S. 7–29, hier S. 18.
15 In der Schweiz dominierte bis anhin die nationale Perspektive auf die Entwicklungszusammenarbeit: Jean-Jacques de Dardel, *La coopération au développement. Certitudes et interrogations*, Genf 1981; Peter Hug, Beatrix Mesmer (Hg.), *Von der Entwicklungshilfe zur Entwicklungspolitik*, Bern 1993; Albert Matzinger, *Die Anfänge der schweizerischen Entwicklungshilfe 1948–1961*, Zürich 1991; Dieter Freiherr von Schrötter, *Schweizerische Entwicklungspolitik in der direkten Demokratie*, München 1981; Daniel Trachsler, *Bundesrat Max Petitpierre. Schweizerische Aussenpolitik im Kalten Krieg 1945–1961*, Zürich 2011; Waldburger, Zürcher, Scheidegger 2012, *op. cit*. Die zweite Meistererzählung ist in der Schweiz nicht in ausgeprägter Form vorhanden. Ansätze dazu finden sich bei Gilbert Rist, *Wie Weisse Schwarze sehen. Wie Schweizer Hilfswerke die Dritte Welt sehen*, Basel 1979.
16 Siehe hierzu besonders den jüngst unternommenen Versuch, Einzelbiografien für Globalgeschichte fruchtbar zu machen. Bernd Hausberger, «Globalgeschichte als Lebensgeschichte», in: ders. (Hg.), *Globale Lebensläufe. Menschen als Akteure im weltgeschichtlichen Geschehen*, Wien 2006, S. 9–27, hier S. 11.
17 Fechter, Hindman 2011, *op. cit*., S. 3.
18 David Mosse (Hg), *Adventures in Aidland. The Anthropology of Professionals in International Development*, New York/Oxford 2011.

Aufstand 1956, der den damals über 20-Jährigen zu einem Hilfseinsatz im Rahmen des IKRK in Ungarn veranlasste, wo er Lebensmittel verteilte und den «Virus dieser späteren weltweiten Hilfe oder Solidarität» auflas. Während und nach der Studienzeit reiste er unter anderem nach Israel, wo er sich zunächst für die Kibbuz-Bewegung interessierte, dann auch im Rahmen der Freiwilligen-Organisation *Service Civil International* (SCI) nach Indien und Sri Lanka. Motiviert durch die Ideale des SCI, aber zunehmend ernüchtert angesichts des fehlenden Erfolgs der SCI-Arbeit, machte er sich auf, drei Jahre lang die Welt zu bereisen. Unentwegt suchte er nach Möglichkeiten, sich angemessen mit den Menschen, die er antraf, solidarisch zu zeigen, bis er mangels Orientierung und Strukturen an einen Punkt geriet, wo ihm klar wurde: «Jetzt ist Schluss. Jetzt, wenn ich jetzt noch weiter reise, dann drehe ich durch.»[28] Seine von individuellen Aushandlungsprozessen begleitete Suche nach Möglichkeiten der Solidaritätsbezeugung und Entwicklungstätigkeit fand damit ein vorübergehendes Ende.

Zurück in der Schweiz promovierte er im Bereich Soziologie über ein Dorf in Sri Lanka. Ihn interessierte, welche Faktoren Innovationen in einem Dorf begünstigen. Er stellte fest, dass Neuerungen meistens von aussen kamen. Die Doktorarbeit verfasste er nicht zuletzt seinem Vater zuliebe. Sie war nicht nur eine Art Entschädigung für enttäuschte Hoffnungen des Vaters, der für seinen Sohn eine bürgerliche Karriere vorgesehen hatte, sondern aufgrund der Ergebnisse auch eine wissenschaftliche Legitimation für sein Entwicklungsengagement. Mit der Dissertation war der innerfamiliäre Aushandlungsprozess über ein tatkräftiges Engagement zugunsten der Benachteiligten auf dieser Welt weitgehend abgeschlossen.

1964 trat Herr Schweitzer eine Stelle beim drei Jahre zuvor gegründeten *Dienst für technische Zusammenarbeit* (DftZ) an (heute: *Direktion für Entwicklung und Zusammenarbeit*, DEZA). Herrn Schweitzers Verhältnis zur staatlichen Entwicklungszusammenarbeit und zum DftZ war von Anfang an durchzogen. Als er vom damaligen Projektverantwortlichen beim DftZ aufgrund seines bisherigen Lebenslaufs und seiner akademischen Qualifikation ein Stellenangebot erhalten hatte, zeigte er sich einerseits «sehr begeistert» und «sehr positiv». Ihm gefiel, in diesem noch wenig strukturierten und reglementierten Betrieb eine «gewisse Narrenfreiheit» zu haben. Seine Tätigkeit war äusserst vielfältig, wie ein «Birchermüesli», erinnert sich Herr Schweitzer heute. Eine zentrale Beschäftigung war für ihn unter anderem der Verkauf von Tibeterteppichen in der Schweiz. Die Teppiche waren das Produkt eines Entwicklungsprojekts, das die Schweiz mit tibetischen Flüchtlingen in Indien und Nepal durchführte. Bei seinen Bemühungen, diese Teppiche in der Schweiz abzusetzen, setzte Herr Schweitzer auf «nette herzige, junge Tibeterli, die

---

28 Ganzer Abschnitt *ibid*.

da herumtanzen und so, und das rührt alle Schweizer Herzen», wie er sich heute etwas salopp ausdrückt. In diesem Kontext lernte er seine spätere Frau kennen:

> Man [hatte] mir gesagt, da gibt es irgend eine junge Rotkreuzschwester, die hat so eine Tanzgruppe. Da dachte ich: Ja, die engagiere [ich], oder? Und engagierte die. Und danach kriegte ich eigentlich noch mehr Freude an dieser jungen Dame als an diesen tanzenden Kindern (lächelt).

Mühe bekundete Herr Schweitzer andererseits mit dem Eigeninteresse der Schweiz bei der Auswahl von Entwicklungsprojekten. Die Spannung zwischen Eigeninteresse und Solidarität war für ihn ein wachsendes Problem. So erklärt er rückblickend:

> Jedes grössere Projekt [...] musste abgesegnet werden [...]. Es musste schliesslich auch etwas für uns dabei rausschauen, [...] sonst hätte es im Parlament einen Sturm gegeben: Wir werfen ja das Geld raus für nichts. Und es musste politisch stimmen [...] und das ist manchmal eine Gratwanderung, oder? Und wir sind dazwischen, und wir mussten das irgendwie dem Bundesrat verkaufen können und der Bundesrat wieder diesen Departementen, dass das stimmt. Und das ist jetzt genau dieser Punkt, der mich eigentlich ein bisschen anfing [...] zu frustrieren. [...] Es kann doch nicht wahr sein, dass man eine Sache, die eigentlich gedacht ist, um den Ärmsten zu helfen, eigentlich danach an Bedingungen geknüpft, was in der schweizerischen Politik stimmen muss, genauso in den eigenen Interessen der Wirtschaft. Ich fand, das sei eigentlich ein bisschen ein Etikettenschwindel, oder?

Nach vier Jahren beim DftZ dachte Herr Schweitzer an eine berufliche Neuorientierung. Zwar hatte er sich mit seinen Arbeitskollegen in der Zentrale gut verstanden, der Wunsch nach weniger Strukturen, Kompromissen und politischen Ausmarchungen nahm aber stetig dazu. Bisweilen kam sich Herr Schweitzer vor «wie ein kastrierter Muni».[29] Vor seinem Abgang wollte er aber gerne nochmals einen Auslandaufenthalt absolvieren. Dieser Wunsch wurde ihm vom damaligen Delegierten des Bundesrats für technische Zusammenarbeit, Sigismond Marcuard, gewährt. Mehr noch: Herr Schweitzer durfte sich sogar ein Einsatzland aussuchen, worauf er antwortete: «Ich war noch nie in Afrika.»[30] Die Herren kamen überein, dass Ruanda ein geeignetes Einsatzland für Herrn Schweitzers Abschlusswunsch darstelle, da sie dort im Rahmen eines Genossenschaftsprojekts Einsatzmöglichkeiten für einen Soziologen vermuteten. «Geht mal schauen, ob ihr euch dort nützlich machen könnt. Ihr könnt euch euer Pflichtenheft gleich selber schreiben», erinnert sich Herr Schweitzer heute an den damaligen Gesprächsverlauf. «Und dann schrieb ich mir ein Pflichtenheft.» Im Einvernehmen mit den DftZ-Verantwort-

---

29 Im Schweizerdeutschen wie auch in anderen alemannischen Dialekten steht 'Muni' für 'Stier'.
30 Wo nicht anders vermerkt, siehe im Folgenden: *humem. Das Gedächtnis der humanitären Schweiz*, http://index.humem.ch/search, Interview vom 22. Juni 2009 (Stand: 30. September 2012).

lichen definierte Herr Schweitzer seinen Einsatz in Ruanda nicht als mehrjährigen Entwicklungseinsatz, sondern als zunächst sechsmonatigen Besuch zur Erstellung einer Expertise. Bemerkenswert bei diesem Aushandlungsprozess ist die grosse Handlungsfreiheit von Herrn Schweitzer. Diese resultierte unter anderem aus dem Umstand, dass die 'unterentwickelte' Welt als homogene Einheit und Herr Schweitzer allgemein als 'Entwicklungsexperte' betrachtet wurde. Den regionalen und kulturellen Unterschieden zwischen den verschiedenen 'unterentwickelten' Ländern und Regionen kam demgegenüber wenig Gewicht zu. Ausserdem wurde der Weiterbildung der 'Entwicklungsexperten' grosse Bedeutung beigemessen.

In der Zwischenzeit hatte aber auch die «junge Rotkreuzschwester» mit der tibetischen Tanzgruppe eine Entscheidung getroffen. Frau Schweitzer hatte eine Stelle als Krankenschwester in Uganda in Aussicht. Dieser Stellenantritt sollte ihr bisheriges humanitäres Engagement krönen. Frau Schweitzer stammt aus einer bürgerlich-katholischen Familie aus der Ostschweiz, die im Handwerk und im Gastgewerbe tätig war, und wuchs in finanziell bescheidenen Verhältnissen auf. Ihr Wunsch nach einer Laufbahn im Kunstbereich erfüllte sich nicht, so dass sie eine Zweitausbildung als Krankenschwester wählte mit dem Ziel, in einem 'Entwicklungsland' arbeiten zu können. Am Rotkreuzspital in Zürich, wo sie die Lehre absolviert hatte, erfuhr sie, dass Leiterinnen für Heime für tibetische Flüchtlinge in der Schweiz gesucht würden. In dieser Funktion lernte sie ihren Mann beim Teppichverkauf kennen.[31]

Herr und Frau Schweitzer standen nun vor der Wahl, nach Ruanda oder nach Uganda zu reisen. «Er hat mich überredet», erklärt Frau Schweitzer heute.[32] Wichtig war bei diesen Verhandlungen das Argument, dass sich dann für Frau Schweitzer in Ruanda wohl schon irgendeine nützliche Tätigkeit finden werde. Den damaligen gesellschaftlichen Normen entsprechend gab Frau Schweitzer ihre eigenen Zukunftspläne zugunsten jener ihres Mannes auf. Weder die wirtschaftlichen und politischen Bedingungen in Ruanda oder Uganda oder allfällige Bedürfnisse der dort lebenden Bevölkerung, noch die individuellen persönlichen und beruflichen Fähigkeiten und Stärken von Herrn und Frau Schweitzer bestimmten letztlich die Auswahl des Einsatzortes. Entscheidend waren vielmehr das Geschlecht und die patriarchalische Gesellschaftsstruktur in der Schweiz.

Kurz vor der Abreise heiratete das junge Paar und folgte damit einem verbreiteten Muster unter Entwicklungshelferinnen und Entwicklungshelfern.[33] Bei Herrn

---

31 Abschnitt nach Gesprächsnotizen, Bern, 27. Juni 2012.
32 Interview mit Frau Schweitzer, Zürich, 17. Februar 2010.
33 In Österreich trug der damalige Österreichische Entwicklungshelferdienst (ÖED) den Übernamen 'Österreichischer Eheanbahnungsdienst'. Gerald Hödl, «'Es tut mir nicht leid, dass ich's gemacht hab'. Eine 'Oral History' der österreichischen Entwicklungshilfe», in: *Journal für Entwicklungspolitik*, Vol. 26 (2010) Heft 3, S. 95–118, hier S. 112.

und Frau Schweitzer waren es nun aber nicht in erster Linie gesellschaftliche Wertvorstellungen oder gar ungeschriebene Richtlinien des DftZ, die zu diesem Schritt Anlass gaben. Vielmehr wollte das Paar, das aus unterschiedlichen sozialen Schichten stammte, den Auslandaufenthalt nutzen, um das Eheleben unbehelligt von gesellschaftlichen Konventionen und familiären Einflüssen einüben zu können. Gleichwohl begann auch für sie mit der Reise nach Ruanda eine doppelte Herausforderung: Zum einen galt es, sich in einer neuen Gesellschaft nützlich zu machen und als 'Entwicklungsexperte' Akzeptanz zu gewinnen. Zum anderen musste man das Leben als Paar ausprobieren und aushandeln. Mit Blick auf diese doppelte Herausforderung erklärt Herr Schweitzer rückblickend: «In unserem Fall war das natürlich noch mehr ein Sprung ins kalte Wasser mit diesem Ruanda.»[34]

In der Aushandlungszone: Der Alltag von Frau Schweitzer

In Ruanda angekommen, lebte und arbeitete das Ehepaar in der Missionsstation Kabgayi. Diese Missionsstation war vergleichsweise gross und umfasste neben dem Sitz des Erzbischofs von Ruanda auch Spitaleinrichtungen, Schulen, eine Druckerei und eine Genossenschaft. Gerne hätte Frau Schweitzer nun im nahe gelegenen Spital als Krankenschwester gearbeitet. Die dort zuständigen Schwestern sahen allerdings keine Einsatzmöglichkeit für Frau Schweitzer, da sie von der ins Spital integrierten Schwesternschule bereits genügend Personal hatten. Im Fachwissen und in der Ausbildung von Frau Schweitzer in der Schweiz sahen sie offenbar auch keinen Mehrwert für ihre Schwesternschule. Lieber vergaben sie offene Stellen an ruandische Krankenschwestern. Nur in den letzten drei Monaten ihres Aufenthalts konnte Frau Schweitzer infolge einer personellen Vakanz doch noch tätig werden.[35]

Diese unbefriedigende Situation wirkte sich auf die Beziehung des Ehepaars aus. Wie auch viele andere Ehepaare erlebten die Jungvermählten im Entwicklungsland ihre ersten Ehejahre als Bereicherung wie auch als Prüfung, als «einen richtiger Partnerschaftstest». Da Frau Schweitzer nicht arbeiten konnte und in Haus und Garten auch noch von ruandischem Personal unterstützt wurde, das aufgrund der Gepflogenheiten angestellt werden musste, war ihr Alltag eintönig und unausgefüllt. «Ich hätte so gerne etwas gemacht», seufzt sie noch heute. Für die wenigen sozialen Aktivitäten, die Kabgayi den Ausländerinnen und Ausländern zu bieten hatte, vermochte sie sich gemeinsam mit ihrem Mann nicht zu begeistern. Namentlich für das Tennisspiel konnten sie sich nicht erwärmen, teils mangels In-

---

34 Vgl. *humem. Das Gedächtnis der humanitären Schweiz*, http://index.humem.ch/search, Interview vom 22. Juni 2009 (Stand: 30. September 2012).
35 Interview mit Frau Schweitzer, Zürich, 17. Februar 2010.

teresse, teils aber auch, weil sie im Tennisspiel einen «kolonialen Sport» sahen.[36] Erschwerend kam hinzu, dass Frau Schweitzer kurz vor ihrer Abreise nach Ruanda schwanger wurde, was ihren Aktionsradius zunehmend einschränkte. Da ihr Mann ausserdem oft tagelang unterwegs war, sass Frau Schweitzer nun vielfach einfach alleine in Kabgayi und wartete auf die Rückkehr ihres Mannes. Einmal, als das Ehepaar gemeinsam von einem Ausflug wieder in Kabgayi eingetroffen war, notierte sich Herr Schweitzer in sein Tagebuch: «Fast tut es mir leid, wie ungern meine Frau wieder nach Kabgayi zurückkehrt.»[37] Die Situation entspannte sich etwas, als Frau Schweitzer begann, ihren Angestellten im eigenen Haus Französisch zu unterrichten. «Das war sehr nett», erklärt sie im Rückblick. Sie habe einfach Freude an dieser Arbeit gehabt und die Angestellten ebenfalls.[38]

Die Erfahrungen von Frau Schweitzer in Ruanda zeigen, dass sich in der Missionsstation Kabgayi im zwischenmenschlichen Kontakt die Definitionen von 'Entwickelten' und 'Unterentwickelten' beziehungsweise die Hierarchien zwischen Gebern und Empfängern aufzulösen begannen. So wird ersichtlich, dass die ruandischen Spitalverantwortlichen nicht jede angebotene Hilfe aus dem Ausland dankend annahmen, sondern dass anderen Überlegungen, etwa der Ausbildung ruandischer Krankenschwestern, höhere Priorität beigemessen wurde. Unklar bleibt dabei, wie weit es sich hier auf ruandischer Seite um einen bewussten Akt der Selbstbehauptung handelte. Bei den Französischstunden wiederum ging es offenbar um eine Situation, bei der das Geben und Nehmen zumindest gegenseitig war und aus der alle Beteiligten einen Nutzen ziehen konnten, sei es in Form von Spracherwerb, Geselligkeit, Sinnstiftung oder Zeitvertreib.

Nach rund acht Monaten bekamen Herr und Frau Schweitzer ihr erstes Kind. Sie folgten damit einem verbreiteten Verhaltensmuster unter Schweizerinnen und Schweizern in Entwicklungsländern. Der Familiennachwuchs gab Frau Schweitzer zum einen eine neue Beschäftigung. Die Geburt des Kindes hatte aber auch noch ganz andere Implikationen. Dass die Frauen von 'Entwicklungsexperten' Kinder bekamen, blieb auf ruandischer Seite weder unbemerkt noch uninterpretiert. Für die Zusammenarbeit und das Zusammenleben war die Existenz von Kindern von kaum zu unterschätzender Bedeutung. Kinder verliehen den jungen Erwachsenen einen neuen Status, sie waren nicht mehr nur 'Entwicklungsexperten' oder 'Entwicklungsexpertinnen' bzw. Ehefrauen von 'Entwicklungsexperten', sondern auch Väter und Mütter. Damit wurde eine neue Ebene des Austauschs geschaffen, eine Ebene, auf der sich Schweizerinnen und Schweizer und Ruanderinnen und Ruan-

---

36 Gesprächsnotiz, Bern, 27. Juni 2012.
37 Tagebuch von Herrn Schweitzer, Teil 2, 1969, S. 21. Privatarchiv, Bern.
38 Interview mit Frau Schweitzer, Zürich, 17. Februar 2010.

der nicht nur als 'Entwickelte' und 'Unterentwickelte' begegneten, sondern neu auch in der Funktion als Väter und Mütter aufeinander zugehen konnten. Ausserdem erhöhten Kinder den Status von Ausländerinnen und Ausländern und ihre Akzeptanz in der Gesellschaft.[39] Dies vor allem dann, wenn die Schweizer Eltern ihre Kleinen in lokale Kindergärten und Schulen schickten und sich damit auch von anderen Europäerinnen und Europäern abzugrenzen vermochten.[40] Darüber hinaus waren die Kinder, sofern sie für einige Jahre im Einsatzland lebten, vielfach als einzige in der Lage, sich in der lokalen Sprache zu verständigen und so neue Kontaktmöglichkeiten zu schaffen.[41]

Das Verhalten der Ausländerinnen und Ausländer aus Europa wurde von den Ruanderinnen und Ruander genau beobachtet. So entstand aus der Feststellung, dass die meisten Ehepaare ein oder zwei Kinder hatten, schnell die Theorie, dass Menschen aus Europa nicht mehr als zwei Kinder zeugen konnten. So stiess etwa ein Schweizer Ehepaar, das mehr als zwei Kinder hatte, mit dieser Kinderschar auf Verwunderung und erntete entsprechende Bemerkungen in ihrem ruandischen Umfeld.[42] Ausserdem kursierte in ruandischen Kreisen zumindest vereinzelt die These, dass Schweizer Ehepaare in erster Linie nach Ruanda reisten, um hier Kinder zu kriegen, weil vielleicht in Ruanda das Klima besser sei als in der Schweiz.[43] Mit der Geburt ihrer Kinder lösten die Schweizerinnen und Schweizer bei den Ruanderinnen und Ruandern also Spekulationen über die schweizerische Zeugungsfähigkeiten sowie über versteckte Ziele und Absichten hinter dem schweizerischen Entwicklungsengagement aus. Zunächst zeigt dies, dass die Ruanderinnen und Ruander den Entwicklungsabsichten der Schweizer nicht trauten und noch andere Motivationen hinter dem schweizerischen Entwicklungsengagement vermuteten. Vor allem aber vermischten sich mit solchen Theorien die Grenzen zwischen 'Entwickelten' und 'Unterentwickelten'. So wurden die Besucherinnen und Besucher aus der Schweiz durchaus als defizitär und – angesichts der geringen Kinderzahl – zumindest mit Blick auf die Zeugungsfähigkeit als 'unterentwickelt' betrachtet. Die Kinder und die mit ihnen verbundenen Theorien brachten damit Dynamik in das starre Schema von 'Entwicklung' und 'Unterentwicklung' und untergruben gängige Entwicklungsrhetoriken der Geber aus dem Norden.

---

39 Zur Funktion von Kindern in Entwicklungseinsätzen ist bislang kaum geforscht worden. Zu Kindern in einem anderen, dem missionarischen Kontext siehe Dagmar Konrad, *Missionsbräute. Pietistinnen des 19. Jahrhunderts in der Basler Mission*, Münster/New York/München/Berlin 2001, S. 315–341.
40 Interview mit J.-D. N., Kigali, 29. Juli 2009.
41 Interview mit W. R., Zürich, 17. Februar 2010.
42 *Ibid.*
43 Interview mit J. H., Kigali, 25. Juli 2009.

In der Aushandlungszone: Der Alltag von Herrn Schweitzer

Herr Schweitzer befand sich in einer anderen Situation als seine Frau. Er hatte eine Stelle bei der Genossenschaft *Travail, Fidélité, Progrès*, kurz: Trafipro.[44] Die Trafipro war damals eines der weltweit grössten und personalintensivsten Projekte des DftZ. Die Trafipro kaufte bei den ruandischen Bauern und Genossenschaftern Kaffee zu angemessenen Preisen und verkaufte diesen auf dem Weltmarkt. Umgekehrt verkaufte die Trafipro den Bauern tägliche Gebrauchsartikel zu erschwinglichen Preisen. Die Geschichte der Trafipro verlief bis 1968 äusserst bewegt.[45] Gegründet wurde die Genossenschaft 1956 von einem belgischen Missionar, der der *Missionsgesellschaft der Missionare von Afrika*, den *Weissen Vätern*, angehörte. Schon bald entwickelte sich die Trafipro zu einem Vehikel, mit dem die in den 1950er Jahren an Macht und Einfluss gewinnende Führungsschicht der Bevölkerungsgruppe der sogenannten Abahutu ihren politischen Kampf gegen die bisherigen Machtinhaber, die mehrheitlich zu den Abatutsi gezählt wurden, finanzieren und organisieren konnten.[46] Die dadurch entstehenden Kosten brachten die Genossenschaft ein Jahr nach der 1962 erfolgten Unabhängigkeit Ruandas in eine finanzielle Notlage. Die Schweiz, die vom ersten ruandischen Präsidenten 1962 um technische Hilfe angefragt worden war, gab dem Begehren statt und machte 1963 die Genossenschaft zum wichtigsten Projekt in Ruanda.[47] Nach einer erfolgreichen Phase des Auf- und Ausbaus geriet die Genossenschaft 1966 wegen Managementfehlern und sich verändernden wirtschaftlichen Rahmenbedingungen in der Region erneut in finanzielle Nöte. Die prekäre Situation führte zu Spannungen zwischen der ruandischen Regierung und ihren Vertretern im Verwaltungsrat der Trafipro und den schweizerischen Entwicklungsverantwortlichen, die die Genossenschaft operativ führten. Im Kern drehten sich diese Konflikte um zwei Fragen: Zum einen wurde darüber gestritten, ob die Genossenschaft ein selbsttragendes Entwicklungsprojekt sein sollte, das wirtschaftlich rentiert, oder ob mit der Trafipro die gesamte ruandische Wirtschaft auf genossenschaftlicher Basis aufgebaut werden sollte. Während die Schweizer Direktion der Trafipro und eine Mehrheit der Schweizer

---

44 Die Ausführungen zu diesem Teilkapitel basieren auf: Zürcher 2014, *op. cit.*
45 Othmar Hafner, *Commercialisation et développement. L'entreprise coopérative Trafipro au Rwanda*, Diss. Bern 1973.
46 Auf Kinyarwanda heissen die Angehörigen der drei grössten ethnischen Gruppen in Ruanda Umuhutu, Umututsi, Umutwa (sg.) bzw. Abahutu, Abatutsi, Abatwa (pl.). Daneben sind auch die Bezeichnungen Bahutu, Batutsi, Batwa verbreitet. In der kolonialzeitlichen Literatur finden sich häufig die Bezeichnungen Wahutu und Watussi. Ausserdem werden die verkürzten Formen Hutu und Tutsi verwendet.
47 Zum gegenseitigen Auswahlprozess siehe Lukas Zürcher, «'So fanden wir auf der Karte diesen kleinen Staat'. Globale Positionierung und lokale Entwicklungsfantasien der Schweiz in Ruanda in den 1960er-Jahren», in: Hubertus Büschel, Daniel Speich (Hg.), *Entwicklungswelten. Globalgeschichte der Entwicklungszusammenarbeit*, Frankfurt a.M. 2009, S. 275–309.

Mitarbeiter ein Konzept verfolgten, das die Trafipro als selbsttragendes und auf Rentabilität ausgerichtetes Entwicklungsprojekt definierte, zielten der ruandische Staatspräsident Grégoire Kayibanda und der ruandische Verwaltungsrat der Trafipro auf eine umfassendere Ausrichtung. Sie sahen in der Trafipro in erster Linie einen für die Entwicklung ganz Ruandas zuständigen Motor. Zum anderen drehten sich die Trafipro-Debatten um die Frage, wie stark das Unternehmen sich auf den Einkauf und Verkauf von Gütern zu beschränken habe und welche Bedeutung der genossenschaftlichen Selbstorganisation beigemessen werden sollte. Hier unterstützten die Schweizer mehrheitlich eine auf Einkauf und Verkauf fokussierte Genossenschaft, während die ruandische Seite die genossenschaftliche Selbstorganisation stärker betonte.

Die Auseinandersetzung zwischen der schweizerischen und der ruandischen Seite um die Ausrichtung der Trafipro eskalierte 1966/67 bei einer Neubesetzung des Postens des Trafipro-Direktors. Die Schweizer Beamten setzten sich dabei über den Willen des ruandischen Staatspräsidenten und den ruandischen Verwaltungsrat der Trafipro hinweg und installierten einen neuen Direktor mit dem Auftrag, die Trafipro zu sanieren und wieder rentabel zu machen. Diese schweizerische Machtdemonstration hatte Wirkung. Zum einen konnte die Rentabilität der Genossenschaft tatsächlich wiederhergestellt werden. So wurden neue Gelder für Sanierungsmassnahmen gesprochen, Filialen geschlossen, das Sortiment reduziert und Massnahmen gegen Diebstahl und Missbrauch ergriffen. Die Zahl der Schweizer Mitarbeitenden stieg dabei von ursprünglich fünf im Jahr 1964 auf 17 im Jahr 1968. Nach der Sanierung ging die Zahl bis 1971 wieder auf zwölf zurück.[48] Zum anderen zogen diese Spannungen eine Verschlechterung der Beziehungen zwischen den Trafipro-Mitarbeitern der beiden Länder nach sich. Die Schweizer Entwicklungsverantwortlichen verhielten sich Mitte der 1960er Jahre ähnlich wie eine Kolonialmacht in den 1940er Jahren: Auf den vielfältigen Widerstand auf afrikanischer Seite reagierte sie mit einem erhöhten Transfer finanzieller und personeller Ressourcen. Insbesondere die 17 Schweizer Mitarbeiter, die 1968 die wichtigsten Funktionen innehatten und die Trafipro beinahe zu einem Schweizer Unternehmen in Ruanda machten, sandten eine unmissverständliche Botschaft an die ruandischen Mitarbeiter. Diese Botschaft formulierte die Schriftstellerin Isolde Schaad im Zusammenhang mit schweizerischen Hilfsbemühungen in Ostafrika so: «Wenn *Wir* nicht da sind, dann wird das, was *Ihr* in *Unseren* Projekten unternehmt, nicht so perfekt, wie *Wir* das wollen. Denn es sind *Unsere* Projekte.»[49]

---

48 Hafner 1973, *op. cit.*, S. 31–33.
49 Isolde Schaad, *Knowhow am Kilimandscharo. Verkehrsformen und Stammesverhalten von Schweizern in Ostafrika. Eine Lektüre*, Zürich 1984, S. 19, Hervorhebungen im Original.

Ausgehandelte Entwicklung 33

Abbildung 1: Begehrte Waren: Mobile Verkaufsstelle der Genossenschaft Trafipro, ca. 1970.
Bildnachweis: A. S. (Privatarchiv).

Im Herbst 1968 gelangte Herr Schweitzer in diese ungemütliche Arbeitssituation: «Da war eigentlich der Wurm zu Beginn schon drin», resümiert Herr Schweitzer rückblickend seine Situation.[50] Dieser «Wurm» steckte nicht nur in den konkurrierenden Konzeptionen und Ausrichtungen des Projekts, sondern auch in der Zusammensetzung der Schweizer Trafipro-Mitarbeitenden. Seine Arbeitskollegen aus der Schweiz beschrieb er in seinem Tagebuch wie folgt:

> A: bietet herzliche Gastfreundschaft, Bs: 'fröhliche Greenhorns'. C: aufgeweckt und intelligent, […] behandelt die 'Schwarzen' freundlich, aber als 'boys'. D ist müde, möchte heim. Schade. Er hat fünf Jahre Afrikaerfahrung und kannte alle T[rafipro]-Direktoren. E: Kein Idealist: Jeder der aufsteigt, stiehlt. Wirkt flink im Geist und bestimmt, ist aber doch recht jung [für seine Aufgabe]. Von F habe ich keinen besonderen Eindruck (etwas versumpft, besonders seit er zwei rwandesische Mädchen totfuhr!). G wird geschätzt als einer, der seine Haltung nicht ständig ändert. H, Junggeselle, deshalb auch regelmässiger Barbesucher, erzählt mir, wie die Schwarzen die Finsternis und die Banditen fürchten. […] I, für mich der Typ des intelligenten, ehrgeizigen Weissen. Er versteht 'sofort' das ganze Trafipro-Problem. Auch J lädt mich ein. […] J wirkt etwas hilflos, z.Z. ohne Frau, ohne 'boy', mühsam im Gespräch […].[51]

---

50 Vgl. http://index.humem.ch/search, Interview vom 22. Juni 2009 (Stand: 30. September 2012).
51 Tagebuch von Herrn Schweitzer, Teil 1, 1968, S. 2f. Privatarchiv, Bern. Die Namen der im Tagebuch erwähnten Personen wurden durch Grossbuchstaben in alphabetischer Reihenfolge ersetzt.

Der gemeinsame Arbeitsalltag dieser Schweizer gestaltete sich schwierig. Nicht nur waren die individuellen Erfahrungen und Motivationen am Arbeitsplatz sehr unterschiedlich. Auch die Ausweichmöglichkeiten innerhalb dieser Gruppe waren begrenzt. Meist teilten sich diese Leute nicht nur den Arbeitsalltag, vielfach verbrachten sie auch die Freizeit an denselben Örtlichkeiten. Hinzu kam, dass die Schweizerinnen und Schweizer mit ihren persönlichen Erfahrungen und Schicksalsschlägen, mit ihrem Einfluss und ihrem Reichtum, worüber sie in Ruanda plötzlich verfügten, sowie mit ihrer stets ausserordentlichen Lebenssituation vielfach überfordert waren. Vom DftZ erhielten sie wenig Unterstützung bei der Bewältigung des Arbeits- und Lebensalltags. Ein damaliger Schweizer 'Experte', der in einem anderen Schweizer Entwicklungsprojekt in Ruanda arbeitete, erklärte zu dieser Überforderung rückblickend:

> Die institutionelle Pflege der Psyche der Entwicklungshelfer, die hat eigentlich versagt, wenn man das sagen kann, weil man die ganze Tiefe der Konfrontation der sich überlagernden Kulturen zu wenig verstanden hat, zu wenig ernst genommen hat. Und weil man sich natürlich immer als Besserwisser überlagern wollte: 'macht endlich, Afrikaner!' Und dass da ganz andere Kräfte, andere Erwartungen aufeinander treffen, das hat man schon wahrgenommen, aber man musste ja produzieren, man musste ja was leisten. Man konnte sich dort nicht einfach afrikanisch verhalten.[52]

Auch Herr Schweitzer musste etwas leisten. Seinen Leistungsauftrag hatte er sogar selber in seinem Pflichtenheft festgeschrieben. Innerhalb dieser Genossenschaft war er für die Förderung der genossenschaftlichen Mobilisierung und Selbstorganisation unter den ruandischen Bauern zuständig. Engagiert und pflichtbewusst stürzte sich Herr Schweitzer in die Arbeit: «Opfere die Sonntage – auch etwas die Familie», notierte er sich zu Beginn seines Aufenthalts in sein Tagebuch.[53] Es war für Herrn Schweitzer eine Herausforderung, sich in die Gruppe der Schweizer Mitarbeiter zu integrieren. Seine eigene damalige Position in dieser Gruppe von 'Entwicklungsexperten' skizziert er aus heutiger Perspektive wie folgt:

> Und da bin ich, «jetzt kommt da ein kleiner Soziologe, ziemlich unbedarft» (Hochdeutsch) und [...] ist auch nicht, äh, Afrikaspezialist. Ich kannte da die Afrikakultur ja überhaupt nicht. Und sollte jetzt da für Bern [...] eigentlich eine Expertise machen. Also, wie kann man jetzt diesem Unternehmen, das etwas in der Luft hängt, weil es nicht verankert ist, weder in der Politik, noch in der Bevölkerung, wie könnte man jetzt das, dem eigentlich mehr Boden geben?[54]

---

52 Interview mit A. S., Zürich, 17. Februar 2010.
53 Tagebuch von Herrn Schweitzer, Teil 1, 1968, S. 3. Privatarchiv, Bern.
54 Vgl. http://index.humem.ch/search, Interview vom 22. Juni 2009 (Stand: 30. September 2012).

Abbildung 2: Genossenschaftlicher Wagenpark: Ausrangierte Schweizer Armeelastwagen im Einsatz für die Trafipro, ca. 1965. Bildnachweis: Jakob Peter Uetz (SozArch_F_5102).

Auf der Suche nach einer Antwort auf die Frage, wie das Projekt bei der ruandischen Bevölkerung besser verankert werden könnte, war Herr Schweitzer weitgehend auf sich alleine gestellt. Er merkte dabei schnell, was eines seiner grundlegenden Probleme war: «Ich bin auch nicht ein Genossenschaftsspezialist.»[55] Herr Schweitzer, der weder Afrika- noch Genossenschaftsexperte war, nun aber gegenüber der ruandischen Bevölkerung genossenschaftliche Ideale fördern und das Genossenschaftswesen festigen sollte, konnte nur auf wenig Hilfe zählen. Als 'Entwicklungsexperte' und der lokalen Sprache Kinyarwanda nicht kundig, gelang es ihm nur bedingt, auf der ruandischen Seite um Rat zu fragen. Wie viele andere 'Entwicklungsexperten' vertiefte auch er nicht den beruflichen Austausch mit den Missionaren vor Ort. Zwar suchte er durchaus den Kontakt, freundete sich mit ihnen an und machte ein Mitglied der Missionsgesellschaft der Weissen Väter gar zum Paten seines Kindes. Dennoch führt er heute selbstkritisch aus:

> Ich kam ja nicht einmal auf die Idee, dass man eigentlich zu den alten Missionaren in die Schule hätte gehen müssen. Die alten Missionare, die ein Leben lang dort lebten, die die Sprache sprachen, die schon lange nicht mehr einfach Missionare waren, die irgend-

55 *Ibid.*

wie taufen und predigen, sondern die handfeste Entwicklungshilfe in allen Dörfern machten. Mit denen redete nicht einmal ich (zeigt auf sich) viel, obwohl die mir eigentlich sehr viel hätten beibringen können [...].[56]

In dieser Situation, in der sich innerhalb der Schweizer Expertengruppe vielfach Unwissen, Halbwissen und Besserwissen zu einem 'Expertenwissen' vermengten, kämpfte sich Herr Schweitzer durch den Alltag. So überfordert er war, so beschränkt war sein Tätigkeitsfeld.

Was ich konkret machte: ich war eigentlich der Driver meines Teams [...], das im ganzen Land mit dem Auto Genossenschaftsversammlungen organisierte. [...] Ich lernte die Sprache nie [...] Aber damit (somit) organisierten sie es auch selber [...].[57]

Diese Form von 'Expertenwissen' hatte neben einer beschränkten Einsatzmöglichkeit noch andere Folgen. Einerseits führte es zu ganz unterschiedlichen Problembenennungen bei der Entwicklungszusammenarbeit. So ortete ein Schweizer Kollege gemäss Tagebuchnotizen von Herrn Schweitzer das Problem bei den 'Experten' selber: «Unser Handicap: Wir sind 'Grossverdiener'.» Ein anderer, der sich gerne in Bars aufhielt, unterstrich diesen Punkt mit den Worten: «Die Rwandesen verstehen nicht, wie die Schweizer so unendlich reich sein können.» Schliesslich glaubte ein dritter Kollege aus der Schweiz, «die 'Mauer' zwischen Rwandesen und Ausländern sei undurchdringbar. Fremde Einmischung sei unerwünscht. Auch nach Jahren habe er noch keinen Einblick in die Politik.»[58] Andererseits kam es zu allerlei pauschalisierenden Interpretationen des Ruanders an und für sich sowie von dessen Handlungsspielräumen. Ein Kollege Herrn Schweitzers analysierte dazu selbstsicher: «Die Rwandesen befriedigten 'technisch', doch fehle den Führungskadern der Mut zu selbständigen Entscheidungen. [...] Kein Filialleiter kann selbständig handeln. Wenn er Diebstähle zu verhindern versuche, würde er zusammengeschlagen.»[59] Ob Reichtumsgefälle, eine nicht näher definierte «Mauer» oder sozialer Druck und Kontrolle – jeder Schweizer zimmerte sich in Ruanda seine ganz eigene Theorie zur Erklärung der mangelhaften Zusammenarbeit zwischen Schweizern und Ruandern zusammen.

Vor diesem Hintergrund, der sich aus Heterogenität in der Gruppe, Wissenslücken, Überforderung und einem Jahrmarkt von Problembenennungen und Interpretationen zusammensetzte, herrschte innerhalb der Gruppe der Schweizerinnen und Schweizer nicht nur freundschaftlicher Austausch und gegenseitige Unterstützung. Vielmehr zeichnete sich das rein schweizerische Zusammenleben auch durch

---

56 *Ibid.*
57 *Ibid.*
58 Ganzer Abschnitt nach: Tagebuch von Herrn Schweitzer, Teil 1, 1968, S. 2, Privatarchiv, Bern.
59 *Ibid*, S. 1.

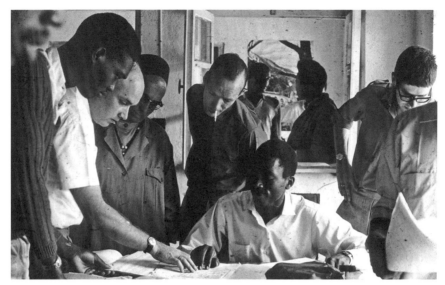

Abbilung 3: Gemeinsam bei der Arbeit: Schweizer und Ruander in einem Büro der Trafipro, ca. 1965. Bildnachweis: Jakob Peter Uetz (SozArch_F_5102).

Misstrauen, Konkurrenz und eine Fülle von Konflikten aus. Neben Diskussionen über die richtige Strategie für die Genossenschaft gaben auch andere Themen zu Zwietracht Anlass. Dies ist grundsätzlich wenig überraschend: Wo gearbeitet wird, gibt es Konflikte. Mit Blick auf Entwicklungszusammenarbeit sind aber einige Konflikthintergründe bemerkenswert. So konnte der Kontakt zu ruandischen Mitarbeitenden und zur ruandischen Bevölkerung eine Konfliktquelle darstellen. Der Kontakt zu Ruanderinnen und Ruandern war Aufgabe und Pflicht für jeden 'Entwicklungsexperten'. Dabei konnte dieser Kontakt durchaus auch Formen eines Statussymbols annehmen und damit der Selbstbestätigung und Abgrenzung gegenüber anderen 'Entwicklungsexperten' dienen. Entsprechend wurde er nicht nur gerne unterstrichen, sondern war immer auch von Skepsis und Missgunst begleitet. Wer viel Kontakt zu ruandischen Mitarbeitern hatte, unterstützte wohl eher auch deren breites Trafipro-Konzept, munkelte man gerne unter Schweizern. Herr Schweizer erklärt rückblickend:

> Ich hatte einen sehr guten Kontakt mit diesen Ruandern. Währenddem die Schweizer Experten sehr oft eigentlich allein arbeiteten und sahen das gar nicht so wahnsinnig gerne, dass ich so einfach stets nur mit Ruandern verkehrte.[60]

---

60 Vgl. http://index.humem.ch/search, Interview vom 22. Juni 2009 (Stand: 30. September 2012).

Die vorhandenen Konflikte wurden vielfältig ausgetragen. Rückblickend vermutet Herr Schweitzer, dass er während seines Einsatzes in Ruanda von der schweizerischen Leitung der Trafipro bewusst an den Rand gedrängt wurde, da er einem auf Rentabilität fokussierten Kurs im Wege stand. Etwas salopp führt er diese Annahme mit den Worten aus:

> [Ich] merkte natürlich bald, dass ich auch als Störenfried betrachtet werde von der Schweizer Seite, zum guten Teil (von den meisten), vor allem vom Direktor. Der merkte: Jetzt hat da Bern so einen Schnüffler geschickt, oder, so einen Soziologen, die kann man ja sowieso eigentlich nicht so brauchen. Das sind so (lächelt und fuchtelt mit der Hand vor dem Kopf), das sind so schöngeistige Leute, […] und wandte natürlich einen ganz schlauen Trick an. Er sagte: Sehr gut, dass ihr da seid, äh, und ich finde die Genossenschaftsidee ausgezeichnet. Wir haben dort eine Genossenschaft, ganz hinten im Gaggo [Niemandsland] irgendwo. Das könntet ihr jetzt schauen, wie man da eine autonome Genossenschaft macht. Wir stellen euch diese gerne zur Verfügung. Und dort ist noch eine.[61]

Umgekehrt versuchte auch Herr Schweitzer seine Ziele mit unterschiedlichen Mitteln zu erreichen. Konflikte mit anderen Schweizern, insbesondere mit einem der verschiedenen Trafipro-Direktoren, die während seines Aufenthalts der Genossenschaft vorstanden, beschrieb Herr Schweitzer in seinem Tagebuch selbstkritisch:

> Eine Flurbereinigung täte not. Bin ich so etwas wie ein Berufsrevolutionär? So komme ich mir vor, wenn ich nun bei [meinem Chef] sowie bei den meisten Expertenkollegen […] keine Chance sondiere, wie die Lösung des 'gordischen Knotens' der Förderung der genossenschaftlichen Basis durchgehauen werden könnte. Das Problem: Alle lehnen [den Schweizer Chef] […], der unsere Anliegen Bern gegenüber vertreten müsste, als unfähig ab. Nun versuche ich, [ihn] möglichst schonend […] zu überzeugen […] zurückzutreten. Ob das gelingen kann?[62]

Doch nicht nur die schweizerischen Trafipro-Mitarbeiter waren eine heterogene und in sich zerstrittene Gruppe. Auch die ruandischen Mitarbeiter waren in ihrer Zusammensetzung alles andere als homogen und einträchtig, wie aus Herrn Schweitzers Tagebuch zu entnehmen ist:

> [Der] secrétaire générale, einer der wenigen schwarzen Spitzenkader: wendig, intelligent, guter Redner. [Ein Schweizer Kollege] meint, er sei faul, [ein anderer Schweizer Kollege]: nicht alle 'Schwarzen' schätzten ihn. […] Die 'Schwarzen' behandelt er eher von oben herab, gibt sich jedoch Mühe, die Dinge zu erklären. […] Die beiden andern Mitarbeiter […] sind stille, fleissige, vielleicht etwas unbeholfene Burschen.[63]

---

61 *Ibid.*
62 Tagebuch von Herrn Schweitzer, Teil 4, 1969/70, S. 52. Privatarchiv, Bern.
63 Tagebuch von Herrn Schweitzer, Teil 1, 1968, S. 3. Privatarchiv, Bern.

An anderer Stelle ist zu den Spannungen unter den Ruandern festgehalten: «Die Rwander trauen sich gegenseitig nicht. So fürchten sie sich auch, hart vorzugehen, denn hier wird sehr schnell Gift gemischt.»[64]

Unabhängig davon, ob tatsächlich schnell «Gift» gemischt wurde oder nicht, war die Angst vor Sanktionen in Form von Stellenverlust, Karriereknick oder Imageschaden wohl auf beiden Seiten stets vorhanden und beeinflusste die Konsensfindung bei der Implementierung von Entwicklungsansätzen. Als «Gift» darf wohl auch die Ethnisierung der Unternehmenspolitik innerhalb der Trafipro bezeichnet werden, die insbesondere von ruandischer Seite betrieben wurde, gegen die aber auch einzelne Schweizer nicht immun waren. Im Zuge dieser Ethnisierung wurden diejenigen Mitarbeitenden, die der Bevölkerungsgruppe der Abatutsi zugeordnet wurden, von jenen, die sich zu den Abahutu zählten, diskriminiert und von hochrangigen Positionen ferngehalten.[65] Hinzu kamen auf ruandischer Seite regionale Konflikte zwischen jenen, die aus dem Norden des Landes kamen, und jenen, die aus Zentralruanda und dem Süden stammten. Entwicklungshilfe wurde dadurch in der Trafipro noch verschärft zu einer Aushandlungszone, in der Menschen unterschiedlichster Herkunft und kultureller Prägung mit verschiedenen Motiven, Weltanschauungen und Pflichtenheften um Einfluss, Macht und die ihrer Meinung nach richtige 'Entwicklung' rangen, wobei verschiedene Problemdefinitionen, Methoden und Ziele miteinander in Konflikt standen.

In der Trafipro wurden die drängenden Fragen rund um Auftrag, Ziel und Methode selten formell verhandelt. Der eigentliche Verhandlungsprozess fand im Alltag statt und wurde seit Mitte der 1960er Jahre vor allem mittels Personalpolitik, Intrigen, gegenseitiger Bespitzelung oder mangelndem Arbeitseinsatz ausgetragen. Entsprechend beeinträchtigt erwies sich Ende der 1960er Jahre – nur wenige Jahre nach Beginn der Zusammenarbeit – das Arbeitsklima zwischen Schweizern und Ruandern. Zu einem ruandischen Kadermitarbeiter notierte sich Herr Schweitzer in sein Tagebuch:

> Den 'Weissen' gegenüber empfindet er eine Art 'ressentiment'; Die Weissen lüden keine Schwarzen ein, behandelten sie nicht wie Gleichberechtigte, sprechen Schweizerdeutsch in Anwesenheit der Rwander! […] Langsam ahne ich, dass ich da ein Wespennest geerbt habe.»[66]

Und schon fast hörbar seufzend hielt er für sich einige Zeit später fest:

---

64 *Ibid.*, S. 10.
65 1973 kam es gar zu Massenentlassungen von Abatutsi. Ausführlich dazu: Zürcher 2014, *op. cit.*
66 Tagebuch von Herrn Schweitzer, Teil 1, 1968, S. 6. Privatarchiv, Bern.

> [Ein ruandischer Mitarbeiter] macht einmal mehr seinen Ressentiments Luft: 'Les suisses nous employt pour balayer la cour. Ils croyent qu'on cherche du travail. Vous changerez aussi dans deux mois!' [...] Ich bitte ihn, solidarisch zur Trafipro und zum Team zu bleiben. Nun ist [er] plötzlich sehr am Sociétariat [dem für genossenschaftliche Selbstorganisation zuständigen Bereich der Trafipro] interessiert, nachdem er meinen Doktortitel entdeckt hatte und dass ich die englische Sprache beherrsche. Ich schlage ihm vor, abzuwarten, um ein Veto von [einem Schweizer Vorgesetzten] zu vermeiden. [Ein anderer Ruander] möchte auch ins Sociétariat. [...] Doch aufgepasst: [der Schweizer Vorgesetzte] könnte jalous werden, wenn der zu mir kommt ... Auch [ein weiterer Ruander] möchte im Sociétariat arbeiten, aber nur, wenn [der erste Ruander] nicht dabei ist. Etc. etc.[67]

In seiner Einschätzung, sich in einem «Wespennest» zu befinden, sah sich Herr Schweitzer schliesslich noch viele Male bestätigt. Immer wieder finden sich entsprechende Hinweise in seinem Tagebuch. Nach einem Gespräch mit Ruandern notierte er sich zum Beispiel deren Worte in direkter Rede:

> Wir Ruander fühlen uns bloss als 'subordonnés'. Wir werden nicht informiert. Die 'joint-meetings' wurden im ganzen nur drei Mal durchgeführt und dann wieder suspendiert. Den Direktor sieht man fast nie. Wir haben keine Sicherheit als Personal. Auf die deutschsprachige Konversation unter Schweizern sind wir allergisch [...].[68]

Die verfahrene Situation, die Herr Schweitzer mitunter als «gordischen Knoten» bezeichnete, konnte nicht gelöst werden. Vielmehr eskalierte die Situation laufend und führte zu enttäuschten Hoffnungen und zu Frustration. Einige resignierten auch. Der damalige Schweizer Trafipro-Direktor beklagte den Undank der Ruanderinnen und Ruander und zog sich offenbar auf eine desillusionierte und entsprechend radikale Position zurück:

> Die Schweiz soll [...] dort helfen, wo Katastrophenhilfe notwendig ist. 'Du bist deinem Mitmenschen erst dankbar, wenn du am Boden bist.' Längerfristig könnten sich die Völker nur selbst helfen [...].[69]

Umgekehrt machte auch der ruandische Präsident seinem Unmut Luft. Als Herr Schweitzer mit seinem designierten Nachfolger etwas unverfroren beim Präsidenten an die Tür klopfte, ergab sich in dessen Privathaus ein rund zweistündiges Gespräch, das angesichts der einbrechenden Nacht bei Kerzenlicht geführt und von viel Bierkonsum begleitet wurde. Herr Schweitzer resümierte im Anschluss das Gespräch in einer vertraulichen Gesprächsnotiz zu Handen der Ruanda-Verantwortlichen im DftZ:

---

67 *Ibid.*, o.S.
68 *Ibid.*, S. 12.
69 *Ibid.*, S. 4.

Ausgehandelte Entwicklung 41

> Der Praesident vertritt eine Konzeption, welche unserm privatwirtschaftlichen Rentabilitätsdenken diametral entgegenläuft. Ihn interessieren unsere Kostenüberlegungen gar nicht. Ihn interessiert nur, dass TRAFIPRO als 'instrument du développement national' einfach überall dort einspringt und hilft, wo lokale Bedürfnisse bestehen oder Initiativen in irgend einem Sektor aufkommen. Er spricht von TRAFIPRO wie von einem Staatsbetrieb, der das Land entwickeln will, dafür natürlich finanzielle Mittel benötigt und diese dann eben von irgendwoher auftreibt. Und wenn die Rechnung nicht aufgeht, dann sucht man eben Hilfe von aussen. Wenn die Schweizer solche Subventionen nicht mehr zahlen wollen, frägt man eben die 'Israeli.' [...] K.[ayibanda] macht keinen Hehl, dass er sich vom 'Schweizerkurs' der TRAFIPRO zunehmend distanziert. Folgende Äusserungen sind dafür bezeichnend: Wenn eben die Schweizer nicht mehr zahlen wollen, gehen wir zu jemand anders. [...] Die eigenwillige Personalpolitik der TRAFIPRO wird missbilligt. [...] K. betonte, wie er zwei so 'Herausgeschmissene' selbst engagierte und mit ihnen voll zufrieden ist. [...] K. spricht von TRAFIPRO-Problemen immer von 'vos problèmes', 'vous les Suisses', 'vous devez' etc, nie von 'nos problèmes', 'nous devons' etc [...].[70]

Dieses Gespräch jenseits diplomatischer Gepflogenheiten macht deutlich, wie wenig sich der ruandische Präsident mit den Projekten der Schweiz identifizierte und wie deutlich er das Vorgehen der Schweiz ablehnte. Die schweizerische Hilfe entsprach keineswegs seinen Vorstellungen. Entsprechend wurden die Schweizer bei der Trafipro auf oberster politischer Ebene denn auch eher geduldet als geschätzt. Ausserdem unterstreicht das Gespräch die von Isolde Schaad so pointiert hervorgehobene Dichotomie zwischen Uns und Euch.[71] Spätestens 1969, sechs Jahre nach Beginn der technischen Zusammenarbeit, führte der DftZ die Trafipro nicht mehr gemeinsam mit, sondern immer mehr trotz der Mitsprache der ruandischen Mitarbeiter und Politiker weiter.

Als Herr Schweitzer um 1970 vor der Wahl stand, eine ihm angebotene Vertragsverlängerung anzunehmen oder aber seinen Einsatz in Ruanda zu beenden, beschloss er gemeinsam mit seiner Frau, seine Tätigkeit in Ruanda abzubrechen. Grund hierfür war nicht nur die Arbeits- und Lebenssituation in Ruanda. Das Paar hatte die Möglichkeit, erneut nach Asien zu ziehen und dort in Sri Lanka in einem anderen Projekt tätig zu werden. Die Konflikte, die Herr Schweitzer in seinem Alltag erlebt hatte und an die er sich noch heute lebhaft erinnert, flauten nach seinem Wegzug nicht ab. So sind seine individuellen Erlebnisse und Tagebucheinträge auch keine Einzelerscheinungen. Im Gegenteil: Die Trafipro blieb ein «Wespennest». Es scheint, dass sich die Situation gar noch zuspitzte. Zwei Jahre später be-

---

70 Herr Schweitzer: Notiz meiner persönlichen Eindrücke der Besprechung von Herrn Fred Furrer und mir mit Präsident Kayibanda/Rwanda, Januar 1970. Privatarchiv, Bern.
71 Schaad 1984, *op. cit.*, S. 19.

reiste der damalige *Attaché de l'Assistance Technique* der Schweizer Botschaft in Nairobi das Land und die Trafipro und hielt in seinem Reisebericht fest:

> Trafipro befindet sich gegenwärtig in einer schwierigen Situation, die wie folgt charakterisiert werden kann: Es bestehen Spannungen zwischen der Direktion und den schweizerischen Mitarbeitern; die gegenwärtige Direktion scheint nicht über die notwendigen fachlichen Qualifikationen zur Führung eines solchen Unternehmens zu verfügen; die Direktion ist in ihren Entscheidungen allzusehr von Bern abhängig, was eine straffe Führung und die notwendige Entscheidungsfreiheit zu stark einschränkt; im Unternehmen Trafipro bestehen Informationsprobleme (Direktion–Verwaltungsrat–Schweizerische Mitarbeiter–rwandesische Mitarbeiter); in rwandesischen Kreisen herrscht der Eindruck vor, dass Trafipro ohne grosse Rücksichten auf Rwanda von der Schweiz geleitet wird (Trafipro = schweiz. Unternehmen).[72]

Und ein Jahr später schilderte ein damaliger Trafipro-Mitarbeiter das Disaster mit den Worten:

> Les relations personnelles sont déplorables tant sur le plan des rapports des experts suisses entre eux que sur le plan de nos rapports avec les Rwandais. Les ambitions personnelles, les intrigues, la méfiance, voire le mépris ont désolidarisé les experts d'une façon si évidente qu'aucun Rwandais ne s'y trompe. Aussi, est-il normale qu'ils ne manquent pas de tirer profit de cette situation. Il ne faut pas s'étonner si les rapports entre cadres suisses et cadres rwandais sont tendus et si le climat de confiance, que tout le monde souhaite, n'est pas réalisé. […] Ecrire et dire que 'à Trafipro il n'y a pas des Suisses et des Rwandais, mais des cadres à différents niveaux' n'est pas suffisant; il faut que les faits corroborant cette assertion et ce n'est pas le cas actuellement.[73]

Schluss

Die Erfahrungen von Herrn und Frau Schweitzer sind ihrer spezifischen Form nach einzigartig. Selbstredend erlebte jedes Ehepaar einen Auslandaufenthalt unterschiedlich. Gleichwohl gehören vermutlich die Vielfalt von Interessen, Motivationen und Gemütslagen sowie die daraus resultierenden Probleme im Projekt- und Lebensalltag zu den grundlegenden Erfahrungen einer Mehrheit von Schweizer Entwicklungsfachleuten. Und diese Erfahrungen stehen vielfach quer zur bisherigen Sicht auf Entwicklungszusammenarbeit. Für eine Geschichte der Entwicklungsbemühungen seit den 1940er Jahren sind sie vor allem insofern von Bedeutung, als sie bisherige Ansätze und Meistererzählungen ergänzen oder in Frage stellen.

---

72 R. D., Reisebericht Rwanda, 7. Januar 1972 – 1. Februar 1972, 3. Februar 1972, S. 5, Privatarchiv Hubert Baroni, Lonay.
73 G. C., Note au Délégué à la coopération technique, 17. Februar 1973, S. 4. Privatarchiv Hubert Baroni, Lonay.

Zunächst wird deutlich, wie offen, formbar und anschlussfähig der Begriff 'Entwicklung' ist und auf welch unterschiedlichen Ebenen er ausgehandelt werden muss. Ob mit sich selber, mit der Familie, in der Beziehung, in der Entwicklungsorganisation oder vor Ort im Entwicklungsprojekt – überall mussten Herr und Frau Schweitzer über Sinnhaftigkeit, Form und Umsetzung von Entwicklungsbemühungen verhandeln und ringen. In Ruanda liefen diese Aushandlungsprozesse dabei nicht nur zwischen Schweizern und Ruandern, sondern ebenso sehr unter Ruandern, die zu unterschiedlichen ethnischen Gruppen gezählt wurden oder aus verschiedenen Regionen stammten.

In diesen unterschiedlichen Aushandlungssituationen treten zweitens eine grosse Beliebigkeit und Willkür zutage, welche die Implementierung von Entwicklungsvorhaben begleiten. Die Gruppe von Menschen, die sich zu einem bestimmten Zeitpunkt anschickt, irgendwo irgendwas entwickeln zu wollen, ist meist bunt und vielfältig, durch Partikularinteressen zersplittert, ideologisch aufgespalten und unterschiedlich motiviert. Angesichts solcher Heterogenität zeigt sich, wie abhängig Entwicklungszusammenarbeit von der Persönlichkeit einzelner Personen oder von der Gruppenzusammensetzung ist. Ausserdem wird sichtbar, wie entscheidend persönliche Befindlichkeiten, Antipathien und Animositäten sowie Seilschaften und Freundschaften für die Definition von Zielsetzungen und die alltägliche Umsetzung von Entwicklungsvorhaben waren und sind. Die Auswirkungen der Gruppendynamik – die der Entwicklungszusammenarbeit zuweilen den Charakter eines «Wespennestes»[74] geben konnten – wurden bislang in der geschichtswissenschaftlichen Forschung wie auch auf entwicklungstheoretischer Ebene noch viel zu wenig untersucht.[75]

Der Vielfalt von Aushandlungssituationen sowie der Beliebigkeit und Willkür in der Zusammensetzung der Projektmitarbeitenden entsprechend hatten drittens sowohl die 'Entwickelten' wie auch die 'Unterentwickelten' bemerkenswert grosse Handlungsspielräume. Auf Schweizer Seite wurden diese so weit ausgenutzt, bis sich die 'Entwicklungsexperten' in Situationen der Überforderung wiederfanden. Diese Überforderung wiederum eröffnete den ruandischen Projektmitarbeitern neue Handlungsfelder. Gerade im Projektalltag stellt sich daher die Frage nach der Machtkonfiguration in Entwicklungsprojekten neu. Zwar bleiben auch hier die Machtasymmetrien zugunsten der 'Geber' bestehen, die Erfahrungen von Herrn und Frau Schweitzer zeigen aber, dass Letztere verschiedentlich nur sehr beschränkt auf Dynamiken im Alltag reagieren konnten – oder im Fall von Frau

---

74 Tagebuch von Herrn Schweitzer, Teil 1, 1968, S. 6. Privatarchiv, Bern.
75 Zu Ansätzen in ethnologischen Arbeiten siehe David Mosse, *Cultivating Development. An ethnography of aid policy and practice*, London 2005; ders. 2011, *op. cit.*

Schweitzer – von 'Entwicklungszusammenarbeit' weitgehend ausgeschlossen wurden. Die vereinfachte Vorstellung von aktiv handelnden Gebern und passiv empfangenden Nehmern ist demnach nicht zutreffend. An ihre Stelle muss eine Vorstellung von Widerständigkeit oder gar Obstruktion auf Seite der 'Unterentwickelten' treten. Zu solchen Widerstandsformen zählt auch, dass auf ruandischer Seite Schweizer Rhetoriken selbstloser und uneigennütziger Hilfe zurückgewiesen und mit dem Formulieren eigener Theorien – etwa der Kindertheorie – konterkariert wurden.

Schliesslich lässt eine Untersuchung des Alltags die Bedeutung von Entwicklungsparadigmen, die meist an Entwicklungsdekaden gekoppelt sind, in den Hintergrund treten. So wurde etwa Herr Schweitzer in den 1960er Jahren, der Dekade des Trickle-Down-Credos, bereits für eine Entwicklungstätigkeit angestellt, die erst in den 1970er Jahren als 'Entwicklung von unten' bezeichnet wurde. Ebenso folgte das Genossenschaftsprojekt seiner eigenen Logik und Periodisierung, also auch weitgehend unabhängig von den sich kontinuierlich wandelnden internationalen Entwicklungsdiskursen. Diese sogenannten Paradigmenwechsel waren denn auch keine eigentlichen 'Wechsel'. Vielmehr müssen sie als kontinuierliche Erweiterung und Addition von Entwicklungsansätzen und Entwicklungstheorien verstanden werden.

Im Alltag der Trafipro werden exemplarisch globale Durchsetzungsversuche des westlich dominierten Entwicklungsversprechens deutlich, die bis heute neben Mitmachen und Vorantreiben immer auch von Verweigerungshaltungen und Subversion begleitet sind. Herr und Frau Schweitzer beteiligten sich dabei nicht nur tagtäglich an der 'Entwicklung' Ruandas. Auf einer Mikroebene waren sie auch Teil globaler Vergesellschaftungsprozesse, in denen etwa im Rahmen eines Entwicklungsprojekts in stets unterschiedlichen Machtkonstellationen immer wieder aufs Neue nicht nur politische Positionen, sondern auch Vorstellungen von Entwicklung, Identitäten oder Kultur verhandelt werden.

Von Büffeln, bissigen Hunden und Platzhirschen: Schweizer Entwicklungsversuche im Himalaja, 1958–1970[*]

Sara Elmer

Im Osten Nepals, zwischen der Hauptstadt Kathmandu und dem Einzugsgebiet des Mt. Everest, entstand ab Ende der 1950er Jahre eines der ersten umfassenden Entwicklungshilfsprogramme unter Schweizer Regie: das Jiri-Mehrzweckprogramm. Die *Swiss Association for Technical Assistance* in Nepal (SATA)[1] errichtete ab 1958 eine einfache Viehzuchtstation in der Talschaft von Jiri und baute diese fortlaufend zu einem umfangreichen ländlichen Entwicklungsprogramm aus, das 1970 der nepalesischen Regierung übergeben wurde. Die Erfahrungen des Jiri-Programms führten in den 1970er Jahren schliesslich zu einem der damals grössten Schweizer Entwicklungsprojekte in Nepal, dem *Integrated Hill Development Project* (IHDP).[2] Wie die folgenden drei Momentaufnahmen illustrieren, verlief das Jiri-Mehrzweckprogramm keinesfalls geradlinig nach Plan, sondern vielmehr nach dem Prinzip Versuch und Irrtum und war Produkt stetiger Aushandlungen zwischen verschiedensten Akteuren in Jiri, Kathmandu, Zürich und Bern:

Jiri 1960: Seit bald zwei Jahren lebt und arbeitet ein Graubündner Viehzüchter im abgelegenen Bergtal von Jiri. Nach der Entsumpfung des Bodens hat er eine stattliche Farm aufgebaut, auf der er zahlreiche Menschen aus der Talschaft beschäftigen kann. Seine nachgereiste Familie geniesst das «fröhlich einfache Jiri-Leben» und den Kontakt mit den einheimischen Mitarbeitern, von denen einige «für ihren Sab[h] […] durchs Feuer gehen»[3] würden. In den folgenden Jahren kommen

---

[*] Dieser Aufsatz entstand im Rahmen eines Promotionsprojektes an der ETH Zürich über nepalesische Entwicklungsexperten und Entwicklungsbürokraten und deren Zusammenarbeit mit ausländischen Hilfsorganisationen. Ich danke HELVETAS Swiss Intercooperation für die Einsicht ihrer im *Schweizerischen Bundesarchiv* abgelegten Archivbestände.

[1] SATA war der englische Name des 1955 gegründeten *Schweizerischen Hilfswerks für Aussereuropäische Gebiete*, SHAG (ab 1965 *Helvetas*). Ab seiner Gründung 1961 trat der *Dienst für technische Zusammenarbeit*, DftZ (heutige *Direktion für Entwicklung und Zusammenarbeit*, DEZA) durch die SATA in Nepal auf. Von 1970 bis 1987 operierten *Helvetas* und der DftZ offiziell als gemeinsame Entwicklungsorganisation unter dem Namen SATA in Nepal. Aufgrund der wechselnden deutschen Organisationsnamen und der engen Zusammenarbeit von *Helvetas* und DftZ in Nepal wird im vorliegenden Aufsatz der gemeinsame englische Name SATA verwendet.

[2] Vgl. dazu: Rolf Wilhelm, *Gemeinsam unterwegs: Eine Zeitreise durch 60 Jahre Entwicklungszusammenarbeit Schweiz – Nepal*, Bern 2012, S. 157–198.

[3] Schweizerisches Bundesarchiv (BAR) J2.261 2002/215, Bd. 505, Brief von A. Monsch an Herrn Dr. Wilhelm vom 6. Dezember 1960, S. 6. Mit 'Sabh' ist die Anrede 'Sahib' gemeint, eine respektvolle Anrede für 'Herr', welche während der Kolonialzeit in Südasien für Europäer benutzt wurde. Die Ehefrau des Graubündner Viehzüchters wurde in Jiri mit 'Memsahib' angesprochen. 'Memsahib' war im kolonialen Indien die gebräuchliche Anrede für englische Frauen.

zur Farm nach und nach auch ein kleines Spital, ein Flugplatz, eine Schule, ein Konsumladen und eine Agrarbank hinzu, was die Schweizerkolonie in Jiri beträchtlich anwachsen lässt.

Jiri 1964: Ein erbitterter Streit über die Frage nach Konzentration oder Ausdehnung der Projektaktivitäten ist entbrannt. Die Zuchterfolge bleiben aus, die Agrarbank ist praktisch insolvent, und die Farmbetreiber werden von Schweizer Arbeitskollegen beschuldigt, die lokale Nahrungsmittelknappheit zu verschärfen. Hinzu kommen massive persönliche Konflikte unter den Schweizerinnen und Schweizern, in welche auch die lokalen Behörden und Mitarbeiter verstrickt sind. Die Konflikte gipfeln schliesslich in der Forderung nach der sofortigen Absetzung des Farmleiters. In der Folge verlassen alle involvierten Schweizerinnen und Schweizer das Jiri-Projekt. Ein neues Jiri-Team baut das Projekt weiter aus.[4]

Jiri 1968: Nach rund zehn Jahren Laufzeit wird eine gründliche Evaluation des Projekts durchgeführt. Die Beurteilung fällt vernichtend aus: aufgrund der Abgeschiedenheit von Jiri fehle es dem Projekt an regionaler Ausstrahlung. Ausserdem sei es durch die Zusammenarbeit mit der traditionellen Oberschicht nicht gelungen, die ärmere Bevölkerung zu erreichen. Schlimmer noch, die Projektmitarbeiter würden als Interessenvertreter der Oberschicht betrachtet und hätten die Eigeninitiative der lokalen Behörden und Bevölkerung gelähmt. Nachdem die nepalesische Regierung darauf bestanden hatte, das Projekt ohne Schweizer Beteiligung weiterzuführen, blieb der SATA nur noch die Wahl zwischen einem vollständigen Rückzug aus Ostnepal und einem neuen, viel grösseren Projekt auf neuen Planungsgrundlagen.[5] Schliesslich wurde letztere Option gewählt und das IHDP ins Leben gerufen.

Diese drei Momentaufnahmen deuten bereits an, wie sich Jiri, das sich anfänglich zu einer idyllischen Schweiz en miniature zu entwickeln schien, mit der Zeit zum Schauplatz von Entwicklungsexperimenten und zunehmend auch zur Kampfzone beruflicher und persönlicher Auseinandersetzungen zwischen Schweizer Entwicklungsfachleuten wurde. Der vorliegende Aufsatz fokussiert auf diese Projekterfahrungen und Aushandlungsprozesse im 'Feld', die sich fernab der in Europa geführten entwicklungstheoretischen und entwicklungspolitischen Debatten abspielten. Damit will nicht gesagt werden, dass der damals vorherrschende Entwicklungsdiskurs keinen Einfluss auf das Jiri-Projekt gehabt

---

4   Vgl. BAR J2.261 2002/215, Bd. 248, Untersuchungsbericht von Dr. iur. L. Frank z.H. des SHAG vom 26. Mai 1965 und dazugehörige Gesprächsprotokolle.
5   Vgl. BAR J2.261 2002/215, Bd. 510, Peter Walser, Robert Schmid und Heinz Buchmann, *Das Jiri-Projekt: Eine interdisziplinäre Studie*, durchgeführt im Auftrag des Dienstes für technische Zusammenarbeit, Eidgenössisches Politisches Departement, 1969 (im folgenden Evaluationsbericht 1969).

hätte, doch rückten theoretische und politische Überlegungen im Projektalltag in den Hintergrund und wurden zu einem Faktor unter vielen, welche die tatsächliche Arbeit und ihre Resultate prägten. Der vorliegende Aufsatz nimmt sich deshalb nicht dem Diskurs rund um ländliche Entwicklung an, sondern fragt vielmehr nach dem 'menschlichen' Faktor in der Entwicklungsarbeit und der Rolle von Feldmitarbeitenden.

Dieser akteurzentrierte, mikrohistorische Ansatz soll helfen, die Frage zu beantworten, wie und warum das Jiri-Projekt trotz massiven personellen Schwierigkeiten und offener Kritik von einer kleinen Musterfarm in einem abgelegenen Bergtal zu einem immer umfangreicheren Entwicklungsprogramm ausgebaut wurde. Dabei konzentriert sich die Untersuchung auf drei rhetorische Figuren, welche in den Konflikten rund um das Jiri-Programm konstruiert, aber auch in Frage gestellt wurden: erstens den *'Pionier'*, der als bodenständiger Schaffer Entwicklungsprozesse in Gang bringt; zweitens den *'Experten'*, der mit seinem Wissensvorsprung Entwicklung plant und lenkt; und drittens die Kollektivfigur der *'Nepalesen'*, welche Entwicklungshilfe benötigen und wünschen. Auch wenn diesen drei Figuren unterschiedliche Rollen zugeschrieben wurden, nahmen sie eine gemeinsame, zentrale Funktion im Narrativ ein: sie dienten der Legitimation der schweizerischen Entwicklungshilfe in Nepal. Für die Beschreibung dieser drei Figuren wird in diesem Aufsatz bewusst die männliche Form verwendet. Dies nicht nur, weil es sich hierbei um als typischerweise männlich porträtierte Figuren handelt, sondern auch, weil nur wenige Frauen im Jiri-Programm arbeiteten.

Die Frage nach dem Überleben des Jiri-Programms soll schliesslich Aufschluss über die Praxis der schweizerischen Entwicklungshilfe liefern, aber auch in die grössere Frage nach den Gründen für die Persistenz von Entwicklungshilfe eingebettet werden. Warum die Idee der Entwicklungshilfe trotz jahrzehntelanger Kritik seitens verschiedenster politischer Lager nach wie vor sehr wirkmächtig ist, lässt sich mit der Analyse eines einzelnen Projektes sicherlich nicht beantworten.[6] Die mikrohistorische Betrachtung von Entwicklungspraxis soll indes zumindest Impulse geben, die zum Nachdenken über die Rolle von Menschen in Entwicklungsprojekten und über die Bedeutung von 'Felderfahrungen' beim Ausbau und Erhalt des Systems der internationalen Entwicklungshilfe anregen.

---

6 Zur Historisierung der Entwicklungshilfskritik siehe beispielsweise Frederick Cooper, «Writing the History of Development», in: *Journal of Modern European History*, Vol. 8 (2010) Heft 1, S. 5–7.

Die Anfänge des Jiri-Projektes

Die Beziehungen zwischen der Schweiz und Nepal waren von Anfang an geprägt vom gegenseitigen Interesse an Entwicklungshilfe. Ein erster Kontakt entstand 1948 aus einer Anfrage der nepalesischen Regierung nach technischen Beratern.[7] Obwohl nur informellen Charakters, stiess die Anfrage in der Schweiz auf offene Ohren, hatte doch die internationale Entwicklungshilfe gerade den Weg auf die Agenda verschiedener Bundesbehörden gefunden. Es war allerdings nicht alleine die Suche nach geeigneten Einsatzländern, welche dazu führte, dass 1950 tatsächlich eine erste Schweizer Expertenmission, das *Swiss Nepal Forward Team*, nach Nepal reiste und den Grundstein für die bis heute andauernden Beziehungen zwischen den beiden Ländern legte. Denn obwohl sich die Handelsabteilung und das Politische Departement von der Entwicklungshilfe wirtschaftliche und aussenpolitische Vorteile erhofften, schien ein Engagement in Nepal keine derartigen Vorteile zu bieten. Im Falle Nepals war es deshalb nicht zuletzt die Anziehungskraft des Himalajas und, wie im folgenden Kapitel argumentiert wird, eine gewisse Sehnsucht nach einer ursprünglichen, idyllischen Schweiz, welche Schweizerinnen und Schweizer motivierte, sich für Entwicklungshilfe in Nepal einzusetzen. Das Schweizer Engagement in Nepal wurde folglich auch sehr oft mit der Ähnlichkeit der beiden Länder als gebirgige Kleinstaaten begründet.[8] Zwar folgte auf den Einsatz des Swiss Nepal Forward Team noch kein direktes bilaterales Engagement des Bundes in Nepal, da es noch rund zehn Jahre bis zur Gründung des *Dienstes für technische Zusammenarbeit* (DftZ) dauern sollte. Doch zeigte die Schweiz fortan Präsenz in Nepal durch Käsereiprojekte, welche von Schweizer Experten der *Ernährungs- und Landwirtschaftsorganisation der Vereinten Nationen* (FAO) durchgeführt wurden. Auf Initiative dieser FAO-Experten und der ehemaligen Mitglieder des Forward Team fasste auch das 1955 neu gegründete *Schweizerische Hilfswerk für Aussereuropäische Gebiete* (SHAG) Fuss in Nepal. Unter seinem englischen Namen SATA konnte das junge Entwicklungshilfswerk bereits 1956 dank substantieller finanzieller Unterstützung der schweizerischen

---

7 Zu den Anfängen der Schweizer Entwicklungshilfe in Nepal siehe: Sara Elmer, «Postkoloniale Erschliessung ferner Länder? Die erste Schweizer Nepalmission und die Anfänge der 'technischen Hilfe an unterentwickelte Länder'», in: Patricia Purtschert, Barbara Lüthi, Francesca Falk (Hg.), *Postkoloniale Schweiz: Formen und Folgen eines Kolonialismus ohne Kolonien*, Bielefeld 2012, S. 245–266.
8 Auch im Falle Ruandas wurde das Entwicklungsengagement mit der topographischen Ähnlichkeit zur Schweiz begründet. Siehe zu Ruanda den Aufsatz von Lukas Zürcher, «'So fanden wir auf der Karte diesen kleinen Staat': globale Positionierung und lokale Entwicklungsfantasien der Schweiz in Rwanda in den 1960er Jahren», in: Hubertus Büschel, Daniel Speich (Hg.), *Entwicklungswelten: Globalgeschichte der Entwicklungszusammenarbeit*, Frankfurt/New York 2009, S. 275–307.

und neuseeländischen Regierungen mit eigenen Experten an die Arbeiten des Forward Team und der FAO anknüpften.[9]

Da die bürokratischen Strukturen sowohl auf schweizerischer als auch nepalesischer Seite noch wenig ausgeprägt waren, gelang es der noch jungen Entwicklungshilfsorganisation SATA relativ rasch, ohne langwierige Planungsphase und Verhandlungen mit Behörden neue Projekte in Nepal auf die Beine zu stellen. So ergab sich praktisch ein Projekt aus dem anderen: 1956 wurde ein junger Käser nach Nepal geschickt, um in Zusammenarbeit mit den Schweizer FAO-Käsern ein Käsereizentrum in Kathmandu und eine Bergkäserei im Norden Nepals zu errichten.[10] Durch den Bedarf an Werkzeugen und Baumaterial für die Käsereien folgte schon bald eine Lehrwerkstätte für Metallbearbeitung. Gleichzeitig brachte die Nachfrage nach qualitativ guter Milch die Käser auf die Idee eines Viehzuchtprojekts. Bereits 1957 suchte dann ein Schweizer Milchwirtschaftsexperte, der nicht nur Gründungsmitglied der SATA war, sondern auch schon seit mehreren Jahren für die FAO in Nepal arbeitete, nach einem geeigneten Standort für eine Viehzuchtstation. Unterstützt wurde er dabei von einem Vertreter der *United States Operations Mission* (USOM) und dem Leiter der Viehzuchtabteilung des nepalesischen Landwirtschaftsministeriums, J. P. Pradhan.[11]

Bei ihrer Suche stiessen die drei auf die bis dahin nur spärlich bewohnte Talschaft von Jiri in Ostnepal. Aufgrund der schwierigen topographischen Bedingungen war das Strassennetz damals noch kaum ausgebaut, so dass Jiri nur in einem vier- bis sechstätigen Fussmarsch von der nächsten Strasse und der Hauptstadt

---

9 Zu den FAO-Käsereiprojekten siehe: Rudolf Högger, *Die Schweiz in Nepal: Erfahrungen und Fragen aus der schweizerischen Entwicklungszusammenarbeit mit Nepal*, Bern/Stuttgart 1975, S. 13–16. Ausserdem: BAR E. 7170 (B) 1968/167, Bd. 1, Protokoll der Besprechung vom 2. Mai 1951 mit Herrn Prof. Dr. Wahlen betreffend die schweizerische Beteiligung an der technischen Hilfe für Nepal im Rahmen der FAO. Zur Gründungsgeschichte des SHAG siehe: Kathrin Däniker, Betty Stocker, «Das erste Entwicklungshilfswerk – ein Schrumpfprodukt: Die Gründung des Schweizerischen Hilfswerks für Aussereuropäische Gebiete 1955 und dessen Einbindung in die Entwicklungshilfekonzeption des Bundes», in: Peter Hug, Beatrix Mesmer (Hg.), *Von der Entwicklungshilfe zur Entwicklungspolitik*, Bern 1993, S. 175–188; sowie Thomas Möckli, *50 Jahre Helvetas: Inspiratorin Schweizerischer Entwicklungszusammenarbeit im Spannungsfeld von struktureller Abhängigkeit und entwicklungspolitischer Vision*, Lizentiatsarbeit (unveröffentlicht), Universität Freiburg i.Ue., 2004; zur Finanzierung durch Neuseeland, siehe ders., Anhang 6.
10 Vgl. Arbeitsrapport von J. Dubach in: BAR E. 7170 (B), Bd. 7, Bericht z.H. der Eidgenössischen Koordinationskommission für technische Hilfe über die Tätigkeit des Schweiz. Hilfswerk für aussereuropäische Gebiete unter besonderer Berücksichtigung der Arbeit in Nepal, 14. November 1957.
11 Die USOM beteiligte sich in den ersten Projektjahren wesentlich an der Finanzierung des Jiri-Projekts. Zu den Anfängen des Jiri-Projektes siehe: BAR J2.261 2002/215, Bd. 248, Untersuchungsbericht von Dr. iur. L. Frank z.H. des SHAG vom 26. Mai 1965, S. 3–5; Andreas Schild, «The Jiri Multipurpose Development Project: A hard experience in mountain ecology and a very important learning process in Nepalese/Swiss technical co-operation», in: *Mountain environment and development: a collection of papers published on the occasion of the 20th anniversary of the Swiss Association for Technical Assistance in Nepal (SATA)*, Kathmandu 1976, S. 168–169 und Wilhelm 2012, *op. cit.*, S. 91–96.

Kathmandu aus erreichbar war. Trotz der schwierigen Zugänglichkeit erachteten die drei Experten Jiri jedoch als geeigneten Standort. In Jiri gab es genügend Regierungsland, das zur Errichtung einer Musterfarm zur Verfügung gestellt wurde. Ausserdem schien die Höhenlage von 1800 Meter über Meer geeignet für Viehzucht.[12] So trieben sie die Umsetzung des Projektes rasch voran, und bereits im Oktober 1957 konnte die SATA den Schweizer Landwirt G. Monsch als 'Junior-Experte für Viehzucht' für das Projekt verpflichten. Ohne lange Vorbereitungszeit trat Monsch am 1. März 1958 seine Arbeit in Nepal an, also rund ein Jahr vor Abschluss eines formellen Entwicklungshilfsvertrages zwischen der SATA und der nepalesischen Regierung.[13] Auch ein Teamleiter, der die rasch zunehmenden Aktivitäten der Schweizer in Nepal koordinieren und Verhandlungen mit den nepalesischen Behörden führen sollte, wurde erst ein halbes Jahr nach Arbeitsantritt von Monsch eingesetzt. Diese pragmatische und auch etwas überstürzte Projektumsetzung war nicht untypisch für die damalige Zeit, wurde aber einige Jahre später von den Feldmitarbeitenden stark bemängelt. Dass sich der sumpfige Talboden als ungeeignet für landwirtschaftliche Projekte entpuppte und auch die Höhenlage wider Erwarten nicht ideal für die Büffelzucht war, waren jedoch nur zwei der vielen Gründe, weshalb das Jiri-Projekt nach einigen Jahren in eine tiefe Krise rutschte.[14]

Der Pionier

Die 1950er und frühen 1960er Jahre werden von Schweizer Entwicklungsfachleuten rückblickend gerne als 'Pionierzeit' bezeichnet.[15] Ohne strenge formelle Richtlinien und Planungsgrundlagen habe man damals relativ unbürokratisch neue Projekte an Orten realisieren können, an denen noch kaum oder nur wenig ausländische Entwicklungshilfe vorhanden war. Der Ausdruck 'Pionierzeit' bezeichnet dabei nicht nur «unumgängliche Improvisation» und «ein freudiges Probieren»[16] in der Entwicklungshilfe, sondern impliziert auch, dass es sich bei den damali-

---

12 Vgl. Schild 1976, *op. cit.*, S. 168–169.
13 Agreement made by His Majesty's Government of Nepal and the Swiss Association of Technical Assistance, Kathmandu 16 February 1959 (abgedruckt in: Wilhelm 2012, *op. cit.*, S. 360–361).
14 Vgl. Evaluationsbericht 1969, S. 6–12; Schild 1976, *op. cit.*, S. 169.
15 Vgl. dazu beispielsweise die Periodisierung in der Jubiläumsschrift des DEZA-Koordinationsbüros in Kathmandu: Swiss Agency for Development Cooperation, *50 Years Nepal-Swiss Development Partnership 1959 to 2009*, Kathmandu/Bern 2009, S. 40; das Editorial des Direktors der DEZA in der Jubiläumsausgabe des DEZA-Magazins: Martin Dahinden, «Editorial: 50 Jahre DEZA – Mehr als Hilfe», in: *Eine Welt*, Nr. 1, März 2011, S. 3; sowie den Zeitzeugenbericht von Rolf Wilhelm, «Wir waren Praktiker, keine Experten», in: René Holenstein, *Wer langsam geht, kommt weit: Ein halbes Jahrhundert Schweizer Entwicklungshilfe*, Zürich 2010, S. 54–60.
16 BAR J2.261 2002/215, Bd. 448, Bericht und Antrag der Team-Leitung in Nepal an das Zentralsekretariat und die Nepal-Kommission des SHAG in Zürich vom 28. Januar 1963, S. 7. Der Teamleiter erklärt in diesem Schreiben, dass «die Zeit des 'Frontier'» zu Ende sei und nun eine systematischere Projektplanung als bisher notwendig werde.

Abbildung 1: Das Jiri-Tal mit Musterfarm, um 1961. Bildquelle: CH-BAR.

gen Entwicklungsbemühungen um etwas Neuartiges handelte, das den Einsatz von (Schweizer) 'Pionieren' erforderte. Ein solcher 'Pionier' war der Landwirt Monsch, der von der SATA für den Aufbau des Viehzuchtprojektes in Jiri angestellt wurde. Er war kein *intellektueller* Theoretiker, doch galt er mit seiner bodenständigen Art als «eine richtige Pioniernatur»[17] und damit als geeigneten Mann für die Aufbauarbeit in Jiri.

Als Monsch im Frühling 1958 ins abgelegene Tal reiste, war Jiri nicht nur für ihn eine noch völlig unbekannte Gegend. Auch seine nepalesischen Partner vom Landwirtschaftsministerium und seine bereits in Nepal arbeitenden Schweizer Kollegen waren kaum mit Jiri vertraut. Denn bis dahin gab es dort weder staatliche noch ausländische Entwicklungsprogramme. Erst mit der Einführung des Panchayat-Systems[18] von 1961 wurde vom Zentralstaat eine lokale Regierungsbehörde ein-

---

17 R. J. im Interview mit Thomas Gull im Rahmen des Projektes *humem* vom 3. März 2009.
18 'Panchayat' (= Rat der Fünf) bezeichnet eine auf hinduistischen Traditionen beruhende, dezentrale Regierungsform mit dörflicher Selbstverwaltung. Mit dem positiv besetzten und ideologisch stark aufgeladenen Begriff 'Panchayat' distanzierte sich der nepalesische König Mahendra nach seinem

gesetzt und die nationale Entwicklungsplanung allmählich auf diese abgelegene Region ausgeweitet. Auch wenn die Talschaft von verschiedenen nepalesischen Volksgruppen bewohnt und bewirtschaftet wurde, machte die Gegend für die Projektverantwortlichen den Anschein eines Niemandslands, wo mit 'Pionierarbeit' etwas von Grund auf Neues errichtet werden konnte.

Monschs Hauptauftrag war es, eine neue Wasserbüffelrasse mit einem höheren Milch- und Fleischertrag als jenem der einheimischen Büffel zu züchten. Dazu sollte er die robusten, lokalen Büffel mit den ertragreicheren indischen Murrah-Büffeln kreuzen. Die Wahl fiel deshalb auf die Zucht von Wasserbüffeln, weil Büffel in Nepal nicht nur wichtige Milchlieferanten waren, sondern im Gegensatz zu den als heilig geltenden Kühen auch geschlachtet und verzehrt werden durften.[19] Einen eigentlichen Plan oder gar eine vorbereitende Studie, auf die Monsch hätte zurückgreifen können, gab es indes nicht.

Bevor mit der Büffelzucht begonnen werden konnte, musste sich Monsch zusammen mit Kollegen von der FAO und nepalesischen Mitarbeitern um allerlei Vorarbeiten kümmern. So wurde zunächst der sumpfige Talboden drainiert, das Farmgebiet eingezäunt sowie ein Stall und ein Badeteich für die Wasserbüffel konstruiert. Auch wurden erste landwirtschaftliche Demonstrationen zur Schulung der einheimischen Bauern durchgeführt. Diese handfesten Arbeiten und die grosse Selbstständigkeit entsprachen dem Geschmack des Bündner Landwirts. Die wenigen Kontaktmöglichkeiten mit anderen Schweizern und der Verzicht auf Luxus machten ihm wenig aus. So war es für Monsch in Ordnung, bis zur Fertigstellung der Farm bei einheimischen Jirels[20] zu wohnen, in deren Haus es weder sanitäre Einrichtungen noch Wasser gab und er wie seine Gastgeber auf dem Boden schlafen musste.[21]

Nach zwei Jahren Aufbauarbeit war die Farm schliesslich so weit bewohnbar, dass Monsch seine Frau und drei Kinder im Alter von fünf, acht und zehn Jahren nach einem Heimaturlaub im Frühling 1960 mit nach Jiri bringen konnte. Wie für viele damaligen Entwicklungshelfer bot der Auslandeinsatz auch für die Familie Monsch die einmalige Gelegenheit einer ersten Flugreise und des Kennenlernens eines fremden Landes. Begeistert von den Erlebnissen, beschrieb Frau Monsch deshalb in ihren Berichten in die Schweiz detailliert die Reise und die neuen Ent-

---

Staatsstreich von 1960/61 von europäischen Regierungssystemen und stattete die Monarchie mit weitgehenden Machtbefugnissen aus. Siehe dazu: Högger 1975, *op. cit.*, S. 48–50; John Whelpton, *A History of Nepal*, Cambridge/New York 2005, S. 99–107.
19 Vgl. Evaluationsbericht 1969, S. 9.
20 Name einer lokalen Volksgruppe.
21 Vgl. BAR J2.261 2002/215, Bd. 248, Untersuchungsbericht von Dr. iur. L. Frank z.H. des SHAG vom 26. Mai 1965, S. 5.

deckungen und Begegnungen in der Fremde.[22] Nach einer eindrücklichen Schiffs- und Flugreise via Genua und Bombay traf die Familie schliesslich in Kathmandu ein, wo sie sich um allerlei Besorgungen kümmern musste, bevor sie Anfang Juli 1960 ins abgelegene Jiri-Tal weiterreisen konnte. Die Familie empfand den sechstägigen Fussmarsch nach Jiri mit den drei Kindern zwar als sehr anstrengend, doch wie Frau Monsch berichtete, sahen sie sich spätestens beim freudigen Eintreffen in Jiri für ihre Strapazen entschädigt. Noch vor ihrer Ankunft im Tal seien ihnen Jirels zur Begrüssung entgegengelaufen, und es sei eine Wohltat gewesen zu sehen, «wie sich die Leute freuten über des Sabh's Rückkehr».[23] Die Farm war inzwischen gut bewohnbar und bot der Familie Monsch zwei Zimmer über dem Stall und eine grosse Wohnküche im «Cowboy-Haus»[24]. Das Tal bot nicht nur Abenteuer und Exotik, sondern durch seine Berglandschaft und das Farmleben auch ein gewisses Heimatgefühl. In Jiri lebe es sich «so gut wie überall, [...] oder sogar noch besser»,[25] so das Urteil von Frau Monsch. Die Annehmlichkeiten der Schweiz wurden scheinbar nicht vermisst, überwogen doch die Vorteile des einfachen, romantischen Berglebens. Besonders die Kinder genossen ein freies und naturnahes Leben, wie es in der Schweiz nicht möglich gewesen wäre. Die beiden älteren, schulpflichtigen Kinder wurden täglich für ein paar Stunden von ihrer Mutter unterrichtet. Den Rest der Zeit konnten sie barfuss in der freien Natur herumtoben, im Fluss baden oder mit den vielen Tieren auf dem Hof spielen. Um auch gut schweizerische Kost auf den Tisch zu bringen, buk Frau Monsch täglich frisches Brot, kochte Konfitüre aus lokalen Früchten und pflegte einen Gemüsegarten. An Käse mangelte es dank den Schweizer Käsereien in anderen Projektgegenden ebenfalls nicht.[26]

Dieses anfängliche Glück wurde durch das Gefühl, eine sinnvolle, vielseitige und neuartige Arbeit zu verrichten, noch verstärkt. Der Landwirt Monsch war nicht nur Viehzüchter, sondern nahm in Jiri auch die Rolle des Beraters, Ausbildners und teilweise sogar des 'Ingenieurs' und des 'Arztes' ein. Denn des Öfteren kamen kranke oder verletzte Einheimische auf die Farm, um sich vom 'weissen Mann' oder von dessen Frau verarzten zu lassen. Diese Aufgabe schien dem Schweizer Ehepaar eine Selbstverständlichkeit zu sein. Aufgrund der hohen zeitlichen Belastung, welche die Krankenversorgung mit sich brachte, begrüsste das Ehepaar

---

22 Vgl. BAR J2.261 2002/215, Bd. 505, Bericht von A. Monsch an R. Wilhelm vom 6. Dezember 1960; Brief von A. Monsch an Herrn und Frau Erismann vom 12. Dezember 1960.
23 *Ibid.*, S. 2.
24 Die einheimischen Angestellten, die sich um die Tiere kümmerten, wurden 'Cowboys' genannt.
25 BAR J2.261 2002/215, Bd. 505, Bericht von A. Monsch an R. Wilhelm vom 6. Dezember 1960, S. 2.
26 Vgl. BAR J2.261 2002/215, Bd. 505, Bericht von A. Monsch an R. Wilhelm vom 6. Dezember 1960; BAR J2.261 2002/215, Bd. 505, Brief von A. Monsch an Herrn und Frau Erismann vom 12. Dezember 1960.

Monsch es jedoch, als die SATA im Herbst 1960 eine Schweizer Krankenschwester nach Jiri entsandte.[27]

Auch für Bauarbeiten rund um die Farm wurde regelmässig fachliche Unterstützung nach Jiri geschickt. Anders als die Krankenschwester kamen die Baufachleute aber nur für die Dauer ihrer Aufträge, wobei die Hauptverantwortung für die Ausbauarbeiten beim Landwirt Monsch blieb. Seine Verantwortung beschränkte sich nicht nur auf den Bau von Ställen, kleinen Brücken und Güllengruben, sondern umfasste auch grössere Bauwerke wie etwa das Farmhaus oder eine Landepiste für Kleinflugzeuge. Insbesondere der Bau der Flugpiste war aufgrund des hügeligen Geländes kein einfaches Unterfangen. Er erforderte arbeitsintensive Erdumschichtungen und die Errichtung einer 80 Meter langen und 7 Meter hohen Stützmauer. «Der Plan dieser Mauer hat [meinem Mann] ordentlich Kopfzerbrechen verursacht, zum Glück hat er aus der Schweiz sehr gute Tiefbau-Literatur mitgebracht – auf alle Fälle scheint es eine prächtige Sache zu werden, direkt eindrucksvoll»[28], so Frau Monschs Kommentar. Nicht nur die Planung, sondern auch die Organisation der Bauarbeiten war arbeits- und zeitintensiv. Schliesslich waren im Herbst 1960 zeitgleich rund 90 lokale Arbeiter für den Flugplatzbau und rund 200 Arbeiter für den Ausbau der Farm angestellt. Zwar wurde Monsch durch nepalesische Vorarbeiter entlastet, und für die Vermessungsarbeiten bekam er zufälligerweise Unterstützung durch einen jungen Schweizer Physiker, der auf seiner Weltreise als Rucksacktourist eine Zeitlang in Jiri verweilte.[29] Trotzdem lag viel Verantwortung für technisch und logistisch anspruchsvolle Aufgaben bei ihm.

Der 'Pionier' Monsch war in seiner anspruchsvollen Aufbauarbeit weitgehend auf sich alleine gestellt. Er war kein 'Studierter', konnte aber in den unterschiedlichsten Fachgebieten anpacken. Das Wissensgefälle zwischen dem Schweizer Landwirt und den Nepalesen schien so gross zu sein, dass ihm Aufgaben zugetraut wurden, für die er gar nicht ausgebildet war. Damit erlangte Monsch eine Position, die er in seiner Heimat wohl nie hätte einnehmen können. Auch seiner nachgereisten Ehefrau bot Jiri ein Aktionsfeld, wie sie es zu Hause kaum vorfand. Anders als viele Frauen in der Schweiz musste sie sich nicht auf Heim und Herd beschränken. Zwar umfassten ihre Tätigkeiten vor allem jene typischer 'Frauenberufe', die sie ohne Entgelt wahrnahm, doch konnte sie bis zur Ablösung durch entsprechendes Fachpersonal sehr vielfältige Aufgaben als Lehrerin, Krankenschwester und Sekre-

---

27 Vgl. BAR J2.261 2002/215, Bd. 505, Bericht von A. Monsch an R. Wilhelm vom 6. Dezember 1960.
28 *Ibid.*, S. 4.
29 Vgl. *ibid.*, S. 5. Der 26-jährige diplomierte Physiker war auf dem Landweg via Jugoslawien, die Türkei, Afghanistan und Indien nach Nepal gereist. Offenbar ohne genaue Reisepläne und Zeitdruck blieb er eine Weile bei Familie Monsch in Jiri. Da er schon bei einem Geometer gearbeitet hatte, war er für Monsch eine genügend qualifizierte Hilfe für Vermessungsarbeiten.

tärin ausführen. So verkörperten Herr und Frau Monsch zumindest in den Anfangsjahren des Jiri-Projekts ein Idealbild schweizerischer Entwicklungspioniere: kompetent, bodenständig und arbeitsam. Im Gegensatz zu den «Weisskragen-Experten»[30] der grossen Entwicklungsorganisationen gingen sie auf das Land hinaus, wohnten unter Verzicht auf Luxus mit den Einheimischen zusammen und lebten schweizerische Bescheidenheit vor.

Der 'Pionier' Monsch beschrieb die Aufbauphase des Projektes als eine sehr befriedigende und erfolgreiche Zeit. Schwierigkeiten und Konflikte hätten erst mit dem Zuzug von immer mehr Schweizern nach Jiri und der Besserwisserei von Kurzzeit-Experten begonnen.[31] Doch auch die sogenannte Pionierphase blieb nicht ungetrübt von persönlichen Animositäten. So ist ein Vorfall vom Frühling 1959 aktenkundig, als Monsch einen ihm zur Seite gestellten Schweizer Hochbautechniker «gründlich verprügelte».[32] Monschs Jähzorn war nicht etwa durch Unstimmigkeiten bei der Arbeit hervorgerufen worden, sondern weil der Kollege anscheinend ohne sein Wissen Kleider aus Monschs Besitz an Einheimische verschenkt hatte.[33] Der Jurist, der den 'Fall Monsch' später untersuchte, meinte, dass diese heftige Reaktion Monschs hierzulande nicht gerechtfertigt gewesen wäre, «sie aber unter den besonderen Verhältnissen im abgelegenen Jiri begreiflich erschein[t]».[34] Offenbar wurde Jiri als eine Art Wildnis betrachtet, wo rauere Sitten herrschten als in der zivilisierten Schweiz und deshalb auch drastischere Massnahmen notwendig sein konnten, um Ruhe und Ordnung herzustellen.

Als sich später mit dem Zuzug weiterer Schweizerinnen und Schweizer die Streitereien häuften und Monschs jähzorniges Verhalten immer weniger toleriert wurde, reichte das Argument des 'abgelegenen Jiri' allerdings nicht mehr als alleinige Erklärung. Schliesslich lebten alle Schweizerinnen und Schweizer unter ähnlichen Bedingungen am selben Ort. Zwar nicht als Rechtfertigung, aber doch als Erklärung wurde deshalb immer wieder Monschs Herkunft betont: er sei eben Graubündner. Ähnlich wie die Abgeschiedenheit und Unzivilisiertheit des Bergtales von Jiri lieferte damit auch die Herkunft aus dem Schweizer Bergkanton Grau-

---

30 BAR E.7001C 1975/63, Bd. 512, Antrag des Eidgenössischen Politischen Departements an den Bundesrat zur finanziellen Beteiligung des Bundes am schweizerischen Programm der technischen Entwicklungshilfe in Nepal vom 30. Juli 1962, S. 3.
31 Vgl. BAR J2.261 2002/215, Bd. 505, Brief von G. Monsch an R. Jenny vom 21. Januar 1963; BAR J2.261 2002/215, Bd. 248, Protokoll der Sitzung von L. Frank und G. Monsch vom 29. März 1965, Teil 2.
32 BAR J2.261 2002/215, Bd. 248, Untersuchungsbericht von Dr. iur. L. Frank z.H. des SHAG vom 26. Mai 1965, S. 6.
33 Vgl. BAR J2.261 2002/215, Bd. 248, Protokoll der Sitzung von L. Frank und G. Monsch vom 29. März 1965, Teil 2, S. 6.
34 BAR J2.261 2002/215, Bd. 248, Untersuchungsbericht von Dr. iur. L. Frank z.H. des SHAG vom 26. Mai 1965, S. 6.

bünden eine offenbar plausible Herleitung für das oftmals grobe Verhalten von Monsch. So liess sich der (Zürcher) Jurist, der den 'Fall Monsch' untersuchte, im ansonsten in sachlicher Sprache gehaltenen Untersuchungsbericht zum Kommentar hinreissen «der Bündner khunnt veruggt»[35] [der Graubündner wird wütend]. Das Erklärungsmuster des 'Bündners' war offenbar so stark, dass sich Zeitzeugen noch rund fünfzig Jahre später dieses Arguments bedienten. So beispielsweise der damalige Teamleiter der SATA, der in den Streitigkeiten hatte vermitteln müssen: «Dann war da der Landwirt, eine richtige Pioniernatur. Bewundernswert, aber mit einem richtigen Bündner Grind [Kopf] und gegenüber den Greenhorns, die da kamen, höchst skeptisch.»[36]

Als die Konflikte ausarteten und das Verbleiben von Monsch in Jiri immer untragbarer wurde, betonten seine Vorgesetzten der SATA zu dessen Verteidigung vor allem seine wertvolle «Pionierarbeit», die er unter «schwierigen Anfangsbedingungen» geleistet habe.[37] Die Hervorhebung der 'Pioniernatur' bedeutete allerdings nicht, dass man Monsch weiterhin bei der SATA beschäftigen wollte. Vielmehr diente sie der Rechtfertigung dafür, dass man Monsch überhaupt für das Projekt angestellt hatte; die SATA-Führung hatte somit keinen Fehlentscheid getroffen.

Monsch bediente sich selber ebenfalls der Rhetorik des Pioniers. Im Frühling 1963 bezeichnete Monsch die Zukunft des Jiri-Projektes als gesichert und schrieb dem Zentralsekretariat in Zürich: «Nun möchte ich Sie bitten, mir mitzuteilen, ob Sie mir irgendwo (ausgenommen Indien) für einige Jahre eine geeignete Arbeit wissen. Ich meine eine sogenannte 'Pionier-Arbeit' oder Ansiedlungsarbeit an einem möglichst abgelegenen Ort. [...] Solange ich dazu imstande bin, möchte ich gerne solche Arbeiten vom allertiefsten Grund auf anfangen, bevor ich zum letzten 'Spurt' ansetze und mich auf eigene Faust in irgend einem geeigneten Agrarland ansiedle».[38] Mit dieser Anfrage würde Monsch selber «das wesentliche über seine Eignung – und mittelbar auch über seine Nicht-Eignung»[39] aussagen, so der den 'Fall Monsch' untersuchende Jurist. Denn «mit anderen Worten: 1963/64 war die eigentliche Pionier-Arbeit in Jiri beendigt, und es wäre ohne personelle Schwierigkeiten an der Zeit gewesen, den kraftvollen Pionier [...] Monsch durch für die nun folgenden Aufgaben besser geeignete Leute abzulösen».[40] Doch gegen seinen

---

35 *Ibid.*, S. 17.
36 R. J. im Interview mit Thomas Gull im Rahmen des Projektes *humem* vom 3. März 2009. Auch die damalige Sekretärin der SATA meinte in einem rückblickenden Gespräch über das teilweise aggressive Verhalten Monschs lapidar «er war eben Bündner». (A. Spahr im Interview mit Sara Elmer vom 18. November 2011 in Turbenthal).
37 BAR J2.261 2002/215, Bd. 248, Untersuchungsbericht von Dr. iur. L. Frank z.H. des SHAG vom 26. Mai 1965, S. 5–6.
38 *Ibid.*, S. 17.
39 *Ibid.*
40 *Ibid.*

Wunsch blieb Monsch noch über die 'Pionierphase' hinaus bis Herbst 1964 in Jiri. Während dieser Zeit offenbarten sich nicht nur immer mehr Schwierigkeiten im Projekt, sondern auch im Zusammenleben der kleinen Schweizer Kolonie.

Der Experte

Das Jiri-Projekt basierte auf dem Prinzip von 'Know-how' und 'Show-how', also auf der Annahme, dass die ökonomische Entwicklung armer Länder durch Wissens- und Technologietransfer aus 'bereits entwickelten' Ländern gefördert und gesteuert werden könne.[41] Diesem damals weit verbreiteten Verständnis von Entwicklungshilfe folgend, ging die SATA davon aus, dass die Musterfarm in Jiri und die anderen Demonstrationsprojekte einen Lerneffekt in der lokalen Bevölkerung bewirken und die Projekte von den Einheimischen mit der Zeit nachgeahmt würden. Für diese Art von Hilfe zur Selbsthilfe brauchte es nicht nur Kapital, sondern auch sogenannte Experten oder Expertinnen, welche ihr 'Know-how' durch 'Show-how' zur Verfügung stellten. Damit wurde den Entwicklungsexperten nicht nur eine Vorbildfunktion zugeschrieben, sondern implizit auch eine zivilisatorische Überlegenheit.[42] Die durch Entwicklungshilfe konstruierte Dichotomie von 'Entwickelten' und 'Zu-Entwickelnden' stellten Lalive d'Epinay/Rist Ende der 1970er Jahre in einer Untersuchung über die Selbstdarstellung schweizerischer Hilfswerke kritisch in Frage. Den 'typischen' Schweizer Entwicklungsexperten der 1960er und 1970er Jahre charakterisierten sie als (männlichen) 'Helden', der sich durch Opferwille, Freude, Geduld und Wissen in den Dienst eines Entwicklungslandes stellte. Damit umschrieben sie die Selbstwahrnehmung schweizerischer Entwicklungsexperten als nicht bloss studierte Theoretiker mit hohen Salären, sondern als 'Macher', die auf den verschiedensten Fachgebieten agieren können.[43]

Wie die Untersuchung des Jiri-Projektes zeigt, waren Rollen und Macht 'im Feld' jedoch bei weitem nicht so deutlich verteilt wie in den von Lalive d'Epinay/

---

41 Vgl. Eugene Bramer Mihaly, *Foreign Aid and Politics in Nepal: A Case Study*, Kathmandu ²2002, S. 32. Entwicklungshilfe als Wissens- und Technologietransfer war vor dem Hintergrund der Dominanz der ökonomischen Modernisierungstheorie weit verbreitet und unter anderem durch die 'Point-Four'-Rede von US-Präsident Truman (1949) popularisiert worden, vgl. Harry S. Truman, «Inaugural Address (19 January 1949)», in: Dennis Merrill (Hg.), *The Point Four Program: Reaching out to help the less developed countries,* University Publications of America 1999.
42 Vgl. dazu Philipp H. Lepenies, «Lernen vom Besserwisser. Wissenstransfer in der 'Entwicklungshilfe' aus historischer Perspektive», in: Hubertus Büschel, Daniel Speich (Hg.), *Entwicklungswelten: Globalgeschichte der Entwicklungszusammenarbeit*, Frankfurt a.M./New York 2009, S. 33–59.
43 Christian Lalive d'Epinay, Gilbert Rist, *Wie Weisse Schwarze sehen: Beurteilung von Publikationen schweizerischer Hilfswerke*, Basel 1979, S. 82–92. Zum Schweizer Selbstbild des bodenständigen 'Machers' siehe auch: BAR E.7001C 1975/63, Bd. 512, Antrag des Eidgenössischen Politischen Departementes an den Bundesrat zur finanziellen Beteiligung des Bundes am schweizerischen Programm der technischen Entwicklungshilfe in Nepal vom 30. Juli 1962, S. 3.

Rist beschriebenen Diskursen. Vielmehr waren die Feldmitarbeitenden in ihrer täglichen Arbeit herausgefordert, ihre Vorbildrolle und ihren Wissensvorsprung ständig unter Beweis zu stellen, um ihren Aufenthalt im fremden Land legitimieren zu können, was freilich nicht immer gelang.

Monsch nahm in Jiri nicht nur die Rolle des Pioniers ein, sondern auch die des Experten. In erster Linie war er Experte für Viehzucht, aber dank seinem Wissensvorsprung gegenüber den Einheimischen konnte er auch als 'Experte' auf anderen Fachgebieten arbeiten. Der Zuzug einer Krankenschwester im Herbst 1960 und ein halbes Jahr später einer Ärztin stellte für Monsch kein Problem dar. Denn die beiden medizinischen Expertinnen waren mit ihrem kleinen Spital nicht nur auf einem völlig anderen Fachgebiet tätig, man verstand sich auch persönlich ziemlich gut.[44] Ebenfalls relativ problemlos verlief die Zusammenarbeit mit seinen unmittelbaren nepalesischen Partnern, namentlich mit seinem Vorgesetzten im Landwirtschaftsministerium, J. P. Pradhan, und mit P. D. Tewari, der ihm 1962 als nepalesischer Co-Leiter des Jiri-Projektes zur Seite gestellt wurde.[45] Problematischer wurde die Verteidigung seiner Expertenposition erst mit dem Ausbleiben sichtbarer Erfolge seiner Projektanstrengungen und mit dem Zuzug von Schweizer Kollegen, welche sich ab 1962 in Jiri niederliessen.

Monsch betrachtete sich gegenüber den neuen Kollegen nicht nur als Experte für Viehzucht, sondern auch als Experte für Jiri, lebte er mittlerweile doch schon mehrere Jahre dort, sprach fliessend Nepalesisch und hatte viel Kontakt mit Einheimischen. Mit dem Zuzug neuer Experten, welche nicht nur ihre Familien, sondern auch ihre eigenen Ambitionen und Entwicklungsvorstellungen mit nach Jiri brachten, waren Schwierigkeiten deshalb vorprogrammiert. Monsch war fachlicher Verstärkung zwar nicht grundsätzlich abgeneigt und verlangte aufgrund des steten Wachstums des Jiri-Projektes selber nach Mitarbeitern in den Bereichen Bautechnik und Forstwirtschaft. Durch die längere Vakanz der SATA-Teamleitung (von März 1960 bis Dezember 1962)[46] fehlte es der noch jungen Hilfsorganisation allerdings an einer klaren Führung und Kompetenzverteilung, so dass sich Monsch im abgelegenen Jiri an eine grosse Selbständigkeit gewöhnt hatte und allein Pradhan als seinen direkten Vorgesetzten betrachtete. So mündete beispielsweise die dreimonatige Visite eines Entwicklungsexperten des DftZ von November 1962 bis

---

44 Vgl. BAR J2.261 2002/215, Bd. 248, Protokoll der Sitzung von Frank und Baumgartner vom 20. Mai 1965.
45 Vgl. BAR J2.261 2002/215, Bd. 248, Protokoll der Sitzung von Frank und Monsch vom 29. März 1965, Teil 2. Tewari übernahm ab 1967 die Gesamtleitung des Jiri-Mehrzweckprogramms.
46 Die Vakanz wurde zwar mit der Schaffung des Postens einer Teamleiter-Assistenz und mit zwei aufeinanderfolgenden Kurzzeit-Teamleitern zu überbrücken versucht, doch wurde damit keine klare Führung geschaffen. Siehe dazu: BAR J2.261 2002/215, Bd. 248, Untersuchungsbericht von Dr. iur. L. Frank z.H. des SHAG vom 26. Mai 1965, S. 6–7.

Januar 1963 in einen offenen Streit zwischen den beiden Herren. Der Experte des DftZ, der für eine Bestandsaufnahme und zur Erarbeitung von Vorschlägen für die Weiterentwicklung des Projektes in Jiri weilte, kritisierte Monsch dafür, dass dieser nur in die Farm investiere, die weitere Ausstrahlung des Projektes jedoch vernachlässige. Nach seinen Vorschlägen sollte sich die SATA künftig weniger auf die Farm konzentrieren, welche bisher kaum Erfolge in der Büffelzucht aufwies, und stattdessen den Fokus mehr auf die regionale Ausweitung der Projekte in den Bereichen Forst-, Weide- und Landwirtschaft legen. Monsch sah dadurch die Zukunft seiner Farm in Gefahr und wehrte sich gegen die Einmischung des DftZ in Jiri. Für ihn waren mit der SATA und der nepalesischen Regierung bereits genügend Akteure in Jiri tätig, weshalb er entschieden gegen Projektvorschläge des ein Jahr zuvor gegründeten DftZ war.[47] Der Streitfall zwischen dem 'Jiri-Experten' Monsch und dem Experten aus Bundesbern, der im Vergleich zu den noch folgenden Konflikten harmlos verlief, zeigte bereits gewisse Grundprobleme der Zusammenarbeit der kleinen Schweizer Kolonie auf: Durch persönliche Abneigungen und Konkurrenzgefühle wurden fachliche Meinungsverschiedenheiten zunehmend verbitterter ausgetragen und sachliche Lösungsfindungen verunmöglicht.

Anfang 1963 hatte sich die Stimmung in Jiri nicht nur aufgrund des beschriebenen Streitfalls, sondern auch wegen der Ankunft eines neuen Arztes verschlechtert, welcher die kurz zuvor abgereiste Ärztin zu ersetzen hatte. Schon früh zeigten sich Animositäten zwischen dem neuen Arzt und Monsch sowie zwischen dem Arzt und der bereits seit mehr als zwei Jahren in Jiri arbeitenden Krankenschwester. Mit Letzterer lag er oft im Streit wegen Meinungsverschiedenheiten über Behandlungsmethoden und über die Spitalorganisation. Die Krankenschwester war mit ihren Sprachkenntnissen und ihrem guten Verhältnis zur Bevölkerung nicht nur eine 'Jiri-Expertin', sie war auch fachlich überaus kompetent, wie selbst der Arzt zugeben musste. Doch mit ihrem Fachwissen untergrub sie als Krankenschwester des Öfteren seinen Expertenstatus als Arzt, indem sie Patienten mit anderen als von ihm vorgeschriebenen Behandlungsmethoden zur Heilung verhalf.[48] Mit Monsch lag der Arzt im Streit, weil er sich als Hobby-Landwirt schon früh auch mit Gemüseanbau in Jiri beschäftigte und sich für die Arbeiten auf der Farm inter-

---

47 Die Projekte der SATA wurden von Beginn an vom Bund finanziell unterstützt. Ab 1961, also schon vor dem formellen Zusammenschluss von DftZ und *Helvetas* in Nepal, trat der DftZ durch die SATA in Nepal auf. Beispielsweise beteiligte sich der DftZ nebst finanzieller Unterstützung bereits ab 1962 mit einem Forstingenieur am Jiri-Projekt. Zum Streit zwischen dem DftZ-Experten und Monsch siehe: BAR J2.261 2002/215, Bd. 248, Protokoll der Sitzung von Frank und Monsch vom 29. März 1965, S. 2; Bar J2.261 2002/215, Bd. 248, Protokoll der Sitzung von Frank und Müller vom 24. März 1965, Teil 1, S. 1.

48 Vgl. BAR J2.261 2002/215, Bd. 248, Protokoll der Sitzung von Frank und Baumgartner vom 20. Mai 1965, S. 2–3; BAR J2.261 2002/215, Bd. 248, Protokoll der Sitzung von Frank und von Gunten vom 1. April 1965, Teil 1.

essierte. Dies wiederum gefiel Monsch nicht, der dies als Einmischung empfand und seinen Status als Landwirtschaftsexperte in Zweifel gezogen sah.[49]

Der Zwist zwischen den beiden Herren wurde noch weiter verschärft, als Monsch keine oder nur wenig Milch von der Farm an das Spital liefern wollte mit der Begründung, dass diese dringend für die Aufzucht der Kälber gebraucht werde.[50] In der Tat produzierte die Farm viel zu wenig Milch und andere Lebensmittel, was schliesslich aber noch weitaus gravierendere Folgen als Unstimmigkeiten zwischen der Farmleitung und dem Spital haben sollte. Da durch die schwache Produktivität der lokalen Bauern nur wenige Lebensmittel auf dem lokalen Markt erhältlich waren, musste sich die Schweizer Kolonie mit teuren Lebensmitteln aus Kathmandu und der Schweiz versorgen. Trotz eigener Zuchtfarm und einem mittlerweile umfangreichen Schweizer Milchwirtschaftsprogramm in Nepal wurde sogar Milchpulver aus Neuseeland für den Verzehr in Jiri eingekauft.[51] Doch gemäss Monschs Widersachern war die Lebensmittelknappheit unter den Schweizern nur die Spitze des Eisbergs. Das Problem des Jiri-Projektes war für sie viel grundsätzlicher. Einer ihrer grössten Kritikpunkte war, dass sich die Lebenssituation der lokalen Bevölkerung durch die Eingriffe der Schweizer verschlechtert anstatt verbessert habe. Die verhältnismässig hohen Löhne der lokalen Projektangestellten sowie die grosse Nachfrage nach Lebensmitteln für die Schweizer Kolonie und das Zuchtvieh hätten nicht nur eine massive Preissteigerung bewirkt, sondern die chronische Nahrungsmittelknappheit der Jiri-Region noch verschärft.[52] Es ist allerdings fraglich, ob sich die Präsenz des Schweizer Projektes tatsächlich derartig negativ auf die lokalen Preise und Nahrungsmittelversorgung ausgewirkt hatte oder ob die Vorwürfe nicht eher von persönlichen Frustrationen herrührten. In einer 1968 durchgeführten Studie der Universität Zürich heisst es denn auch, dass die Anwesenheit der Schweizerinnen und Schweizer keine Störung der Preise und Versorgungslage mit sich gebracht habe. Die Teuerung und Lebensmittelverknappung seien vielmehr durch den Besuch des nepalesischen Königs mit seinem 1600-

---

49 Vgl. BAR J2.261 2002/215, Bd. 248, Protokoll der Sitzung von Frank und Egli vom 8. April 1965, S. 14; BAR J2.261 2002/215, Bd. 248, Protokoll der Sitzung von Frank und Monsch vom 13. Januar 1965, S. 5.
50 Vgl. BAR J2.261 2002/215, Bd. 248, Protokoll der Sitzung von Frank und Monsch vom 29. März 1965, Teil 1, S. 1.
51 Vgl. BAR J2.261 2002/215, Bd. 248, Protokoll der Sitzung von Frank und Müller vom 25. März 1965, Teil 1, S. 14.
52 Vgl. BAR J2.261 2002/215, Bd. 248, Protokoll der Sitzung von Frank und Baumgartner vom 20. Mai 1965, S. 4–5; BAR J2.261 2002/215, Bd. 248, Protokoll der Sitzung von Frank und Müller vom 25. März 1965, Teil 1, S. 13–14; BAR J2.261 2002/215, Bd. 248, Protokoll der Sitzung von Frank und von Gunten vom 1. April 1965, Teil 1, S. 2.

Von Büffeln, bissigen Hunden und Platzhirschen 61

Abbildung 2: Wasserbüffel der Zuchtfarm überqueren die 'Bündnerbrücke' in Jiri. Bildquelle: CH-BAR.

köpfigen Begleitstab von 1964 sowie durch amerikanische Everestexpeditionen, welche durch die Region Jiri zogen, verursacht worden.[53]

Das Problem der Nahrungsmittelversorgung macht allerdings deutlich, wie komplex und schwer lenkbar Entwicklungsarbeit in der Praxis war und wie selbst das vermeintlich simple Viehzuchtprojekt im relativ übersichtlichen Gebiet von Jiri viele ungeplante Folgen hatte, welche sich dem Einfluss der Experten entzogen. Auch in anderen Bereichen zeigt sich, wie beschränkt die Macht der Experten war, vor allem dort, wo sie sich über ihr angestammtes Fachgebiet hinauswagten. Beispielsweise gründeten die Schweizer auf eigene Initiative eine Spar- und Leihkasse, obwohl niemand von ihnen fundierte Erfahrungen im Genossenschafts- oder Bankwesen besass. Trotz Kapital von der SATA und Geldeinschuss eines reichen Nepalesen fehlte es der Bank aufgrund der vielen Darlehen schon kurze Zeit nach

---

53 Vgl. Robert Schmid, *Zur Wirtschaftsgeographie von Nepal: Transport- und Kommunikationsprobleme Ostnepals im Zusammenhang mit der schweizerischen Entwicklungshilfe in der Region Jiri*, Zürich 1969 (Dissertation, Universität Zürich), S. 107–111.

ihrer Gründung an Liquidität. Die beteiligten Personen bezichtigten sich gegenseitig des Fehlverhaltens. Freilich stehen auch hier Aussagen gegen Aussagen, so dass die genauen Gründe für die Misswirtschaft nicht mehr nachvollziehbar sind. Was jedoch aus den gegenseitigen Anschuldigungen klar hervorgeht, ist eine Überforderung mit einer Aufgabe, für die niemand der Beteiligten die erforderlichen Kenntnisse besass.[54]

Auch die vermeintliche Ähnlichkeit Jiris mit den Schweizer Bergen täuschte. Die Topographie war zwar ähnlich, das subtropische Klima mit den langen Monsun-Monaten hatte jedoch ganz andere Auswirkungen auf Landwirtschaft und Infrastruktur. Besondere Sorgen bereitete die Brücke über den Jiri-Khola-Fluss. Monsch hatte nach Plänen seines Schwiegervaters, der Kantonsingenieur von Graubünden war, eine befahrbare Brücke mit 20 Meter Spannweite aus Holz, Stein und Teer bauen lassen. Das einem Graubündner Brückentyp nachempfundene Bauwerk war jedoch ungeeignet für das subtropische Klima und musste aufgrund von Fäulnis schon bald zusätzlich unterstützt werden und brach schliesslich nach wenigen Jahren zusammen. Die Schweizer fürchteten, durch diese Fehlkonstruktion Zweifel an der schweizerischen Ingenieurskunst zu wecken und so an Prestige einzubüssen.[55]

Die zunehmenden persönlichen Feindschaften zwischen den Schweizer Entwicklungshelferinnen und -helfern stellten diese und andere fachliche Schwierigkeiten des Jiri-Projektes allerdings in den Schatten. Zwar kritisierten sie jeweils die Arbeiten der anderen und stellten sich gegenseitig das Expertenwissen in Abrede. Doch eine konstruktive Auseinandersetzung mit der Frage nach Ausweitung oder Konzentration des Projektes oder gar mit Grundsatzfragen zur Entwicklungshilfe wurde durch die Missstimmung blockiert.

Die Lage in Jiri eskalierte schliesslich vollends mit dem Zuzug des Volkswirtschaftlers B. Müller. Müller war im Januar 1963 als stellvertretender Teamleiter der SATA nach Nepal gekommen und reiste regelmässig als Berater für Landwirtschafts- und Schulfragen nach Jiri. Monsch war zunächst froh über dessen fachliche Unterstützung, doch als Müller im September 1963 mit seiner Familie nach Jiri übersiedelte und die Leitung des inzwischen zum Mehrzweckprogramm angewachsenen Jiri-Projektes übernehmen sollte, verschlechterte sich die Stimmung

---

54 Zu den widersprüchlichen Vorwürfen die Spar- und Leihkasse betreffend siehe: BAR J2.261 2002/215, Bd. 248, Protokoll der Sitzung von Frank und Egli vom 8. April 1965, S. 8–9; BAR J2.261 2002/215, Bd. 248, Protokoll der Sitzung von Frank und von Gunten vom 1. April 1965, Teil 1, S. 4–5; BAR J2.261 2002/215, Bd. 248, Protokoll der Sitzung von Frank und Monsch vom 29. März 1965, Teil 1, S. 6–7; BAR J2.261 2002/215, Bd. 248,
55 Vgl. BAR J2.261 2002/215, Bd. 248, Protokoll der Sitzung von Frank und Hirsbrunner vom 29. März 1965. Zentralsekretariat SHAG, Zürich: 1965, S. 9; BAR J2.261 2002/215, Bd. 248, Protokoll der Sitzung von Frank und Monsch vom 29. März 1965, S. 10; BAR J2.261 2002/215, Bd. 248, Protokoll der Sitzung von Frank und von Gunten vom 1. April, 1965 Teil 2, S. 4–5.

schlagartig. Monsch konnte nicht akzeptieren, dass ihm, ohne ihn vorhergehend zu konsultieren, nun ein jüngerer Kollege vor die Nase gesetzt wurde, welcher wenig mit den Verhältnissen in Nepal vertraut war.[56] Ausserdem ärgerte ihn, dass Müller kurz nach seiner Ankunft eine Erhebung über die wirtschaftlichen und sozialen Verhältnisse in Jiri und den umliegenden Tälern durchführte, ohne die schon länger in Jiri lebenden Kolleginnen und Kollegen miteinzubeziehen. In der Folge bildeten sich zwei Lager um die beiden Rivalen: die 'Gruppe Müller' und eine Gruppe um Monsch, die vom Arzt despektierlich als 'Abenteurergruppe' bezeichnete wurde.[57] Erstere kritisierte das bisherige Jiri-Projekt mit der Musterfarm und trieb die Ausweitung der Aktivitäten auf andere Bereiche der ländlichen Entwicklung voran, während sich Letztere gegen die Extension wehrte und um die Zukunft der Farm fürchtete. Nur die beiden alleinstehenden Frauen, die Krankenschwester und die Farmsekretärin, konnten sich zumindest zeitweise aus der Lagerbildung heraushalten.[58]

Die 'Gruppe Müller' erhob eine Reihe polemischer Vorwürfe gegen Monsch und beschimpfte ihn als jähzornigen und gewalttätigen «Tyrann von Jiri»[59], der sowohl Schweizer als auch Jirels in Angst und Schrecken versetzten würde. Besonderes Ärgernis waren seine bissigen Hunde, die er angeblich mit Freude auf andere Leute losgelassen habe. Gemäss einer Statistik des Arztes habe durchschnittlich jeder zwölfte Tag ein Nepalese verarztet werden müssen, weil er von einem von Monschs Hunden gebissen worden war. Auch Monschs lockerer Umgang mit stets auf sich getragenen Schusswaffen erschreckte seine Mitmenschen. Zudem charakterisierte die 'Gruppe Müller' Monsch als psychisch labil sowie nikotin-, kaffee- und tablettensüchtig.[60] Einer der Schweizer meinte gar, Monsch wäre zum Mord fähig gewesen, wenn man seinen Jähzorn geweckt habe.[61] Des Weiteren unterstellte man Monsch und einigen seiner Mitarbeiter, sie würden mit «SS- und SA-

---

56 Die Ergebnisse und daraus resultierenden Empfehlungen der Erhebungen sind zu finden in: BAR J2.261 2002/215, Bd. 510, Untersuchungen über die wirtschaftlichen und sozialen Verhältnisse in den vier nepalesischen Gebirgstälern: Jiri, Sikri, Jellung, Khimti von B. Müller, September 1964.
57 Die Zuteilung der Personen in diese beiden Lager durch den Arzt ist gemäss Dr. iur. Frank allerdings sehr fragwürdig. Der Arzt zählte nämlich auch Personen zur 'Abenteurergruppe', welche selber mit Monsch im Streit lagen, sowie Personen, welche zwar in der Entwicklungshilfe tätig waren, aber nicht für das Jiri-Projekt arbeiteten. Siehe dazu: BAR J2.261 2002/215, Bd. 248, Untersuchungsbericht von Dr. iur. L. Frank z.H. des SHAG vom 26. Mai 1965, S. 24.
58 Ab 1963 arbeitete eine Schweizer Lehrerin halbtags als Farmsekretärin, halbtags als Lehrerin für die Schweizer Kinder in Jiri. Sie wohnte bei Familie Monsch auf der Farm.
59 BAR J2.261 2002/215, Bd. 248, Untersuchungsbericht von Dr. iur. L. Frank z.H. des SHAG vom 26. Mai 1965, S. 20.
60 Vgl. BAR J2.261 2002/215, Bd. 248, Protokoll der Sitzung von Frank und Müller vom 24. März 1965, S. 2.
61 Vgl. BAR J2.261 2002/215, Bd. 248, Protokoll der Sitzung von Frank und Hirsbrunner vom 29. März 1965, Teil 2, S. 7.

Methoden»[62] die anderen ausspionieren, um deren Projekte zu sabotieren. Monsch bestritt diese ganzen Vorwürfe und warf seinerseits der 'Gruppe Müller' Kompetenzüberschreitungen, Gefährdung der geleisteten Aufbauarbeit und Unruhestiftung unter Schweizern wie auch unter Nepalesen vor. Ausserdem hegte er den Verdacht, einer seiner Hunde sei von einem Mitglied der 'Gruppe Müller' vergiftet worden.[63]

Die Konflikte unter den Jiri-Schweizern erreichten im Frühling 1964 ihren Höhepunkt, als dem Zentralsekretariat der SATA eine Eingabe gegen Monsch eingereicht wurde mit der Forderung, Monsch bis zum Frühsommer aus Jiri zu entfernen. Diese Eingabe war von mehreren schweizerischen und nepalesischen Projektmitarbeitenden unterzeichnet worden und beinhaltete die Drohung, Jiri zu verlassen, sollte Monsch dies nicht vorher tun.[64] Kurz vor dieser Eingabe hatte bereits die Sekretärin die Farm mit Verweis auf Monschs «moralische Grausamkeit»[65] verlassen. Parallel reichte auch die lokale Panchayat-Behörde ein Beschwerdeschreiben gegen Monsch beim SATA-Vorstand ein. Schlichtungsversuche durch den SATA-Teamleiter bewirkten lediglich, dass die Protagonisten des Konfliktes noch etwas länger in Jiri ausharrten. Die Situation liess sich jedoch nicht mehr verbessern, und bis Anfang 1965 hatten alle am Konflikt beteiligten Schweizerinnen und Schweizer unter Angabe verschiedener Gründe Jiri verlassen und wurden durch ein neues Jiri-Team ersetzt.

Als Reaktion auf diese Krise veranlasste der Zentralvorstand in Zürich eine interne Untersuchung, die in der Folge nicht nur das fachliche und menschliche Versagen der Jiri-Leute, sondern auch substantielle Kritik am Verhalten der SATA-Leitung seitens der Mitarbeitenden zu Tage brachte. Bei der Klärung der Vorfälle in Jiri wurden die Probleme auf die Personen reduziert, während die Art der geleisteten Entwicklungshilfe von der SATA-Leitung nicht in Frage gestellt wurde. Um das Problem auf einen Nenner zu bringen, wurde deshalb Nationalrat Conzett zitiert, der Anfang 1964 Jiri besucht hatte: «Die Krisis ist in erster Linie auf die Personen der Leitung beschränkt, von denen jede versucht, ein kleines Königreich zu errichten und mit allen Mitteln verhindern will, dass irgendjemand

---

62 BAR J2.261 2002/215, Bd. 248, Protokoll der Sitzung von Frank und Müller vom 24. März 1965, S. 6.
63 Vgl. BAR J2.261 2002/215, Bd. 248, Protokolle der Sitzungen von Frank und Monsch vom 13. Januar 1965 und 29. März 1965.
64 BAR J2.261 2002/215, Bd. 248, Untersuchungsbericht von Dr. iur. L. Frank z.H. des SHAG vom 26. Mai 1965, S. 10. Im Mai 1964 gründeten nepalesische Projektmitarbeitende zudem eine 'Nepalese staff-association', die sich ebenfalls gegen Monsch richtete. Dokumente der 'Nepalese staff-association' sind leider nicht im BAR vorhanden, doch finden sich Hinweise darauf: *ibid.*, Anhang S. 3.
65 BAR J2.261 2002/215, Bd. 248, Protokolle der Sitzungen von Frank und Monsch vom 13. Januar 1965, S. 4.

die Grenze dieses persönlichen Königreichs überschreitet.»[66] Dementsprechend wird im Untersuchungsbericht konstatiert, dass Fehlschläge eben unvermeidlich seien und die persönlichen Streitereien zwar Arbeiten verzögert, aber keineswegs unwirksam gemacht hätten. Was hingegen als sehr gravierend erachtete wurde, war, dass die Konflikte unter den Schweizern auch vor nepalesischen Mitarbeitern ausgetragen wurden.[67] Damit würden die fachlichen und menschlichen Schwächen auch für die Einheimischen sichtbar, was den Expertenstatus der Schweizerinnen und Schweizer gefährdete.[68] Als Schlussfolgerung der Untersuchung empfahl man ein Festhalten an den 'bewährten Grundsätzen' der bisherigen Entwicklungshilfe mit einer gründlicheren Ausreisevorbereitung der Feldmitarbeitenden unter eventueller Beihilfe des Instituts für angewandte Psychologie der Universität Zürich.[69]

So wurde die Extension des Jiri-Projekts trotz der Probleme weiterhin vorangetrieben. Ausgerechnet auf dem Höhepunkt der Krise im Frühling 1964 wurde der erste formelle Vertrag zwischen der SATA und der nepalesischen Regierung über das Jiri-Projekt unterzeichnet, welcher die bisherigen Projektaktivitäten nun offiziell zum Mehrzweckprogramm erklärte. Von da an sollte die Schweizer Entwicklungshilfe nicht nur die Bereiche Land-, Vieh-, Waldwirtschaft und Medizin abdecken, sondern auch eine Konsumgenossenschaft, eine Genossenschaftsbank, ein landwirtschaftliches Ausbildungszentrum, Heimindustrie und weitere Bereiche in einer ausgedehnten Projektregion umfassen.[70]

Die Nepalesen

Eine der grundlegenden Fragen, welche nebst den bereits genannten Streitpunkten innerhalb des Jiri-Teams immer wieder aufgeworfen wurde, war die Frage nach der Zusammenarbeit mit den Nepalesen und deren Repräsentationsmacht. Vor allem die Frage, wie die ärmere Bevölkerung gefördert werden könne und wie mit der lokalen Oberschicht kooperiert werden müsse, stellte die Schweizer Entwicklungsexperten vor grössere Schwierigkeiten. Angesichts der schwerwiegenden persönlichen Streitereien wurde diesen Fragen bei der Untersuchung der Konflikte

---

66 BAR E. 2005 A 1978/137, Bd. 267, Hans Conzett, Nationalrat, Bericht über die Besichtigung von bilateralen Hilfswerken der Schweiz in Indien und Nepal vom 28. Januar bis 12. Februar 1964, S. 11. Conzett wird ausserdem zitiert in BAR J2.261 2002/215, Bd. 248, Untersuchungsbericht von Dr. iur. L. Frank z.H. des SHAG vom 26. Mai 1965, S. 29.
67 Vgl. BAR J2.261 2002/215, Bd. 248, Untersuchungsbericht von Dr. iur. L. Frank z.H. des SHAG vom 26. Mai 1965 und dazugehörige Gesprächsprotokolle mit den beteiligten Personen.
68 *Ibid.*, S. 13.
69 *Ibid.*, S. 31–34.
70 BAR J2.261 2002/215, Bd. 448, Agreement between His Majesty's Government of Nepal and the Swiss Association of Technical Assistance regarding the Jiri Multipurpose Development Project, 12. Mai 1964.

allerdings weniger Bedeutung zugemessen, auch wurden sie für die Planung der Projektausweitung nach 1964 kaum berücksichtigt.

Sowohl die 'Gruppe Müller' als auch die 'Abenteurergruppe' beteuerten, um ihr Vorgehen zu rechtfertigen, stets im Interesse der Nepalesen zu handeln. Dabei erschienen 'die Nepalesen' meist als Kollektiv, ungeachtet der Tatsache, dass die im Projekt arbeitenden und die vom Projekt betroffenen Nepalesen viel weniger noch als die schweizerischen Entwicklungshelferinnen und -helfer eine einheitliche Gruppe bildeten. Tatsächlich setzte sich diese aus Vertretern der Behörden, aus Projektmitarbeitenden und der lokalen Bevölkerung zusammen. Auf Seite der Behörden standen zunächst die Beamten des nepalesischen Landwirtschaftsministeriums, mit welchen die SATA über die offiziellen Rahmenbedingungen der Projektaktivitäten zu verhandeln hatte. Ab 1962 gab es überdies ein lokales Panchayat-Gremium, mit dem die Implementierung der Projekte abgesprochen werden musste. Die Projektmitarbeitenden setzten sich ebenfalls aus Leuten aus Kathmandu und aus der Umgebung von Jiri zusammen. Die meisten qualifizierten Stellen waren dabei mit Fachkräften aus Kathmandu besetzt, während Männer und Frauen aus der Region vor allem für die zahlreichen Hilfsarbeiten auf der Farm und auf Baustellen eingesetzt wurden. Die lokale Bevölkerung war wiederum keineswegs homogen, sondern sehr hierarchisch organisiert und setzte sich aus Angehörigen verschiedener Volksgruppen und Kasten zusammen.[71]

Wenn sich die zerstrittenen Schweizerinnen und Schweizer zur Rechtfertigung ihrer Handlungen auf den Willen 'der Nepalesen' beriefen, meinten sie deshalb oft ganz verschiedene Akteure. Für Monsch verkörperte beispielsweise sein nepalesischer Vorgesetzter des Landwirtschaftsministeriums, der Direktor für Landwirtschaft Pradhan, die nepalesische Regierung und repräsentierte den Willen der Nepalesen. Pradhan war von Anfang an ins Jiri-Projekt involviert und identifizierte sich sehr stark damit. Monsch anerkannte dessen Autorität und unternahm grundsätzlich keine neuen Arbeitsschritte ohne Pradhans Einwilligung. Dessen Zustimmung und Rückendeckung verliehen ihm daher ein Gefühl der Legitimation und Rechtmässigkeit seiner Aktivitäten. Sein Pflichtgefühl gegenüber Pradhan ging sogar so weit, dass er sich nicht nur als Angestellter der SATA, sondern auch als direkt von der nepalesischen Regierung Beauftragter verstand.[72] Auch von einigen Farmangestellten hielt Monsch viel. Besonders schätzte er den Vorarbeiter P. Sherpa, der ihm in der Leitung der Farm eine grosse Stütze war. Sherpa nahm ausserdem eine wichtige Mittlerrolle zwischen Monsch und der lokalen Bevölkerung ein und

---

71 Vgl. Evaluationsbericht 1969, S. 147–158.
72 Vgl. BAR J2.261 2002/215, Bd. 248, Untersuchungsbericht von Dr. iur. L. Frank z.H. des SHAG vom 26. Mai 1965, S. 6; BAR J2.261 2002/215, Bd. 505, Brief von G. Monsch an R. Jenny vom 21. Januar 1963.

Abbildung 3: Der Konsumladen in Jiri. Bildquelle: CH-BAR.

beriet später als Mitglied des Bankkomitees die Schweizer hinsichtlich der Kreditwürdigkeit der lokalen Bankkunden.[73] Gegenüber der traditionellen Oberschicht von Jiri war der anti-elitär eingestellte Monsch jedoch eher feindlich gesinnt. Besonders die lokalen Grossgrundbesitzer und Geldverleiher betrachtete er als entwicklungshemmende Ausbeuter. Monsch verstand sich als Freund und Helfer der wenig privilegierten Jirels und versuchte mit seinen Arbeiten die traditionelle Oberschicht zu umgehen. So sollte nach seinen Vorstellungen durch die Spar- und Leihkasse die Macht der lokalen Geldverleiher untergraben werden, welche horrende Zinsen von ihren Schuldner verlangten. Mit seinem teilweise harschen Vorgehen gegen Angehörige der traditionellen Oberschicht machte er sich und die Farm allerdings unbeliebt und verscherzte es sich mit dem lokalen Panchayat, das sich grösstenteils aus hochkastigen Grossgrundbesitzern und Geldverleihern zusammensetzte. Wie unbeliebt er sich in diesen Kreisen machte, zeigte sich an der Eingabe des Panchayats an die SATA mit der Forderung nach seiner Absetzung. Auch habe es gemäss der 'Gruppe Müller' immer wieder Prozesse gegen Monsch

---

73 Vgl. BAR J2.261 2002/215, Bd. 505, Bericht von A. Monsch an R. Wilhelm vom 6. Dezember 1960; vgl. BAR J2.261 2002/215, Bd. 248, Protokoll der Sitzung von Frank und Egli vom 8. April 1965, S. 8.

gegeben, weil er angeblich illegal Land von lokalen Bauern konfisziert habe. Nur dank der Rückendeckung durch Pradhan sei Monsch so lange auf seinem Posten geblieben. Monsch bestritt jedoch solche Vorwürfe vehement und beteuerte, immer rechtmässig gehandelt zu haben.[74]

Auch die Krankenschwester, die von der 'Gruppe Müller' zur 'Abenteurergruppe' gezählt wurde, betrachtete sich als Fürsprecherin der weniger privilegierten Jirels. Sie war entschieden gegen das ausgeprägte Kastensystem und setzte durch, dass Angehörige aller Kasten im selben Krankenzimmer behandelt wurden. Ihr vorgesetzter Arzt kritisierte dieses Vorgehen und vertrat die Ansicht, dass man sich als Ausländer der sozialen Ordnung anpassen müsse. Das Kastensystem war erst Anfang der 1960er Jahre offiziell abgeschafft worden, und als Schweizer könnten sie kein Umdenken erzwingen, so sein Standpunkt. Er förderte deshalb fast ausschliesslich die Ausbildung hochkastiger Krankenschwestern, da diese von Patienten aller Kasten akzeptiert würden. Der Arzt unterstellte der 'Abenteurergruppe' zudem eine 'soziale Mission', welche sowohl bei den Reichen als auch bei den Armen auf Widerstand gestossen sei. Seiner Meinung nach fühlten sich die Armen bei den Reichen geborgen und würden deshalb keine radikalen Änderungen der Sozialordnung wünschen. Zur Untermauerung seiner Überzeugung betonte er, ihm sei von der Bevölkerung stets grosser Respekt entgegengebracht worden. Er habe bei seinem Weggang aus Jiri viele Komplimente erhalten, weil er gut zu den Armen und den Reichen gewesen sei.[75] Auffallend bei der heiklen Frage nach der Vereinbarkeit des Kastensystems mit Entwicklungsbestrebungen ist die paternalistische Haltung beider Seiten. Während der Arzt argumentierte, «[d]ie Armen fühlen sich geborgen bei den Reichen»[76], rühmte sich die Krankenschwester, das «Zutrauen der ärmeren Schichten»[77] genossen zu haben. Die Nepalesen hätten gespürt, dass sie sich aus den Streitereien der anderen Schweizer heraushielt und ihre konsequent eigenständige Linie geschätzt. «Die Nepali sind im Denken wirklich wie Kinder, viell[eicht] spüren sie, ob man konsequent und korrekt mit ihnen ist. Wenn sie das wissen ein Jahr lang, dann würden sie nachher alles für jemanden tun.»[78]

Müller unterstützte die Ansicht des Arztes, dass Entwicklung nicht gegen, sondern nur in Zusammenarbeit mit den einflussreichen Gruppen erreicht werden

---

74 Vgl. BAR J2.261 2002/215, Bd. 248, Protokoll der Sitzung von Frank und Baumgartner vom 20. Mai 1965, S. 8–9; Protokoll der Sitzung von Frank und Monsch vom 13. Januar 1965, S. 2–3; BAR J2.261 2002/215, Bd. 248, Protokoll der Sitzung von Frank und von Gunten vom 1. April 1965, Teil 1, S. 5–6.
75 Vgl. BAR J2.261 2002/215, Bd. 248, Protokoll der Sitzung von Frank und von Gunten vom 1. April 1965 Teil 1, S. 6–8.
76 *Ibid.*, S. 8.
77 BAR J2.261 2002/215, Bd. 248, Protokoll der Sitzung von Frank und Baumgartner vom 20. Mai 1965, S. 7.
78 *Ibid.*

könne. Er war überzeugt von der 'Trickle-down-Theorie', der Vorstellung, dass durch die Unterstützung der einflussreichen Gruppen die allgemeine Entwicklung der Gegend gefördert werden könne, wovon längerfristig alle profitieren würden. Anders als für Monsch verkörperte für ihn nicht das Landwirtschaftsministerium das offizielle Nepal, sondern die nationale Regierung und die lokalen Panchayate.[79] Müller hatte Mühe mit Pradhan, da sich dieser wie Monsch nur für die Farm eingesetzt und sich gegen die Extension des Jiri-Programmes gesträubt habe. Er verdächtigte ihn, den Vertragsabschluss über das Jiri-Mehrzweckprogramm sabotiert zu haben, und betonte, der Vertrag sei schliesslich genau dann zustande gekommen, als Pradhan von seinem Regierungsposten suspendiert wurde. Nicht ohne Genugtuung hielt Müller ausserdem fest, dass die vorübergehende Absetzung Pradhans gemäss Gerüchten nicht zuletzt auch auf «sein schlechtes Benehmen gegenüber ausländischen Missionen»[80] zurückzuführen gewesen sei. Pradhan habe seine Position nur dank guter Beziehungen zu einem der nepalesischen Prinzen so lange halten können. Während Müller Pradhan als Verbündeten Monschs bezeichnete, beschrieb er andere Nepalesen als dessen Opfer. So nannte er als Auslöser für das Ultimatum gegen Monsch die Bedrohung eines nepalesischen Projektmitarbeiters, der gleichzeitig Mitglied des lokalen Panchayats war. Weil dieser sich geweigert habe, sich für die Rehabilitierung eines von Müller entlassenen Schweizer Bauzeichners einzusetzen, habe ihn Monsch mit der Entlassung und der Forderung bedroht, er müsse sein Fünfjahresdarlehen der Jiri-Bank sofort zurückzahlen. Als auch noch sein Sohn von Monschs Hund gebissen worden sei, hätten er und andere Einheimische schliesslich die Absetzung von Monsch verlangt. Im Weiteren hob Müller hervor, der Vertrag über die Ausweitung der Entwicklungshilfe in Jiri zum Mehrzweckprogramm sei auf Wunsch 'der Nepalesen' zustande gekommen. Er und der Teamleiter der SATA seien somit nur auf die Bedürfnisse der nepalesischen Regierung und Bevölkerung eingetreten.[81]

Beide Lager waren der Überzeugung, im Interesse 'der Nepalesen' zu handeln, obwohl es diese als homogene Gruppe mit einheitlichen Bedürfnissen und Wünschen gar nicht gab. Da die Absicherung der Projektaktivitäten durch 'die Nepalesen' so wichtig war, kam es unter dem neuen bilateralen Vertrag schliesslich zu einer schwerfälligen Führungsstruktur mit mehreren Gremien bestehend aus Vertretern der SATA, verschiedenen nepalesischen Ministerien, den Panchayaten und aus Projektangestellten in leitenden Positionen. Dadurch sollte eine besonders gute Einbindung des Programmes in die nepalesischen Gegebenheiten garantiert wer-

---

79 Vgl. BAR J2.261 2002/215, Bd. 248, Protokoll der Sitzung von Frank und Müller vom 25. März 1965, S. 16.
80 *Ibid.*, S. 19.
81 Vgl. *ibid.*, S. 16–20.

den. Gemäss der Evaluation von 1968 bewirkte man jedoch genau das Gegenteil, die Isolation des Projektes von der nationalen Entwicklungsplanung verstärkte sich.[82] Auch die Einbindung möglichst breiter Bevölkerungsschichten gelang nicht, da die gezielte Umformung der lokalen Gesellschaft ausserhalb der Macht der Entwicklungsexperten lag. Zwar glaubten die Schweizerinnen und Schweizer die lokalen Sozial- und Machtstrukturen zu durchschauen, allerdings hatten diese eine Eigendynamik, die von den Ausländern nicht vollständig verstanden, geschweige denn gesteuert werden konnte. Dazu wurde in der Programmevaluation festgestellt, dass «[d]er Misserfolg der Konsumgenossenschaft und der Kreditbank […] weitgehend darauf zurückzuführen [ist], dass die traditionelle Oberschicht es verstanden hat, diese Institutionen unter ihre Kontrolle zu bringen.»[83] Auch die Beurteilung der übrigen Projektanstrengungen fiel vernichtend aus: Diese hätten bloss zu einer partiellen Modernisierung der Oberschicht und zu Spannungen in unteren Schichten geführt, welche das Gefühl hatten, dass nur die Reichen von der Entwicklungshilfe profitieren würden. Diese Spannungen äusserten sich teilweise in offenem Widerstand gegen Personen, die eng mit dem Projekt in Kontakt standen. Beispielsweise wurde in einer angrenzenden, von der Volksgruppe der buddhistischen Sherpa dominierten Region ein Brahmin (Angehöriger der hinduistischen Priesterkaste) aufgrund seiner engen Beziehungen zum Jiri-Programm nicht mehr ins dortige Dorf-Panchayat gewählt.[84] Der erwartete 'Trickle-down-Effekt' des Jiri-Programms blieb dementsprechend aus, und das Evaluationsteam schlussfolgerte: «Wir können annehmen, dass die Zusammenarbeit des Projekts mit der traditionellen Oberschicht eine der wesentlichsten Ursachen dafür ist, dass es bis anhin nicht gelang, weitere Bevölkerungsschichten zu erreichen. Zudem werden nepalesische und schweizerische Experten in hohem Masse als Interessenvertreter der traditionellen Oberschicht betrachtet.»[85] Die Chancen, andere Gruppen als die traditionelle Oberschicht zu erreichen, erachtete das Evaluationsteam als «v.a. in jenen Gebieten gross, in denen das Projekt erst seit kurzer Zeit seinen Einfluss geltend macht und bei den unteren Schichten noch nicht der Eindruck vorherrscht, das Projekt diene in erster Linie der Unterstützung der Reichen. Dabei müsste versucht werden, sich ganz bewusst an die aufgrund traditioneller Kriterien diskriminierter Gruppen zu wenden.»[86] Dass dies einige Jahre zuvor von der 'Abenteurergruppe' zumindest teilweise versucht worden war und dieses Vorgehen den Kollegen damals ungeeignet schien, wurde von den Evaluatoren indes

---

82 Vgl. Evaluationsbericht 1969, S. 14–15.
83 *Ibid.*, S. 157.
84 Vgl. *ibid.*, S. 142–143; 157–159.
85 *Ibid.*, S. 157.
86 *Ibid.*, S. 159.

nicht erwähnt. Auch wenn gegen Ende der 1960er Jahre das Bewusstsein gewachsen war, dass Entwicklungshilfe nicht automatisch der erwünschten Zielgruppe zugutekommt, wurden die Nepalesen nach wie vor als eine kollektive Empfängergruppe beschrieben, die aus wenigen Reichen und vielen Armen bestehe. Die Handlungsmacht und die Interessen von einzelnen Nepalesen innerhalb von Entwicklungsprojekten wurden jedoch nicht eingehend reflektiert.

Als Schlussfolgerung präsentierte das Evaluationsteam dem auftraggebenden DftZ drei Möglichkeiten für die Zukunft des Jiri-Programms: 1. Weiterführung wie bisher. Dies wurde aber aufgrund der aufgezeigten Probleme nicht empfohlen und nur mit einem gezielten Abbau der traditionellen Diskriminierungen als vertretbar erachtet; 2. Rückzug aus Jiri und Beendigung der Projekte. Ein Rückzug sei angesichts der Schwierigkeiten vertretbar, wurde aber ebenfalls nicht empfohlen; 3. vollständige Neukonzipierung des Programms als integriertes Grossprojekt, welches auch den Bau einer Strasse nach Kathmandu umfassen sollte. Ob sich eine solche Investition bei den bisher eher negativen Erfahrungen lohne, wollten die Evaluatoren offen lassen.[87]

Weder die Evaluatoren noch die SATA benannten konkrete Gründe, die gegen einen Rückzug aus Jiri sprachen, doch die Vermutung liegt nahe, dass dies sowohl für die innenpolitische Absicherung als auch für die Reputation der Schweiz in Nepal als unvorteilhaft erachtet wurde. Deshalb schien zunächst trotz den aufgezeigten Nachteilen die erste Option die beste für die SATA. Als der Jiri-Vertrag 1970 auslief, unterbreitete die SATA basierend auf den Ergebnissen der genannten Studie Vorschläge für Neuerungen im Programm. Der zuständige Staatssekretär des nepalesischen Finanzministeriums lehnte diese Vorschläge jedoch ab und beendete die Zusammenarbeit mit den Schweizern, um die Jiri-Projekte allein mit nepalesischen Mitarbeitenden weiterzuführen.[88] Sowohl die nepalesische Regierung als auch die SATA hatten aber weiterhin ein starkes Interesse an der gemeinsamen Entwicklung der Hügelgebiete Nepals. So wurde schliesslich die vom Evaluationsteam vorgeschlagene dritte Option wiederaufgegriffen und 1972 das *Integrated Hill Development Project* (IHDP) ins Leben gerufen, das nicht nur den Bau einer Bergstrasse umfasste, sondern sich auch zentral der Frage widmete, wie traditionell benachteiligte Gruppen durch Entwicklungshilfe gefördert werden können.[89]

---

87 Vgl. *ibid.*, S. 18–22.
88 Vgl. Högger 1975, *op. cit.*, S. 19–20.
89 Zum IHDP siehe: Wilhelm 2012, *op. cit.*

Schluss

Die Geschichte des Jiri-Projektes, das sich von einer kleinen Musterfarm zu einem ausser Kontrolle geratenen Mehrzweckprogramm entwickelt hatte, zeigt die Komplexität von Entwicklungshilfe in der Praxis auf. Jede Handlung setzte Prozesse in Gang, die nur schwer durchschaubar und lenkbar waren. Die in Jiri ausgelöste Eigendynamik zeigt zudem, wie vielseitig und flexibel Macht zwischen allen beteiligten Personen verteilt war und wie ausgeliefert die 'Geber' gegenüber lokalen Machtstrukturen waren. Die Feldmitarbeitenden waren mit ihrer komplexen Aufgabe vielfach überfordert und fühlten sich von den Planern und Theoretikern ihrer Organisation im Stich gelassen. Die grossen Entwicklungstheorien sowie die Konzepte ihres Arbeitgebers boten ihnen bei ihrer alltäglichen Arbeit im 'Feld' keine brauchbaren Leitlinien. Stattdessen entpuppten sich scheinbar nichtige Probleme wie bissige Hunde oder Hierarchien in einem Spital, die in keiner entwicklungstheoretischen Debatte vorkommen, als zentrale, projektgefährdende Konfliktpunkte. Angesichts der ernüchternden Bilanz des Jiri-Projekts und der Rückweisung der nepalesischen Regierung gab es für die SATA schlussendlich nur eine Möglichkeit, ihr bisher grösstes Projekt nicht wie eine Bauruine in der Landschaft stehen zu lassen und sich damit als Entwicklungshilfsorganisation in Nepal zu diskreditieren: die Flucht nach vorne. Damit fand das 'gescheiterte' Jiri-Projekt seinen Sinn als Vorläufer des viel grösseren IHDP, wobei dieser Schritt wiederum mit dem Wunsch 'der Nepalesen' begründet wurde.

Bei der Rechtfertigung des Jiri-Programms und des weiteren Engagements der Schweiz in Nepal nahmen die drei im Aufsatz beschriebenen rhetorischen Figuren wichtige Legitimationsfunktionen ein. Der 'Pionier' war zwar wichtig, um in den 1960er Jahren das für die Schweiz weitgehend unbekannte Feld der Entwicklungshilfe zu besetzen. Als Figur diente er allerdings auch dazu, personelle Fehlentscheidungen und mangelnde Planung zu kaschieren. Demgegenüber half der 'Experte' zweifellos, die verschiedenen Hilfsprojekte zu implementieren, doch war es auch seine Aufgabe, die Notwendigkeit der Anwesenheit der Schweizer in Nepal durch seine Überlegenheit unter Beweis zu stellen. Die 'Nepalesen' lieferten schliesslich die Erklärung für das Engagement in Projekten, die sich als nicht erfolgreich erwiesen. Zugleich wurden sie von den Schweizern unterschätzt, da sie eben nicht bloss wie Kinder waren, sondern mit Entwicklungshilfe eigene Interessen verfolgten.

Mit diesem Hinweis auf die Rechtfertigungsstrategien wird die generelle Frage nach der Persistenz von Entwicklungshilfe zwar angeschnitten, doch kann sie nicht beantwortet werden. Denn warum der Glaube an Entwicklungshilfe trotz der vielen Enttäuschungen im Jiri-Projekt nicht aufgegeben wurde, bleibt letztlich unklar.

Es kann jedoch festgestellt werden, dass im Falle von Jiri sicherlich ein Interesse der nepalesischen Regierung an der Erschliessung abgelegener und schwer kontrollierbarer Gebiete vorhanden war. Die Schweizer 'Geber' waren demgegenüber weiterhin überzeugt, Gutes zu tun und gebraucht zu werden. Geostrategische oder wirtschaftliche Interessen waren für sie nicht massgebend. Für die Schweizer Entwicklungsfachleute war Nepal zudem ein attraktives Einsatzland, bot es doch eine Art von Leben, Arbeit und Status, die in der Schweiz nicht möglich gewesen wären. Entscheidend war ausserdem das Gefühl, an einem 'Point of no Return' angelangt zu sein. Dieses drückte sich einerseits im Schweizer 'Entwicklungsapparat'[90] aus, der Ende der 1960er Jahre bereits eine solche Eigendynamik entwickelt hatte, dass ein Rückzug aus einem der Haupteinsatzgebiete nicht opportun für die Rechtfertigung des damals stark vorangetriebenen Ausbaus der Schweizer Entwicklungshilfe gewesen wäre. Andererseits manifestierte sich der 'Point of no Return' auch in einer Gewissheit der Schweizer Akteure, durch die Entwicklungsarbeit schon zu viele Prozesse ausgelöst zu haben, um sich ohne grösseren Schaden aus der Projektregion zurückziehen zu können; die einmal auf sich genommene Verantwortung sei deshalb weiterhin zu tragen.

---

90 James Ferguson, *The Anti-Politics Machine: «Development», Depoliticization, and Bureaucratic Power in Lesotho*, Cambridge 1990.

«Die Haltung eines älteren Bruders». Ideal, Selbstverständnis und Afrikabild der Schweizer Freiwilligen für Entwicklungsarbeit, 1964–1974[*]

Patricia Hongler

Im Jahr 1964 rief der *Dienst für technische Zusammenarbeit* (DftZ) eine auf junge Menschen ausgerichtete Sektion ins Leben: die *Schweizer Freiwilligen für Entwicklungsarbeit*. In diesem Rahmen arbeiteten in den folgenden Jahren mehrere hundert Schweizerinnen und Schweizer während einer begrenzten Zeitspanne auf dem afrikanischen Kontinent.[1] Anhand einer Analyse ihrer Erfahrungsberichte wird im vorliegenden Beitrag nach dem Ideal, Selbstverständnis und Afrikabild der Freiwilligen gefragt. Ausserdem untersuche ich Auswirkungen dieser Konstrukte auf Machtverhältnisse sowie auf den Umgang mit eigenem und fremdem (Nicht-)Wissen. Zunächst wird ein kurzer Einblick in den historischen Kontext der Freiwilligenaktion gegeben sowie eine theoretische Einbettung geleistet.

Die Gründung der Schweizer Freiwilligensektion fällt in die Anfangsjahre der schweizerischen Entwicklungshilfe. 1961 war innerhalb des *Eidgenössischen Politischen Departementes* (EPD) der DftZ gegründet worden, ein Vorläufer der heutigen *Direktion für Entwicklung und Zusammenarbeit* (DEZA).[2] Wie Lukas Zürcher gezeigt hat, verstand man sich dabei in der Schweiz «als Modell und Vorbild für Entwicklungsländer, insbesondere für afrikanische Staaten».[3] Den Aufbau eines Freiwilligendienstes stellte der DftZ rückblickend als Reaktion auf eine bestehende Nachfrage dar:

Als 1963 sich immer mehr junge Schweizer erkundigten, ob die Möglichkeit zur Arbeit innerhalb eines solchen Dienstes bestehe, entschloss sich der Bundesrat, einen Versuch mit einem Schweizer Freiwilligen-Korps zu machen.[4]

---

[*] Dieser Beitrag basiert auf meiner Masterarbeit, die am Lehrstuhl von Prof. Dr. Gesine Krüger am Historischen Seminar der Universität Zürich entstanden ist. Ich danke ihr an dieser Stelle für die hervorragende Betreuung. Mein Dank geht zudem an Marina Lienhard, Katrin Pfrunder, Frank Schubert, Daniel Speich und Lukas Zürcher.

[1] Zudem gab es Freiwilligeneinsätze in Nepal, die jedoch nicht in die Analyse miteinbezogen werden.

[2] Vgl. Branka Fluri, «Umbruch in Organisation und Konzeption. Die technische Zusammenarbeit beim Bund, 1958–1970», in: Peter Hug, Beatrix Mesmer (Hg.), *Von der Entwicklungshilfe zur Entwicklungspolitik,* Bern 1993, S. 385.

[3] Lukas Zürcher, 'So fanden wir auf der Karte diesen kleinen Staat'. Globale Positionierung und lokale Entwicklungsfantasien der Schweiz in Rwanda in den 1960er-Jahren», in: Hubertus Büschel, Daniel Speich (Hg.), *Entwicklungswelten. Globalgeschichte der Entwicklungszusammenarbeit,* Frankfurt a.M./New York 2009, S. 275–309, hier S. 282.

[4] 5 Jahre. März 1964 – März 1969. Ein Überblick über die ersten fünf Jahre des Bestehens der Schweizer Freiwillige für Entwicklungsarbeit, S. 1.

Dies passt zur von Daniel Trachsler in diesem Band vertretenen These, wonach der Entwicklungshilfe eine innenpolitische Ventilfunktion zukam. Sie bot demnach die Möglichkeit, einen angestauten internationalen Solidaritätswillen der Schweizer Jugend in kontrollierbare Bahnen zu lenken.[5] Klar ist, dass sich die Freiwilligensektion stark am 1961 gegründeten amerikanischen *Peace Corps* orientierte. Dieses diente der Imagepflege der USA im Ausland. Zu Beginn seines Bestehens war das *Peace Corps* sehr populär und veranlasste europäische Regierungen zur Ausarbeitung ähnlicher Projekte.[6] Denkbar wäre somit auch, dass in der Schweiz aus diesem Grund Einsatzmöglichkeiten für junge Menschen in der Entwicklungshilfe geschaffen wurden. Wichtig für die vorliegende Analyse sind allerdings weniger allfällige Motive und Ziele hinter der Freiwilligenaktion als die Feststellung, dass Entwicklungsarbeit durch junge Schweizerinnen und Schweizer als geeignetes Mittel zur Bekämpfung von Armut und 'Unterentwicklung' angesehen wurde.

Der Elan und die Zuversicht der ersten Entwicklungsdekade verflogen jedoch bald.[7] Zu Beginn der 1970er Jahre wurde das schweizerische Engagement in der Entwicklungshilfe zu einem innenpolitisch umkämpften Thema. Entwicklungspolitische Organisationen hinterfragten die Art des Hilfeleistens sowie die dahinter vermuteten Absichten und Interessen. Armut und 'Unterentwicklung' deuteten sie neu als Folge von Unterdrückungs- und Ausbeutungsverhältnissen.[8] Diese Veränderungen sind für die nachfolgende Analyse wichtig, denn sie spiegeln sich auch in den Quellen zur Freiwilligenaktion.

Während die sich wandelnden Konzepte der Entwicklungshilfe sowie ihre politische und wirtschaftliche Dimension in den letzten Jahren bereits von der Geschichtswissenschaft analysiert worden sind, bleiben die direkt involvierten Akteurinnen und Akteure und ihre Alltagserfahrungen in diesen Darstellungen meist abstrakt oder unsichtbar.[9] Im vorliegenden Beitrag werden daher bewusst die Freiwilligen und ihre Textzeugnisse ins Zentrum gestellt. Allerdings kann es keineswegs

---

5 Vgl. den Beitrag von Daniel Trachsler in diesem Band.
6 Vgl. Sabine Kraut, «Guter Willen, wenig Erfolg. Von Kennedys Peace Corps zur Aktion 'Schweizer Freiwillige für Entwicklungsarbeit', 1961–1972», in: Hug, Mesmer 1993, *op. cit.*, S. 445–447. Die Anlehnung an das amerikanische Vorbild ist in den Quellen zur Freiwilligenaktion offensichtlich. Publikationen und Leitfäden des *Peace Corps* wurden zum Teil inhaltlich unverändert übernommen.
7 Dies galt nicht nur für den Schweizer Kontext, sondern für den damaligen Entwicklungsdiskurs im Allgemeinen, vgl. Hubertus Büschel, Daniel Speich, «Konjunkturen, Probleme und Perspektiven der Globalgeschichte von Entwicklungszusammenarbeit», in: dies. 2009, *op. cit.*, S. 13.
8 Vgl. Monica Kalt, *Tiersmondismus in der Schweiz der1960er und 1970er Jahre. Von der Barmherzigkeit zur Solidarität*, Bern 2010, S. 317; Konrad Kuhn, «'Der Kampf der Entrechteten dort ist unser Kampf hier!' Entwicklungspolitisches Engagement und internationale Solidarität in der Schweiz», in: Janick Marina Schaufelbuehl (Hg.), *1968–1978: Ein bewegtes Jahrzehnt in der Schweiz*, S. 113–124, hier S. 113, sowie den Beitrag von Samuel Misteli in diesem Band.
9 Vgl. die Kritik von Anne-Meike Fechter, Heather Hindman (Hg.), *Inside the Everyday Lives of Development Workers. The Challenges amd Futures of Aidland*, Sterling 2011, S. 4 sowie den Beitrag von Lukas Zürcher in diesem Band.

das Ziel sein, diese frühen Akteurinnen und Akteure der schweizerischen Entwicklungshilfe rückblickend falscher Einschätzungen und Handlungen zu überführen und damit aus heutiger Perspektive selbstgerecht aufzutrumpfen. Vielmehr möchte ich den Denkmustern in den Texten der Freiwilligen nachgehen und dabei Widersprüchlichkeiten und Zusammenhänge benennen. Ich unterscheide dazu drei miteinander verknüpfte Fragekomplexe: In einem ersten Schritt gehe ich dem Idealbild nach, das vom DftZ in Bezug auf die Freiwilligen entworfen wurde. Wie sollte der oder die ideale Freiwillige gemäss dem DftZ im Einsatzland leben und arbeiten? Welches Konzept von Hilfe und 'Entwicklung' lässt sich daran beobachten? Und wies dieses Idealbild genderspezifische Merkmale auf? In einem zweiten Schritt arbeite ich heraus, welche Bilder die Freiwilligen in Bezug auf sich selbst, ihre Arbeit und ihre Funktion konstruierten. Dabei gehe ich davon aus, dass sich Selbstbilder in Abgrenzung gegenüber einem 'Anderen' ergeben. Diese Beschreibung von Menschen als andersartig und fremd zur Konstruktion eines normalen 'Selbst' wird in der postkolonialen Theorie als *othering* bezeichnet.[10] Inwiefern schufen die Freiwilligen also eine Differenz zwischen sich und Anderen, konkret zwischen sich und ihren afrikanischen Counterparts oder Homologues?[11] Zuletzt wird gefragt, welche Auswirkungen das vom DftZ vorgegebene Idealbild auf das Alltagsleben in den Einsatzländern hatte. Dabei vertrete ich die These, dass dieses Idealbild von grundsätzlichen Widersprüchen geprägt war und die Position der Freiwilligen erheblich erschwerte.

Die in den Quellen zur Freiwilligenaktion beobachtbaren Selbst- und Fremdzuschreibungen weisen Kontinuitäten auf, die auf entscheidende Weise mit kolonialer Herrschaft und der damit einhergehenden Wissensproduktion verknüpft sind.[12] *Postkoloniale Theorie* fragt nach diesem Nachwirken und Fortbestehen des Kolonialismus.[13] Der vorliegende Beitrag geht davon aus, dass auch ein Land ohne eigene Kolonien wie die Schweiz Teil einer von kolonialer Herrschaft geprägten Welt war. Damit ist nicht nur die Beteiligung von Schweizer Akteurinnen und Akteuren an kolonialen Unternehmungen gemeint, sondern auch das Zirkulieren und

---

10 Vgl. u.a. Aram Ziai, «Postkoloniale Perspektiven auf 'Entwicklung'», in: *Peripherie: Zeitschrift für Politik und Ökonomie in der Dritten Welt*, Nr. 120, 30. Jg., November 2010, S. 403–404.
11 Als *Counterparts* werden die in einem Entwicklungsprojekt beteiligten Personen bezeichnet, welche Teil der Empfängerseite sind, vgl. Dieter Nohlen (Hg.), *Lexikon Dritte Welt. Länder, Organisationen, Theorien, Begriffe, Personen*, Reinbek bei Hamburg 2002, S. 171. Im Kontext der Freiwilligenaktion handelte es sich um die direkten Mitarbeiterinnen und Mitarbeiter der Freiwilligen, denen Berufswissen vermittelt werden sollte. In den Quellen wird oft der französische Ausdruck *Homologues* verwendet.
12 Zur Kontinuität kolonialer Zuschreibungen im Kontext der Entwicklungshilfe vgl. auch Maria Eriksson Baaz, *The Paternalism of Partnership. A Postcolonial Reading of Identity in Development Aid*, London 2005, S. 33.
13 Vgl. Sebastian Conrad, Shalini Randeria, «Geteilte Geschichten. Europa in der postkolonialen Welt», in: dies., *Jenseits des Eurozentrismus. Postkoloniale Perspektiven in der Geschichts- und Kulturwissenschaft*, Frankfurt a.M. 2002, S. 9–49, hier S. 24.

Nachwirken von «diskursiven, semantischen und imaginären Ausformungen kolonialer Projekte»[14] in der Form von kolonialen Bildern und Vorstellungen. Bei der historischen Analyse von europäischen Selbst- und Afrikabildern ist meines Erachtens zudem die Berücksichtigung von Genderaspekten sinnvoll und wichtig. Zentral ist dabei für die vorliegende Untersuchung die ideelle Überschneidung der Figur des Entwicklungshelfers oder Freiwilligen mit jener des 'weissen Mannes'.[15] Letzterer verkörperte im kolonialen Diskurs westliche Rationalität, während sowohl das weibliche als auch das nicht-weisse Subjekt davon in unterschiedlicher Weise abweichende Figuren darstellten.[16] Die Überlegenheit des 'weissen Mannes' brachte demnach eine besondere Verantwortung mit sich:

> It was the backwardness of the colonized and the position of the colonizer in the top position on the evolutionary ladder that legitimized "the white man's burden" – to civilize and develop the underdeveloped.[17]

Diese Ansicht blieb auch nach der Dekolonisation bedeutend für die Entwicklungsidee. So bezeichnet etwa Philipp. H. Lepenies die Figur des Entwicklungshelfers als die eines «professionellen Besserwisser[s]»[18]. Entwicklungshilfe basiere in ganz entscheidender Weise auf der Vorstellung eines Wissenstransfers von einem Wissenden zu einem Nicht-Wissenden.[19] Diese Vorstellung einer einseitigen Richtung der Hilfeleistung wird im vorliegenden Beitrag einer kritischen Prüfung unterzogen. Soweit es die Quellenlage erlaubt, wird zudem versucht, nach der Handlungsmacht aller beteiligten Akteure und Akteurinnen zu fragen. Es werden somit in den Rapporten beschriebene Widerstandsformen, Machtkonstellationen und Zwangsmomente in den Blick genommen. Denn wie noch zu zeigen sein wird, barg der vordergründig einfache Akt der Hilfe ein enormes Konfliktpotential.

Bei den *Schweizer Freiwilligen für Entwicklungsarbeit* handelt es sich um eine gut dokumentierte Aktion. Im *Schweizerischen Bundesarchiv* in Bern ist ein umfangreicher Quellenbestand vorhanden.[20] Ausserdem wurden für diesen Beitrag

---

14 Patricia Purtschert, Barbara Lüthi, Francesca Falk, «Eine Bestandsaufnahme der postkolonialen Schweiz», in: dies. (Hg.), *Postkoloniale Schweiz. Formen und Folgen eines Kolonialismus ohne Kolonien*, Bielefeld 2012, S. 13–63, hier S. 17.
15 Vgl. Fechter, Hindman 2011, *op. cit.*, S. 10.
16 Vgl. u.a. Anne McClintock, *Imperial Leather. Race, Gender and Sexuality in the Colonial Contest*, New York 1995, S. 52–56.
17 Eriksson Baaz 2005, *op. cit.*, S. 37.
18 Philipp H. Lepenies, «Lernen vom Besserwisser. Wissenstransfer in der 'Entwicklungshilfe' aus historischer Perspektive», in: Büschel, Speich 2009, *op. cit.*, S. 34–59, hier S. 33.
19 Vgl. *ibid.*
20 Vgl. BAR E2005A#t.33, Freiwilligendienst.

Dokumentarfilme aus den Jahren 1967 und 2010 herangezogen.[21] Als wichtigste Grundlage für die Analyse dienen aber zwei Publikationen der Freiwilligensektion: die jährlich erscheinende, an ein breiteres Publikum gerichtete Zeitschrift *Effort* sowie das interne Mitteilungsblatt *Entre Nous*. Letzteres erschien bis 1972 ungefähr alle zwei Wochen und diente der Kommunikation zwischen der Sektionsleitung in Bern und den Freiwilligen in den Einsatzländern sowie dem Austausch der Freiwilligen untereinander.

Die Vorbereitung auf den Einsatz

Wer waren diese jungen Schweizerinnen und Schweizer, die als freiwillige Entwicklungshelferinnen und Entwicklungshelfer arbeiteten? Für die ersten fünf Jahre liegen einige ausführliche Zahlen zur Freiwilligenaktion vor. Das Durchschnittsalter betrug demnach zum Zeitpunkt des Einsatzes 25,4 Jahre bei einem Minimalalter von 21 Jahren. Etwas über die Hälfte der Freiwilligen hatte als Vorbildung eine abgeschlossene Berufslehre vorzuweisen. Die übrigen waren Absolventinnen und Absolventen von Mittelschulen, Handelsschulen oder eines Lehrerseminars. Einige wenige verfügten über eine universitäre Ausbildung.[22] Diese Zusammensetzung spiegelt das Ziel des DftZ, in erster Linie Berufsleute einzusetzen, welche ihr Wissen in direktem Kontakt weitergeben sollten. Am meisten Freiwillige, fast ausschliesslich Frauen, waren in der *Animation Rurale* tätig, worunter «alle Sparten von Frauenarbeit und dörflicher Entwicklungsarbeit inkl. Gesundheitsdienst»[23] verstanden wurden. Ähnlich viele Freiwillige arbeiteten in den Bereichen *Bauwesen* und *Erziehung*. Hinzu kamen Tätigkeitsgebiete wie *Handwerk und Berufsausbildung*, *Gesundheitswesen*, *Administration*, *Land- und Forstwirtschaft* oder *Genossenschaftsverwaltung*.[24] Über ein Drittel der Freiwilligen war zum Zeitpunkt des Einsatzes verheiratet.[25] Die Anstellung des Mannes wurde von der Sektionsleitung dabei als massgebend angesehen, für die Ehefrau wurde eine dazu passende Beschäftigung gesucht.[26] In der Schweiz gängige Geschlechterverhältnisse und Rollenbilder prägten somit auch massgeblich das Leben der Freiwilligen in den

---

21 Vgl. Ecole des volontaires à Moghegno, DftZ, Francesco Canova, 23 Min., s/w, französisch, CH 1967; Coopération technique suisse. Eva, Hanna et Sylvia au Dahomey, Télévision Suisse Romande, 35 Min., s/w, französisch, CH 12. April 1967; Fortschrittsbringer. Schweizer Wege in der Entwicklungshilfe, Jakob Clement, Eva Hänger, Marcel Jegge, René Schraner, Lukas Rohner, 47 Min., schweizerdeutsch mit deutschen Untertiteln, CH 2010.
22 Vgl. 5 Jahre. März 1964 – März 1969. Ein Überblick über die ersten fünf Jahre des Bestehens der Schweizer Freiwillige für Entwicklungsarbeit, S. 10.
23 *Ibid.*, S. 12; vgl. auch Anmerkung 58.
24 Vgl. *ibid.*
25 Vgl. *ibid*, S. 9.
26 Vgl. Ehefrauen im Freiwilligeneinsatz, in: *Entre Nous*, No. 8, 20. Juli 1971, S. 7–8.

Einsatzländern.[27] Allerdings leisteten auch viele unverheiratete Frauen einen Freiwilligendienst. Der Frauenanteil betrug deutlich über 50 Prozent.[28]

Die meisten Einsätze fanden in Dahomey, dem heutigen Benin, statt. Ruanda und Kamerun waren ebenfalls wichtige Einsatzländer, die übrigen Freiwilligen verteilten sich auf Tunesien, den Tschad, Tansania, die Zentralafrikanische Republik, Niger, Madagaskar und den Senegal.[29] Hinzu kamen Projekte in Nepal, die jedoch aus pragmatischen Überlegungen nicht in die vorliegende Analyse miteinbezogen werden.[30] Die Zahl der tatsächlich durchgeführten Freiwilligendienste war in Anbetracht des betriebenen Aufwands gering. Von 1964 bis Ende 1968 waren lediglich 163 Freiwillige im Einsatz.

Die individuellen Gründe, welche die Freiwilligen zur Arbeit in einem Entwicklungsland veranlassten, sind – wie Motive und Intentionen im Allgemeinen – historisch nur bedingt rekonstruierbar.[31] In einer Werbebroschüre der Sektionsleitung wurde jedenfalls stark an den Idealismus der Interessentinnen und Interessenten appelliert: «In Afrika und Asien hat man Sie nötig», hiess es. Man könne sich dort, «nützlich [...] machen» und der «Bevölkerung [...] helfen, aus ihrer Armut herauszukommen».[32] Allerdings war auch eine gewisse Abenteuerlust gefragt: «Interessiert es Sie, eine Zeitlang weit weg vom geordneten Milieu zu leben? Wir können Ihnen dies bieten», lautete das Versprechen.[33] Das im *Schweizerischen Bundesarchiv* gut dokumentierte Auswahlverfahren zeigt zudem, dass man beim DftZ eine genaue Vorstellung davon hatte, welche Charaktereigenschaften die idealen Freiwilligen aufweisen sollten. Angenommen wurden Kandidierende, deren Persönlichkeitsprofile Anpassungsfähigkeit, Robustheit, Kontaktfreudigkeit und Intelligenz versprachen.[34]

---

27 Vgl. hierzu auch den Beitrag von Lukas Zürcher in diesem Band; zur vermeintlichen Emanzipation deutscher Frauen in den Kolonien vgl. Katharina Walgenbach, «Emanzipation als koloniale Fiktion. Zur sozialen Position Weisser Frauen in den deutschen Kolonien», in: *L'homme. Europäische Zeitschrift für Feministische Geschichtswissenschaft* 2, 16. Jg., 2005, S.47–67.
28 Vgl. 5 Jahre. März 1964 – März 1969. Ein Überblick über die ersten fünf Jahre des Bestehens der Schweizer Freiwillige für Entwicklungsarbeit, S. 9.
29 Vgl. *ibid.*
30 Ebenso nicht berücksichtigt werden die vom DftZ subventionierten Freiwilligen privater und konfessionell gebundener Schweizer Organisationen, vgl. dazu z.B. *Entre Nous*, No. 14, 16. Juli 1968, S. 5–7.
31 Gespräche mit Zeitzeuginnen und Zeitzeugen können allerdings interessante Einblicke bieten, vgl. z.B. Gerald Hödl, «'Es tut mir nicht leid, dass ich's gemacht hab'. Eine Oral History der österreichischen Entwicklungshilfe», in: *Journal für Entwicklungspolitik*, 2010/3, S. 95–118.
32 Broschüre, BAR E2200.83B#1990/26#192*, Freiwilligendienst Schweiz–Tansania, 771.26.0.
33 *Ibid.*
34 Vgl. Protokolle verschiedener Selektionssitzungen von 1968 und 1969, Rekrutierung und Selektion, BAR E2005A#1980/82#936*, t.332.0. Zu sehr ähnlichen Ergebnissen kommt Hubertus Büschel für das Auswahlverfahren beim *Deutschen Entwicklungsdienst* (DED), vgl. Hubertus Büschel, «Akteure westdeutscher 'Entwicklungshilfe' und ostdeutscher 'Solidarität'», in: Anja Kruke (Hg.), *Dekolonisation. Prozesse und Verflechtungen 1945–1990*, Bonn 2009, S. 333–365, hier S. 343.

Abbildung 1: Ausschnitt aus einer Werbebroschüre der Freiwilligensektion. Bildquelle: CH-BAR E 2200.83B#1990/26#192*, Freiwilligendienst Schweiz-Tansania, 771.26.0.

In einem in der Schweiz stattfindenden Ausbildungskurs bereitete man die Freiwilligen auf ihren Einsatz vor. Vermittelt wurden unter anderem Grundkenntnisse der Landwirtschaft, des Bauwesens, der Holz- und Metallverarbeitung, des Kochens und der Fahrzeugmechanik. In einem theoretischen Teil erfuhren die zukünftigen Freiwilligen, «worin Afrika von Europa geografisch, kulturell und geschichtlich verschieden ist».[35] Ausserdem lernten sie, «wie man ein Huhn schlachtet».[36] Im Film *Ecole des volontaires à Moghegno* des DftZ von 1967 wird ein Tag des fünfwöchigen Kurses in einem Tessiner Dorf dargestellt. Dabei ist

---

35 *Effort*, Nr. 2, 1964, S. 10.
36 *Ibid.*

Wissensvermittlung in zweierlei Hinsicht ein Thema. Einerseits wird gezeigt, wie die Freiwilligen das für den Aufenthalt und Überleben im Entwicklungsland nötige Wissen erwerben. Dies scheint innerhalb weniger Wochen möglich zu sein: «Ils partent avec toute connaissance des choses»,[37] heisst es zum Schluss. Andererseits erhoffen sich die im Film zu Wort kommenden Freiwilligen in erster Linie direkten Kontakt zur einheimischen Bevölkerung, «pour leur apporter nos connaissances».[38] Diese Kenntnisse müssen im Kurs nicht vermittelt werden, denn die Freiwilligen bringen sie alle schon mit. Das Mehr an Wissen ist selbstverständlich und hängt mit der Berufsausbildung der Freiwilligen zusammen, aber auch mit ihrem Anderssein im Vergleich mit den Afrikanerinnen und Afrikanern. Wie diese Differenz genau gedacht wurde, soll nun ausführlicher dargelegt werden.

Zwischen Brüderlichkeit und Paternalismus

Mit folgenden Worten wurde das Konzept des Freiwilligendienstes 1967 in einer Informationsschrift des DftZ beschrieben:

> Doch warum nicht die Dinge an der Wurzel anpacken, nämlich in den Dörfern selbst, im Busch? Schweizerische freiwillige Entwicklungshelfer beiderlei Geschlechts leisten in verschiedenen Ländern solche Pionierarbeit. Es handelt sich durchwegs um Berufsleute, die bescheiden und in unmittelbarem Kontakt mit der Bevölkerung leben. Sie kümmern sich um die Verbesserung der Lebensbedingungen im Alltag des Dorfes und bemühen sich, durch ihr Beispiel die Einheimischen zur Selbsthilfe anzuregen.[39]

Das Zitat verdeutlicht gleich mehrere Eigenschaften, die für das Freiwilligenideal konstitutiv waren. Zentral war zum einen der bescheidene Lebensstil. Gleich daran anknüpfend betonte man den direkten Kontakt zur Bevölkerung im Einsatzland sowie das Wahrnehmen einer Vorbildfunktion. Die drei genannten Punkte hingen in entscheidender Weise zusammen. Begünstigt wurden die zwischenmenschlichen Kontakte gemäss der Sektionsleitung durch einen Verzicht auf die «berüchtigten kolonialistischen Vorrechte des Europäers» und demzufolge durch eine «Gleichheit der Voraussetzungen auch im Materiellen».[40] Ähnlich klang dies in einem Text des damaligen Delegierten für technische Zusammenarbeit August R. Lindt:

---

37 Ecole des volontaires à Moghegno, *op. cit.* Beim Film handelt es sich um eine Produktion des DftZ. Es ist das Bemühen feststellbar, die Mehrsprachigkeit der Schweiz abzubilden: Die männliche Erzählstimme spricht französisch, die Fragen werden in italienischer Sprache gestellt, und die Freiwilligen antworten auf Deutsch, werden allerdings ins Französische übersetzt.
38 *Ibid.*
39 Informationsschrift des DftZ, zit. nach: *Entre Nous*, No. 39, 15. September 1967, S. 1.
40 *Effort*, Nr. 4, 1964, S. 2.

Lange Zeit kannten die Afrikaner nur den Europäer, der ihnen übergeordnet war. Im Freiwilligen lernen sie den Europäer kennen, der in Arbeit und Denkweise das 'miteinander' und das 'nebeneinander' betont.[41]

Die Freiwilligen sollten, anders als die ehemaligen Kolonialisten, nach der Maxime der Partnerschaft handeln. Diese war aber nicht mühelos zu erreichen. In diesem Sinne schrieb der neu antretende Sektionsleiter Thomas Raeber im November 1967:

> Ich bin mir aber auch bewusst, dass Entwicklungsarbeit eine schwierige Arbeit ist. [...] Wir arbeiten, einen kleinen Stein auf den andern bauend, auf sehr lange Frist. Dazu kommt, dass wir Entwicklungshelfer, ob wir es nun durch unseren persönlichen Charakter schon seien oder nicht, bescheiden sein müssen: weil Entwicklungsarbeit nur aus der Grundhaltung völliger menschlicher Gleichberechtigung, gänzlichen Abbaus einer Höherbewertung des 'weissen Mannes' durch den 'weissen Mann' selbst zu guten Ergebnissen führen kann.[42]

Menschliche Gleichberechtigung sollte also ausgerechnet durch eine Geste des Verzichts erreicht werden. Die Figur des 'weissen Mannes' musste dazu von diesem selbst überwunden werden.[43] In ihrem Idealbild verlangte die Freiwilligenidee somit eine explizite Abkehr vom Kolonialismus und von der Vorstellung westlicher Überlegenheit. Die idealistische Bereitschaft, finanzielle und den Lebensstandard betreffende Opfer zu erbringen, wurde zum entscheidenden Faktor stilisiert, der die Freiwilligenarbeit von anderen Formen der Entwicklungshilfe unterschied.[44] Es war allerdings nicht ganz klar, wie weit dieser Verzicht gehen sollte. In einem *Entre-Nous*-Artikel mit dem Titel «Haus oder Hütte» wurde im September 1966 die Frage nach dem angemessenen Lebensstandard der Freiwilligen gestellt. Sollten diese «wie die Einheimischen» leben, «gegebenenfalls also in Lehmhütten»?[45] Oder mussten sie, um einen Autoritätsverlust zu vermeiden, «ein 'entwickelteres' Leben»[46] führen als die einheimische Bevölkerung? Die Sektionsleitung sah die Antwort in einer Gratwanderung zwischen den beiden Positionen: Die Freiwilligen sollten sich einerseits so verhalten, dass sie nachgeahmt werden konnten, mussten also Vorbilder sein. Dabei durfte aber kein «Graben»[47] zwischen ihnen und den Dorfbewohnern entstehen, was bei zu viel Komfort der Fall wäre.

---

41 *Ibid*, S. 3.
42 *Entre Nous*, No. 43, 16. November 1967, S. 2.
43 Auffällig ist am Zitat zudem die für das Idealbild wichtige Maxime der Geduld. Ergebnisse waren demnach nicht sofort zu erwarten, was jedoch weniger auf eine mangelnde Leistung der Helfenden als auf einen langsamen Lernprozess auf der Empfängerseite zurückgeführt wurde.
44 Vgl. *Entre Nous*, No. 33, 21. Juni 1967, S. 4.
45 «Haus oder Hütte», in: *Entre Nous*, No. 15, 15. September 1966, S. 2.
46 *Ibid*.
47 *Ibid*, S. 3.

Um das Vertrauen von «Häuptlingen, Dorfältesten, Sous-Préfets und so weiter»[48] zu gewinnen, schien es wiederum unerlässlich, einen gepflegten Eindruck zu machen. Der Artikel schloss mit folgenden Worten:

> Wenn man sich diese Zusammenhänge vor Augen hält, wird man auch den Weg zu der Haltung eines älteren Bruders finden, zu der einzigen Einstellung, die eine erfolgreiche Arbeit ermöglicht.[49]

Abgesehen von der zumindest sprachlichen Ignoranz gegenüber weiblichen Freiwilligen zeigt diese Quelle einen grundsätzlichen Widerspruch im Idealbild: Trotz der partnerschaftlichen Rhetorik wurde von einem natürlichen Gefälle zwischen einer entwickelten Helfer- und einer un(ter)entwickelten Empfängerseite ausgegangen. Die Freiwilligen mussten dieses Gefälle einerseits durch ihren Verzicht auf den gewohnten Lebensstandard nivellieren. Da der Transfer von Wissen und Werten aber nur in eine Richtung erfolgen sollte, bedingte dieser andererseits nach wie vor eine gewisse Asymmetrie zwischen Gebenden und Empfangenden. Die Lösung bot schliesslich das Bild des 'älteren Bruders', das ein starkes Vertrauensverhältnis zwischen Freiwilligen und der lokalen Bevölkerung implizierte und damit den paternalistischen Anspruch der einseitigen Hilfe etwas kaschierte.

Doch warum waren die Freiwilligen überhaupt zu einer Hilfeleistung in der Lage? Ein längerer *Entre-Nous*-Text von 1967 mit dem Titel *Les homologues dans les projets d'animation rurale* enthält einige Hinweise. Darin wurden den Freiwilligen Anweisungen für die Zusammenarbeit mit ihren afrikanischen Counterparts gegeben. Ein besonderes Konfliktpotential sah man seitens der Sektionsleitung im Verhältnis zwischen den Homologues und der Bevölkerung in ländlichen Gebieten. In der *Animation Rurale* wurden meist junge Afrikanerinnen für diese Funktion ausgesucht, die mit den Volontärinnen zusammenarbeiten und ihr dabei gewonnenes Wissen an die Dorfbevölkerung weitergeben sollten. Das Alter der Counterparts führte dabei offenbar zu Problemen:

> Mais ces jeunes se trouvent dans les villages en face d'hommes ou, le plus généralement, de femmes beaucoup plus âgées qu'eux, mariées ancrées dans leurs traditions et qui se méfient de ces jeunes animatrices qui prétendent en savoir plus qu'elles et veulent changer certaines de leurs habitudes de vie. Elles l'écouteront tant que la volontaire sera à ses côtés mais seront peu inclinées à accepter ses conseils quand l'homologue sera seule. A cela s'ajoute encore la méfiance qu'ont les Africains envers toute jeune fille qui a atteint l'âge de se marier mais n'en manifeste pas l'intention comme c'est souvent le cas des animatrices homologues.[50]

---

48 *Ibid.*
49 *Ibid.*
50 «Les homologues dans les projets d'animation rurale», in: *Entre Nous*, No. 32, 8. Juni 1967, S. 15.

Es ist frappierend, wie hier genau jene Schwierigkeiten, welche die Freiwilligen in ihrer Projektarbeit ebenfalls erfuhren, auf die Counterparts beschränkt wurden. Die Tatsache, dass die Schweizer Volontärinnen ebenso junge Frauen waren, welche die Gewohnheiten älterer Menschen verändern sollten, wurde völlig ignoriert. Das allgemeine Misstrauen der Afrikaner gegenüber unverheirateten jungen Frauen beschränkte sich gemäss dem Text ebenfalls auf die Homologues. Im selben Artikel wurde zudem auf die Wichtigkeit eingegangen, mit den in den Dörfern einflussreichen Frauen zusammenzuarbeiten. Dies deshalb, weil die Counterparts in den Dörfern oft fremd seien und daher nicht über genug Autorität verfügten.

Es stellt sich nun die Frage, wie die Freiwilligen in diesem Denkgefüge über diejenige Autorität verfügen konnten, welche den afrikanischen Counterparts fehlte. Worin unterschied sich die Schweizer Freiwillige von ihrer Homologue, mit der sie in Alter, Zivilstand und Geschlecht übereinstimmte? Die Antwort liegt wohl in ihrer europäischen Herkunft, in ihrem 'Weisssein' und in einem diesen Faktoren zugedachten Wissensvorsprung.

Race und Gender

Wie an den bislang zitierten Quellenausschnitten ersichtlich, war das von der Sektionsleitung entworfene Idealbild der Freiwilligen grundsätzlich männlich. Man sprach vom 'älteren Bruder', der die Figur des 'weissen Mannes' ablösen sollte, und benutzte, dem damaligen Sprachgebrauch entsprechend, durchgängig männliche Wortformen. Auch die bereits erwähnte im *Schweizerischen Bundesarchiv* überlieferte Werbebroschüre zeigt ausschliesslich männliche Freiwillige bei der Arbeit.[51] Dies ist unter anderem auch deshalb interessant, weil ein unbezahltes, vertrauensvolles und sanftes Anleiten eher an das Konzept von weiblicher Reproduktionsarbeit erinnert.[52] Möglicherweise sollte genau dies durch den Rückgriff auf ein durchsetzungsfähiges, männliches Idealbild kompensiert werden. Hätte man in den Broschüren und Texten des DftZ das Bild einer weiblichen Freiwilligen verwendet, wäre das Idealbild wohl zu feminin ausgefallen.

Zudem erschien die Darstellung einer Beziehung zwischen Helfenden und Empfangenden am Beispiel männlicher Freiwilligen vielleicht weniger problematisch. In den meisten Fällen arbeiteten in den Freiwilligenprojekten Frauen mit Frauen und Männer mit Männern. Der Rückgriff auf die Kategorie des Geschlechts half hier, die angestrebte Gleichheit zwischen Empfänger- und Helferseite zu stärken. Für das Idealbild war jedoch eine Figur nötig, die in ihrer helfenden Position gegen-

---

51 Vgl. Broschüre, BAR E2200.83B#1990/26#192*, Freiwilligendienst Schweiz–Tansania, 771.26.0.
52 Vgl. hierzu auch Fechter, Hindmann 2011, *op. cit.*, S. 7.

über Frauen und Männern gleichermassen funktionierte. Womöglich spielten dabei auch koloniale Vorstellungen von *Race* und *Gender* eine Rolle. In der rassistischen Logik bestand eine paradoxe Nähe zwischen der Figur der 'weissen Frau' und jener des 'schwarzen Mannes', die sich aus der jeweiligen Differenz gegenüber dem 'weissen Mann' ergab.[53] Auf den ersten Blick hätte die 'weisse Frau' daher im Kontext der Freiwilligenaktion als ideale Vermittlerin zwischen 'Weiss' und 'Schwarz' dienen können. Allerdings wäre die Figur des 'schwarzen Mannes' in dieser Logik durch die ihm helfende 'weisse Frau' zusätzlich herabgesetzt worden. Der Umstand, dass diese als 'Frau' zu einem Akt der Hilfe gegenüber einem 'Mann' in der Lage ist, hätte die durch das Helfen geschaffene Ungleichheit in unerwünschter Weise betont.[54]

Im Film *Eva, Hanna et Sylvia au Dahomey* des Westschweizer Fernsehens wurde hingegen, ob intendiert oder nicht, genau diese Wirkung erzielt: Die Aufopferung der Freiwilligen sowie ihre Überlegenheit gegenüber den Afrikanerinnen und Afrikanern konnten anhand von weiblichen Freiwilligen besser zum Ausdruck gebracht werden.[55] Die im Film porträtierten Schweizerinnen erscheinen als starke Frauen, die zwar unter schwierigen Bedingungen leben und arbeiten, dabei den Afrikanerinnen und Afrikanern aber den rechten Weg weisen können. Höhepunkt des Filmes ist eine Szene, in der die Volontärinnen gemeinsam mit Dorfbewohnerinnen und Dorfbewohnern ein Küchengestell bauen. Dies wird mit den Worten kommentiert, der Erfindungsgeist einer jungen Bernerin habe innert weniger Stunden über hunderte, ja tausende Jahre von Schwerfälligkeit und Trägheit gesiegt.[56]

Vor allem die Tätigkeiten in der *Animation Rurale*[57] lassen vermuten, dass auch die Afrikanerinnen und Afrikaner stark geschlechtsspezifisch wahrgenommen

---

53 Vgl. z.B. McClintock 1995, *op. cit.*, S. 54–55.
54 Es lässt sich hier ein komplexes Zusammenspiel der Differenzkategorien *Race* und *Gender* beobachten. Dieses wird in der Frauen- und Geschlechterforschung unter dem Begriff der Intersektionalität oder Interdependenz problematisiert, vgl. z.B. Katharina Walgenbach, «Gender als interdependente Kategorie», in: dies. et al. (Hg.), *Gender als interdependente Kategorie. Neue Perspektiven auf Intersektionalität, Diversität und Heterogenität*, Opladen/Berlin/Toronto 2012, S. 23–105.
55 Vgl. Coopération technique suisse. Eva, Hanna et Sylvia au Dahomey, *op. cit.* Bei diesem Film handelt es sich um eine Produktion des Westschweizer Fernsehens. Er zeigt den Arbeitsalltag der drei in der Stadt Nikki in Dahomey lebenden Freiwilligen Eva S., Hanna M. und Sylvia K. Die drei Frauen sind in der *Animation Rurale* sowie als Krankenschwester tätig. Die männliche Erzählstimme kommentiert aus dem Off. Kameras und Filmcrew sind in keinem Moment zu sehen.
56 Dieses Motiv, wonach Schweizer Abenteurer- und Helferfiguren innert kürzester Zeit Probleme aus der Welt schaffen, gegen die lokales Wissen nicht ankommt, erinnert an die Darstellung von westlicher Überlegenheit in Schweizer Kindergeschichten, vgl. dazu Patricia Purtschert, «'De Schorsch Gaggo reist uf Afrika'. Postkoloniale Konstellationen und diskursive Verschiebungen in Schweizer Kindergeschichten», in: dies., Lüthi, Falk 2012, *op. cit.*, S. 89–116.
57 Das Konzept der *Animation Rurale* stammt aus dem französischen Spätkolonialismus und entsprach dem britischen *Community Development*. Dabei handelte es sich um Dorfentwicklungsprojekte, bei denen die Idee von *Hilfe zur Selbsthilfe* im Zentrum stand, vgl. Hubertus Büschel, «Eine Brücke am Mount Meru», in: ders., Speich 2009, *op. cit.*, S. 185–186.

wurden. Eigene Konzepte von Weiblichkeit und Männlichkeit wurden dabei auf die 'zu Entwickelnden' übertragen. Den afrikanischen Frauen vermittelte man Kompetenzen in Ernährungslehre, Kochen, Nähen und Säuglingspflege. Sie wurden zudem in einer Hausfrauenrolle imaginiert: «Die Hausfrau, die kochen will und sich und ihre Kinder hübsch kleiden möchte – lebe sie hier in der Schweiz oder im Norden von Dahome – braucht dazu Geld»,[58] hiess es beispielsweise in einem *Entre-Nous*-Beitrag der Sektionsleitung. Im Film *Eva, Hanna et Sylvia au Dahomey* erklärt die Erzählstimme, das Ziel des gezeigten Kochkurses für junge Mädchen sei, aus ihnen gute Mütter und Ehefrauen zu machen.[59] Dabei ist neben der im Film sonst vorherrschenden Betonung von Differenzen auch die Konstruktion von Ähnlichkeit auffällig. Von den Ernährungskursen wird gesagt, die jungen afrikanischen Schülerinnen wüssten nun mehr über Diätkunde als ihre Zeitgenossinnen im Oberwallis und Unterengadin. Als rückständig geltende Regionen der Schweiz wurde somit explizit mit Afrika in Verbindung gebracht. Für die Vorbildfunktion, welche die Schweiz gegenüber Entwicklungsländern einnehmen wollte, war der Aufbau solcher Anknüpfungspunkte über die Betonung von Ähnlichkeiten von grosser Bedeutung.[60]

Selbstbild und Afrikabild

Auch das von den Freiwilligen in ihren Rapporten vermittelte Bild von Afrika ist interessant. Meist wurde der Kontinent darin als Raum und Bezugspunkt dargestellt, der ein einheitliches Ganzes bildet. Häufig war zudem von allgemein 'Afrikanischem' die Rede.[61] Dieser homogenisierende Blick auf Afrika spiegelt sich auch in der Tatsache, dass die Einsatzorte der Freiwilligen zum Teil noch kurz vor der Abreise geändert wurden.[62] Ob eine Freiwillige nun in Ruanda oder in Kamerun zum Einsatz kam, spielte offenbar eine untergeordnete Rolle.[63]

---

58 *Entre Nous*, No. 7, 1. Juni 1970, S. 7.
59 Vgl. Coopération technique suisse. Eva, Hanna et Sylvia au Dahomey, *op. cit.*
60 Vgl. Zürcher 2009, *op. cit.*, S. 304; zur zusammenhängenden Beschreibung afrikanischer Landschaften und des Schweizer Alpenraums sowie von deren Bewohnerinnen und Bewohnern vgl. auch Patrick Harries, «From the Alps to Africa. Swiss missionaries and anthropology», in: Helen Tilley, Robert J Gordon (Hg.), *Ordering Africa. Anthropology, European imperialism and the politics of knowledge*, Manchester 2007, S. 201–224; Bernhard D. Schär, «Bauern und Hirten reconsidered. Umrisse der 'erfundenen Schweiz' im imperialen Raum», in: Purtschert, Lüthi, Falk 2012, *op. cit.*, S. 315–331.
61 Vgl. z.B. *Entre Nous*, No. 3, 17. Februar 1970, S. 3.
62 Vgl. Kraut 1993, *op. cit.*, S. 453.
63 Vgl. die Aussage von Milly W. im Film Fortschrittsbringer. Schweizer Wege in der Entwicklungshilfe, *op. cit.*. Der Dokumentarfilm kombiniert alte Filmaufnahmen der *Betlehem Mission Immensee* in Süd-Rhodesien/Simbabwe und der *Schweizer Freiwilligen für Entwicklungsarbeit* mit Zeitzeugen- und Zeitzeuginnengesprächen.

Das Verhältnis zu den Afrikanerinnen und Afrikanern, mit denen die Freiwilligen während ihrer Arbeit in Kontakt kamen, war ein häufiges Thema in ihren Rapporten. Grundsätzlich lassen sich die Beschreibungen der Afrikanerinnen und Afrikaner immer auch als Hinweise auf das eigene Selbstbild lesen. So kontrastierte etwa die in den Rapporten oft bemängelte Begriffsstutzigkeit der afrikanischen Schülerinnen und Schüler typischerweise mit der Geduld und dem Verständnis der sie unterrichtenden Freiwilligen.[64] Es wurde in den Rapporten allerdings nur selten explizit ausgeschlossen, dass die Afrikanerinnen und Afrikaner das an sie herangetragene Wissen theoretisch erlernen können. Eher denn als dumm beschrieb man sie daher als faul und unzuverlässig. Wären die zu Entwickelnden nicht lernfähig, würden die ganzen Bemühungen ja auch obsolet. Allerdings verfügten die Afrikanerinnen und Afrikaner gemäss den Rapporten oft über auf sie alle zutreffende Eigenschaften, welche den Lernprozess verlangsamten. Die pauschalisierende Beschreibung von Afrikanerinnen und Afrikanern als arbeitsscheu ist auffällig häufig. Ihnen fehlte demnach die westliche Arbeitsmoral.[65] Diese bildete wiederum ein wichtiges Element im Selbstverständnis der Freiwilligen. Des Weiteren wurden die Afrikanerinnen und Afrikaner in vielen Rapporten verniedlicht und in die Nähe von Kindern gerückt. Ausdrücklich geschah dies beispielsweise in einem Bericht, in dem die Begeisterung von Dorfbewohnerinnen und Dorfbewohnern für ein Gartenprojekt mit der von Kindern vor ihrem Geburtstag verglichen wurde.[66] Die Freiwilligen schrieben sich selber über solche Aussagen genau die Rationalität zu, die sie den Afrikanerinnen und Afrikanern absprachen.

Meist vermischten sich in den einzelnen Rapporten verschiedene Selbst- und Fremdzuschreibungen: Ein als Lehrer tätiger Freiwilliger attestierte etwa seinen Schülern im selben Satz mangelndes räumliches Vorstellungsvermögen und inkohärente Gedankengänge, bezeichnete ihre Arbeiten aber als jenen von europäischen Schülern ebenbürtig.[67] Dies kann als Hinweis darauf gedeutet werden, dass bereits bestehende, durchaus auch widersprüchliche Vorstellungen und Bilder von Afrikanerinnen und Afrikanern mit ebenfalls widersprüchlichen Erfahrungen und Begegnungen in Einklang gebracht werden mussten. Zusätzlich verfügten die Freiwilligen wohl über ein antirassistisches Bewusstsein, dem sie grundsätzlich gerecht werden wollten. Auch im positiven Sinne waren ihre Beschreibungen jedoch oftmals pauschalisierend. Ein Freiwilliger meinte etwa aufgrund seiner Lehrtätig-

---

64 Vgl. z.B. *Entre Nous*, No. 1, 14. Januar 1971, S. 2.
65 Vgl. z.B. *Entre Nous*, No. 37, 16. August 1967, S. 4.
66 Vgl. *Entre Nous*, No. 10, 27. Mai 1966, S. 5.
67 Vgl. *Entre Nous*, No. 24, 31. Januar 1967, S. 2bis.

keit in Kamerun erkannt zu haben, dass «l'Africain»[68] gut zeichnen könne. Ein weiteres Beispiel ist die Aussage, dass «sich ja bekanntlich die Afrikaner im allgemeinen»[69] eines guten Gedächtnisses erfreuen würden.

Konflikte und Widerstand

Das häufig abwertende *othering* in den Rapporten der Freiwilligen könnte auch ein Mittel dargestellt haben, um mit erlebten Widerständen und Konflikten umzugehen. Wie bereits ausgeführt, waren die Anforderungen, die man seitens des DftZ an die Freiwilligen stellte, von Widersprüchen geprägt. Man erwartete einerseits eine vertrauensvolle Zusammenarbeit auf Augenhöhe und forderte andererseits eine paternalistisch anmutende einseitige Hilfeleistung. Zudem wurden die Freiwilligen als 'es besser Wissende' nach Afrika geschickt. Anhand einiger Beispiele möchte ich nun zeigen, wie sich dies auf die tägliche Arbeit im Einsatzland auswirken konnte.

Die Freiwilligen stiessen mit ihren Vorstellungen und Projekten nicht immer auf Gegenliebe und Begeisterung. Auch die Resultate entsprachen in vielen Fällen nicht dem Erhofften. Besonders in der *Animation Rurale* sahen sich die Volontärinnen mit Konflikten und Widerständen konfrontiert. Ihre Hilfe wurde oftmals nicht angenommen, möglicherweise auch nicht als solche aufgefasst. So zeigte sich beispielsweise die im Tschad tätige Hilda L. auf der ganzen Linie enttäuscht:

> Der Garten in diesem Dorf ist ein voller Misserfolg. Es gibt verschiedene Gründe: Die Frauen waren nicht interessiert, der Garten ist viel zu klein, um etwas heraus zu holen, und dann glaube ich, dass von wenigen noch gestohlen wird.[70]

Sylvia K. war mit ihren Versuchen, «den Leuten klar zu machen, dass viele der Infektionskrankheiten besonders bei Kindern von der eiweissarmen und vitaminarmen Nahrung herkommen»,[71] ebenfalls wenig erfolgreich:

> Sie lachen uns ganz einfach voll ins Gesicht, wenn wir sagen, dass sie der Bouille ein Ei hinzufügen und den Kindern, die nicht mehr an der Brust genährt werden, Kuhmilch zu trinken geben sollen. Natürlich ist es auch für sie gänzlich unlogisch, dass die Nahrung, die doch in den Magen geht, einen Zusammenhang haben könnte mit einer Hautwunde.[72]

---

68 *Entre Nous*, No. 8 und 9, Ende April 1968, S. 5.
69 *Entre Nous*, No. 25, 13. Februar 1967, S. 2.
70 *Entre Nous*, No. 39, 15. September 1967, S. 3.
71 *Entre Nous*, No. 35, 24. Juli 1967, S. 2.
72 *Ibid*.

Frau K. verlieh ihrer Überzeugung Ausdruck, «dass das Gleichgewicht in der Ernährung etwas vom dringendsten ist, das es herzustellen heisst».[73] Die ungläubigen und offenbar auch spöttischen Reaktionen bedeuteten daher sicherlich eine frustrierende Erfahrung.

Besonders konfliktreich gestaltete sich in manchen Fällen die Zusammenarbeit mit den Counterparts. Eva S. beschrieb im September 1966 die Probleme, die sich ihr während ihrer Tätigkeit als Hebamme in der Ortschaft Biro in Dahomey stellten. Als Homologue hatte sie sich diejenige Frau ausgesucht, die sich bereits vor ihrer Ankunft um die Geburten gekümmert hatte. Sie sollte Frau S. nun über bevorstehende Geburten informieren und ihr die schwangeren Frauen zur Kontrolle bringen. Darüber kam es aber zu einem Konflikt zwischen der Freiwilligen und der Homologue:

> Mais depuis deux semaines, elle me demande de la payer pour cela. Je lui ai expliqué qu'elle faisait le même travail qu'avant, seulement un peu plus correctement et que c'était pour le village et non pour moi qu'elle le faisait. Elle ne veut pas comprendre et essaie par tous les moyens de me faire payer. Elle refuse de m'indiquer les accouchements, elle ne m'envoie plus les femmes aux contrôles [...]. De prendre une autre femme à sa place est impossible, justement parce qu'elle est en sorte la matrone du village depuis longtemps et en plus, elle est la femme du chef du village.[74]

Es wird deutlich, dass die Homologue hier am längeren Hebel sass. Ohne ihre Hilfe konnte Frau S. ihre Arbeit nicht wahrnehmen, da die Frauen nicht in die Kontrolle kamen. Offenbar hatte die Homologue, die in Biro eine wichtige Machtstellung innezuhaben schien, dies erkannt und forderte daher Geld für ihre Kooperation. Möglicherweise wollte sie auch für einen gewissen Mehraufwand entschädigt werden. Ungefähr ein Jahr später berichtete Frau S., dass sich der Konflikt mit der Homologue zusätzlich verschärft habe. Diese sabotierte die Arbeit der Freiwilligen nun offen, indem sie den Frauen von Geburten bei ihr abriet: «Et tout cela, la matrone l'avait fait pour que ce soit elle-même qui puisse s'en occuper et demander un pagne pour l'accouchement [...].»[75] Die kostenlose Geburtshilfe der Freiwilligen bedrohte offensichtlich die Tätigkeit der Homologue, die dafür mit Kleidungsstücken bezahlt wurde. Es lässt sich hier exemplarisch das Problem aufzeigen, dass die Freiwilligen in bestehende Machtstrukturen hineinversetzt wurden, in denen sie sich zu behaupten und durchzusetzen hatten. Sie bedrohten mit ihrer Arbeit zudem die Kompetenz- und Einnahmefelder jener Leute, die diese Aufgaben vor der Ankunft der Freiwilligen wahrgenommen hatten und sich nicht ohne weiteres daraus vertreiben liessen.

---

73 *Ibid.*
74 *Entre Nous*, No. 16, 23. September 1966, S. 8.
75 *Entre Nous*, No. 40, 1. Oktober 1967, S. 4–5.

Einige Freiwillige kommunizierten ihre Schwierigkeiten mit grosser Offenheit. So schrieb etwa Hilda L. über ihre Versuche, die Kinderernährung in der Umgebung der Stadt Koumra im Tschad zu verbessern:

> Eier darf man den Kindern nicht geben, sonst bleiben sie stumm; Frauen dürfen keine essen, weil sie unfruchtbar werden. Gegen solche Sitten anzukämpfen ist sehr schwierig und braucht viel Geschick und Zeit. In der Couture bin ich auf ein ähnliches Problem gestossen. Die schwangeren Frauen wollten anfänglich keine Bébéwäsche vorbereiten. Schliesslich konnte ich sie doch dazu bewegen, aber sie wollten die angefangene Arbeit nicht fertig machen. Endlich fand ich den Grund: eine schwangere Frau darf für ihr Bébé nichts vorbereiten, das bringt Unglück bei der Geburt. Aus dem gleichen Grund darf sie auch nie sagen, dass sie schwanger ist.[76]

Die Gewohnheiten der Frauen werden hier als rückständige Sitte abgetan, die es mit viel Geduld zu überwinden gilt. Dass beispielsweise die Weigerung, Babykleidung vorzubereiten, einen anderen Grund haben könnte, wird nicht in Erwägung gezogen. Es handelt sich hierbei um einen in den Rapporten häufig beobachtbaren Gedankengang, in dem ausbleibende Erfolge mit der Schwierigkeit des Entwicklungsunterfangens begründet werden. Die zu Entwickelnden steckten demnach noch zu stark in ihren alten Mustern fest.[77] Das koloniale Bild einer in Traditionen gefangenen afrikanischen Bevölkerung verfügte offenbar nach wie vor über grosse Erklärungsmacht. Es liess Widerstand meist als Passivität, Rückständigkeit oder Faulheit erscheinen.

Die bereits mehrfach erwähnte Maxime der Geduld diente den Freiwilligen als weiterer wichtiger Anker, um ein Gefühl des Scheiterns einordnen zu können. Dazu kam das Prinzip Hoffnung, oder wie es ein Volontär ausdrückte: «And so, in the long run, something will rub off...»[78] Diese Vorstellung, wonach die reine Präsenz der Freiwilligen mit der Zeit auf die Afrikanerinnen und Afrikaner abfärben werde, wurde auch von der Sektionsleitung vertreten.[79] Zudem ist ein allen Rückschlägen zum Trotz wirkungsmächtiger, wenn auch diffuser Glaube an die eigentliche Richtigkeit der Entwicklungsidee feststellbar. Die Freiwillige Hanna M. äusserte 1967 dementsprechend im Film *Eva, Hanna et Sylvia au Dahomey* folgende widersprüchliche Ansicht: Die *Animation Rurale* sei «utile, même si les résultats ne sont pas énormes. [...] Il faut vraiment quelqu'un qui fasse ça».[80] Warum braucht es jemanden, der etwas tut, das keine Wirkung hat? Und warum ist es dennoch nützlich? Eine Antwort bietet einzig der Glaube an die grundsätzliche Richtigkeit

---

76 *Entre Nous*, No. 39, 15. September 1967, S. 3.
77 Vgl. z.B. auch *Entre Nous*, No. 11, 4. Juni 1968, S. 7–8.
78 *Entre Nous*, No. 39, 15. September 1967, S. 2.
79 Vgl. *Entre Nous*, No. 41, 13. Oktober 1967, S. 1.
80 Coopération technique suisse. Eva, Hanna et Sylvia au Dahomey, *op. cit.*

der Unternehmung: «Il faut croire que le but est bon»,[81] meinte die Freiwillige. Der Akt der Hilfe sowie das Ideal, Gutes zu tun, waren in dieser Denkweise wichtiger als die konkreten Ergebnisse.

Wer half wem?

Die Freiwilligen waren mit einem Entwicklungsauftrag ausgestattet, der ihnen einen Wissensvorsprung gegenüber den zu entwickelnden Afrikanerinnen und Afrikanern zudachte. Damit verbunden war, wie zuvor gezeigt wurde, auch ein westlicher Überlegenheitsanspruch, an dem die Freiwilligen in vielen Fällen festhielten.[82] Die das Idealbild prägende Vorstellung, dass die Freiwilligen als perfekt ausgebildete 'es besser Wissende' nach Afrika reisen, erhielt in der Praxis jedoch in vielen Fällen Risse. So wird in den Rapporten die Ratlosigkeit der Freiwilligen gegenüber den erfahrenen Widerständen spürbar, etwa wenn Elisabeth H. über ihre Gartenarbeit im Süden des Tschads schrieb:

> Manchmal fällt es schwer zu begreifen. Da hatte jemand [...] mit viel Mühe einige Beete Combo angelegt. Er gedieh prächtig. Nach dem Baumwollmarkt ging er auf Reisen und kein Knochen fragte mehr nach dem Combo. Innert kurzer Zeit war alles vertrocknet.[83]

Frau H. konnte sich dieses Verhalten nicht erklären. Das änderte sich, nachdem sie erstmals eine Woche am Stück im Dorf Kemkaga verbracht hatte:

> Das erste was mir aufgefallen ist, ist wie streng die Frauen arbeiten. [...] Jetzt verstand ich besser weshalb es in letzter Zeit sowenig Frauen beim Nähen gab und warum es so mühsam ist, einige Helferinnen für den Garten zu finden.[84]

Auch Hilda L. betonte, dass es eines Lernprozesses bei den Helfenden bedürfe:

> Die Lebensgewohnheiten der Leute hier beruhen auf einer generationenlangen Erfahrung und sind ganz ihren Bedürfnissen angepasst, welche wir Europäer unmöglich in 2 Wochen verstehen können.[85]

Mehrere in der *Animation Rurale* tätige Volontärinnen thematisierten ähnliche Momente der Einsicht. Mit der Zeit stellten viele von ihnen fest, dass die mangelnde Begeisterung der Frauen nicht auf Faulheit und Rückständigkeit, sondern auf eine hohe alltägliche Arbeitsbelastung zurückgeführt werden konnte.[86] Die Freiwilligen sahen sich also genötigt, nach Hintergründen für ihre Erfahrungen zu

---

81 *Ibid.*
82 Vgl. z.B. auch *Entre Nous*, No. 32, 8. Juni 1967, S. 2.
83 *Entre Nous*, No. 27, 15. März 1967, S. 5.
84 *Entre Nous*, No. 41, 13. Oktober 1967, S. 2.
85 *Entre Nous*, No. 30, 1. Mai 1967, S. 3.
86 Vgl. *Entre Nous*, No. 22, 29. Dezember 1966, S. 4; *Entre Nous*, No. 25, 31. Januar 1967, S. 2.

fragen und ihre Vorstellungen dementsprechend zu revidieren. Ein weiterer interessanter Gedanke lässt sich an folgendem Rapportausschnitt von Hilda L. zeigen:

> Wieder einmal habe ich gelernt, dass jedes Ding seine Zeit braucht, in Afrika noch mehr als in Europa. Ermuntert man die Leute zu sehr, an den Kursen teilzunehmen, nehmen sie an, sie tun uns einen Gefallen, und denken nicht daran, dass es für sie ist und dass sie davon profitieren können.[87]

Neben dem üblichen Verweis auf die in Afrika nötige Geduld wirft der zweite Teil des Zitats die Frage auf, wer eigentlich in den beschriebenen Situationen genau wem behilflich war. Durchaus denkbar wäre, dass sich manche der sogenannten 'Hilfeempfängerinnen' aus Freundlichkeit gegenüber den Freiwilligen an deren Projekten beteiligten. Möglicherweise verspürten sie sogar Mitleid mit den jungen Schweizerinnen. Folgendes Zitat von Sylvia K. gewährt einen eindrücklichen Einblick in den Erwartungsdruck und die Ängste, welchen die Freiwilligen ausgesetzt waren. Sie beschreibt darin ihren erstmaligen Besuch in einem Dorf in Dahomey:

> Ich unterdrückte mit Gewalt eine Revolte in der Magengegend, wenn ich kleine Kinder mit Wonne einen unansehnlichen grünen Brei schmatzen sah, und ich grüsste unzählige Leute. Dabei hatte ich einiges Herzklopfen, nicht nur, weil ich nie so ganz sicher war, was ich auf die verschiedenen Begrüssungsfragen antworten sollte, sondern weil ich jedesmal denken musste, w a s, wenn diese Leute mich nicht mögen???[88]

Es ist wichtig, sich die grossen menschlichen Herausforderungen zu vergegenwärtigen, welchen die Freiwilligen ausgesetzt waren. Die jungen Leute mussten sich nicht nur in einer ihnen fremden Umgebung zurechtfinden, sondern sollten diese auch noch aktiv umgestalten. Im Film *Eva, Hanna et Sylvia au Dahomey* von 1967 beschreibt Eva S. die erste Zeit denn auch als sehr schwierig. Sie habe zu Beginn nicht recht gewusst, wie sie ihre Aufgaben in den Dörfern anpacken solle.[89] Im Film *Fortschrittsbringer* aus dem Jahr 2010 formuliert sie die Situation im Rückblick noch drastischer. Sie seien «quasi im Busch irgendwo ausgesetzt»[90] worden und hätten dann selber schauen müssen, was nun in dieser Situation möglich sei. Die im Film ebenfalls zu Wort kommende ehemalige Freiwillige Milly W. erinnert sich ähnlich: Bei ihrer Ankunft habe sie feststellen müssen, dass niemand sie erwartete.[91]

Die eben geschilderten Schwierigkeiten, denen sich die Freiwilligen gegenübersahen, bedeuten jedoch nicht, dass sie sich nicht auch in manchen Fällen hätten durchsetzen können. Wie oben dargelegt, wurden die Afrikanerinnen und Afri-

---

87 *Entre Nous*, No. 32, 8. Juni 1967, S. 2.
88 *Entre Nous*, No. 30, 1. Mai 1967, S. 3.
89 Vgl. Coopération technique suisse. Eva, Hanna et Sylvia au Dahomey, *op. cit.*
90 Fortschrittsbringer. Schweizer Wege in der Entwicklungshilfe, *op. cit.*
91 Vgl. *ibid.*

kaner in den Rapporten zum Teil verniedlicht und kindlich gezeichnet. Dies legitimierte ein erzieherisches Vorgehen, wie beispielsweise der folgende Rapportausschnitt über die *Animation Rurale* im Tschad zeigt:

> Am Anfang sind alle auf dem Boden gesessen. Nun haben wir es wenigstens fertig gebracht, dass jede eine Matte oder einen Schemel mitbringt. Wer ohne kommt, bekommt die Arbeit nicht. Die nächste Aktion wird heissen: «Hände waschen»![92]

Entwicklungsarbeit wird hier als Erziehungsarbeit verstanden. Das Verhalten und die Gewohnheiten der Frauen sollen anhand von disziplinarischen Massnahmen verändert werden. So heisst es im selben Rapport:

> Wer nach dem marché du coton das Geld nicht bringt, kann nicht mehr mitmachen. Es ist vielleicht etwas hart, aber die einzige Möglichkeit. […] Zum Glück eignen sich die Burschen nicht nur zum Uebersetzen – sie sind auch gute Geldeintreiber. Es ist mehr eine erzieherische Massnahme; die Frauen sollen von Anfang an wissen, dass wir keine cadeaux machen.[93]

Es drängt sich die Frage auf, welche Methoden die 'Geldeintreiber' genau anwandten. Das Verhältnis zwischen den Dorfbewohnerinnen und der Freiwilligen wirkt in diesem Rapport zudem sehr autoritär. Ein anderer Volontär inszenierte sich in seinem Schlussrapport als strenger Lehrmeister. Er könne mit «einiger Genugtuung»[94] auf die 16 Monate zurückblicken, die er in einem Genossenschaftsprojekt in Ruanda verbracht hat. Die Ausbildung der Arbeiter sei aber leider zu kurz gekommen, da der Betrieb zu gross sei:

> Um diesen Betrieb in Gang zu halten muss, etwas brutal ausgedrückt, mit der Peitsche gearbeitet werden. Man muss dem Afrikaner ein für ihn gänzlich ungewohntes Arbeitstempo aufdiktieren.[95]

Der eindeutigste Bericht von direkter Machtanwendung ist jener eines in Ruanda tätigen Freiwilligen, der sich beim Neubau einer Schule mit streikenden Arbeitern konfrontiert sah. Nachdem er den Arbeitern den Lohn gekürzt hatte, kam es zum Aufstand:

> Eine kleine Minderheit hatte nach der Versammlung, in der ich meinen Entschluss bekanntgab, so sehr 'aufgeheizt', dass ich schliesslich beim Ministère de la Garde Nationale einige Soldaten aufbieten musste, um den Bauplatz vor Angriffen zu schützen. […] Ganze 10 Tage brauchte es, bis die heisse Rwandasonne auch dem hintersten Mann hell genug klarmachte, dass ich auf der längeren Seite des Astes sass.[96]

---

92 *Entre Nous*, No. 21, Weihnachten 1966, S. 3.
93 *Ibid.*
94 *Entre Nous*, No. 32, 8. Juni 1967, S. 3.
95 *Ibid.*
96 *Entre Nous*, No. 37, 16. August 1967, S. 1–2.

Es scheint beinahe unglaublich, dass ein junger Schweizer in Ruanda das Militär für seine Zwecke aufbieten konnte. Eindrücklich ist, wie sich der Freiwillige hier eine berechtigte Machtposition zuschrieb, die er auch mit Gewalt durchsetzen wollte. Ein paar Monate später stellte er in seinem Rapport «mit sichtlichem Vergnügen» fest, «dass man begonnen hat, intensiver und genauer zu arbeiten».[97] Weiter schrieb er:

> Dass man selbst mit Ueberstunden angefangen hat, ist erfreulich. [...] Überhaupt scheint man langsam zu merken, dass der ehemals 'böse Umsungu' mit sich reden lässt, wenn man tut, was er will.[98]

Der hier formulierte Machtanspruch ist bemerkenswert. Er blieb jedoch in dieser Deutlichkeit ein Einzelfall.

Die Komplexität des Entwicklungsproblems

Einige der in den bisherigen Kapiteln angesprochenen Probleme wurden von der Sektionsleitung mit der Zeit erkannt und im internen Mitteilungsblatt thematisiert. Denn das Idealbild erhielt zunehmend empfindliche Risse.[99] Im Jahr 1970 äusserten einige Freiwillige im *Entre Nous* offen die Meinung, dass grundlegende Veränderungen nötig seien. So schrieb etwa ein ehemaliger Volontär:

> Das Ideal, das am Anfang der Freiwilligenidee stand, war doch bestimmt die Vorstellung vom Fachmann, der seine Bedürfnisse so weit in den Hintergrund stellen kann, dass er im engsten Kontakt mit seinen Partnern im Entwicklungsland leben kann und dort das Image vom reichen Weissen, der nicht zu arbeiten braucht, durch sein leuchtendes Beispiel der Selbstlosigkeit vernichtet. [...] Mir scheint nach meinem eigenen Einsatz, dass das anfangs zitierte Idealbild einiger Abstriche bedarf.[100]

Ein anderer Freiwilliger kritisierte die künstliche Unterscheidung in Freiwillige und Experten.[101] Diese beruhte tatsächlich weniger auf den jeweiligen Tätigkeiten als auf einer unterschiedlichen Bezahlung und damit auf dem Ideal der verzichtenden Freiwilligen. Auch beim DftZ wurde dieser Umstand intern problematisiert.[102] Ende des Jahres 1970 stellte dann ein Freiwilligen-Ehepaar in seinem Schlussrapport sogar die Entwicklungshilfe als Konzept grundsätzlich in Frage.[103]

---

97 *Entre Nous*, No. 41, 13. Oktober 1967, S. 5.
98 *Ibid.*
99 Vgl. z.B. *Entre Nous*, No. 2, 5. Februar 1971, S. 3.
100 *Entre Nous*, No. 7, 1. Juni 1970, S. 19–20.
101 Vgl. *Entre Nous*, No. 6, 29. April 1970, S. 10–13.
102 Vgl. Einige Fragen über die Zukunft des «Freiwilligen» in der Entwicklungshilfe, Schreiben vom 28. September 1973, BAR E2005#1985/101#814*, Freiwilligendienst Allgemeines, t.33.0.
103 Vgl. *Entre Nous*, Weihnachten 1970, S. 8–14.

Dass der Ton innerhalb der Freiwilligensektion dermassen kritisch wurde, lässt sich auf grössere diskursive Veränderungen zurückführen. Wie einleitend bereits vermerkt wurde, hinterfragte man in den 1970er Jahren die Entwicklungshilfe in der Schweizer Öffentlichkeit zunehmend. Die im Umfeld der progressiven Kirche und der Studentenbewegung entstandene Solidaritäts- oder Drittweltbewegung vertrat ein grundsätzlich neues Entwicklungsverständnis. 'Entwicklung' bedeutete demnach nicht mehr ökonomisches Wachstum, sondern Befreiung aus Armut, politischer Unterdrückung und Ausbeutung.[104] Diese Hinwendung zu neuen Erklärungsmustern spiegelt sich auch im Mitteilungsblatt der Freiwilligen. Der Fokus im *Entre Nous* verschob sich mit der Zeit immer mehr auf die Wiedergabe von wissenschaftlichen oder politischen Artikeln. Dabei scheute man nicht davor zurück, auch kritische Stimmen zu Wort kommen zu lassen.[105] Es ist eindrücklich, wie offen die Entwicklungshilfe im *Entre Nous* ab einem gewissen Zeitpunkt hinterfragt werden konnte und musste. Auch die im vorliegenden Beitrag als problematisch beschriebene eurozentrische Sichtweise und der damit einhergehende paternalistische Anspruch wurden kritisch diskutiert.[106] Es ist daher durchaus denkbar, dass die der Freiwilligenidee inhärenten Widersprüchlichkeiten zunehmend unhaltbar erschienen und schliesslich zum Ende der Freiwilligenaktion führten.

Nachdem bereits 1970 «eine Denkpause»[107] angekündigt worden war, in welcher der Status und Lebensstandard der Freiwilligen grundsätzlich überdacht werden sollten, wurde im *Entre Nous* vom 27. März 1972 schliesslich die Ersetzung der Bezeichnung 'Freiwilliger' durch jene des 'Entwicklungshelfers' bekanntgegeben.[108] Aus der Sektion *Schweizer Freiwillige für Entwicklungsarbeit* wurde das *Schweizerische Entwicklungshelferprogramm*. Dieser Schritt ging mit weiteren Reformen einher, die zu einer «Annäherung des Freiwilligen-Systems an das Expertensystem, in Hinblick auf eine spätere Verschmelzung der beiden zu einem einzigen System für das auswärtige Personal des DftZ»[109] führen sollten. Die Lebenskostenentschädigungen und Wiedereingliederungsgelder wurden für Einsätze von

---

104 Vgl. Kalt 2010, *op. cit.*, S. 268, 317, 326.
105 Vgl. z.B. den Beitrag des Drittweltaktivisten, Pfarrers und Soziologen François Houtart: François Houtart, «Pour une problématique du développement», in: *Entre Nous*, No. 12, 15. November 1971, S. 5–15, oder die thesenförmige Wiedergabe des Buches *De l'aide à la recolonisation* von Tibor Mendes, vgl. Tibor Mendes, «De l'aide à la recolonisation», in: *Entre Nous*, No. 3, 27. März 1972, S. 19–20.
106 Vgl. z.B. Paul Rutishauser, «Zusammenleben mit Menschen einer anderen Kultur», in: *Entre Nous*, No. 13, 25. September 1970, S. 8–12; Theodor von Fellenberg, «Notizen zur Entwicklungsarbeit in Rwanda», in: *Entre Nous*, No. 14, 28. Oktober 1970, S. 7–12; Immita Cornaz, «Sind wir ehrliche Partner?», in: *Entre Nous*, No. 4, 27. April 1972, S. 1–5.
107 *Entre Nous*, No. 10, 5. August 1970, S. 2–4.
108 *Entre Nous*, No. 3, 27. März 1972, S. 5.
109 *Ibid.*

über zwei Jahren «erheblich erhöht».[110] Der abtretende Sektionsleiter Thomas Raeber betonte in der Mitteilung allerdings, dass auch im neuen System eine idealistische Grundeinstellung erwartet werde:

> Es werden ein gewisser Idealismus, eine gewisse Selbstlosigkeit beim Entwicklungshelfer vorausgesetzt und ermutigt. So sehr sie im Laufe des Einsatzes oft absterben mögen: sie bilden eine gute, positive Ausgangsposition, die der Entwicklungsarbeit und insbesondere ihrem Ruf zugute kommen kann.[111]

Die von den Freiwilligen zuvor noch zwingend geforderte idealistische Selbstlosigkeit wurde hier zum Imagefaktor degradiert. Zudem sprach Raeber offen aus, was diese Analyse an verschiedenen Stellen gezeigt hat: Die Freiwilligen wurden über den Wunsch, Gutes und Nützliches zu tun, motiviert. Ob dieser Idealismus einem Einsatz in der Praxis standhalten konnte, war aber sekundär.

1974 liess der DftZ schliesslich auch das *Schweizerische Entwicklungshelferprogramm* auslaufen. Raeber, mittlerweile Stellvertreter des Delegierten für technische Zusammenarbeit, sprach von einer «Zwangslage» aufgrund der «schwierigen Finanzlage des Bundes».[112] Wahrscheinlicher ist jedoch, dass die wirtschaftliche Krisenzeit als praktische Gelegenheit diente, um das nicht mehr zeitgemäss erscheinende Programm zu beenden. Das «Bewusstwerden der Komplexität des ganzen Entwicklungsproblems»[113] passte schlicht nicht mehr zum Konzept der jungen, von Idealismus beseelten Freiwilligen, deren guter Wille allein schon Gutes bewirken konnte.

Fazit

Zusammenfassend ist festzuhalten, dass sich die Freiwilligen aufgrund der Informationen des DftZ einen sinnvollen Einsatz in einem Entwicklungsland erhoffen konnten. Zwar war die Freiwilligenarbeit nicht als einfache Aufgabe konzipiert, doch man erklärte den jungen Schweizerinnen und Schweizer, dass sie sich in Afrika nützlich machen würden und dass man dort ihre Hilfe nötig habe. Dazu wurden sie mit einem widersprüchlichen Idealbild ausgestattet, das von ihnen einen gleichberechtigten und vertrauensvollen Umgang mit den Afrikanerinnen und Afrikanern forderte, ihnen aber zugleich einen Wissensvorsprung gegenüber diesen zudachte. Zwar wies die Sektionsleitung die Figur des 'weissen Mannes' als

---

110 *Ibid*, S. 7
111 *Ibid*, S. 8.
112 Zukunft des schweizerischen Entwicklungshelferprogrammes, Mitteilung vom 26. Juni 1974, BAR E2005#1985/101#814*, Freiwilligendienst Allgemeines, t.33.0.
113 Einige Fragen über die Zukunft des «Freiwilligen» in der Entwicklungshilfe, Schreiben vom 28. September 1973, BAR E2005#1985/101#814*, Freiwilligendienst Allgemeines, t.33.0.

kolonial zurück und ersetzte sie rhetorisch durch jene des 'älteren Bruders', die westliche Herkunft und das 'Weisssein' waren aber wichtige Faktoren, über die den Freiwilligen eine natürliche Autorität zugedacht wurde. Auch die Freiwilligen griffen in vielen Fällen auf diesen westlichen Überlegenheitsdiskurs zurück. Die Konzeption der Freiwilligen als 'es besser Wissende' führte zu weiteren Widersprüchen, handelte es sich doch in erster Linie um junge Menschen, die sich in einer ihnen fremden Umgebung bewegen mussten. Wie mit diesen Widersprüchen umgegangen wurde, ist gemäss den Rapporten sehr unterschiedlich. Für einige bedeuteten sie offenbar kein gravierendes Problem, bei anderen führten sie zu autoritärem Gebaren, und schliesslich ergaben sich auch Situationen des persönlichen Zweifelns oder gar ein Gefühl des Scheiterns.

An der Freiwilligenaktion lässt sich zudem exemplarisch aufzeigen, wie Konzepte in der Entwicklungshilfe über die Jahre an Erklärungsmacht gewonnen oder verloren haben. Bei ihrer Gründung Mitte der 1960er Jahre bot die Schweizer Freiwilligensektion offenbar eine überzeugende Antwort auf das Problem der Armut in manchen Regionen der Welt. Junge Berufsleute sollten ihr praktisches Wissen weitergeben und damit einen Beitrag zur Entwicklung afrikanischer Länder leisten. Mit den Jahren passte die Freiwilligenidee aber immer weniger zum komplexer werdenden Entwicklungsverständnis und wurde 1974 schliesslich aufgegeben.

Präzisionsmechanik im Räderwerk der internationalen Politik. Das *Indo-Swiss Training Center* in Chandigarh, 1961–1968

Franziska Diener

Nach dem Wiederaufbau in Europa rückte die technische Entwicklungshilfe für die Dritte Welt Ende der 1950er Jahre auch in der Schweiz in den Vordergrund. Die privaten Hilfswerke trugen wesentlich zur Sensibilisierung der Öffentlichkeit für die Probleme der Dritten Welt bei, so dass die Entwicklungshilfe zu einer anerkannten Verpflichtung wurde.[1] Sie waren dem Bund einen Schritt voraus, welcher erst 1961 mit der Gründung des *Dienstes für technische Zusammenarbeit* (DftZ) in die Projektarbeit einstieg. Bereits im Jahr 1955 entstand die erste private Entwicklungshilfsorganisation, das *Schweizerische Hilfswerk für aussereuropäische Gebiete* (SHAG, ab 1965 *Helvetas*).[2] Die *Schweizerische Stiftung für technische Entwicklungshilfe* (ab 1971 *Swisscontact*), deren Projekt in Indien Gegenstand dieses Beitrags ist, wurde vier Jahre später, am 6. Mai 1959, gegründet.[3] Die Stiftung wurde von bürgerlich-liberalen Kreisen initiiert und von der Schweizer Privatwirtschaft finanziert. Wie die meisten Hilfswerke wurde sie später auch vom Bund unterstützt. Durch die Errichtung von Lehrwerkstätten zur Ausbildung von Vorarbeitern und Handwerkern wollte sie dem Mangel an mittlerem Kader in den Entwicklungsländern begegnen und dadurch einen Beitrag zur wirtschaftlichen Entwicklung und zur Hebung des Lebensstandards leisten.[4]

1 Vgl. René Holenstein, *Was kümmert uns die Dritte Welt. Zur Geschichte der internationalen Solidarität in der Schweiz*, Zürich 1998, S. 30; Albert Matzinger, *Die Anfänge der schweizerischen Entwicklungshilfe 1948–1961*, Zürich 1991, S. 161.
2 Zur Geschichte von *Helvetas* vgl. Thomas Möckli, *Eine bewegte Geschichte: 50 Jahre Helvetas. 1955–2005*, Dielsdorf 2005; Kathrin Däniker, Betty Stocker, «Das erste Entwicklungshilfswerk – ein Schrumpfprodukt. Die Gründung des Schweizerischen Hilfswerks für aussereuropäische Gebiete 1955 und dessen Einbindung in die Entwicklungshilfekonzeption des Bundes», in: Peter Hug, Beatrix Mesmer (Hg.), *Von der Entwicklungshilfe zur Entwicklungspolitik* (Studien und Quellen 19), Bern 1993, S. 175–188.
3 Die Ausführungen in diesem Beitrag beruhen auf meiner Lizentiatsarbeit, welche ich im April 2012 bei Prof. Jakob Tanner an der Universität Zürich eingereicht habe. Vgl. Franziska Diener, *Die Schweizerische Stiftung für technische Entwicklungshilfe (Swisscontact) 1956–1971. Entwicklungszusammenarbeit der Schweizer Privatwirtschaft*, unveröffentlichte Lizentiatsarbeit der Universität Zürich, Zürich 2012.
4 Zur Geschichte von *Swisscontact* vgl. Jean-Jacques de Dardel, *La coopération au développement. Certitudes et interrogations*, Genf 1981, insbesondere Kapitel 6: «L'économie privée», S. 325–348; Matzinger 1991, *op. cit.*, S. 163–170; Ka Schuppisser, «Das Engagement der Privatwirtschaft in der Entwicklungshilfe. Die Gründung der Schweizerischen Stiftung für technische Entwicklungshilfe 1956–1959 und ihre Konflikte mit dem Monopolanspruch des Schweizerischen Hilfswerks für aussereuropäische Gebiete (SHAG)», in: Hug, Mesmer 1993, *op. cit.*, S. 189–200.

In diesem Beitrag wird das Spannungsverhältnis von Akteuren, Interessen und Ideen anhand eines konkreten Projektes untersucht, des *Indo-Swiss Training Center* in Chandigarh, Indien.[5] Dabei werden die Wahl des Projektlandes, die konkrete Projektarbeit vor Ort sowie der Konflikt mit der indischen Partnerorganisation thematisiert. Einleitend werden die Gründung der Stiftung sowie deren Projekttätigkeit in den 1960er Jahren kurz dargestellt, um dann auf den Aushandlungsprozess im Indien-Projekt eingehen zu können: Die Stiftung verhandelte mit dem indischen Partner, der das Projekt selbstständig weiterführen wollte, über den Übergabezeitpunkt sowie über Entscheidungskompetenzen bei der Instrukteur-Weiterbildung.

Die *Schweizerische Stiftung für technische Entwicklungshilfe* beruht auf einer Idee von Jacques Freymond aus dem Jahr 1956. Der Historiker Freymond war Mitglied und zeitweise auch Vizepräsident des Internationalen Komitees vom Roten Kreuz (IKRK), Professor am *Institut des Hautes Etudes Internationales* in Genf sowie Oberst im Generalstab der Schweizer Armee. Ihm schwebte eine nationale Stiftung für Solidarität vor, welche nach dem Prinzip der *Schweizer Spende* von Bund, Kantonen, Gemeinden, Industrie und Privatpersonen gemeinsam getragen würde. Diese Solidaritäts-Stiftung sollte eine halbe Milliarde Schweizer Franken pro Jahr (!) für die Hilfe zugunsten der Schweizer Bergbauern, der armen Länder Europas und der Entwicklungsländer in Übersee sammeln. Der Zeitpunkt für die Lancierung einer solch grossangelegten Aktion war denkbar ungünstig. Die Ungarnflüchtlinge beanspruchten die Aufmerksamkeit der Öffentlichkeit, die bestehenden Hilfswerke sahen sich in ihrer Existenz bedroht, und im Parlament wurde das Thema Entwicklungshilfe erst ein halbes Jahr später aktuell.[6]

Die Idee Freymonds wurde 1957 in redimensionierter Form wiederaufgegriffen. Die Initianten, zu denen neben Freymond Anne-Marie Im Hof-Piguet, Flüchtlingshelferin während des Zweiten Weltkriegs und SHAG-Mitglied, sowie Sydney de Coulon, Ständerat und Direktor der Ebauches SA, gehörten, wollten die Hilfe der Schweiz für die Entwicklungsländer verstärken.[7] Dabei spielten neben dem Solidaritätsgedanken auch politische Interessen eine Rolle. Die Initianten vertraten

---

5   Die Ausführungen stützen sich vor allem auf die Quellen des Swisscontact-Archivs, das 2011 dem *Archiv für Zeitgeschichte* (AfZ) der ETH Zürich übergeben wurde. Da der institutionelle Bestand (IB) noch in Erschliessung ist und die Akten somit noch keine definitive Signatur haben, werden die verwendeten Quellen nicht über Signaturen ausgewiesen, sondern über eindeutige Bezeichnungen.
6   Vgl. zu diesem Abschnitt Matzinger 1991, *op. cit.*, S. 164–165. Leider sind die Quellen zur Vorgeschichte der Gründung nicht überliefert, so dass hier auf die Literatur zurückgegriffen werden muss, welche sich ihrerseits auf persönliche Gespräche mit Im Hof-Piguet sowie auf private Unterlagen stützte.
7   Im Hof-Piguet schrieb in ihren Erinnerungen, dass ihr die Gründung des SHAG nicht genügte: «Warum wieder ein Hilfswerk? Ich bin sicher, dass das Problem viel grössere Ausmasse hat, dass es gigantisch ist. In der Schweiz müsste man die Regierungen, die Wirtschaftskreise, die vom Export leben, kurz die ganze Nation mobilisieren.» Anne Marie Im Hof-Piguet, *Die Akademie. Unterwegs zu einer Akademie der Menschenrechte. Ein Lebensbericht*, Basel 2005, S. 30.

die Linie Bundesrats Max Petitpierre, der die Entwicklungshilfe als Teil einer aktiven Aussenpolitik auffasste, um eine weitere Isolation der Schweiz auf internationaler Ebene zu verhindern.[8] Sie teilten zudem die damals verbreitete Meinung, dass die Schweiz als neutraler Staat ohne koloniale Vergangenheit besonders geeignet sei, Entwicklungshilfe zu leisten. Schliesslich sahen sie die Entwicklungshilfe auch als Mittel zur Bekämpfung des Kommunismus, indem dessen Einfluss in den jungen Staaten der Dritten Welt durch eigene Präsenz vermindert werden sollte.[9]

Das Ziel der Intensivierung der schweizerischen Entwicklungshilfe hofften die Initianten über zwei Wege zu erreichen: Erstens über die Erschliessung noch ungenutzter Geldquellen und zweitens über die Konzentration der privaten und öffentlichen Entwicklungshilfe in einer einzigen Organisation, der Stiftung. Der erste Punkt war kaum umstritten: Ziel der Initianten war es, Privatwirtschaft und Industrie, welche sich bisher kaum für die Entwicklungshilfe eingesetzt hatten, zu mobilisieren und zu Spenden zu bewegen. Dem SHAG war dies bis anhin kaum gelungen, weshalb auch einige SHAG-Mitglieder, allen voran Ludwig Groschupf und Peter Gloor, die beiden ersten Präsidenten, das Projekt der Gründung einer solchen Stiftung unterstützten.[10] Um die Wirtschaft für das Projekt zu gewinnen, führten die Initianten neben den genannten humanitären und politischen auch wirtschaftliche Argumente ins Feld. Die Entwicklungshilfe in Form der Ausbildung von mittlerem Kader sei auch eine Form von langfristiger Exportförderung, da dadurch Goodwill geschaffen würde und Qualitätswerbung gemacht werden könne. So warben die Initianten über Monate hinweg vor den kantonalen Handelskammern und im April 1959 schliesslich auch an einer vom *Vorort des Schweizerischen Handels- und Industrievereins* eigens dazu einberufenen Konferenz in Zürich für die Stiftung.[11] Sie hatten Erfolg mit ihrer Werbetätigkeit und bekamen die nötigen Mittel von einer Million Schweizer Franken pro Jahr von der schweizerischen Wirtschaft und Industrie, nicht zuletzt dank unermüdlichen persönlichen Vorsprachen von Stiftungspräsident Hans Schindler, dem Delegierten des Verwaltungsrats der Maschinenfabrik Oerlikon (Zürich), und von Anne-Marie Im Hof-Piguet. Dennoch wurde die Stiftung von den Wirtschaftsvertretern als ein wohltätiges Hilfswerk

---

8 Zu Petitpierre vgl. Daniel Trachsler, *Bundesrat Max Petitpierre. Schweizerische Aussenpolitik im Kalten Krieg 1945–1961*, Zürich 2011.
9 Vgl. AfZ, IB Swisscontact-Archiv, Brief von Im Hof-Piguet an Schindler vom 21. Januar 1959; AfZ, IB Swisscontact-Archiv, Referatstexte der Konferenz beim Vorort in Zürich vom 13. April 1959.
10 Vgl. AfZ, IB Swisscontact-Archiv, Protokoll der Sitzung des Initiativkomitees vom 11. Dezember 1958, S. 2–3. Konfessionelle Hilfswerke beteiligten sich nicht an der Initiative, arbeiteten später aber bei Projekten gelegentlich mit der Stiftung zusammen. Vgl. die Zusammenarbeit mit dem HEKS im Indienprojekt weiter unten.
11 Vgl. AfZ, IB Swisscontact-Archiv, Referatstexte der Konferenz beim Vorort in Zürich vom 13. April 1959.

angesehen und nicht als Exportförderungsorganisation – sonst hätten sie grössere Summen gespendet und wären der Stiftung mit weniger Skepsis begegnet.[12]

Der zweite Punkt barg mehr Konfliktpotential. Der Bund lehnte eine Fusion der geplanten Stiftung mit der Koordinations-Kommission, der für die bilaterale Hilfe verantwortlichen Bundesstelle, ab und sprach sich für eine klare Trennung von öffentlicher und privater Entwicklungshilfe aus.[13] Die Idee der Konzentrierung der Kräfte der Schweizerischen Entwicklungshilfe zur Vermeidung von Doppelspurigkeit und Bürokratie musste folglich auf die Ebene der privaten Hilfswerke beschränkt werden. Die Stiftung sollte die Projekte der bestehenden Entwicklungshilfsorganisationen, zu denen damals nur das SHAG und die *Schweizerische Auslandhilfe* (SAH, ehemals Schweizerische Europahilfe) gerechnet wurden, koordinieren und mitfinanzieren. Die Durchführung eigener Projekte war zunächst nicht geplant.[14] Über die Funktion der Stiftung als Koordinationsstelle der privaten Entwicklungshilfe waren sich die Initianten aber uneinig, so dass schliesslich die Gründung einer von SHAG und SAH unabhängigen Stiftung, welche eigene Projekte durchführte, beschlossen wurde.[15]

Die Stiftung begann im ersten Jahrzehnt ihres Bestehens, in den 1960er Jahren, Projekte in Asien, Afrika und Lateinamerika zu lancieren. Das erste Projekt war die Errichtung einer Lehrwerkstätte für Präzisionsmechaniker in Chandigarh, Indien. Später kamen Nigeria, Dahomey (ab 1975 Benin), Pakistan, Tunesien und Algerien dazu. Ab 1966 unterhielt die Stiftung erste Projekte in Lateinamerika, zunächst in Peru, dann auch in Costa Rica und Brasilien. Dass die Stiftung anfänglich keine Projekte in Lateinamerika aufnahm, lag daran, dass die Hilfe in Afrika und Asien nötiger schien. Der Bund war der Meinung, dass die lateinamerikanischen Staaten nicht auf kostenlose Hilfe angewiesen seien.[16] Die Stiftung richtete sich nach der Linie des Bundes und verzichtete vorerst auf Projekte in Lateinamerika. Die Wahl der Projektländer entsprach laut Schindler meist den politischen und

---

12 Mehrere Vertreter der Privatwirtschaft äusserten im Vorfeld der Konferenz Skepsis bezüglich des Nutzens der geplanten Stiftung für die Schweizer Wirtschaft, so zum Beispiel Dieter Bührle (Oerlikon Bührle & Co). Vgl. AfZ, IB Swisscontact-Archiv, Brief von Bührle an Schindler vom 10. April 1959.
13 Vgl. AfZ, IB Swisscontact-Archiv, Brief von Schürch an Groschupf vom 17. Juli 1958, S. 2; AfZ, IB Swisscontact-Archiv, Brief von Im Hof-Piguet an de Coulon vom 17. September 1958, S. 1–2.
14 Vgl. AfZ, IB Swisscontact-Archiv, Protokoll der Sitzung des Initiativkomitees vom 11. Dezember 1958, S. 3.
15 Vgl. AfZ, IB Swisscontact-Archiv, Protokollnotiz der Sitzung des Initiativkomitees vom 2. April 1959, S. 3.
16 Vgl. AfZ, IB Swisscontact-Archiv, Brief der Stiftung an den Dienst für Technische Hilfe (EPD) vom 8. Juli 1960; AfZ, IB Swisscontact-Archiv, Brief des Dienstes für Technische Hilfe (EPD) an die Stiftung vom 16. Juli 1960.

wirtschaftlichen Interessen der Schweiz,[17] unterlag sicher aber auch Zufällen, hing zum Beispiel von vorhandenen Beziehungen oder Projektideen ab. Im Folgenden wird auf das Projekt in Indien eingegangen, wo es zum unüberbrückbaren Konflikt mit der indischen Partnerorganisation kam und sich die Stiftung schliesslich frühzeitig aus dem Projekt zurückziehen musste.[18]

Erste Projektabklärungen in Asien und Wahl Indiens als Partnerland

Um erste Projektmöglichkeiten abzuklären, reiste Botschafter Fritz Real – der vom Bund beurlaubt worden war, um die Stiftung in ihrer Anfangsphase zu unterstützen, und der dem geschäftsführenden Ausschuss der Stiftung angehörte – im November 1959 im Auftrag der Stiftung nach Indien, Pakistan, Ceylon und Nepal. Diese Länder erhielten neben dem Entwicklungsprogramm der Vereinten Nationen (*United Nations Development Programme*, UNDP) bereits beträchtliche bilaterale Hilfe. Insbesondere interessierte die Stiftung die Tätigkeit der BRD und Schwedens, welche beide die technische Ausbildung mittels Lehrwerkstätten förderten – jenen Bereich, in dem auch die Stiftung zu agieren gedachte.[19] Sie erachtete die Lehrwerkstätten dieser beiden Länder als Massstab für ein eigenes Projekt. Eine allfällige schweizerische Lehrwerkstätte dürfe denjenigen der BRD und Schwedens in Grösse und Qualität um nichts nachstehen, da sie die Schweiz repräsentiere:

> Toute entreprise réalisée par notre Fondation dans les pays visités doit être de premier ordre. Elle représentera la Suisse. Une telle entreprise ne craindra pas la comparaison avec les réalisations d'autres nations du standing de la Suisse.[20]

Neben dem politischen Motiv, im Wettbewerb der Industrieländer mitzuhalten, spielten auch wirtschaftliche Motive eine Rolle bei der Wahl Indiens als Partnerland. Die wirtschaftliche und industrielle Entwicklung Indiens schien von beachtlichem Ausmass, die Grundschulbildung und die technische Ausbildung wurden vom Staat gefördert. Die Stiftung hielt dies für eine erfolgversprechende Ausgangslage. Gleichzeitig schien ihr ein echter Bedarf vorhanden, mit dem sie bei ihrer Tätigkeit rechnen konnte: Es mangelte an qualifizierten Arbeitern und Vorarbeitern im Bereich Präzisionsmechanik und Herstellung von Präzisionswerkzeugen. Der indische Partner Maneklal S. Thacker vom *Council of Scientific and*

---

17 Vgl. AfZ, IB Swisscontact-Archiv, Protokoll der Sitzung des geschäftsführenden Ausschusses vom 27. November 1964, S. 3.
18 Das Projekt in Indien wurde neben denjenigen in Dahomey und Tunesien im Rahmen der Lizentiatsarbeit untersucht. Die folgenden Ausführungen beruhen auf dem Kapitel zum Indienprojekt der Lizentiatsarbeit. Vgl. Diener 2012, *op. cit.*, S. 90–108.
19 Vgl. AfZ, IB Swisscontact-Archiv, Jahresbericht 1959, S. 4–5.
20 *Ibid.*, S. 5.

Industrial Research (CSIR) begrüsste ein schweizerisches Ausbildungsprojekt in diesem Bereich und schlug eine Lehrwerkstätte für fünfzig Schüler mit vier bis fünf Schweizer Experten vor. Die Stiftung beschloss Berufsexperten zu kontaktieren, welche die Umsetzung eines Projektes einer Lehrwerkstätte für Präzisionsmechanik, insbesondere Infrastruktur- und Personalbedarf, studieren sollten.[21]

Warum Indien als Partnerland für die Realisierung eines Projektes gewählt wurde, zeigen insbesondere auch die Argumente, welche gegen andere Länder sprachen. In Pakistan war die Entwicklung der Industrie noch nicht so stark fortgeschritten wie in Indien, und es bestand Bedarf in verschiedensten beruflichen Ausbildungen. Die Stiftung hatte Kontakt zu einer privaten pakistanischen Stiftung, welche eine Ausbildungsstätte in Lahore plante. Das Projekt war jedoch noch wenig ausgereift, und es bedurfte weiterer Abklärungen.[22] Erst 1963 konnte ein Vertrag mit der pakistanischen Regierung abgeschlossen werden, wobei es sich nicht mehr um das Projekt in Lahore handelte, sondern um eine Lehrwerkstätte für Präzisionsmechanik in Karachi nach dem Vorbild des indischen Projektes.[23] Während die Stiftung in Pakistan später doch noch ein Projekt lancierte, verzichtete sie auf eine Tätigkeit in Ceylon und Nepal. Die Abklärungen Reals ergaben, dass in Ceylon nur der Staat als Projektpartner in Frage komme und dass dieser angesichts der instabilen politischen Situation unzuverlässig sei. Deshalb wolle man vorerst von einem Projekt in Ceylon absehen.[24] Dabei blieb es: Das Land taucht in den 1960er Jahren nie mehr als mögliches Partnerland in den Akten auf. In Nepal konnte Real das Team des SHAG besuchen, das in Zusammenarbeit mit der FAO und dem Colombo-Plan die Milchwirtschaft unterstützte. Die Stiftung wollte dem SHAG nicht in die Quere kommen und sah deshalb davon ab, in Nepal ein eigenes Projekt aufzunehmen.[25] Indien wurde also aus folgenden Gründen als Partnerland für die Lancierung eines Projektes gewählt: Präsenz anderer Geberländer, fortgeschrittene wirtschaftliche und industrielle Entwicklung, konkrete Projektidee, politische Stabilität, zuverlässiger Partner sowie Absenz des SHAG.

Vertragsabschluss und Suche eines geeigneten Standorts

Die Gespräche mit Thacker ergaben folgende Projektskizze: Die Stiftung sollte den Leiter des *Indo-Swiss Training Center* für Präzisionsmechaniker stellen, maximal sieben Fachkräfte sowie die maschinelle Ausrüstung. Die indischen Partner

---

21 Vgl. *ibid.*, S. 5–6.
22 Vgl. *ibid.*, S. 5.
23 Vgl. AfZ, IB Swisscontact-Archiv, Jahresbericht 1963, S. 5.
24 Vgl. AfZ, IB Swisscontact-Archiv, Jahresbericht 1959, S. 6.
25 Vgl. *ibid.*

sollten für Bauland, Gebäude, Unterkunft, Hilfskräfte und die übrigen laufenden Betriebskosten aufkommen. Rund hundert Schüler sollten an der Lehrwerkstätte für eine dreijährige Ausbildung aufgenommen werden. Die Kosten für die Stiftung wurden auf dreihunderttausend Schweizer Franken Lohnkosten pro Jahr plus einmalige Kosten von einer Million Schweizer Franken für die Anschaffung der Maschinen veranschlagt. Ziel war es, die Lehrwerkstätte nach fünf bis acht Jahren ganz an Indien zu übergeben.[26] Diese Projektskizze von 1960 war im Vergleich zu den anfänglichen Ideen stark angewachsen: Die geplante Schule sollte doppelt so viele Schüler aufnehmen können und auch über mehr Schweizer Fachkräfte verfügen, als ein Jahr zuvor beabsichtigt. Die Stiftung war sich bewusst, dass dies ein grosses und schwieriges Unterfangen war, das zu dieser Zeit den Schwerpunkt ihrer Tätigkeit ausmachte: «Das finanziell und organisatorisch anspruchsvolle Indienprojekt stellt das Hauptprojekt der Stiftung dar», wie es im Jahresbericht 1960 hiess.[27] In der Tat war das Indienprojekt am weitesten vorangeschritten. Zu diesem Zeitpunkt waren zwar Abklärungen in weiteren Ländern im Gang – so in Pakistan, Nigeria und Dahomey (ab 1975 Benin) – doch ein konkretes Projekt war einzig in Dahomey in Sicht, dieses war aber noch wenig fortgeschritten und kleiner als dasjenige in Indien.

Nach der Vertragsunterzeichnung vom März 1961 reisten Fritz Real, Reinhold Schuepp (ehemaliger Generaldirektor der Voltas Ltd., Bombay) und Fritz Claus (designierter Direktor der Lehrwerkstätte) zur Abklärung eines geeigneten Standorts für die künftige Lehrwerkstätte nach Indien. Von den zwölf Orten, welche Thacker als mögliche Standorte vorgeschlagen hatte, gaben die Schweizer Poona den Vorzug; zweite Priorität war Chandigarh und dritte Lucknow.[28] Ein Argument war die Nähe zu einer diplomatischen Vertretung der Schweiz, welche bei Bedarf den Direktor der Lehrwerkstätte unterstützen könne.[29] Diese Bedingung erfüllten Chandigarh und Lucknow durch die Nähe zur Schweizerischen Botschaft in Delhi. In Bombay befand sich das Generalkonsulat, das vielleicht ebenfalls Unterstützung leisten könne, so dass auch Poona diese Bedingung erfüllte.[30] Der Hauptgrund für die Bevorzugung Poonas vor Chandigarh war die Nähe zum industriellen Zentrum Bombay.[31] Die Inder wählten Chandigarh als Standort, die Hauptstadt des Bundes-

26 Vgl. AfZ, IB Swisscontact-Archiv, Jahresbericht 1960, S. 3–4.
27 *Ibid.*, S. 4.
28 Vgl. AfZ, IB Swisscontact-Archiv, Protokoll Ausschuss vom 4. Mai 1961, S. 2.
29 Vgl. AfZ, IB Swisscontact-Archiv, Protokoll Ausschuss vom 17. Mai 1960, S. 4.
30 Die Schweizer Botschaft in Neu Delhi wurde 1947 geschaffen. Daneben gab es konsularische Vertretungen in Bombay (Generalkonsulat) und Kalkutta. Vgl. «Botschaft des Bundesrates an die Bundesversammlung betreffend die Schaffung neuer Gesandtschaften in Indien und Siam vom 2. Juni 1947», in: *Bundesblatt*, Nr. 22, 5. Juni 1947, S. 281–286. Online: http://www.amtsdruckschriften.bar.admin.ch/viewOrigDoc.do?id=10035885 (Stand: 30. April 2012).
31 Vgl. AfZ, IB Swisscontact-Archiv, Brief von Real an Etienne vom 31. August 1961.

staates Punjab, von der schweizerischen Studiengruppe auf Platz zwei gesetzt und insofern auch für sie eine befriedigende Wahl. Dies war ein politisch motivierter Entscheid: Während der CSIR im Bundesstaat Maharashtra (dem Poona angehörte) bereits drei Institutionen errichtet hatte, gab es im Bundesstaat Punjab noch keine einzige nationale Institution. Die Lokalregierung Punjabs wünschte deshalb ausdrücklich die Errichtung einer solchen Institution in ihrem Bundesstaat – dieses Begehren konnte die Regierung schlecht abweisen.[32]

Eröffnung des Indo-Swiss Training Center *in Chandigarh*

Um die Vorbereitungen für die Lehrwerkstätte beginnen zu können, wurde bereits 1961 Fritz Claus[33] als Direktor angestellt. Die Maschinen und Werkzeuge wurden bestellt. Drei schweizerische Spezialisten wurden kontaktiert, welche als erste Instrukteure vorgesehen waren. Im Oktober schickte die Stiftung Edwin Lenzlinger, Zivilingenieur, nach Indien, um den Bau der Schulgebäude zu leiten. Die Eröffnung der Schule war auf Herbst 1962 geplant.[34] Bei der Suche nach geeigneten Schweizer Instrukteuren wurde die Stiftung durch die Schweizer Privatwirtschaft unterstützt.[35]

Der Bau der Schulgebäude durch indische Bauunternehmen kam langsamer voran als erwartet, weshalb die Eröffnung der Schule auf 1963 verschoben werden musste. Lenzlinger sah das Hauptproblem bei den Indern, deren Organisation mangelhaft sei. Der indische Partner CSIR übertrug die Ausführung des Projekts einer neu geschaffenen Stelle, der *Central Scientific Instruments Organisation* (CSIO), welche damals nicht über das nötige Fachpersonal verfügte. Offenbar funktionierte auch die Zusammenarbeit zwischen CSIO und CSIR nicht gut. Nach Reals Schilderungen vor dem geschäftsführenden Ausschuss war Lenzlinger überaus eifrig und manchmal auch ungeduldig, was auf indischer Seite auf Unverständnis und Widerstand stiess. Es scheint also auf beiden Seiten Schwierigkeiten gegeben zu haben. Der Fachausschuss der Stiftung schätzte die Verzögerung der Bauarbeiten als üblich ein – der ursprüngliche Zeitplan sei zu knapp gewesen und hätte auch in der Schweiz nicht eingehalten werden können.[36] Der bisherige Leiter des CSIR Thacker wurde in die Planungskommission der Regierung Indiens berufen; neuer

---

32 Vgl. *ibid.*
33 Über die Hintergründe der Wahl Claus' zum Direktor sowie über seine Person geben die Quellen keine Auskunft.
34 Vgl. AfZ, IB Swisscontact-Archiv, Jahresbericht 1961, S. 3–4.
35 Vgl. AfZ, IB Swisscontact-Archiv, Protokoll Ausschuss vom 17. Mai 1960, S. 5.
36 Vgl. AfZ, IB Swisscontact-Archiv, Protokoll Ausschuss vom 23. Februar 1962, S. 1–2.

Abbildung 1: Projektleiter Fritz Claus erklärt Premierminister Jawaharlal Nehru ein Modell der Lehrwerkstätten. Einweihungszeremonie des *Indo-Swiss Training Center,* 18. Dezember 1963. Bildnachweis: AfZ IB Swisscontact-Archiv.

Leiter des CSIR wurde Syed Husain Zaheer.[37] Sparmassnahmen der indischen Regierung aufgrund des Indisch-Chinesischen-Grenzkonflikts führten zu einer Kürzung des Budgets des CSIR und somit zu Einschränkungen bei den indischen Leistungen für den Bau der Schulgebäude.[38] Trotz erneuten zeitlichen Verzögerungen bei den Bauarbeiten konnte das *Indo-Swiss Training Center* wie geplant am 1. Oktober 1963 eröffnet werden. Das Interesse für die Ausbildung in der Lehrwerkstätte für Präzisionsmechanik war gross: Auf Inserate in indischen Tageszeitungen meldeten sich 1400 Kandidaten. Nach einer Vorselektion wurden zweihundert Kandidaten für eine «theoretische, praktische und psychotechnische Eignungsprüfung» zugelassen, schliesslich wurden 36 Lehrlinge ausgewählt.[39]

---

37 Die Planungskommission wurde 1950 gegründet und hatte den Auftrag, 5-Jahrespläne auszuarbeiten zur effizienten Ressourcenbewirtschaftung, zur Steigerung der Produktion und zur Schaffung von Arbeitsplätzen. Ziel war die Erhöhung des Lebensstandards der Bevölkerung. Vgl. den Beitrag zur Geschichte auf der Website der Planning Commission, Government of India: About Us. History. http://planningcommission.nic.in/aboutus/history/index.php?about=aboutbdy.htm (Stand: 30. April 2012).
38 Vgl. AfZ, IB Swisscontact-Archiv, Jahresbericht 1962, S. 4.
39 Vgl. AfZ, IB Swisscontact-Archiv, Jahresbericht 1963, S. 3.

Abbildung 2: Die Frauen der Schweizer Projektmitarbeiter, Frau Claus (rechts) und Frau Thommen, bieten Premierminister Jawaharlal Nehru Kaffee an, Einweihungszeremonie des *Indo-Swiss Training Center,* 18. Dezember 1963. Bildnachweis: AfZ IB Swisscontact-Archiv.

Vier indische Hilfsinstrukteure wurden rekrutiert, um die Schweizer Instrukteure bei der Ausbildung der Lehrlinge zu unterstützen. Interessant ist, dass zwei dieser Hilfsinstrukteure zuvor das Ausbildungszentrum für Präzisionsmechaniker des *Hilfswerks der Evangelischen Kirchen der Schweiz* (HEKS) in Tellicherry in der Provinz Kerala besucht hatten. Zudem wirkte Claus, der Leiter des *Indo-Swiss Training Center* in Chandigarh, als Experte bei den Lehrabschlussprüfungen in Tellicherry mit. Die Stiftung konnte hier von den Erfahrungen des HEKS profitieren, das bereits seit 1959 in Südindien tätig war.[40] Auffällig ist ferner, dass beide Hilfswerke Lehrwerkstätten für Präzisionsmechanik betrieben. Man könnte einen Nachahmungseffekt vermuten, dies war aber in diesem Fall nicht ausschlaggebend. Vielmehr war die Präzisionsmechanik ein Gebiet, auf dem in Indien bislang kaum Ausbildungsmöglichkeiten bestanden. Indien wünschte deshalb explizit Unterstützung in diesem Bereich, wie Real dem geschäftsführenden Ausschuss in der Sitzung vom 15. Januar 1960 darlegte:

---

40 Vgl. zur Tätigkeit des HEKS in Südindien das Kapitel «Die Anfänge der kirchlichen Entwicklungshilfe» in: Holenstein 1998, *op. cit.*, S. 119–125.

Abbildung 3: Noch herrscht Eintracht zwischen den späteren Kontrahenten. Fritz Claus und Piara Singh Gill geleiten Erziehungsminister M. C. Chagla zur Eröffnungszeremonie des *Indo-Swiss Training Center,* 19. Dezember 1964. Bildnachweis: AfZ IB Swisscontact-Archiv.

Indischerseits sei vorab ein starker Ausbildungsbedarf im Gebiete der Präzisionsmechanik (Instrumenten- und Werkzeugmacher, Stanzer) geltend gemacht worden. Ausser bei einigen wenigen grossen staatlichen und privaten Unternehmen bestünde hiefür kaum eine systematische Ausbildungsmöglichkeit.[41]

Zudem war Präzisionsmechanik ein Gebiet, in dem die Schweiz fundierte Kenntnisse und Erfahrung besass. Im Hof-Piguet bezeichnete die Präzisionsmechanik gar als ein «Sondergebiet [...], das für die Schweiz repräsentativ sei[42] und sich bei einem Vergleich mit der geleisteten Entwicklungshilfe anderer Länder sehr gut

---

41 AfZ, IB Swisscontact-Archiv, Protokoll Ausschuss vom 15. Januar 1960, S. 1.
42 Zum Schweizerischen Selbstbild und zur «Swissness» der Schweizer Entwicklungshilfe vgl. Lukas Zürcher, «'So fanden wir auf der Karte diesen kleinen Staat'. Globale Positionierung und lokale Entwicklungsfantasien der Schweiz in Rwanda in den 1960er Jahren», in: Hubertus Büschel, Daniel Speich (Hg.), *Entwicklungswelten. Globalgeschichte der Entwicklungszusammenarbeit*, Frankfurt a.M. 2009, S. 275–309, hier insbesondere S. 286–287. Die Vorstellung, dass die Schweiz auf dem Gebiet der Präzisionsmechanik Expertin sei, kann mit Zürcher nicht nur als Selbstverständnis der Schweiz, sondern auch als Fremdwahrnehmung Indiens interpretiert werden, das vielleicht gerade deshalb von der Schweiz Hilfe auf diesem Gebiet wünschte.

ausnehme».[43] Dies waren wohl Gründe genug, dass die Stiftung wie schon das HEKS auf diesem Gebiet tätig wurde.

Noch im Jahr der Eröffnung der Lehrwerkstätte in Chandigarh wurde ein Beratungsausschuss gebildet, der aus schweizerischen und indischen Vertretern der Wirtschaft und Industrie bestand. Für die Stiftung nahmen P. Gregori (Voltas Ltd., Bombay), W. Ziegler (Hindustan Electric Co., Faridabad/Neu Delhi) und Alfred Frischknecht (HEKS-Training Centre Tellicherry) im Gremium Einsitz. Die indischen Vertreter waren 1963 noch nicht benannt. Die Stiftung glaubte, dass dieses Gremium ihren Einfluss auf das Projekt stärken würde: «Damit hat das Training Centre auch in Indien selbst einen wertvollen schweizerischen Rückhalt bekommen.»[44] Dass mit Alfred Frischknecht ein Mitarbeiter des HEKS-Hilfswerkes Tellicherry im Beratungsausschuss mitwirkte, zeigt erneut, dass die beiden Hilfswerke eng zusammenarbeiten.

Ausbildung von Präzisionsmechanikern nach schweizerischem Modell

Bereits in dem frühen Stadium, in dem sich das Indienprojekt noch befand, erhielt die Stiftung Anerkennung von unerwarteter Seite. Nach einem Besuch in Chandigarh bat der Spezialfonds der UNO die Stiftung, einen Experten zu entsenden für die Errichtung einer ähnlichen Lehrwerkstätte in Südkorea. Diese Anfrage freute die Stiftung, da sie sich in ihrer Arbeit bestätigt fühlte und den Entscheid, sich auf die Berufsausbildung zu konzentrieren, als richtig ansehen konnte.[45] Nach Ablauf des ersten Schuljahres war die Bilanz durchaus positiv: Von 36 Lehrlingen hatte nur einer die Jahresabschlussprüfung nicht bestanden. Geprüft wurden folgende Fächer: Arbeit in der Werkstatt, Führung des Werkstatt-Journals, Kenntnis der Branche, Kenntnis der Materialien, künstlerisches Zeichnen, technisches Zeichnen, Mathematik, Geometrie, Englisch und Indisch. Diese Fächerauswahl zeigt, dass eine fundierte Ausbildung nach dem Vorbild des schweizerischen Modells der Berufslehre angestrebt wurde. Die Noten, welche die Lehrlinge erreichten, korrelierten mit jenen der Aufnahmeprüfung, woraus die Stiftung schloss, dass das Auswahlverfahren geeignet sei. Unterdessen war auch der Bau der Gebäude schon fast beendet.[46]

Im Jahr 1964 kamen zwei zusätzliche Schweizer Instrukteure in Chandigarh an, so dass nunmehr sechs Schweizer Instrukteure am Projekt beteiligt waren. Die Instrukteure brachten ihre Familien mit, da sie ständig vor Ort sein mussten und

---

43 AfZ, IB Swisscontact-Archiv, Protokoll Ausschuss vom 17. Mai 1960, S. 4.
44 AfZ, IB Swisscontact-Archiv, Jahresbericht 1963, S. 5.
45 Vgl. AfZ, IB Swisscontact-Archiv, Jahresbericht 1964, S. 3.
46 Vgl. *ibid.*, S. 5.

sich für mindestens drei Jahre zu verpflichten hatten. So entstand in Chandigarh eine kleine Schweizer Kolonie von bislang vierzehn Personen.⁴⁷ Die Familien nahmen auch am Alltag im Ausbildungszentrum teil, wie die Würdigung der verstorbenen Frau des Leiters Claus im Jahresbericht 1965 zeigt:

> [Frau Claus trug] als unermüdliche Gastgeberin, durch ihre Hilfsbereitschaft in kleinen und grossen Nöten des Alltags und mit ihrer Sorge um das Wohl der Lehrlinge […] viel zum bisherigen Gelingen unseres Werkes in Chandigarh bei.⁴⁸

In diesem Zitat kommt ein stark patriarchalisches Frauenbild zum Ausdruck, nach dem die Frau soziale und wohltätige Aufgaben zu übernehmen und so ihren Mann in seiner Tätigkeit zu unterstützen habe.

Im Jahr 1965 startete der dritte Lehrgang, weshalb erneut zwei zusätzliche Schweizer Instrukteure angestellt wurden. Künftig strebte die Stiftung jedoch danach, die Zahl schweizerischer Instrukteure kontinuierlich zu senken und durch indische zu ersetzen:

> Die schweizerischen Instruktoren sollen durch Inder ersetzt werden, die wir selbst ausgebildet haben. Wir rechnen damit, dass wir spätestens 1967/68 für das erste Lehrjahr vollwertige indische Lehrer einsetzen können.⁴⁹

Es sei auf die paternalistische Rhetorik hingewiesen, wonach die Inder nur durch die Schweizer Ausbildung «vollwertig» werden können.⁵⁰ Die Übergabe des Projektes an einheimische Kräfte entsprach dem Prinzip der 'Hilfe zur Selbsthilfe', welches die Stiftung seit ihrer Gründung als zentral erachtete. Durch die Ausbildung von einheimischen Lehrkräften und durch die schrittweise Ablösung sollte die Qualität der Ausbildung gesichert werden.

Um den Lehrabgängern den Einstieg ins Berufsleben zu sichern, wurde bereits 1965 nach Stellen für die Lehrlinge des dritten Lehrjahres gesucht, welche im September 1966 von der Schule abgehen würden. Die Stiftung pflegte Kontakte zur Industrie: Sie bekam vom CSIO und von indischen Firmen (darunter auch schweizerische Unternehmen mit Sitz in Indien) Produktionsaufträge, welche die Lehrlinge in der Werkstatt ausführen konnten. Der Beratungsausschuss wurde 1965 mit neuen schweizerischen Vertretern besetzt.⁵¹

---

47 Vgl. *ibid.*
48 AfZ, IB Swisscontact-Archiv, Jahresbericht 1965, S. 5.
49 *Ibid.*, S. 4.
50 Zum Paternalismus insbesondere des Konzepts der 'Hilfe zur Selbsthilfe' vgl. Hubertus Büschel, «Eine Brücke am Mount Meru. Zur Globalgeschichte von Hilfe zur Selbsthilfe und Gewalt in Tanganjika», in: Büschel, Speich 2009, *op. cit.*, S. 175–206.
51 Die neuen schweizerischen Vertreter waren Berchthold (BBC, Baden), Hurter (Contraves AG, Zürich), Nägeli (Nestlé, Vevey) und Thalmann (Voltas Ltd., Bombay).Vgl. AfZ, IB Swisscontact-Archiv, Jahresbericht 1965, S. 5–6.

Vertragsverlängerung und Erweiterung des Ausbildungszentrums

Da der Vertrag mit dem indischen Partner CSIR im März 1966 auslief, weilte Piara Singh Gill, Direktor des CSIO – der ausführenden Stelle –, für Verhandlungen in Zürich. Sowohl die Stiftung als auch die CSIO wünschten eine Weiterführung der Zusammenarbeit. Der Entwurf der Vertragsverlängerung um zwei Jahre enthielt den Beschluss, die Zahl der Lehrlinge von 36 auf fünfzig zu erhöhen, sobald die Unterkünfte entsprechend ausgebaut wären. Zudem sollten pro Schweizer Instrukteur zwei indische angestellt werden, um der höheren Zahl Lehrlinge gerecht zu werden. Die zusätzlich benötigte technische Ausrüstung sollte soweit möglich in der Lehrwerkstätte selbst hergestellt oder aber in Indien beschafft werden. Die Schaffung von zusätzlichen Ausbildungsplätzen war ein expliziter Wunsch des indischen Partners.[52] Im Rahmen der Vertragsverhandlungen standen zudem die Schaffung einer zweijährigen Anschlussausbildung für Fortgeschrittene sowie die Errichtung weiterer Lehrwerkstätten nach dem Vorbild von Chandigarh zur Diskussion. Ein Beschluss über diese Ideen wurde jedoch zu diesem Zeitpunkt nicht gefasst, die Stiftung und der CSIR wollten noch darüber beraten.[53]

1966 fanden die ersten Lehrabschlussprüfungen statt, welche bis auf einen einzigen alle Kandidaten bestanden. Die Stiftung betonte im Jahresbericht, dass der Lehrgang in Chandigarh mit einem schweizerischen Abschluss vergleichbar, wenn nicht noch anspruchsvoller sei: «Der Schwierigkeitsgrad der Examensfragen entsprach mindestens dem schweizerischen Niveau.»[54] Die Vermittlung von Stellen für die Lehrabgänger erwies sich als schwierig und zeitaufwendig. Das Problem dabei waren nicht fehlende Arbeitsplätze, sondern die Neuartigkeit der Ausbildung. Die Anstellung eines im *Indo-Swiss Training Center* ausgebildeten Präzisionsmechanikers habe «für die meisten Betriebe die Aufnahme eines ganz neuen Elementes bedeutet».[55] Zehn Lehrabgänger fanden bei staatlichen Organisationen (wozu auch das *Indo-Swiss Training Center* in Chandigarh und die CSIO zählten) eine Stelle, dreizehn bei grösseren sowie zwölf bei mittleren und kleinen Betrieben der Privatindustrie.[56]

Der Vertrag konnte zwar verlängert werden, die Zahl der Lehrlinge wurde jedoch nicht erhöht, da das Internat noch nicht ausgebaut und noch nicht genügend indische Instrukteure ausgebildet worden waren. Die Stiftung hoffte aber, dass der Lehrermangel künftig durch die Anstellung von Lehrabgängern gemildert werden könne. Drei der besten Absolventen waren bereits als Instrukteure angestellt. Zwei

---

52 Vgl. *ibid.*
53 Vgl. AfZ, IB Swisscontact-Archiv, Protokoll Ausschuss vom 13. Dezember 1965, S. 2.
54 AfZ, IB Swisscontact-Archiv, Jahresbericht 1966, S. 5.
55 *Ibid.*
56 Vgl. *ibid.*

Schweizer Instrukteure kehrten 1966 in die Schweiz zurück, um wieder bei ihrer Firma zu arbeiten. An ihre Stelle traten zwei neue. Ein Schweizer Instrukteur wurde von der *Organisation der Vereinten Nationen für Erziehung, Wissenschaft und Kultur* (UNESCO) für das Projekt in Südkorea angestellt, welches durch die Stiftung auf die Anfrage von 1964 hin projektiert worden war.[57] Die Stiftung beabsichtigte, die indischen Instrukteure eine Weiterbildung in der Schweiz besuchen zu lassen, jedoch konnte Gill, der Direktor der CSIO, noch nicht davon überzeugt werden, dass von einer solchen Weiterbildung diejenigen Inder am meisten profitieren könnten, welche am *Indo-Swiss Training Center* die Lehre absolviert hatten.[58]

Konflikt mit dem CSIR über den Zeitpunkt der Übergabe des Projektes an Indien

Im Jahr 1967 fanden zum zweiten Mal Lehrabschlussprüfungen statt, welche auch diesmal nur ein Lehrling nicht bestand. Die Stellenvermittlung verlief nun problemlos, zumal die Arbeitgeber mit den Lehrabgängern des vorherigen Jahrganges gute Erfahrungen gemacht hatten. Die Stiftung lobte die Ausbildung im *Indo-Swiss Training Center* sowie die ausgebildeten Lehrlinge im Jahresbericht 1967 in den höchsten Tönen:

> Die Absolventen unserer beiden ersten Promotionen werden von ihren Arbeitgebern sehr geschätzt. Unser Lehrgang bietet eine umfassende praktische Ausbildung, begleitet von den notwendigen theoretischen Übungen. Unsere Absolventen sind vielseitig verwendbar und ohne weiteres fähig, sich in Spezialgebiete einzuarbeiten.[59]

Dass alle Lehrabgänger problemlos eine Stelle fanden, weist darauf hin, dass die Absolventen eine gute Ausbildung genossen hatten, und sprach für die Stiftung. Vielleicht hob die Stiftung ihren Erfolg in der Ausbildung hier aber deshalb so hervor, weil sie damals in einen Konflikt mit dem indischen Partner CSIR um den Zeitpunkt der Übergabe des Projektes geriet und diesem düsteren Konflikt den Glanz des Erfolgs gegenüberstellen wollte, um sich in ein besseres Licht zu rücken. Denn ein Jahresbericht ist ja immer auch ein Leistungsausweis gegenüber den Stiftungsmitgliedern, den Gönnern und der interessierten Öffentlichkeit und deshalb eher ein beschönigender Tätigkeitsbericht. Diese These wird durch eine Aussage Freymonds in der Sitzung des geschäftsführenden Ausschusses vom 25. April 1968 gestützt:

---

57 Vgl. *ibid.*, S. 5–6.
58 Vgl. AfZ, IB Swisscontact-Archiv, Protokoll Ausschuss vom 2. Dezember 1966, S. 4. Auch im Juli 1967 hatte Gill sein Einverständnis dazu noch nicht gegeben. Vgl. AfZ, IB Swisscontact-Archiv, Protokoll Ausschuss vom 7. Juli 1967, S. 3.
59 AfZ, IB Swisscontact-Archiv, Jahresbericht 1967, S. 5.

Was die Behandlung der Angelegenheit in der Schweiz anbelangt, so ist vom übergeordneten Gesichtspunkt der Bedeutung Indiens und der schweizerisch-indischen Beziehungen auszugehen. Es ist positiv hervorzuheben, was die Stiftung in Chandigarh geleistet hat. Herr Prof. Freymond macht einen formulierten Vorschlag für die betreffende Partie des Jahresberichtes, der allgemeine Zustimmung findet.[60]

Im Interesse der guten Beziehungen der Schweiz zu Indien sowie im Interesse der Stiftung sollten also im Jahresbericht 1968 die erfreulichen Aspekte betont werden. Es kann angenommen werden, dass bei der Abfassung des Jahresberichts 1967 ähnliche Motive im Spiel waren. Auf die Darstellung des Konfliktes im Jahresbericht 1968 wird weiter unten nochmals eingegangen; zuerst soll der Verlauf des Konfliktes nachgezeichnet werden.

Der Konflikt bahnte sich 1967 an, als Gill zusammen mit Atma Ram, dem neuen Direktor des CSIR, eine Kommission einsetzte, um die Möglichkeit abzuklären, das *Indo-Swiss Training Center* alleine mit indischen Instrukteuren weiterzuführen.[61] Weshalb Gill und Ram das Projekt ohne die Hilfe der Schweizer fortführen wollten, darüber geben die Quellen keine Auskunft. Vielleicht war es der Wunsch nach Eigenständigkeit, vielleicht auch Unzufriedenheit mit den Schweizer Experten oder dem Direktor. Die Stiftung betrachtete den Zeitpunkt für die vollständige Übergabe des Projektes an Indien als verfrüht, da ihrer Meinung nach noch zu wenige indische Instrukteure ausgebildet waren, um das Ausbildungszentrum ohne die Unterstützung der Schweizer zu führen. Sie suchte das Gespräch mit dem CSIR und den indischen Behörden, um «den Konflikt, der mit der Zeit einen persönlichen Charakter angenommen hatte und zur Prestigefrage geworden war, durch mündliche Besprechung zu lösen».[62]

Die Gespräche waren langwierig. Der Generalsekretär der Stiftung, Werner Zimmermann, reiste zweimal nach Chandigarh und Neu Delhi, im Oktober 1967 sowie im Januar 1968. Er nahm an Beratungen der von Gill und Ram eingesetzten Kommission teil, welche vor allem aus Vertretern der indischen Industrie bestand.[63] Die Stiftung benützte ihre guten Beziehungen zur Industrie, um Ram für sich zu gewinnen und Gill loszuwerden. Stiftungsrat Peter Reinhart (Inhaber der Gebrüder Volkart, Winterthur) vermittelte den Kontakt zu W. Holderegger (Direktor der Patel-Volkart Private Ltd. und Mitglied des Beratungsausschusses des *Indo-Swiss Training Center*) und dessen Partner Herrn Patel. Die Stiftung hoffte, über Patel, welcher sehr gute Beziehungen zum indischen Kongress und zum Vizeministerpräsident Morarji Desai hatte, Ram davon überzeugen zu können, das

---

60 AfZ, IB Swisscontact-Archiv, Protokoll Ausschuss vom 25. April 1968, S. 2.
61 Vgl. AfZ, IB Swisscontact-Archiv, Protokoll Stiftungsrat vom 1. Juli 1968, S. 4.
62 AfZ, IB Swisscontact-Archiv, Jahresbericht 1967, S. 5.
63 Vgl. AfZ, IB Swisscontact-Archiv, Protokoll Ausschuss vom 16. Januar 1968, S. 1.

Indo-Swiss Training Center direkt dem CSIR zu unterstellen und es damit von der CSIO und Gill unabhängig zu machen.[64] Zimmermann sollte Ram einen Vorschlag einer Vertragsergänzung vorlegen, in welchem die Stiftung neben der Loslösung des *Indo-Swiss Training Center* von der CSIO vor allem die Frage der Ausbildung indischer Instrukteure zu regeln wünschte. Die Stiftung wollte mit der Vertragsergänzung sicherstellen, dass der Leiter des Ausbildungszentrums bei der Rekrutierung der indischen Lehrkräfte mitentscheiden konnte, dass die indischen Instrukteure eine Weiterbildung in der Schweiz besuchten und dass dafür die eigenen Lehrabgänger Vorrang hatten. In diesen Fragen war man sich seit 1966 nicht einig mit Gill, und man wollte sie dringend klären, bevor der Vertrag im Februar 1968 automatisch um ein Jahr verlängert würde.[65] Die Stiftung fand zwar Unterstützung bei Ram, doch gelang es offenbar nicht, Gill zu umgehen:

> Dr. Atma Ram soll Dr. Zimmermann mit Tränen in den Augen versprochen haben, dass er uns gegen Gill helfen werde. Dr. Zimmermann schlug Dr. Gill vor, unsere Schule von der CSIO zu trennen, im Sinne, dass wir von der oberen Instanz, dem CSIR, Unterstützung hätten. Dr. Gill war beleidigt und führte den kalten Krieg verstärkt weiter.[66]

Bereits vor dem Gespräch mit Ram war sich der geschäftsführende Ausschuss der Stiftung bewusst, dass Gill nicht leicht zu umgehen war, da dieser als Direktor der CSIO ein Mandat des CSIR ausführte, das *Indo-Swiss Training Center* aber wiederum dem CSIR unterstand. Zudem war aus praktischen Gründen die Verwaltung des Ausbildungszentrums mit derjenigen der CSIO zusammengelegt worden, da dieses auf dem Gelände der CSIO in Chandigarh errichtet worden war. Schliesslich hatte Gill auch noch gute politische Beziehungen, während der CSIR durch mangelnde Führung geschwächt war. Der Ausschuss zeigte sich aber kampfeslustig und war nicht bereit, sich aus dem Projekt in Chandigarh «verdrängen» zu lassen, da er dies mit Blick auf die Gönner für «sehr schädlich» hielt.[67] Einzig Freymond hielt einen Rückzug aus Chandigarh für eine gute Lösung, zumal man dann die freiwerdenden Mittel für andere Projekte einsetzen könne. Er riet, «dem Partner zu zeigen, dass ihm die Stiftung durch ihre Präsenz einen Dienst erweist. Wünscht der Partner diese Diensterweisung nicht, so kann sich die Stiftung im Guten zurückziehen, ohne dass sich ihr die Türen verschliessen.»[68] Freymond hielt also einen würdigen Abgang für möglich. Gloor und Fürer schlossen sich diesem Votum insofern an, als sie einen vorzeitigen Rückzug einer Weiterführung des Projektes mit unzureichend ausgebildetem indischem Personal vorzogen. Die

---

64 Vgl. *ibid.*
65 Vgl. *ibid.*, S. 2.
66 AfZ, IB Swisscontact-Archiv, Protokoll Stiftungsrat vom 1. Juli 1968, S. 3.
67 Vgl. AfZ, IB Swisscontact-Archiv, Protokoll Ausschuss vom 26. Januar 1968, S. 2.
68 *Ibid.*, S. 3.

Frage der Ausbildung indischer Instrukteure war also entscheidend. Im Falle eines Rückzuges wollte man wenn irgend möglich die Maschinen und die Ausrüstung, welche Stiftungseigentum waren, mitnehmen, um sie in einem anderen Projekt verwenden zu können.[69]

Neben den Gesprächen mit Ram und Gill im Februar 1968 gelangte Zimmermann im Auftrag der Stiftung auch an die schweizerische Botschaft mit der Bitte, zugunsten der Stiftung zu intervenieren. Im März reisten Schindler und Etienne zu ausführlichen Verhandlungen mit Ram, Gill und dem Erziehungsminister Triguna Sen nach Neu Delhi und Chandigarh.[70] Worum es in diesen Verhandlungen genau ging, darüber berichten die Quellen nichts. Es ist jedoch anzunehmen, dass es immer noch um den Vorschlag der Stiftung zur Vertragsergänzung ging, denn dies ist der letzte Hinweis auf den Inhalt der Gespräche. Wahrscheinlich wollte die Stiftung durch die persönliche Teilnahme Schindlers und Etiennes an den Verhandlungen ihrem Anliegen Gewicht verleihen in der Hoffnung, so eher einen Erfolg zu erringen.

Ende April war noch keine Stellungnahme Indiens zum Vorschlag der Stiftung zur Vertragsergänzung eingegangen, so dass sich der geschäftsführende Ausschuss veranlasst sah, den Rückzug der Stiftung aus Chandigarh vorzubereiten. Der Leiter des *Indo-Swiss Training Center*, Claus, wurde beauftragt, die Lehrabschlussprüfung noch durchzuführen, die Rekrutierung der neuen Lehrlinge jedoch den Indern zu überlassen. Die Stiftung beschloss, den Schweizer Instrukteuren den Abschluss der Tätigkeit in Chandigarh auf Ende August anzukündigen. Zwar hoffte die Stiftung immer noch auf eine Lösung des Konflikts, doch wollte sie bereit sein, sich ordnungsgemäss auf Vertragsende zurückzuziehen, falls keine Lösung gefunden werden könnte.[71]

Gespräche mit dem TATA-Konzern über einen allfälligen Umzug von Chandigarh nach Poona

Mit dem näher rückenden Abschluss der Tätigkeit in Chandigarh wurde die ungelöste Frage, was mit den Maschinen und der Ausrüstung geschehen solle, immer bedeutender. Die Stiftung nahm zur Lösung dieser Frage Kontakt mit der TELCO (*TATA Engineering and Locomotive Company*, Bombay) auf, die Ausbildungsstätten in Poona betrieb. Die Stiftung plante eine Verlegung ihrer Tätigkeit von Chandigarh nach Poona zur TELCO. Jehangir Ratanji Dadabhoy Tata, Chairman des TATA-Konzerns, machte der Stiftung diesbezüglich eine Offerte, welche aber sehr vage war und auf ihre Realisierbarkeit überprüft werden musste: «Kein einziges

---

69 Vgl. *ibid.*, S. 2–3.
70 Vgl. AfZ, IB Swisscontact-Archiv, Protokoll Stiftungsrat vom 1. Juli 1968, S. 4.
71 Vgl. AfZ, IB Swisscontact-Archiv, Protokoll Ausschuss vom 25. April 1968, S. 1–3.

Element der Verpflanzung des ISTC [*Indo-Swiss Training Center*, F.D.] in die Umgebung von Poona [war] geklärt und gesichert.»[72] Freymond wollte Tata einen Vorschlag unterbreiten, welcher den Transfer von Maschinen, Ausrüstung und Schweizer Instrukteuren von Chandigarh nach Poona umfassen sollte.[73]

Anfang Juni erhielt die Stiftung über die Schweizerische Botschaft in Neu Delhi einen Vorschlag des CSIR für einen neuen Vertrag. Dieser Vorschlag beinhaltete folgende Punkte: *Erstens* die Versetzung des Leiters des *Indo-Swiss Training Center*, Claus, als Experte nach Neu Delhi und die Einsetzung eines indischen Leiters. *Zweitens* die Abtretung der Eigentumsrechte der Stiftung an der technischen Ausrüstung an den CSIR. *Drittens* die Ausbildung von indischen Instrukteuren in der Schweiz auf Kosten der Stiftung, bei deren Auswahl die Stiftung nicht mitreden könnte. *Viertens* die Übernahme der Leitung und Kontrolle des *Indo-Swiss Training Center* durch den Exekutivrat der CSIO. *Fünftens* die Abschaffung des Beratungsausschusses, der aus schweizerischen und indischen Vertretern bestand.[74] Dieser Vorschlag war für die Stiftung nicht akzeptabel, da die wichtigsten Forderungen der Stiftung nicht erfüllt waren, nämlich die Mitsprache bei der Weiterbildung indischer Instrukteure und die Loslösung des *Indo-Swiss Training Center* von der CSIO. Die Stiftung war unter diesen Umständen auch nicht bereit, ihre Eigentumsrechte an Maschinen und Ausrüstung abzutreten.

Da eine Weiterführung des Projektes in Chandigarh unmöglich schien, zog die Stiftung in Betracht, «die Lehrtätigkeit in Indien in anderer Form weiter[zu]führen», und nahm diesbezüglich Abklärungen vor.[75] Die Abklärungen betrafen den allfälligen Umzug zur TELCO nach Poona, über die das Protokoll der Sitzung des Stiftungsrats vom 1. Juli 1968 sowie die Protokolle des geschäftsführenden Ausschusses Auskunft geben, im Gegensatz zum Jahresbericht, der hierüber keine weiteren Informationen liefert – wohl deshalb, weil die Gespräche noch im Gang waren und noch kein Entscheid gefallen war. Neben einem allfälligen Umzug zur TELCO nach Poona wurde auch diskutiert, ob ein neues Projekt in Indien ähnlich dem *Indo-Swiss Training Center* in Betracht gezogen werden sollte. Diesen Vorschlag machte Im Hof-Piguet dem Ausschuss, da sie ein solches Projekt – mit einem anderen indischen Partner und unter Beachtung der gesammelten Erfahrungen – für nützlich hielt für die politischen Beziehungen zwischen der Schweiz und Indien.[76] Der geschäftsführende Ausschuss war jedoch der Meinung, dass «ein Wiederanknüpfen der jetzt reissenden Bande zwischen der Stiftung und Indien verfrüht

---

72 *Ibid.*, S. 2.
73 Vgl. *ibid.*, S. 1–3.
74 Vgl. AfZ, IB Swisscontact-Archiv, Protokoll Stiftungsrat vom 1. Juli 1968, S. 4.
75 AfZ, IB Swisscontact-Archiv, Jahresbericht 1967, S. 5.
76 Vgl. AfZ, IB Swisscontact-Archiv, Protokoll Ausschuss vom 25. April 1968, S. 2.

[sei] und wohl weder in der Schweiz richtig verstanden, noch in Indien richtig gewürdigt würde».[77] Die Stiftung erwartete von ihren Projektpartnern Dankbarkeit.

Die Gespräche mit der TELCO waren fortgeführt worden, unklar war jedoch, ob die indischen Behörden den Transfer der schweizerischen Maschinen nach Poona zulassen würden. Schindler wollte keinen Gerichtsprozess riskieren, sondern sich aus dem Projekt zurückziehen und lediglich formell das Eigentumsrecht auf den Maschinen behalten, falls es zu keiner Einigung mit den indischen Behörden käme. Stiftungsrat Johann Jakob Sonderegger erwiderte, man solle nicht aufgeben, sondern bei einer Schweizer Firma mit Sitz in Indien Unterstützung suchen.[78] Schindler hielt dieses Vorgehen für aussichtslos:

> Wenn schon die mächtige Firma TATA der Zustimmung der indischen Regierung bedarf, unsere Maschinen von Chandigarh nach Poona zu transferieren, würden es auch die grossen Schweizerfirmen nicht schaffen. Wir sind sehr privilegiert, dass wir mit der TATA in Verbindung gekommen sind.[79]

Stiftungsrat Michael Kohn hielt eine für die Stiftung befriedigende Lösung des Konflikts für unwahrscheinlich und wies auf die Erfolge der Stiftung während der fünfjährigen Ausbildungstätigkeit in Chandigarh hin, dank deren die Erinnerungen an die Stiftung in Indien sicher nicht nur schlecht sein würden.[80] Zumindest die Lehrlinge schätzten die Tätigkeit der Stiftung und behielten sie in guter Erinnerung. Die Lehrlinge, welche im ersten und zweiten Lehrjahr in Ausbildung waren, wollten sich für den Verbleib der Schweizer Instrukteure einsetzen und schrieben an die Premierministerin Indira Gandhi, welche ihnen eine Audienz gewährte.[81] Die Drittjahr-Lehrlinge trauten sich hingegen nicht zu protestieren, da sie Benachteiligungen bei der Stellenvermittlung befürchteten:

> Die Schüler des dritten Jahrganges sind so abhängig von der Willkür Dr. Gills, dass sie nun schweigen; sie befürchten, dass Dr. Gill sie bei der Suche nach Posten sabotieren könnte.[82]

Rückzug der Stiftung aus Chandigarh

Der Konflikt mit dem indischen Partner CSIR, insbesondere mit Gill und der CSIO, konnte nicht gelöst werden. Im August 1968 war sich die Stiftung immer noch nicht einig, ob sie sich definitiv aus Chandigarh zurückziehen und das *Indo-*

---

77 *Ibid.*
78 Vgl. AfZ, IB Swisscontact-Archiv, Protokoll Stiftungsrat vom 1. Juli 1968, S. 4–5.
79 *Ibid.*, S. 5.
80 Vgl. *ibid.*
81 Es ist überraschend, dass die Lehrlinge eine Audienz bei der Premierministerin erhielten. Über die Hintergründe dieser Audienz geben die Quellen keinen Aufschluss.
82 *Ibid.*, S. 4.

Swiss Training Center ganz den Indern überlassen solle oder nicht. Schindler plädierte in der Sitzung des geschäftsführenden Ausschusses vom 20. August für den Rückzug der Stiftung sowie für die Beibehaltung des Kontaktes über einen Schweizer Experten, der vor Ort bliebe:

> Wir [können] Gill nicht eliminieren. Das heisst aber nicht, dass wir jeglichen Kontakt mit Chandigarh abbrechen sollen. Wir sollten aber definitiv darauf verzichten, für die Weiterführung der Schule unter schweizerischer Leitung zu kämpfen. Andererseits wäre es möglich, einen oder mehrere Experten in Chandigarh zu belassen. Diese Experten wären allerdings den Schikanen Gills ausgesetzt.[83]

Im Gegensatz zu Schindler wollten Etienne, Im Hof-Piguet und Fürer einen letzten Versuch wagen, das *Indo-Swiss Training Center* unter schweizerischer Leitung und unabhängig von Gill weiterzuführen. Der Stiftungssekretär Zimmermann mahnte zur Geduld. Zuerst solle man abwarten, wie die indischen Behörden auf den Vorschlag zum weiteren Vorgehen reagierten, welcher von Zimmermann entworfen worden war. Dieser Vorschlag enthielt folgende Punkte: Feststellung des Eigentumsrechtes der Stiftung an der technischen Ausrüstung, kostenlose Vermietung der Ausrüstung an den CSIR für Lehrzwecke für ein Jahr, Belassung des Schweizer Experten Otto Rösli als Überwacher der Ausrüstung und als fachkundiger Berater für ein Jahr, Kontrolle des Zustands der Ausrüstung durch stiftungseigene Experten vor Ende Schuljahr 1968/69. Falls sich ein geeignetes «Verhandlungsklima» ergebe, könne man dann die Frage der Weiterführung des Ausbildungszentrums unter schweizerischer Leitung vorbringen.[84] Mit diesem Vorgehen waren die anwesenden Mitglieder des geschäftsführenden Ausschusses einverstanden. Der Vorschlag Zimmermanns wurde zum Beschluss erhoben und sollte über Sigismond Marcuard, Delegierter des Bundesrats für technische Zusammenarbeit, an Marcel Heimo, Schweizerischer Botschafter in Neu Delhi, gelangen, der die Sache bei einem Treffen mit Gandhi besprechen wollte.[85] Der Konflikt wurde damit auf höchster Ebene behandelt.

Der Genehmigung von Zimmermanns Vorschlags ging jedoch eine Diskussion über den Verbleib der schweizerischen Maschinen im *Indo-Swiss Training Center* voraus. Der Transfer der Maschinen nach Poona zur TELCO war offenbar gescheitert – die Quellen geben hierüber nicht weiter Auskunft. Der geschäftsführende Ausschuss erwog die Möglichkeit einer «Blockierung», eventuell gar einer Demontage der Maschinen. Er kam jedoch zum Schluss, dass dies nicht im Interesse der Stiftung wäre:

---

83 AfZ, IB Swisscontact-Archiv, Protokoll Ausschuss vom 20. August 1968, S. 1–2.
84 Vgl. *ibid.*, S. 2–3.
85 Vgl. *ibid.*, S. 3–4.

Die Blockierung wäre Wasser auf die Mühle der indischen Nationalisten, die uns (wie schon im Parlament) nicht nur der Arroganz, sondern überdies der Sabotage und des Imperialismus bezichtigen würden. Die Schweizer Presse würde diese Behauptungen weiterverbreiten. Die indischen Unternehmen der Schweizer Industrie könnten darunter leiden. Wir können uns die Blockierung nicht leisten.[86]

Es ging also einerseits um den Ruf der Stiftung in der Schweiz, welcher durch die Verbreitung der indischen Vorwürfe durch die schweizerische Presse leiden würde. Andererseits befürchtete die Stiftung auch eine negative Auswirkung für die Schweizer Industrie, welche in Indien tätig war, was im Hinblick auf die Trägerschaft der Stiftung – der schweizerischen Wirtschaft und Industrie – ungünstig gewesen wäre.

Freymond, der nicht an der Ausschuss-Sitzung teilnehmen konnte, war mit dem Vorschlag Zimmermanns zum weiteren Vorgehen einverstanden mit Ausnahme eines Aspektes: des Verbleibs des Schweizer Experten Rösli während eines weiteren Jahres. Offenbar hatte der indische Erziehungsminister Sen bereits vor dem Parlament erklärt, dass das *Indo-Swiss Training Center* ohne schweizerisches Personal weitergeführt werde. Wenn die Hilfe der Stiftung nicht erwünscht sei, solle man sich nicht aufdrängen, so die Meinung Freymonds: «Wir sollten darauf verzichten, unsere Hilfe weiterhin anzubieten, da sie von den Indern deutlich genug abgelehnt [wird].»[87] Gemäss der Anregung Freymonds wurde beschlossen, Rösli nur noch für die Dauer der Übergabe bis spätestens Ende September in Chandigarh zu belassen.[88]

Über den weiteren Verlauf der Ereignisse geben die Quellen nur noch spärlich Auskunft. Die Stiftung musste offenbar einige Maschinen in Chandigarh zurücklassen. Sie wollte diese nicht zurückfordern – was nach den oben erwähnten Argumenten verständlich ist. Die Stiftung beabsichtigte jedoch nach wie vor, die Maschinen im Jahr 1969 von einem Schweizer Experten kontrollieren zu lassen.[89] Wozu diese Kontrolle dienen sollte, wird nicht explizit erwähnt. Vielleicht wollte die Stiftung so ihr Eigentumsrecht Indien gegenüber erneut aufzeigen. Vielleicht wollte sie auch den Gönnern in der Schweiz demonstrieren, dass die Maschinen nicht ganz aus dem Einflussbereich der Stiftung gelangt waren. Vielleicht wollte sie auch einfach den Zustand der Maschinen kontrollieren, um so deren Funktionstüchtigkeit zu gewährleisten.

---

86 *Ibid.*, S. 2.
87 *Ibid.*, S. 4.
88 Vgl. *ibid.*
89 Vgl. AfZ, IB Swisscontact-Archiv, Protokoll Ausschuss vom 13. Dezember 1968, S. 2.

Im Jahr 1969 erhielt die Stiftung von Botschafter Heimo Bericht über das *Indo-Swiss Training Center*, «das in tadelloser Ordnung gehalten sei und im Sinn und Geist von Herrn Claus weitergeführt werde».[90] Ferner erhielt die Stiftung Informationen, dass das «Instruktoren-Problem» – gemeint ist wohl der Mangel an gut ausgebildeten Instrukteuren – immer grösser werde. Im Protokoll der Sitzung des geschäftsführenden Ausschusses vom 18. April 1969 werden schliesslich noch Verhandlungen mit dem CSIR erwähnt, welche über einen indischen Rechtsanwalt liefen. Um welche Rechtsfrage es hierbei ging – ob es etwa immer noch um die Frage des Eigentumsrechtes an den Maschinen ging –, wird nicht gesagt. Einzig die Langsamkeit der Verhandlungen und das Fehlen von Neuigkeiten werden erwähnt.[91]

Im Protokoll der Sitzung des geschäftsführenden Ausschusses vom 13. Dezember 1968 findet sich noch eine kurze, interessante Bemerkung: «Herr Freymond bezweifelt die Weisheit unseres Begehrens, das Wort 'Swiss' aus dem Namen 'Indo-Swiss Training Center' entfernen zu lassen.»[92] Offenbar wollten einige Ausschussmitglieder mit einer solchen Umbenennung des Ausbildungszentrums der Tatsache Rechnung tragen, dass die Schweiz nicht länger an der Ausbildung von Präzisionsmechanikern in Chandigarh beteiligt war. Das *Indo-Swiss Training Center* wurde jedoch nicht umbenannt; es existiert bis heute unter diesem Namen und ist nach wie vor der CSIO unterstellt.[93]

Rückblick der Stiftung auf ihre Tätigkeit in Chandigarh und auf den Konflikt mit dem CSIR

Bereits in der Sitzung des geschäftsführenden Ausschusses vom 25. April 1968 wurde abgesprochen, dass der Jahresbericht 1968 einen erfreulichen Rückblick auf die Tätigkeit der Stiftung in Chandigarh und auf den Konflikt mit dem CSIR enthalten solle. Die endgültige Formulierung des betreffenden Abschnittes des Jahresberichts wurde in der Sitzung vom 13. Dezember beschlossen.[94] Die Stiftung hob den Erfolg hervor, den sie bei der Ausbildung von rund hundert Präzisionsmechanikern in Chandigarh hatte, und übte gleichzeitig Kritik an Gill, dem Direktor des CSIO:

---

90   AfZ, IB Swisscontact-Archiv, Protokoll Ausschuss vom 18. April 1969, S. 1–2.
91   Vgl. *ibid.*, S. 2.
92   AfZ, IB Swisscontact-Archiv, Protokoll Ausschuss vom 13. Dezember 1968, S. 2. Bedauerlicherweise wird in dem Protokoll, das sehr summarisch gehalten ist, nicht weiter darauf eingegangen.
93   Vgl. die offizielle Website der CSIO zum *Indo-Swiss Training Center*. Online: http://www.csio.res.in/istc/home%20page.htm (Stand: 30. April 2012).
94   Vgl. AfZ, IB Swisscontact-Archiv, Protokolle Ausschuss vom 25. April 1968, S. 2. und vom 13. Dezember 1968, S. 2.

Der Lehrerfolg war ausgezeichnet, aber unser ehemaliger Partner [...] kündigte den Vertrag, weil der Direktor der ihm unterstellten [...] CSIO, der das Centre administrativ angegliedert ist, den schweizerischen Einfluss nicht mehr dulden und darum unseren Prinzipal ausschalten wollte.[95]

Insbesondere kritisierte die Stiftung die Weigerung Gills, ehemalige Lehrlinge zur Weiterbildung in die Schweiz zu schicken und künftig als Instrukteure einzusetzen. Die Stiftung hatte sich davon erhofft, die Qualität der Ausbildung auch nach dem Rückzug der Schweizer sichern zu können. Ebendies habe jedoch Gill durch seine Haltung verhindert:

Es war aber unserem Partner keineswegs daran gelegen, die besten unserer ehemaligen, als Instruktoren vorgesehenen indischen Lehrlinge in der Ausbildung einzusetzen. Er hätte auf diese Weise bis im Herbst 1968 über acht bis zehn junge, zum Teil in der Schweiz noch zusätzlich ausgebildete Instruktoren aus dem eigenen Nachwuchs verfügen können. Aber gerade das wollte unser Partner nicht. Er wählte devote, ihm ergebene Leute.[96]

In der scharfen Wortwahl zeigt sich, wie sich der Konflikt zugespitzt hatte. Der indische Partner, Gill, strebe Einfluss und Macht an und nicht eine gute Ausbildung, so der Tenor im Jahresbericht. Vielleicht wollte Gill jedoch nur denjenigen jungen Leuten die Weiterbildung in der Schweiz ermöglichen, welche noch nicht in den Genuss der guten Ausbildung des *Indo-Swiss Training Center* gekommen waren, und somit die Zahl der Ausgebildeten erhöhen, anstatt bereits ausgebildete Präzisionsmechaniker noch weiterzubilden. Vielleicht dachte Gill auch dasselbe von den Schweizern wie diese von ihm: Dass sie durch die Einsetzung von Instrukteuren, welche von ihnen selbst ausgebildet worden waren, lediglich ihren Einfluss sichern wollten. Zur Ergründung der Motive Gills müssten zusätzliche Quellen, am besten indischer Provenienz, beigezogen werden.

Mit lobenden Worten für den Leiter des *Indo-Swiss Training Center* schliesst die Stiftung den Beitrag zum Indienprojekt im Jahresbericht 1968 ab:

Herr Claus hat das bleibende Verdienst, mit dem Indo-Swiss Training Centre eine der besten Lehrwerkstätten Indiens, die auch internationale Anerkennung fand, geschaffen zu haben.[97]

In den folgenden Jahresberichten wird nicht mehr über das Projekt Chandigarh berichtet – die Tätigkeit der Stiftung in Indien war damit vorerst abgeschlossen. Erst ab 1973 war die Stiftung erneut in Chandigarh tätig, in den 1980er Jahren dann

---

95 Mit «Prinzipal» ist der schweizerische Leiter des Ausbildungszentrums, Claus, gemeint. AfZ, IB Swisscontact-Archiv, Jahresbericht 1968, S. 5.
96 *Ibid.*
97 *Ibid.*

auch in Bangalore, diesmal jedoch im Bereich Elektronik und Werkzeugbau.[98] Heute gehört Indien nicht mehr zu den Partnerländern der Stiftung.[99]

Schlussfolgerungen

Bei der Wahl Indiens als Partnerland spielten politische, wirtschaftliche und praktische Motive eine Rolle: das politische Motiv, im Wettbewerb der Industrieländer mitzuhalten; das wirtschaftliche Motiv, auf der günstigen wirtschaftlichen und industriellen Entwicklung Indiens aufbauen zu können, sowie die praktischen Motive der politischen Stabilität und der Absenz des SHAG. Sicher spielten aber auch eher zufällige Aspekte wie das Vorliegen einer konkreten Projektidee und eines zuverlässigen Partners eine Rolle für die Wahl Indiens. Da die Voraussetzungen günstig waren, gelang es der Stiftung, in Chandigarh eine Lehrwerkstätte für Präzisionsmechaniker nach dem Vorbild der Schweizer Berufslehre zu errichten. Schweizer Instrukteure unterrichteten indische Lehrlinge mit dem Ziel, dass diese – nach einem Praktikum in der Schweiz – einmal selbst Instrukteure würden. Dies war das Prinzip der Hilfe zur Selbsthilfe. Der indische Partner hatte sich von Beginn weg an den Kosten zu beteiligen, so dass eher ein Interesse an dem Erhalt und der Weiterführung des Projektes bestünde, wenn sich die Stiftung einmal zurückzöge. Ihre Ausbildungstätigkeit hielt die Stiftung für sehr erfolgreich: Die Lehrabschlussprüfung wurde von beinahe allen Kandidaten bestanden, und die Stellenvermittlung verlief bereits im zweiten Jahr problemlos. Ebenfalls als erfreulich beurteilte die Stiftung die Zusammenarbeit mit dem HEKS, welches eine Lehrwerkstätte für Präzisionsmechaniker in Südindien betrieb.

Nach fünfjähriger Ausbildungstätigkeit kam es anlässlich der Vertragsverlängerung 1967 zum Konflikt mit der indischen Partnerorganisation CSIR. Gegenstand des Konflikts war der Zeitpunkt der Übergabe des Projekts an Indien sowie die Auswahl der Lehrlinge, welche in der Schweiz ein Praktikum absolvieren durften, um sich zum Instrukteur weiterzubilden. Die Stiftung betrachtete den Zeitpunkt für die Übergabe des Projektes als verfrüht und befürchtete einen Qualitätsverlust, da noch nicht genügend indische Instrukteure ausgebildet worden seien. Die indische Partnerorganisation hingegen wollte das Projekt selbstständig und ohne die Unterstützung von Schweizer Instrukteuren weiterführen. Vielleicht fühlte sich der CSIR von der Stiftung bevormundet, oder aber Gill, der Direktor der ausführenden Organisation CSIO, hatte persönliche Differenzen mit Claus,

---

98 Vgl. die Broschüre von Swisscontact, welche sie anlässlich ihres 30-Jahr-Jubiläums herausgab. Swisscontact, Schweizerische Stiftung für technische Entwicklungszusammenarbeit (Hg.), *Entwicklung durch Ausbildung in Asien, Afrika und Lateinamerika*, Zürich 1989, S. 8.
99 Vgl. AfZ, IB Swisscontact-Archiv, Jahresbericht 2011, S. 26.

dem Leiter des *Indo-Swiss Training Center*. Wie dem auch war, die Stiftung musste sich frühzeitig aus dem Projekt zurückziehen, ohne ihre Maschinen oder ihre Ausrüstung an einen anderen Ort verlegen zu können. Ohne die Einwilligung der indischen Regierung halfen alle guten Beziehungen nichts. Entwicklung wurde von schweizerischer respektive indischer Seite als Hilfe zur Selbsthilfe verstanden. Die Umsetzung dieser Idee mündete jedoch in einen unüberbrückbaren Konflikt um Entscheidungs- und Führungskompetenzen, der geprägt war von persönlichen Sympathien und Antipathien, Machtdemonstrationen sowie Zufällen.

Die Macht des Empfängers. Gesundheit als Verhandlungsgegenstand zwischen der Schweiz und Tansania, 1970–1980*

Lukas Meier

Lange Zeit gehörte das Gesundheitswesen nicht zum Kernbereich der offiziellen schweizerischen Entwicklungszusammenarbeit. Der 1961 gegründete *Dienst für technische Zusammenarbeit* (DftZ) verstand unter Gesundheit karitative Tätigkeiten, die Schweizer Missionsgesellschaften zur Rettung 'verlorener Seelen' in der 'Dritten Welt' ausüben mochten, die jedoch nicht in gleichem Masse dazu taugten, technische Errungenschaften zur Geltung zu bringen wie etwa das Ingenieurwesen oder die Landwirtschaft.[1] Nach wenig mehr als fünfzig Jahren Schweizer Entwicklungszusammenarbeit hat sich dieses Bild gewandelt; das Gesundheitswesen hat nunmehr einen festen Platz innerhalb der Themenschwerpunkte der *Direktion für Entwicklung und Zusammenarbeit* (DEZA) eingenommen und ist daraus nicht mehr wegzudenken.

Der vorliegende Beitrag geht der Frage nach, wie es dazu kam. Erstens wird die Vermutung geäussert, dass die neue Gewichtung von Gesundheit im Kontext der Schweizer Entwicklungspraxis eng mit den Erfahrungen der Schweiz in Tansania während der 1970er Jahre verknüpft ist. Wie kein anderes Land der Dritten Welt hat Tansania unter seinem charismatischen Präsidenten Julius Nyerere die Phantasie der Schweizer Öffentlichkeit in Sachen Dritte-Welt-Solidarität angeregt. Davon war nicht zuletzt der Gesundheitssektor betroffen. Nach den Misserfolgen einer 'ersten' Schweizer Entwicklungsdekade, die von einem einseitigen Technologietransfer von der Schweiz in die Dritte Welt geprägt war, waren Sozialmedizin und der Aufbau eines demedikalisierten Gesundheitswesens in Tansania dankbare Themen, um eine Wende in der Schweizer Entwicklungszusammenarbeit einzuleiten. Im Vergleich mit anderen Organisationen, allen voran der Weltgesundheitsorganisation (WHO), hat die Gesundheitsthematik also erst spät Eingang in die Schweizer Entwicklungspraxis gefunden. Zweitens wird dargelegt, dass die medizinische

---

* Dieser Beitrag greift auf Daten zurück, die im Rahmen eines Dissertationsprojektes erhoben wurden. Ich möchte es an dieser Stelle nicht versäumen, mich bei der *R. Geigy-Stiftung* (Basel), der *Vögelin-Bienz-Stiftung* (Basel), der *Freiwilligen Akademischen Gesellschaft* (FAG) und der *Kommission für Forschungspartnerschaften mit Entwicklungsländern* (KFPE) für die finanzielle Unterstützung und bei Zacharias Likopa für den Beistand bei den Interviews in Kikwawila (Tansania) zu bedanken. Vgl. Lukas Meier, *Striving for Excellence at the Margins. Science, Decolonization, and the History of the Swiss Tropical and Public Health Institute (Swiss TPH) in (post-)colonial Africa, 1943–2000*, PhD University of Basel 2013 (in Vorbereitung).

1 Schweizerisches Bundesarchiv Bern (BAR), E 2200.83 (A), 1983/26, 3, B. 8.15.1, Experten, Spezialisten, Schweizerärzte, 1962–1963, Hans Hauri, 20.01.1964.

Entwicklungszusammenarbeit der Schweiz hauptsächlich von privaten Akteuren geprägt war, so auch in Tansania. Noch vor der Unabhängigkeit des ostafrikanischen Landes hatte das *Schweizerische Tropeninstitut* unter seinem Direktor Rudolf Geigy ein kleines Feldlaboratorium in dem von der Schweizer Kapuziner-Mission geführten St. Francis Hospital in Ifakara, im südöstlichen Teil Tansanias, eingerichtet. Auch nach der Gründung des DftZ waren es hauptsächlich Akteure aus der Wissenschaft und kirchliche Kreise, welche ihr bereits erworbenes 'Entwicklungswissen' in die Waagschale warfen und die Entwicklungszusammenarbeit mit Tansania vorantrieben. Rudolf Geigy, der sowohl enge Beziehungen zur chemischen Industrie in Basel wie auch zum bundesrätlichen Delegierten für technische Zusammenarbeit, August Lindt, unterhielt, war in einer privilegierten Position, um diese Hilfe voranzutreiben. 1961 gründete Geigy zusammen mit der *Basler Stiftung zur Förderung von Entwicklungsländern* (BSFEL) in Ifakara das *Rural Aid Centre* (RAC), ein Ausbildungszentrum für paramedizinisches Personal. Etwas später folgte die Errichtung eines Pathologie-Labors in Dar es Salaam, welches sich nicht zuletzt aufgrund der besagten Freundschaft zwischen Lindt und Geigy der Unterstützung des DftZ sicher sein konnte.

Die Geschichte der Schweizer Entwicklungszusammenarbeit lässt sich nicht als blossen Transfer modernisierungstheoretischer Konzepte aus der Schweiz in ein Drittweltland begreifen. Viel eher beschreibt Entwicklungszusammenarbeit einen komplexen Interaktionsprozess zwischen staatlichen und privaten Akteuren über nationale Grenzen hinweg.[2] Tansanische Akteure hatten einerseits einen wesentlichen Anteil an der Ausgestaltung schweizerischer Entwicklungszusammenarbeit in Tansania, andererseits wurde das ostafrikanische Land zu einem wichtigen Ort, an dem neue Entwicklungskonzepte erprobt und ausgehandelt werden konnten. Ein erster Teil des Beitrags beschreibt die Rolle der Schweizer Hilfswerke bei der Implementierung sozialmedizinischer Konzepte im ländlichen Tansania Ende der 1960er Jahre. 'Sozialmedizin' als Entwicklungsstrategie für den ländlichen Raum bezeichnete den Versuch, Krankheiten nicht mehr nur als das Re-

---

2 Kiran Klaus Patel, *Nach der Nationalfixiertheit. Perspektiven einer transnationalen Geschichte*, Öffentliche Antrittsvorlesung an der Humboldt-Universität zu Berlin, Berlin 2004; Jürgen Osterhammel, «Transnationale Gesellschaftsgeschichte. Erweiterung oder Alternative?», in: *Geschichte und Gesellschaft*, Vol. 27 (2001) Heft 3, S. 464–479; Albert Wirz, «Für eine transnationale Gesellschaftsgeschichte», in: *Geschichte und Gesellschaft*, Vol. 27 (2001) Heft 2, S. 489–498; Sebastian Conrad, Jürgen Osterhammel, «Einleitung», in: dies. (Hg.), *Das Kaiserreich transnational. Deutschland in der Welt 1871–1914*, Göttingen 2004, S. 7–27. Eine kritische Würdigung des Transnationalismus-Konzeptes unternimmt Hans-Ulrich Wehler, «Transnationale Geschichte – der neue Königsweg historischer Forschung?», in: Gunilla Budde, Sebastian Conrad, Oliver Janz (Hg.), *Transnationale Geschichte. Themen, Tendenzen und Theorien*, Göttingen 2006, S. 161–174. Der Begriff «Entwicklungszusammenarbeit» umfasst im Folgenden alle Handlungen der Entwicklungsakteure im Feld, «Entwicklungspolitik» dagegen meint alle Strategien, Institutionen und Diskurse, welche zur Entwicklungszusammenarbeit auffordern und diese Handlungen prägen.

sultat rein biologischer oder medizinischer Vorgänge zu begreifen, sondern in einem grösseren sozioökonomischen Zusammenhang zu interpretieren. Die enge Beziehung zwischen 'Entwicklung' und 'Medizin', wie sie sich in Tansania herausbildete, gab wichtige Impulse für die Gestaltung einer medizinischen Entwicklungszusammenarbeit in der Schweiz. Ein zweiter Teil des Beitrags befasst sich deshalb mit den zögerlichen Versuchen innerhalb des DftZ, ausgehend von den Erfahrungen Schweizer Wissenschaftler und Ärzte, in Tansania eine kohärente medizinische Entwicklungspolitik zu gestalten. Es waren weit weniger die Mitarbeiter des DftZ als vielmehr spezifische Expertengruppen wie die *Arbeitsgruppe Gesundheit*, welche die Ausformulierung der medizinischen Entwicklungspolitik in der Schweiz wesentlich prägten. Ein dritter Teil verlässt die Ebene der Entwicklungsdiskurse und widmet sich dem Feld der entwicklungspolitischen Praxis. Ifakara und der ländliche Kilombero-Distrikt in Tansania bildeten den Raum, in dem sozialmedizinische Konzepte in die Praxis umgesetzt werden konnten. Wie sich zeigen lässt, ist Entwicklungszusammenarbeit aber weniger ein 'Kolonialismus mit anderen Mitteln' als vielmehr ein komplexer Interaktionsprozess zwischen Wissenschaft, Politik und der ländlichen Bevölkerung, der meist unvorhergesehene Resultate zeitigt.

Sozialmedizin in Tansania und die Rolle der Schweizer Entwicklungszusammenarbeit

Das Jahr 1967 war ein Schlüsseljahr in den 'ideologischen Annalen' Tansanias. Zumindest war es das Jahr, in dem Julius Nyerere die *Arusha-Deklaration,* veröffentlichte und seine Ideen eines afrikanischen Sozialismus einer breiten Bevölkerung darlegte. Wichtige Grundpfeiler für die neue tansanische Staatsideologie wurden 'Ujamaa' (familyhood) und 'Kujitegemea' (self-reliance). Während Ujamaa – als Entwicklungsstrategie für den ländlichen Raum – den Aufbau sogenannter Ujamaa-Dörfer als soziale und ökonomische Einheiten propagierte, meinte Kujitegemea den Beitrag eines jeden Einzelnen an den Aufbau der 'werdenden' Nation. Gesundheitspolitik hatte eine wichtige Funktion innerhalb Nyereres sozialistischer Staatsideologie. Der zweite Fünfjahres-Plan (1969–1974) unterschied sich von seinem Vorgänger insofern, als er die Entwicklung des ländlichen Gesundheitswesens als eines der Kernanliegen formulierte und – nicht weniger wichtig – das nötige Budget für ein solches Vorhaben bereitstellte.[3] Nyereres Projekt einer flächendeckenden Gesundheitsversorgung für den ländlichen Raum stand unter dem Einfluss Chinas, dessen Modell der 'Barfussärzte' auch von der westlichen Welt als

---

3   1972 überstiegen die Ausgaben für ländliche Gesundheitszentren und Dispensarien zum ersten Mal jene für Spitäler, vgl. Ministry of Health (MOH)/Library Tanzania, Budget Speech by the Minister for Health, Hon. A. H. Mwinyi, MP, for the Year 1972/73, S. 1–25, hier S. 4.

eine grosse Errungenschaft gepriesen wurde.[4] Ein Jahr nach der Veröffentlichung der Arusha-Deklaration erschienen als Zeugnis tansanisch-chinesischer Freundschaft mobile chinesische Ärzteteams in den entlegenen Gebieten Tansanias, die ihre Kenntnisse auf den Aufbau der ländlichen medizinischen Versorgung verwandten.[5] Das chinesische Modell fand seine tansanische Entsprechung in der Einführung sogenannter 'village medical helpers', die sich nach sechsmonatiger Ausbildung anschickten, in den Ujamaa-Dörfern präventive wie kurative Aufgaben zu übernehmen.[6]

Zu Beginn der 1970er Jahre wurde der Ausbau der ländlichen Gesundheitsversorgung zur Legitimationsgrundlage staatlicher Interventionspolitik. 1973 erklärte Nyerere das Leben in Ujamaa-Dörfern als verbindlich, und innert dreier Jahre wurden über 5 Millionen Tansanierinnen und Tansanier zwangsweise umgesiedelt.[7] Die Schweiz – sonst nicht sehr zimperlich im Urteil gegen alles, was 'liberalen' und 'demokratischen' Grundwerten zu widersprechen drohte – nahm die autoritären Tendenzen des tansanischen Sozialismus vergleichsweise gelassen hin. Schweizer Entwicklungshelfern gab die sozialistische Wende Tansanias weit weniger Anlass zur Sorge als die Drohgebärden vieler westlicher Linksregierungen. Rudolf Geigy, nicht unbedingt ein Sozialist aus altem Schrot und Korn, schrieb bereits im Kontext der Nationalisierungswelle in Tansania nach der Veröffentlichung der Arusha-Deklaration:

> Die tansanischen Behörden geben zu, dass es ein vielleicht etwas zu brüsker Gewaltakt war und dass Präsident Nyerere, der sich dessen übrigens bewusst ist, zu solchen raschen, emotionellen Entscheidungen neigt, dass aber diese Massnahmen früher oder später kommen mussten. Sie sind übrigens nicht mit dem zu vergleichen, was linksgerichtete Regierungen in Europa (z.B. Labour: England) unter 'Nationalisierung' verstehen, indem dort die Landeseigenen Betriebe von diesem Prozess erfasst werden, während es hier nur einzelne ausländische Unternehmungen betrifft. Allgemein ist mir auch versichert worden, dass kein kommunistischer Druck dahinter stehe […].[8]

---

4   Ruth Sidel, Victor W. Sidel, *The Health of China. Current Conflicts in Medical and Human Services for One Billion People*, Boston 1982, S. 33–70; S. M. Hillier, «Preventive Health Work in the People's Republic of China, 1949–82», in: S. M. Hillier, J. A. Jewell (Hg.), *Health Care and Traditional Medicine in China, 1800–1982*, London 1983, S. 149–217.
5   Ministry of Health (MOH)/Library, Budget Speech by the Minister for Health and Social Welfare, L. Nangwanda Sijaona, MP; 1970/71, Estimates, S. 1–61, hier S. 24–25.
6   Walter Bruchhausen, *Medizin zwischen den Welten. Geschichte und Gegenwart des medizinischen Pluralismus im südöstlichen Tansania*, Bonn 2006, S. 129.
7   Andreas Eckert, *Herrschen und Verwalten. Afrikanische Bürokraten, staatliche Ordnung und Politik in Tansania, 1920–1970*, München 2007, S. 253; Leander Schneider, «Freedom and Unfreedom in Rural Development. Julius Nyerere, Ujamaa Vijijini, and Villagization», in: *Canadian Journal of African Studies*, Vol. 38 (2005) Heft 2, S. 344–393.
8   Archiv Schweizerisches Tropen und Public Health Institute, Basel (ASTI), Ifakara I, BSFEL u.a., Rudolf Geigy, Vorschläge betreffend die zukünftige Gestaltung der Tätigkeit des Rural Aid Centres in Ifakara, 1967, S. 1–6, hier S. 1.

Afrikanischer Sozialismus war eben nicht Kommunismus sowjetischer Prägung, und die 'Intelligenz' und 'Bescheidenheit', mit der man in der Schweiz den tansanischen Staatsmann in Verbindung brachte, liessen sich durchaus in ein Schweizer Selbstbild integrieren. Die im Westen verbreitete Ansicht, in Tansania werde nach einem besonders erfolgreichen Entwicklungsmodell gehandelt, hatte zur Folge, dass sich die Schweizer Entwicklungsbestrebungen im ostafrikanischen Land den neuen politischen Gegebenheiten anpassten.[9] Ganz ohne Druck von tansanischer Seite erfolgte ein solcher Wandel jedoch nicht. In den frühen 1970er Jahren forderten Angehörige der medizinischen Fakultät in Dar es Salaam nicht nur allgemein grösseres Mitspracherecht in den Entscheidungsgremien des *Rural Aid Centre* (RAC), sondern eine Erweiterung von dessen Curriculum in Richtung 'community medicine' und 'public health'. Wenceslaus Kilama, der spätere Direktor des *National Institute for Medical Research* (NIMR), forderte:

> If the Ifakara course is to contribute fully to the development of our students, an integrated programme should be planned and carried out by the members of this [i.e. the Tanzanian] Faculty. Participation by the Swiss group should be encouraged, but the primary leadership must stem from the Faculty.[10]

Politischer Druck, die Schweizer Entwicklungsprojekte mit den ideologischen Grundsätzen in Einklang zu bringen, kam nicht nur aus den Universitätskreisen in Dar es Salaam, sondern auch von den afrikanischen Studenten des RAC selbst. In den 1970er Jahren sahen sich die Schweizer Lehrer konfrontiert mit einer neuen Generation politisch aktiver Studierenden, die den Wert des vermittelten Wissens an dessen Potential zur gesellschaftlichen Veränderung massen. Die Studierenden kritisierten die Lehrinhalte und die engen Vorstellungen von 'Gesundheit', mit denen das RAC bislang operierte, aber auch die mehr oder weniger offenkundigen sozialen Distinktionen, welche das Zusammenleben zwischen Schweizern und Tansaniern in Ifakara prägten. Anlass zu Diskussionen zwischen den Lehrern und den von überall her kommenden Studenten gab beispielsweise der soziale Status sogenannter 'flyboys', die den Nachschub an lebendem Forschungsmaterial besorgten und deren knapper Lohn in den Augen der afrikanischen Studenten als ungerecht empfunden wurde. Thierry Freyvogel, der die Entwicklung in Tansania seit den späteren 1950er Jahren als Wissenschaftler und späterer Direktor des *Schweizerischen Tropeninstituts* mitverfolgte, kommentierte die Veränderungen folgendermassen:

---

9 Zu der «Wirkung» Tansanias im Westen vgl. Susan C. Crouch, *Western Responses to Tanzanian Socialism, 1967–83*, Aldershot 1987 und Ali A. Mazrui, «Tanzaphilia», in: *Transition*, Vol. 31 (1967), S. 20–26.

10 ASTI, Ifakara I, BSFEL u.a., Wen Kilama, Some Background Information about the Ifakara Programme, Mai 1971, S. 2.

Es zeigt, dass das soziale Bewusstsein, vielleicht auf Grund der Tätigkeit des Mwalimu Nyerere, immer wacher wird, und dass auch wir, die wir das Land und die Leute verhältnismässig gut kennen, unsere Einstellung und unsere Verhaltensweise von Jahr zu Jahr neu überprüfen und anpassen müssen. Interessant war auch, das sich hier in den Diskussionen eindeutig eine afrikanische und eine europäische Front gegenüberstanden, obwohl sonst der Kontakt unserer Schweizer mit den Afrikanern denkbar gut zu sein scheint.[11]

Wie Freyvogel richtig bemerkte, mussten sich die von privater Seite initiierten Entwicklungsbestrebungen in Ifakara dem wachsenden politischen Druck fügen, wollte man über kurz oder lang die Stellung im tansanischen Gesundheitssystem halten. In den 1970er Jahren zeichnete sich deshalb eine zweifache Tendenz ab. Einerseits nahmen tansanische Akteure vermehrt Einfluss auf die Schweizer Entwicklungspolitik. 'Entwicklungshilfe', zumindest aus historischer Perspektive betrachtet, war eben nicht die homogene 'Unterwerfungsmaschine', wie sie von prominenter Seite mit Vorliebe dargestellt wird,[12] bot sie doch den Adressaten die Möglichkeit, eigene Vorstellungen einzubringen und die vom Westen initiierten Projekte und Institutionen zu verändern. Andererseits gingen diese Austauschprozesse nicht spurlos an den Schweizer Entwicklungshelfern vorbei. Wie das Beispiel des Ausbaus des *Rural Aid Centre* in Ifakara in ein *Medical Assistant Training Centre* (MATC) zeigt, wurden die Schweizer Entwicklungsprojekte zunehmend zu Orten einer sozialistischen Entwicklungsideologie.

Das Medical Assistant Training Centre (MATC)

Im Jahr 1973 beschloss das *Tropeninstitut*, die Basler chemische Industrie und die tansanische Regierung, das *Rural Aid Centre* zu einem *Medical Assistant Training Centre* (MATC) auszubauen und nach fünf Jahren der Regierung zu übergeben. Der tansanischen Regierung lag die Ausbildung von 'medical assistants' besonders am Herzen. In der Hierarchie der zahlreichen Berufskategorien innerhalb des tansanischen Gesundheitssystems rangierten die 'medical assistants' hinter den Ärzten und den 'assistant medical officers'. Ihre Ausbildung sollte sie dazu befähigen, die Leitung eines jener 'health centre' zu übernehmen, die seit den frühen 1960er Jahren als wichtigste Institutionen für die ländliche Gesundheitsversorgung angesehen wurden. Die Unterschiede zwischen dem RAC und dem MATC konnten kaum grösser sein. Der Fokus der Lehre war nun weit weniger auf Biologie als auf

---

11 Archiv Thierry A. Freyvogel (ATAF), Lettres d'Ifakara (1959–1985), Thierry Freyvogel, 26. Juli 1970, S. 2.
12 Arturo Escobar, *Encountering Development. The Making and Unmaking of the Third World*, Princeton 1995; Wolfgang Sachs (Hg.), *The Development Dictionary. A Guide to Knowledge as Power*, London 1992.

Abbildung 1: Das *Rural Aid Centre* (RAC) in Ifakara, ca. 1961. Bildnachweis: Archiv Schweizerisches Tropen- und Public Health Institute (Swiss TPH), Basel.

'community medicine' und 'public health'-Themen ausgerichtet. Die dreijährige Ausbildung hatte zudem den Vorteil, dass sich die Studenten nun über längere Zeit in Ifakara aufhielten und sich somit nicht nur damit begnügen mussten, die Bevölkerung auf ihre «unhygienische Lebensweise»[13] aufmerksam zu machen, sondern aktiv an der Verbesserung dieser Umstände mitwirken konnten. Im Verlauf des zweiten Jahres ihrer Ausbildung arbeiteten die Studenten vermehrt in den Dörfern ausserhalb Ifakaras, um die Landbevölkerung beim Bau von Latrinen zu unterrichten oder um das erworbene Wissen über angemessene Ernährung, hygienische Mindeststandards oder die Prävention von Infektionskrankheiten weiterzugeben.[14]

Diese Arbeit innerhalb der 'community' entsprach der offiziellen Regierungspolitik. 1972 startete die Regierung die breit angelegte Kampagne 'Mtu ni Afya' (man is health), die sich insofern von früheren Gesundheitskampagnen unterschied, als sie sich nicht darauf beschränkte, gesundheitsrelevantes Wissen weiterzugeben, sondern von der Bevölkerung einen aktiven Beitrag zur Verbesserung der eigenen Gesundheit erwartete.[15] In vielen Belangen setzten 'Mtu ni Afya' und andere, ähnlich geartete Gesundheitskampagnen die Bestrebungen der Kolonialmedizin fort, wie sie der Ulanga-Distrikt in früheren Jahren erlebt hatte. Was die Umsiedlungspolitik in den 1970er Jahren von jener in den 1940er Jahren unterschied, war die Koppelung von Gesundheitsdiskursen mit solchen der Staatsbürgerschaft. Nun wurden jedoch eine Verhaltensänderung auf individueller Ebene und ein aktiver Beitrag als mündiger Bürger zu einem 'gesunden' Gemeinwesen gefordert. Wie angedeutet, wurde der Versuch, die Bevölkerung zur Verbesserung ihrer Gesundheit zu mobilisieren, zu einem wichtigen Grundsatz am MATC. Die Verantwortlichen des MATC in der Schweiz und in Ifakara waren bereit, die tansanischen Bestrebungen in Richtung einer Sozialmedizin aktiv mitzutragen. Mit Blick auf die neuen community-Projekte des MATC meinte der damalige Schulleiter, Oscar Appert:

> Soweit ich es beurteilen kann, entspricht der skizzierte Plan ausgezeichnet der offiziellen Regierungspolitik. Ich möchte hier beifügen, dass ich diese Politik in ihren Grundsätzen nach wie vor für richtig halte [...].[16]

Appert und viele andere Schweizer Entwicklungshelfer, die in den 1970er Jahren an der Umgestaltung des tansanischen Gesundheitssystems mitarbeiteten, sahen in der «offiziellen Regierungspolitik» Tansanias lediglich den Versuch, die Gesundheitsverhältnisse auf dem Land zu verbessern, und berücksichtigen kaum, unter

---

13 ASTI, Korrespondez Appert, Eichenberger, Schuppler, Ifakara, Thierry Freyvogel an Gerhard Eichenberger, 31. Oktober 1973, S. 1.
14 ASTI, Courses 1966–1971, Oscar Appert, 1972, S. 1–3, hier S. 2–3.
15 Budd L. Hall, *Mtu ni Afya – Man is Health. Tanzania's Health Campaign*, Washington 1978.
16 ASTI, Courses 1966–1971, Oscar Appert, undatiert, S. 1–3, hier S. 3.

Einsatz welcher Mittel ländliche Entwicklungshilfe vorangetrieben wurde, noch zu welchem gesellschaftlichen Preis man sich eine solche Transformation erkaufte.

Wie das Beispiel des MATC zeigt, wurden Schweizer Entwicklungsprojekte in den 1970er Jahren zu «surrogates of the state»[17], zu soliden Trägern der Staatsräson und zu vehementen Verfechtern einer allerdings nur partiell rezipierten tansanischen Staatsideologie. Sowenig man Entwicklungspolitik einzig als politische Unterwerfungsstrategie ansehen kann, sowenig darf man sie vorschnell als probates Mittel zur Eindämmung kommunistischer Ideologie in der Dritten Welt verstehen. Die Ausführungen zum MATC legen den Schluss nahe, den Kalten Krieg nicht als homogenes Strukturprinzip zu begreifen. Viel eher waren historische Akteure in der Lage, die Vorstellungen einer bipolaren Weltordnung in unterschiedlichem Masse für ihre eigenen Ziele zu instrumentalisieren oder, wie in unserem Fall, eine solche Dichotomie nicht zu sehr zu betonen. Die Erfahrungen in Tansania, die davon geprägt waren, Gesundheit nicht nur als eine Voraussetzung für ländliche Entwicklung, sondern Entwicklung als Garant für eine bessere Gesundheit anzusehen, haben nicht nur zu einer Rezeption tansanischer Staatsdoktrin geführt, sondern auch wesentlich dazu beigetragen, sozialmedizinischen Konzepten auch in der Schweiz zum Aufschwung zu verhelfen.

Der Aufstieg der Gesundheitsthematik innerhalb des Dienstes für technische Zusammenarbeit *(DftZ)*

In den 1970er Jahren wurde 'Gesundheit' zu einem Leitthema der Schweizer Entwicklungspolitik. Viele neue soziale Bewegungen und Entwicklungsorganisationen, die in der Schweiz der 1970er Jahre das entwicklungspolitische Feld umpflügten, hatten sich dem Kampf für eine bessere Gesundheit in der Dritten Welt verschrieben und forderten einen Verzicht auf eine hochtechnisierte Gesundheitsversorgung in der Dritten Welt. Eine der Organisationen, die neue diskursive Standards zu setzen vermochte, war *Medicus Mundi Schweiz* (MMS), der 1973 gegründete Schweizer Ableger von *Medicus Mundi International*. MMS war eine Dachorganisation, die sich zunächst vor allem auf die Rekrutierung von Schweizer Ärzten für die Dritte Welt spezialisierte. Am Internationalen Kongress für Medizinische Entwicklungshilfe in Rüschlikon forderten die verschiedenen Arbeitsgruppen

---

17 Michael Jennings, *Surrogates of the State. Oxfam and Development in Tanzania, 1961–79*, London 1998.

134   Lukas Meier

[...] ein weitgehendes Umdenken sowohl im hilfeleistenden als auch im hilfebedürftigen Land. Neues Ziel muss die Umstellung auf einen Basisgesundheitsdienst für alle sein; das bedeutet Konzentration auf eine Medizin, die den gesamten Menschen in seiner spezifischen kulturellen und sozio-ökonomischen Umwelt erfasst und die vermehrt präventiv für die Gesunden als nur kurativ für die Kranken sorgt.[18]

MMS wurde präsidiert von Edgar Widmer, dem Neffen des späteren Erzbischof von Dar es Salaam, der das St. Francis Hospital in Ifakara von seiner Zeit als Assistenzarzt aus eigener Anschauung kannte. Die administrativen Tätigkeiten wurden von Antoine Degrémont, dem späteren Direktor des *Schweizerischen Tropeninstituts*, übernommen. Degrémont stand für einen neuen Ansatz innerhalb des *Tropeninstituts*, den er selbst als einen Wandel von der Biologie hin zum öffentlichen Gesundheitswesen beschrieb.[19] Wichtig für den Kontext hier ist, dass diese neue Generation von entwicklungspolitisch motivierten Ärzten und Wissenschaftlern es verstand, den DftZ in der Ausgestaltung seiner Entwicklungspolitik zu beeinflussen. Ein wichtiges institutionelles Gefäss, in dem sich diese neuen Sichtweisen artikulierten und das den DftZ in der Ausformulierung der medizinischen Entwicklungshilfe beeinflusste, war die *Arbeitsgruppe Gesundheit,* die 1974 ins Leben gerufen wurde.

Die Arbeitsgruppe Gesundheit

Die *Arbeitsgruppe Gesundheit* (AGG) ist ein wichtiges Gremium, an dessen Aktivitäten sich die wachsende Bedeutung der Gesundheit im Feld der Entwicklungshilfe wie auch der veränderte Gesundheitsdiskurs in den 1970er Jahren ablesen lassen. Der Arbeitsgruppe gehörten neben Thierry Freyvogel und Antoine Degrémont vom *Schweizerischen Tropeninstitut* weitere Gesundheitsexperten an, deren Wissen um die 'Bedürfnisse der Dritten Welt' von Aufenthalten in Ifakara herrührte.[20] Im Unterschied zu vielen anderen Arbeitsgruppen, die in den 1970er Jahren als Teil einer sich entwickelnden Solidaritätsbewegung auf die Probleme der Dritten Welt aufmerksam machten, stand die AGG nicht allen politisch Aktiven offen. Nicht politische oder religiöse Affinität, sondern einzig die wissenschaftliche Expertise im Gesundheitsbereich entschied über Zugehörigkeit oder Ausschluss. Die Aufgabe der Arbeitsgruppe bestand darin, dem DftZ bei der Ausformulierung ge-

---

18 BAR, E 2005 (A), 1985/101, 11, t.024.04, Arbeitsgruppe Bevölkerungsprobleme und medizinische Entwicklungszusammenarbeit; Karl Appert, «Neues Konzept für internationale medizinische Entwicklungshilfe», in: *Pressedienst der Schweizer Ärzte-Information*, 26. Mai 1975, S. 1.
19 ASTI, Antoine Degrémont und Jean-Pierre Gontard, aperçu global de la coopération Suisse au développement dans le domaine de la santé [Typoskript 1994].
20 Neben Freyvogel und Degrémont galt dies insbesondere für Noa Zanolli (DEH), Jacques Rüttner (Universität Zürich), Per Schellenberg (MMS) und Klaus Gyr (Universität Basel).

sundheitspolitischer Grundsätze beratend zur Seite zu stehen und Kriterien für die Beurteilung und Unterstützung von Entwicklungsprojekten auszuformulieren.[21] Vor dem Hintergrund der Entwicklung in Tansania waren es hauptsächlich Vorstellungen eines demedikalisierten Gesundheitswesens mit einer stärkeren Betonung der Prävention, die über die Arbeitsgruppe innerhalb des DftZ propagiert wurden. Sozialmedizinische Konzepte stiessen beim DftZ nicht nur deshalb auf grosse Resonanz, weil sie als eine spezifische Initiative aus der Dritten Welt wahrgenommen wurden. Eine nicht zu vernachlässigende Rolle spielten auch die zahlreichen Misserfolge, welche die Schweizer in der medizinischen Entwicklungszusammenarbeit zu verbuchen hatten. Gleichsam symbolisch für die gescheiterten Bemühungen stand der 5-Millionen-Beitrag der Schweizer Regierung an den Ausbau des Duke of Harrar Hospital in Addis Abeba. Die Schweiz hatte sich frühzeitig von dem Projekt zurückgezogen, weil die Militärregierung in Äthiopien kurzfristig beschloss, das ländliche Gesundheitssystem auf Kosten der urbanen Regionen auszubauen.[22] Die Abneigung der AGG gegenüber kurativ orientierten Projekten ist durchaus verständlich. Gleichzeitig überlegte man sich aber, ob die Krankheitsprävention wirklich die geeignete Strategie für die Dritte Welt darstelle. Die ersten konzeptionellen Schriften der AGG zeugen von einem prekären Verhältnis zwischen präventiver und kurativer Medizin in den Ländern des Südens. Die Präventionsidee wurde als gesundheitspolitisches Ideal zwar hochgehalten, doch wurden die Möglichkeiten zu ihrer Verwirklichung in einem utopischen Reich der Zukunft angesiedelt. Die Arbeitsgruppe schreibt:

> Obgleich im Prinzip der vorbeugenden Medizin der Vorzug gegeben wird, sind ihr in den Entwicklungsländern Grenzen gesetzt. Der Zeitfaktor, d.h. die Zeitspanne, bis die Erfolge der prophylaktischen Medizin sichtbar werden, spielt dabei die grösste Rolle. Während dieses Zeitintervalls, der zwei Generationen umfassen kann, kommt die kurative Medizin als Wegbereiter zur vorbeugenden zum Zuge.[23]

Die Unsicherheit hinsichtlich der Möglichkeiten der schweizerischen medizinischen Entwicklungshilfe spiegelt sich in der konkreten Förderpolitik der AGG. Zwar hatten sich Degrémont und Freyvogel 1975 gegen ein Projekt ausgesprochen, das sich der Verbesserung der Herzchirurgie in Senegal annahm, doch konnten solche Interventionen nicht über die Tatsache hinwegtäuschen, dass der grösste

---

21 Noa Zanolli, «Aus der Praxis lernen. Über die Aufgaben der Arbeitsgruppe Gesundheit», in: *Antenne*, Vol. 2 (1976), S. 5–6.
22 Noa Zanolli, «Gesundheitliche Entwicklungszusammenarbeit des Bundes. Anfänge, Erfahrungen und die Projekte heute», in: *Sozial- und Präventivmedizin*, Vol. 24 (1979), S. 192–194, hier S. 192; BAR, E 2005 (A), 1985/101, 688, t. 751–339, Medicus Mundi Basel, 1973–1975, Per Schellenberg, in: *Bulletin Medicus Mundi Schweiz*, Vol. 2 (1975), S. 1–8, hier S. 4.
23 ASTI, DEH/DDA, Arbeitsgruppe Gesundheit, Medizinische Entwicklungszusammenarbeit: Grundlagen, Ziele und Mittel, 3. Fassung, 29. Oktober 1974, S. 4.

Teil der Fördermittel in multilaterale Projekte floss, die vor allem technische Lösungen zur Eindämmung spezifischer Krankheiten propagierten.[24] Ein Paradebeispiel für derartige medizinische Entwicklungshilfe ist das von der Weltbank initiierte Projekt zur Kontrolle der Flussblindheit in Westafrika, dem die Schweiz verglichen mit anderen Gesundheitsprojekten besonders grosse finanzielle Mittel zukommen liess.

Die Revolution frisst ihre Kinder: Die Konferenz von Alma Ata und die Gegenrevolution

Die Widersprüche und Inkonsistenzen, welche sich im engen Kreis der Schweizer Entwicklungshilfe abzuzeichnen begannen, waren auch auf internationaler Ebene nicht wegzureden. Auf Druck der Sowjetunion und der Volksrepublik China hatte die WHO 1978 ihre Mitglieder nach Alma Ata gebeten, wo die Delegierten *Primary Health Care* (PHC) als eine neue Strategie zur Verbesserung der Weltgesundheit feierten.[25] Ganz anders als gescheiterte Versuche der Vergangenheit, einzelne Krankheiten mit Hilfe technischer Lösungen in die Schranken zu weisen, forderte PHC ein umfassendes Verständnis von Gesundheit, mit Betonung der Prävention anstatt der kurativen Medizin, und Gesundheitsinterventionen unter 'angemessenem' Einsatz von Technologie.[26]

Entgegen heutiger Annahmen wurden die Grundsätze von Alma Ata nicht nur für Gesundheitssysteme der Dritten Welt formuliert, sondern beanspruchten universelle Geltung. Ulrich Frey, der Leiter der Schweizer Alma-Ata-Delegation, ging in einem Bericht aus dem Jahr 1978 der Frage nach, wie sich die Forderungen von PHC auch für die Schweiz umsetzen liessen.[27] In seiner Optik verwischten sich die Grenzen zwischen der hochtechnisierten Schweizer Gesundheitsversorgung und jener vieler Drittweltländer, die sich durch eine Konzentration auf städtische Zentren und eine Vernachlässigung der ländlichen Gebiete auszeichnete. Das Schweizer Gesundheitssystem, so Frey, bestehe durch Technologie und Innovation, doch bestünden eklatante Versorgungsunterschiede zwischen Städten und

---

24 BAR, E 2005 (A), 1985/101, 11, Thierry Freyvogel, Antoine Degrémont und Rolf Wilhelm, 5. September 1975, S. 1–2, hier S. 2.
25 Lee Sung, «WHO and the Developing World. The Contest for Ideology», in: Andrew Cunningham, Bridie Andrews (Hg.), *Western Medicine as Contested Knowledge*, Manchester 1997, S. 24–45, hier S. 33.
26 Theodore Brown, Marcos Cueto, Elizabeth Fee, «The World Health Organization and the Transition from 'International' to 'Global' Public Health», in: *American Journal of Public Health*, Vol. 96 (2006) Heft 1, S. 62–72, hier S. 67.
27 ASTI, DEH/DDA, Arbeitsgruppe Gesundheit, Ulrich Frey, Bericht über die internationale Konferenz über primäre Gesundheitsversorgung (soins de santé primaires) Alma Ata (USSR), 6.–12. September 1978, S. 1–25.

Berggebieten. Zudem liessen sich Gesundheitsaspekte verstärkt in andere Bereiche wie die Landwirtschaft, die Bildung oder Ernährung integrieren. Der unter seiner Federführung ausgearbeitete Entwurf zu einem 'Präventivgesetz' in der Schweiz scheiterte jedoch in der Vernehmlassung am Widerstand der Kantone, die ihre Entscheidungshoheit in Gesundheitsfragen nur ungern preisgaben.[28] Krankheitsprävention bleibt bis heute auch in der Schweiz in einem utopischen Diskurs verhaftet. Die Tatsache jedoch, dass sich Länder wie Tansania den Ausbau von Basisgesundheitsdiensten gleichsam als Symbol einer postkolonialen Wende auf die Fahne geschrieben hatten, trug dazu bei, dass dies im Westen zunehmend als kostengünstige (wenn auch schwierig umzusetzende) Gesundheitsstrategie für die Dritte Welt angesehen wurde.

Die Durchsetzbarkeit von PHC war ein Thema verschiedenster Konferenzen, die im Anschluss an jene von Alma Ata über die globale Bühne gingen. Noch in dem Jahr, in dem WHO-Direktor Halfdan Mahlers Slogan einer «Gesundheit für alle bis zum Jahr 2000» durch die Korridore des Konferenzzentrums in Alma Ata hallte, hatte die *Rockefeller Foundation* zu einem Treffen in Bellagio (Italien) geladen. Das intellektuelle Fundament der Bellagio-Konferenz stammte aus der Feder von Julia Walsh und Kenneth Warren, denen die Ideale von Alma Ata zu hoch gesteckt erschienen und die stattdessen den Weg einer «selektiven PHC»[29] als eine Interimsstrategie vorschlugen. Der Ansatz, einzelne Krankheiten nach der Häufigkeit ihres Auftretens, der Schwere ihrer Konsequenzen und der Kosteneffektivität einer möglichen Intervention zu messen, musste allerdings all jenen, die sich für ein holistisches Gesundheitsverständnis aussprachen, als «Gegenrevolution»[30] erscheinen. Für die Tatsache, dass Gegenrevolutionen meist erfolgreicher sind als ihre älteren Schwestern, spricht der vom *United Nations International Children's Emergency Fund* (UNICEF) 1982 vorgebrachte GOBI-FF-Ansatz, der gezielt auf spezielle 'Risikogruppen' fokussierte und einer nüchternen und krankheitszentrierten Herangehensweise das Wort redete.[31]

---

28 BAR, E 6100 (C), 1998/106, 1, 660.6, Antrag auf Einsetzung einer nichtständigen Expertenkommission zur Erarbeitung von Grundlagen für ein BG über Krankheitsvorbeugung, Auswertung der Vernehmlassung zum Präventivbericht, S. 1–16.
29 Julia Walsh und Kenneth Warren, «Selective Primary Health Care. An Interim Strategy for Disease Control in Developing Countries», in: *New England Journal of Medicine*, Vol. 301 (1979), S. 967–974.
30 Kenneth Newell, «Selective Primary Health Care. The Counter Revolution», in: *Social Science and Medicine*, Vol. 26 (1988), S. 903–906; Debabar Banerji, «Primary Health Care. Selective or Comprehensive», in: *World Health Forum*, Vol. 5 (1984) Heft 4, S. 312–315, hier S. 312.
31 GOBI-FF bezeichnet die Verwendung spezifischer Tabellen, um die kindliche Entwicklung zu beobachten. Eine Rolle spielen dabei die Verfügbarkeit von Rehydrierungssalzen, der Verbreitungsgrad des Stillens, die Impfung gegen Masern, Diphterie, Keuchhusten, Tetanus, Tuberkulose und Poliomyelitis, die Verfügbarkeit von Nahrungsergänzungen für schwangere Frauen und Kleinkinder sowie die Existenz von Familienplanungsprogrammen. UNICEF, *The State of the World's Children*, New York 1987.

Rückblickend lässt sich festhalten, dass die Gesundheitsthematik in der Schweiz der 1960er und 1970er Jahre hauptsächlich von NGOs und Expertengruppen auf die politische Agenda gesetzt wurde. Viele dieser Akteure hatten mit Tansania einen gemeinsamen Bezugspunkt, wo sie aktiv am Versuch teilnahmen, sozialmedizinische Vorstellungen in die Praxis umzusetzen. Die enge Koppelung von Gesundheitsversorgung und Entwicklung, wie sie in den 1970er Jahren Bestand hatte, machte das Thema auch für die offizielle Schweizer Entwicklungszusammenarbeit zu einem wichtigen Diskursereignis. Der DftZ verliess sich bei der Ausformulierung seiner Gesundheitspolitik für die Dritte Welt weitgehend auf die Erfahrungen und Meinungen spezieller Expertengremien wie der *Arbeitsgruppe Gesundheit*.

Trotz des Bestrebens, den hohen Ansprüchen von PHC gerecht zu werden, klaffte eine eklatante Lücke zwischen sozialer Theorie und entwicklungspolitischer Praxis, auf die seither in der Literatur immer wieder hingewiesen wurde.[32] Im Zuge der Verankerung der Gesundheitsthematik in der schweizerischen Entwicklungszusammenarbeit schien die Frage nach Erfolg oder Misserfolg konkreter Hilfe nicht zentral. Fast scheint es, als sei die Möglichkeit des Scheiterns wenn auch nicht vorausgesetzt, so doch in den Erwartungshorizont der handelnden Akteure einbezogen worden. Viel wichtiger für die Bedeutung der Gesundheitsthematik in den Jahren nach der Alma-Ata-Konferenz war, dass mit Tansania ein konkreter Erfahrungs- und Interaktionsraum bereitstand, in dem die Zusammenarbeit auf lokaler und nationaler Ebene getestet und die Inhalte von 'Entwicklung' stets neu verhandelt werden konnten.

Vom Diskurs zur Praxis – Erfahrungen in Kikwawila

Die sozialmedizinische Wende hatte nicht nur neue nationale und internationale Gesundheitskonzepte entstehen lassen, sondern wiederum auch den lokalen Forschungspraktiken des *Schweizerischen Tropeninstituts* in Tansania eine neue Richtung gewiesen. Was sich zu Beginn der 1980er Jahre in Tansania abzeichnete, war ein Ineinandergreifen von medizinischer Forschung und entwicklungspolitischen Konzepten. Veränderungen innerhalb des Institutionengefüges der schweizerischen Entwicklungszusammenarbeit sowie eine Neuorganisation auf der Ebene des Wissens selbst waren für diese neue Allianz verantwortlich. Nach dem Rück-

---

32 William Easterly, *The White Man's Burden. Why the West's Efforts to Aid the Rest Have Done So Much Ill and So Little Good*, London 2006; James Scott, *Seeing Like a State. How Certain Schemes to Improve the Human Condition Have Failed*, New Haven 1998; Marc Frey, Sönke Kunkel, «Writing the History of Development. A Review of the Recent Literature», in: *Contemporary European History*, Vol. 20 (2011) Heft 2, S. 215–232.

zug der Basler chemischen Industrie aus der tansanischen Entwicklungslandschaft im Jahr 1978 übernahm die *Direktion für Entwicklungszusammenarbeit und humanitäre Hilfe* (DEH) die finanzielle Hauptlast des Feldlabors.[33] Im Selbstverständnis der DEH konnte Forschung nicht mehr nur sich selbst genügen, sie hatte ihre Ergebnisse vielmehr in den Dienst der Allgemeinheit zu stellen. Diese Forderung passte zu den Prämissen einer wiedererstarkten Sozialmedizin, die Gesundheit nicht mehr nur als Abwesenheit von Krankheit, sondern als das Resultat einer komplexen Interaktion von Krankheitserregern, körperlichen Abwehrmechanismen und sozioökonomischen Umweltfaktoren definierte.

Der neue Fokus auf die Ernährungsgewohnheiten der lokalen Bevölkerung, auf wirtschaftliche Voraussetzungen oder auf die Verteilung von Krankheit innerhalb einer Gesellschaft verlangte nach einer Abkehr von herkömmlichen medizinischen Praktiken, die sich bislang in etablierten Institutionen abgespielt hatten. Auch verlangte dies nach einer Ausweitung der Tätigkeit innerhalb der ländlichen Bevölkerung selbst. Anders ausgedrückt: das Labor als eigentlicher Ort wissenschaftlichen Experimentierens verlor in dem Masse an Bedeutung, als die Gesellschaft als spezifischer Ort der Wissensproduktion ins Blickfeld rückte.

Ein Ort, an dem sich diese Austauschprozesse der Entwicklung studieren lassen, ist Kikwawila, ein Dorf im Kilombero-Distrikt, dessen Bewohner zu Beginn der 1980er Jahre in den Fokus der Schweizer Wissenschaft gerieten. Kikwawila erschien nicht zufällig auf der Landkarte der schweizerischen Entwicklungszusammenarbeit. Die geographische Lage des Dorfes, das sich von den Udekwa-Bergen im Norden bis weit hin in die Flussebene des Kilombero erstreckt, seine ethnische Heterogenität, das Fehlen einer modernen Gesundheitsversorgung sowie die 'Lebensweise' seiner Bewohner trugen dazu bei, Kikwawila als charakteristisches Modell zu betrachten, das alle Eigenschaften des Kilomberotals in sich vereinte.[34] Einer der Gründe für die stetige Präsenz von Schweizer Gesundheitsexperten in Kikwawila war eine Langzeitstudie, die in enger Zusammenarbeit mit den tansanischen Gesundheitsbehörden das Zusammenspiel von Ernährungsgewohnheiten, Krankheitsvorkommen, körperlichen Abwehrfunktionen und den natürlichen Umweltbedingungen untersuchte. Während für die Wissenschaftler die neuen Paradigmen der 'community medicine', die eine aktive Mitarbeit der ländlichen Bevölkerung in der Dritten Welt einforderten, genügten, um ihr Erscheinen in Kikwawila

---

33 Der Rückzug der pharmazeutischen Industrie war schon bei der Gründung des MATC 1973 beschlossen worden.
34 Marcel Tanner et al., «Longitudinal Study on the Health Status of Children in Kikwawila Village, Tanzania: Study Area and Design», in: *Acta Tropica*, Vol. 44 (1987), S. 119–136, hier S. 123; ASTI, STIFL, NIIE/KIK: Annemarie Schär, Kikwawila – Ein Dorf in Südosttansania. Aspekte der Detribalisierung und Integration, 20. Februar 1985, S. 4.

zu rechtfertigen, war die Anwesenheit von Forschern in den Augen der Bevölkerung ein erklärungsbedürftiges Phänomen. Ungewohnt war vor allem die Forderung, sich medizinischen Untersuchungen zu unterwerfen, ohne dass dieser Arzt-Patienten-Interaktion konkrete Krankheitssymptome vorausgegangen wären.

Ein tansanischer Wissenschaftler, dessen Erfahrungen im Gesundheitsbereich sich bislang auf die Arbeit in einem Spital im Norden Tansanias beschränkt hatten und dem nun als einem der wenigen afrikanischen Mitarbeitern die Aufgabe zufiel, zwischen der Lebenswelt der Dorfbewohner und jener der Experten zu vermitteln, brachte diese Irritationen mit folgenden Worten auf den Punkt:

> That is really the difference. In the clinic you are sitting there and you are waiting for patients to come. They tell you their problem, you treat them and they pay much more attention to you because they came to seek health. My second job which was more in the village improving public health was different because you talk about malaria, you talk about bilharzia, you talk about what the district health system should do to improve the health of the people, all this kind of things. Sometimes it is not their problem [...]. So now, when you walk from the hospital and go there to see them and talk about what normally they suffer from this is fine but when you come to a stage whereby "Can I take your blood?" "Can I check your stool?", "Can I check your urine?", then the view point is different because "Why are you interested to look at me when I am not sick?"[35]

Die Strategien, den hier aufgeworfenen Fragen zu begegnen, beinhalteten nicht nur den aktiven Beitrag der Dorfbevölkerung an eine verbesserte Gesundheitsversorgung, sondern auch ein gemeinsames Aushandeln von Forschungsprioritäten nach 'demokratischen' Grundsätzen. Solche Verhandlungen zwischen Vertretern der Wissenschaft und den Regenten des Dorfes konnten durchaus darauf hinauslaufen, dass die Reduktion von Gesundheitsrisiken nicht zwingend zu Kikwawilas Vorstellung einer Moderne gehörte, wie sie seit den 1970er Jahren von staatlicher Seite fortwährend skandiert wurde. Nyereres Umsiedlungspolitik hatte zwar neue Dorfstrukturen geschaffen, doch blieben Investitionen in den Aufbau von Schulen und Gesundheitseinrichtungen nur mehr Versprechen, an deren Einlösung zehn Jahre später schon niemand mehr so recht glauben wollte. Viel eher als die Erforschung von Krankheitsfaktoren waren es also Investitionen in die Infrastruktur, die sich die Einwohner Kikwawilas von der Präsenz der Schweizer erhofften. In Zusammenarbeit mit der DEH und dem Schweizer Hilfswerk *Helvetas* war das *Tropeninstitut* dem Begehren gefolgt und hatte sich der Verbesserung der Wasserversorgung angenommen. Für die Wissenschaftler bildete die Wasserleitung lediglich eine Basis, auf die sie ihre weitere Forschungstätigkeit und die Latrinenkampagnen abstützten. Um es in den knappen Worten eines beteiligten Wissenschaftlers zu sagen:

---

35 Interview mit Charles Mayombana, Dar es Salaam 2011.

The implementation of a water supply scheme is the spearhead of the ongoing and future actions: it assures community participation. At the same time it prepares the ground for the initiation of latrine campaigns [...].[36]

Die Geburt der Bilharziose aus dem Geist der Entwicklung

Während das *Tropeninstitut* Investitionen in die Infrastruktur als Ausgangspunkt für weitere Forschungen und Projekte deutete, war Forschung in den Augen der Dorfbevölkerung umgekehrt eine Tätigkeit, von der man sich weitere materielle Vorteile erhoffte. Diese unterschiedlichen Erwartungshaltungen strukturierten die Interaktionen zwischen den beiden Parteien und ermöglichten das plötzliche Auftauchen von Krankheiten, denen bislang nur wenig Aufmerksamkeit gewidmet wurde. Eine dieser Krankheiten war die Bilharziose (Schistosomiase), eine Wurmkrankheit mit chronischem Verlauf, die von Schnecken als Zwischenwirten verbreitet wird und signifikant mit den Ausprägungen von ländlicher Armut korreliert. Es waren vor allem entwicklungspolitische Gründe, welche für einen Fokus auf die Bilharziose-Forschung sprachen, da sich dieser Forschungszweig mühelos mit konkreten Interventionen wie dem Latrinenbau verknüpfen liess. Die lokale Bevölkerung hatte lange Zeit nicht viel Aufhebens um die Krankheit gemacht. In den Krankheitsregistern, die man zu Beginn des Jahres 1982 zu führen begonnen hatte und in denen man die verschiedensten Krankheiten der Bevölkerung aufzeichnete, standen Fieber und Kopfschmerzen (Malaria) an erster Stelle, gefolgt von Atemwegsinfektionen, Magen-Darm-Entzündungen und Hauterkrankungen.[37] Noch 1982 zeichnete sich die Bilharziose durch eine komplette Abwesenheit in der Statistik aus, doch in den darauffolgenden Jahren hatte die Dorfschaft die Krankheit immer häufiger als ein beeinträchtigendes Leiden angegeben.

Das langsame Auftauchen der Bilharziose in den Krankheitsstatistiken hatte mit dem unverkennbaren Interesse der Wissenschaftler an dieser 'neglected disease' wie auch mit dem ihr zugeschriebenen Potential zu tun, die Versprechen von 'Entwicklung' und 'Moderne' endlich einzulösen.[38] «For the standard questionnaires and the household interviews», schrieben Antoine Degrémont und seine Kollegen, «people were also influenced in their answers, particularly those concerning schistosomiasis, by the interest and activities of health professionals they were

---

36 Marcel Tanner et al., «Community Participation within a Primary Health Care Programme», in: *Tropical Medicine and Parasitology*, Vol. 37 (1986), S. 164–167, hier S. 167.
37 Antoine Degrémont et al., «Longitudinal Study of the Health Status of Children in a Rural Tanzanian Community. Comparison of Community-Based Clinical Examinations, the Diseases Seen at Village Health Posts and the Perception of Health Problems by the Population», in: *Acta Tropica*, Vol. 44 (1987), S. 175–190, hier S. 179.
38 James Ferguson, *Expectations of Modernity. Myths and Meanings of Urban Life on the Zambian Copperbelt*, Berkeley 1999.

aware of behind the interviewers.»³⁹ Auch rückblickend erzeugte die Fokussierung des *Tropeninstituts* auf Bilharziose widersprüchliche Antworten. Gefragt, weshalb sich das Institut in den 1980er Jahren vor allem der Bilharziose und nicht beispielsweise der Malaria annahm, gab ein ehemaliger 'village health worker' (VHW) Folgendes zu bedenken:

> JM: I don't know why they selected bilharzia because at that time most children were dying from malaria. They [people from STIFL] sat together with the village authorities and they saw that bilharzia affected more people especially the children who went to the river.
> I: Would you have preferred an intervention that addressed malaria instead of bilharzia?
> JM: You see, malaria we could prevent but bilharzia at that time we could not prevent.⁴⁰

Schon bald war abzusehen, dass die Annahme, Investitionen in die dörfliche Infrastruktur fördere die Mitarbeit in den Gesundheitsprojekten, auf brüchigem Fundament ruhte. Immer wieder beklagten sich die Wissenschaftler über die mangelnde Motivation der Bevölkerung, am Latrinenbau mitzuwirken, und immer wieder mussten lokale Dorfautoritäten mit Geldstrafen die Pflicht zur 'community participation' in Erinnerung rufen. Die Gründe, weshalb demokratische Vorstellungen von Entwicklung und Partizipation sich in ihr Gegenteil verkehren konnten, waren hauptsächlich unterschiedliche, historisch geprägte Vorstellungen, welche diesen Begriffen Gestalt gaben. Die Historikerin Rebecca Marsland hat auf die unterschiedliche Bedeutung von Begriffen wie 'Partizipation' in einem tansanischen Kontext hingewiesen. Während westliche Entwicklungsexperten den Begriff meist positiv im Sinne des Einbezugs und des 'empowerment' der lokalen Bevölkerung konnotierten, stand 'Partizipation' in Tansania im Kontext des 'Kujitegemea', «in which citizens are obliged to contribute their labour and resources in a community effort to build the nation».⁴¹ Die zwei unterschiedlichen Bedeutungen von 'Partizipation als Entwicklungsstrategie' und 'Partizipation als staatsbürgerliche Pflicht' waren in der Praxis zwar unvereinbar, doch die Bevölkerung konnte die zwei Prinzipien gegeneinander ausspielen oder sich letzterem Prinzip widersetzen. Deutlich weniger Spielraum im Feld der Entwicklungshilfe hatten dagegen die Gesundheitsbehörden des Kilombero-Distrikts, die in zunehmendem Masse von der Zusammenarbeit und den Ressourcen, welche die Schweizer Entwicklungshilfe bereit-

---

39 Antoine Degrémont et al. 1987, *op. cit.*, S. 187.
40 Interview anonymisiert, Kikwawila 2009.
41 Rebecca Marsland, «Community Participation the Tanzanian Way. Conceptual Contiguity or Power Struggle?», in: *Oxford Development Studies*, Vol. 34 (2006) Heft 1, S. 65–79, hier S. 66; Claire Mercer, «The Discourse of Maendeleo and the Politics of Women's Participation on Mount Kilimanjaro», in: *Development and Change*, Vol. 33 (2002), S. 101–127; Maia Green, «Participatory Development and the Appropriation of Agency in Southern Tanzania», in: *Critique of Anthropology*, Vol. 20 (2000) Heft 1, S. 67–89.

stellten, abhingen. Eines der zentralen Probleme war die Weiterführung der vom *Tropeninstitut* initiierten PHC-Projekte auf einer Distrikts- oder nationalen Ebene. Kikwawila war zwar der geeignete Ort, um solche Projekte durchzuführen, aber der Schritt von der Forschung zur langfristigen Implementierung gestaltete sich nicht unbedingt einfach. Trotz der 1986 geäusserten Absicht, alle PHC-Aktivitäten an Cletus Makero, den Verantwortlichen für PHC im Distrikt, zu übergeben, kam das *Tropeninstitut* noch zwei Jahre später für den Grossteil der Ausgaben für Gesundheitsprojekte im Distrikt auf.[42] Diese Verstetigung der Entwicklungshilfe ging einher mit einem Zuwachs an Wissen und Expertentum auf der Seite der Schweizer Entwicklungshilfe, der wiederum dazu führte, dass die Schweizer Unterstützung unentbehrlich wurde.

Die wirtschaftliche Rezession der 1980er Jahre und die vom Währungsfonds und der Weltbank geforderte Liberalisierung der Wirtschaft taten das Ihre, um die Abhängigkeit Tansanias vom Ausland zu verfestigen. Spätestens zu diesem Zeitpunkt hatte die Gesundheitsthematik innerhalb des DEH ihr karitatives Image eingebüsst. Sie war zu einem wichtigen Zweig der Schweizer Entwicklungshilfe geworden.

Fazit

Die vorliegenden Ausführungen gingen der Frage nach, wie sich Gesundheitspolitik im Feld der Schweizer Entwicklungshilfe im Hinblick auf eine konkrete Zeitspanne und einen konkreten Ort formulieren liess. In den 1970er Jahren war Tansania zu einem Vorzeigemodell für die Schweizer Entwicklungszusammenarbeit geworden. Ohne sich auf die eine oder andere Seite in einer bipolaren Weltordnung zu schlagen, stand Tansania exemplarisch dafür, eigenständige Wege der Dekolonisierung beschritten zu haben. Zu den neuen Prämissen eines Afrikanischen Sozialismus und einer Nation, die auf politische Eigenständigkeit pochte, gehörte eine Neuausrichtung der Gesundheitspolitik, die vor allem den ländlichen Raum in den Blick nahm. Tansanische Wissenschaftler und Politiker waren erfolgreich im Versuch, westliche Entwicklungsprojekte den neuen politischen Prämissen unterzuordnen. Wie das Beispiel des Ausbaus des *Rural Aid Centre* in ein *Medical Assistant Training Centre* zeigt, war es vor allem der Druck von Seiten der medizinischen Fakultät in Dar es Salaam und der Studentenschaft, welche das *Tropeninstitut* und die *Basler Stiftung* veranlasste, sozialmedizinischen Konzepten vermehrt Aufmerksamkeit zu schenken. Die Verankerung von Schweizer Entwick-

---

42 ASTI, KIHERE Letters, 1985–1988, Brief an Don de Savigny, 21. Februar 1986, S. 1–13, hier S. 8; ASTI, KIHERE File 1988, Januar – Juni, B. Chahali (DED) an Christoph Hatz, REF: Village Health Workers in Kilombero, 18. Januar 1988, S. 1–2.

lungsakteuren vor Ort und die neue Verbindung von Entwicklung und Gesundheit waren die Gründe, weshalb sich in den 1970er Jahren der DftZ stärker für die Gesundheitsthematik zu interessieren begann. Es waren aber hauptsächlich die Experten des *Tropeninstituts* und Ärzte anderer Entwicklungsorganisationen, welche die Ausformulierung der schweizerischen medizinischen Entwicklungshilfe an die Hand nahmen. Akteure aus der Wissenschaft oder den Missionsgesellschaften konnten auf eine bereits etablierte medizinische Infrastruktur oder auf bereits bestehende Netzwerke zurückgreifen, um die Ideale einer «Gesundheit für alle bis zum Jahr 2000» in die Realität umzusetzen. Ohne das Machtgefälle zwischen westlichen Expertengruppen und der afrikanischen Landbevölkerung kleinreden zu wollen, war 'Entwicklungszusammenarbeit' kein Kolonialismus mit anderen Mitteln oder eine ausgeklügelte Strategie, die Machtunterschiede zwischen dem wohlhabenden Norden und den ärmeren Regionen der südlichen Erdhalbkugel fortzuschreiben. 'Entwicklungszusammenarbeit' umfasst vielmehr alle Prozesse und Interaktionen zwischen privaten und staatlichen Akteuren in einem transnationalen Raum, auch jene, deren Resultate von den lokalen Akteuren aktiv mitgestaltet werden konnten.

II.
Die Schweiz in der internationalen Entwicklungspolitik

Gut im Vergleich. Spannungen im norwegischen und im schweizerischen Entwicklungsdiskurs

Katharina Pohl und Daniel Speich Chassé

1906 veröffentlichte der junge Wissenschaftler Halvdan Koht, der später ein renommierter Historiker und auf dem Höhepunkt seiner politischen Karriere norwegischer Aussenminister werden sollte, ein kleines Bändchen mit dem Titel «Die Idee des Friedens in der norwegischen Geschichte».[1] In diesem äusserte er in der Schlusspassage die Hoffnung, dass Norwegen, zusammen mit seinen skandinavischen Nachbarn und der Schweiz, die Quelle für Frieden zwischen den Völkern der Erde werden könne. In seiner diesem Schluss vorausgehenden Argumentation betonte er vor allem die Vorbildfunktion Norwegens (und somit implizit auch die der anderen genannten Staaten), dessen gutes, weil friedliches Beispiel bei der Lösung etwa des Unionskonfliktes mit Schweden anderen Ländern den rechten Weg weisen sollte.[2] Diese vor über hundert Jahren vorgenommene Beurteilung scheint sich, wie wir zeigen möchten, bis heute nicht substantiell verändert zu haben. Ein ähnlicher Topos findet sich auch in der Schweiz. Die Rede von den 'Guten Diensten' gegenüber anderen Staaten ist in der Schweizer Diplomatie zu einem technischen Begriff geworden, und oft wird eine 'humanitäre Tradition' des Alpenlandes postuliert. Der Schweizer Historiker Edgar Bonjour hat diese Konzepte 1943 eng auf die politische Neutralität bezogen und zu einer weltweiten Mission stilisiert.[3] Zwei Historiker – eine Botschaft? Im Folgenden erörtern wir die Spannungen, die sich im norwegischen und im Schweizer Diskurs zeigen, und erkunden die Spannungen im Vergleich der beiden Fälle.

Sowohl in der Schweiz als auch in Norwegen existieren nationale Selbstbilder, die dem eigenen Land eine positive Aussenwirkung zuschreiben. Diese Identitätskonstruktionen sind genauer zu beleuchten, weil sie mit einem Wunsch nach (globaler) Harmonie verknüpft sind und zugleich enorme Spannungen enthalten. Die Schweiz und Norwegen sind zwei europäische Kleinstaaten, die im 20. Jahrhundert wohlhabend geworden sind und ihren Bürgerinnen und Bürgern einen hohen Lebensstandard ermöglichen. Sie werden daher als erfolgreiche Entwicklungsmodelle verstanden. Die Modernisierungserfolge, der Wohlstand, die funktionie-

---

1   Halvdan Koht, *Fredstanken i Noregs-sogo. Norge i den samfolkelege rettsvoksteren*, Oslo 1906. Übersetzung aus dem Norwegischen hier und im Folgenden durch Katharina Pohl.
2   Olav Riste, *Norway's foreign relations. A history*, Oslo 2001, S. 254.
3   Edgar Bonjour, *Die schweizerische Neutralität. Ihre geschichtliche Wurzel und gegenwärtige Funktion*, Schriftenreihe herausgegeben von der Studentenschaft der Universität Bern, Bd. 3, Bern 1943.

renden sozialen Sicherungssysteme und die Qualität der Regierungsinstitutionen allgemein begründeten in beiden Ländern eine Weltsicht, wonach man über einen 'guten' Staat verfüge, dessen Aufbau anderen Ländern als Vorbild dienen könne. Tatsächlich rangierte Norwegen in allen internationalen Rankings der Wohlfahrt und der Regierungsqualität an vorderster Stelle, und auch die Schweiz gehörte stets zur Spitzengruppe.[4]

Im Vergleich mit anderen ähnlich reichen Ländern der Welt verfügten allerdings weder Norwegen noch die Schweiz über die Mittel, ihren relativen Reichtum im militärischen oder diplomatischen Sinne als aussenpolitisches Druckmittel einzusetzen, weshalb sie auf der Weltbühne nie eine machtpolitische Agenda zu verfolgen schienen. Diese doppelte Konstellation von relativem Wohlstand und aussenpolitischer Bedeutungslosigkeit hat in beiden Ländern die Problematik der weltwirtschaftlichen Ungleichheit in ein besonderes Licht gestellt. Die globale Entwicklungspolitik wurde ebenfalls in beiden Ländern nach 1945 zu einer wichtigen Sachfrage, weil sich hier die Möglichkeit bot, den eigenen Wohlstand in eine grössere Perspektive einzurücken, innenpolitische Konflikte durch ein gefestigtes Nationalverständnis zu entschärfen und gegenüber anderen Ländern aussenpolitische Akzente zu setzen. Zu dieser positiven Selbsteinschätzung gehörte in Bern und in Oslo die Annahme, die eigene Tätigkeit in ärmeren Ländern der Welt, welche diesen in ihren Modernisierungsanstrengungen helfen sollte, zeichne sich im Vergleich zur entwicklungspolitischen Aktivität anderer Geberstaaten durch eine besonders hohe Qualität aus. So wie die Regierungsaktivität im Innern sei also auch die Aussenwirkung 'gut'. Dabei profitierten beide Länder davon, dass internationale Organisationen wie die OECD ab den 1960er Jahren die Qualität des staatlichen Handelns in zunehmend verbindlichen Normengefügen zu vergleichen begannen, wodurch das eigene 'Gutsein' eine quasi-objektive Geltung erhielt.[5] Die

---

4   Wolfgang Glatzer, «Cross-national comparisons of quality of life in developed nations, including the impact of globalization», in: Kenneth C. Land et al. (Hg.), *Handbook of social indicators and quality of life research*, Dordrecht 2012, S. 381–398. Die Schweiz rangierte allerdings immer etwas tiefer als Norwegen, weil der skandinavische Typus des Wohlfahrtsstaates in der Konstruktion dieser Indikatoren als Norm wirkte. Der Schweizer Liberalismus hat zu abweichenden Formen der Sozialpolitik geführt. Gösta Esping-Andersen, *The three worlds of welfare capitalism*, Cambridge 1990; Martin Lengwiler, «Competing Appeals: the rise of mixed welfare economies in Europe, 1850–1945», in: Geoffrey Clark (Hg.): *Appeals of Insurance*, Toronto 2010, S. 173–200.
5   Die Qualitätsmessung von Entwicklungshilfe im internationalen Vergleich ist seit den 1980er Jahren zu einer eigenen Wissensindustrie geworden. Basil Edward Cracknell, *Evaluating Development Aid Issues. Problems and solutions*, New Delhi 2000. 'Gute' Regierungsführung in den Empfängerländern wurde dabei formal zu einem wichtigen Kriterium für die Gewährung weiterer Mittel. In der Praxis hat das Verteilungsmuster internationaler Hilfe dem allerdings nie entsprochen. Peter J. Schraeder, «Clarifying the Foreign Aid Puzzle: A Comparison of American, Japanese, French, and Swedish Aid Flows», in: *World Politics*, Vol. 50 (1998) Heft 2, S. 294–323; Eric Neumayer, *The pattern of aid giving. The impact of good governance on development assistance*, Routledge Studies in Development Economics, Bd. 34, London/New York 2003.

Entwicklungspolitik ist ein gutes Medium, um diese Diskurse des 'Guten' vergleichend zu historisieren.

Wir vertreten die These, dass die auf die restliche Welt gemünzte Selbstüberhebung, die sich in besonderem Masse in gesellschaftlichen Debatten zur Entwicklungspolitik äusserte, sowohl in Norwegen als auch in der Schweiz eine wichtige innenpolitische Funktion hatte. Entwicklungspolitik kann in diesem Kontext als ein integraler Bestandteil der Politik souveräner Staaten gesehen werden. Durch sie traten diese in Kontakt miteinander und positionierten sich gleichzeitig in einem internationalen System. Darüber hinaus spielt die Entwicklungspolitik aber auch eine wichtige identitätsstiftende und eher nach innen gerichtete Rolle: Aussenpolitik bzw. Entwicklungspolitik war und ist auch Identitätspolitik.[6] Durch sie wurden Bilder vor allem des eigenen Landes geschaffen, die das Verständnis der Menschen von der Welt prägten und ihren Platz in ihr bestimmten.[7] Dabei waren in beiden hier untersuchten Ländern Heldenfiguren wichtig: In Norwegen personifizierte Fridtjof Nansen den Diskurs des 'Gutseins', und in der Schweiz diente hierzu der IKRK-Gründer Henri Dunant. Ihre jeweilige Berühmtheit zeigt, dass globale Verbesserungsdiskurse in der jüngeren Vergangenheit beider Länder eine wichtige Dimension der gesellschaftlichen Kommunikation darstellten.

Auf diesen Beobachtungen aufbauend wendet sich unser Beitrag auch der Geschichte jener weltpolitischen Kollektivbildung zu, die unter dem Namen 'der Westen' den globalen politischen Diskurs nach 1945 geprägt hat. Der Blick auf die zwei Länder zeigt viele Gemeinsamkeiten: Beide Länder waren keine Kolonialmächte und zugleich indirekt mit dem Kolonialismus verflochten.[8] Beide sahen sich nach 1945 mit einem internationalen Entwicklungsdiskurs konfrontiert, der die Restbestände der kolonialen Zweiteilung der Welt zwischen Herrschaftszentren und abhängigen Kolonien in ein neues internationales Regime überführen wollte. Zugleich gibt es aber auch substantielle Unterschiede. Norwegen hat im Vergleich zur Schweiz nach 1945 eine viel offensivere und offenere Politik gegenüber internationalen Organisationen verfolgt. Um diesen Unterschieden gerecht zu werden, blickt der Beitrag auch auf internationale Organisationen. Das Verhältnis zu ihnen war divers, und trotzdem, oder vielleicht gerade deshalb, entfalteten sie eine grosse Wirkung. Diese bestand in der Herstellung eines standardisierten Vergleichsraums. Wesentlich scheint uns, dass in diesem Zusammenhang homogenisierende Beschreibungen und Auffassungen 'des Westens' entstanden.

---

6 Vgl. Terje Tvedt, *Bilder av «de andre». Om utviklingslandene i bistandsepoken*, Oslo 2002, S. 7.
7 Siehe Halvard Leira et al. (Hg.), *Norske selvbilder og norsk utenrikspolitikk*, Oslo 2007, S. 18.
8 Suvi Keskinen et al. (Hg.), *Complying with Colonialism. Gender, Race and Ethnicity in the Nordic Region*, Aldershot 2009; Patricia Purtschert, Barbara Lüthi, Francesca Falk (Hg.), *Postkoloniale Schweiz. Formen und Folgen eines Kolonialismus ohne Kolonien*, Bielefeld 2012.

Der Beitrag gliedert sich in drei Teile. Der erste Abschnitt blickt auf Norwegen und der zweite auf die Schweiz. Dabei werden die innenpolitischen Aushandlungsprozesse analysiert, die mit der Selbstpositionierung als 'guter' Staat einhergingen. Darüber hinaus stehen die Fragen im Vordergrund, inwiefern das jeweilige Land in der Dekolonisierung eine weltpolitische Chance sah und welche Deutungen des eigenen Wohlstands und welche Verpflichtungen aus diesem Weltbezug hervorgingen. Was waren die Widersprüche im nationalen Diskurs, und welche Handlungsbeschränkungen ergaben sich? Der dritte Teil rückt dann die Vergleichbarkeit von nationalgeschichtlichen Vorgängen selbst in eine historische Perspektive ein und verweist auf die Geschichte von internationalen Organisationen. Es wird dafür plädiert, die Möglichkeitsräume auszuloten, die internationale Organisationen mit ihren Wissensbeständen und Vergleichsinstrumenten den modernen Nationalstaaten in der zweiten Hälfte des 20. Jahrhunderts anboten.

Das norwegische «Gutheitsregime»

In Norwegen waren sowohl ein spezifischer Friedensaktivismus als auch die Entwicklungszusammenarbeit seit 1945 von besonderer Bedeutung: Beide waren (und sind bis heute) «Reservoire nationaler Identitätsproduktion»[9] und stellten die sichtbarsten moralisch begründeten Praktiken der norwegischen Aussenpolitik dar.[10] Deswegen können weder Norwegens Rolle in der Welt noch – und dieser Aspekt ist besonders zu betonen – das Selbstverständnis der norwegischen Gesellschaft begriffen werden, ohne gleichzeitig einen Blick auf die Entwicklung dessen zu werfen, was Terje Tvedt das «nationale Gutheitsregime»[11] genannt hat.

Dieser treffende Begriff verdeutlicht, dass es sich bei der norwegischen Entwicklungszusammenarbeit und ihrer diskursiven Verhandlung um ein nationales Konsensprojekt handelte, an dem nahezu alle Teile der norwegischen Gesellschaft, von den Gewerkschaften über den norwegischen Sportbund bis zum nationalen Frauen- und Familienverband, beteiligt waren. Gleichzeitig zeigt die Bezeichnung auch an, dass bis heute das Feld der Entwicklungszusammenarbeit – von wenigen Skeptikern abgesehen – weite Zustimmung geniesst.[12] Überdies weist der zweite Teil des Begriffes darauf hin, dass dieses Feld ein relativ stabiles, umfassendes und komplexes System darstellte und darstellt. Und schliesslich fasst Tvedt unter die-

---

9 Terje Tvedt, «Det nasjonale godhetsregimet. Om utviklingshjelp, fredspolitikk og det norske samfunn», in: Ivar Frønes, Lise Kjølsrød (Hg.), *Det norske samfun*, Oslo 2005, S. 482–510, hier S. 482.
10 Vgl. Leira et al. 2007, *op. cit.*, S. 16.
11 Terje Tvedt, *Utviklingshjelp, utenrikspolitikk og makt. Den norske modellen*, Oslo 2003, S. 21.
12 Vgl. Helge Pharo, «Altruism, Security and the Impact of Oil. Norway's Foreign Economic Assistance Policy 1958–1971», in: *Contemporary European History*, Vol. 12 (2003) Heft 4, S. 527–546, hier S. 527.

sen Begriff auch die moralische und gleichzeitig apolitisierende Komponente, die die norwegische Entwicklungszusammenarbeit von Anfang an geprägt hat: 'Gut' ist dieses Politikfeld deswegen, weil es sich um die postulierte Armut und Ungerechtigkeit dieser Welt kümmert und diese abzuschaffen sucht.[13]

Bereits mit einem 1952 initiierten Fischerei-Projekt im indischen Bundesstaat Kerala – dem ersten bilateralen norwegischen Hilfsprogramm[14] – legte die norwegische Regierung bestimmte Prinzipien fest, die auch in den folgenden Jahrzehnten die innenpolitischen Debatten über Entwicklungspolitik prägen sollten.[15] So wurde diese nicht vornehmlich durch die Umstände des Kalten Krieges und im Kontext der westlichen Allianzpolitik begründet und somit als Mittel gesehen, die Ausbreitung des Kommunismus zu verhindern, sondern es wurden vor allem christliche, humanitäre und sozialdemokratische Ideale ins Feld geführt, die den Einsatz Norwegens legitimierten. Mit der postulierten besonderen Eignung Norwegens, die sich angeblich aus der Kultur und Geschichte des Landes ergab, wurde darüber hinaus gleichzeitig eine Verpflichtung geschaffen, den Staaten der 'Dritten Welt' zu helfen.[16]

Diese Selbstpositionierung als Vorbild, die positive Identifikationsmöglichkeiten für die eigene Bevölkerung herstellte, hatte erhebliche Folgen für die Gestaltung der konkreten Entwicklungsmassnahmen: Das Kerala-Projekt sollte zwar explizit den Wünschen und Bedürfnissen der indischen Empfänger angepasst werden und Norwegen die Umsetzung eher begleiten denn leiten, das Vorhaben war aber ausschliesslich von norwegischer Seite initiiert worden.[17] Bei der Auswahl des Projektortes nahm man vor allem Rücksicht auf ein möglichst hohes Mass an norwegischer Sichtbarkeit und zielte insofern vor allem auf die Zustimmung der norwegischen Bevölkerung ab, die sich aus dieser ergeben sollte. So war es für die norwegische Regierung beispielsweise wichtig zu kommunizieren, dass es sich um ein zum grossen Teil aus Haushaltsmitteln finanziertes Projekt handelte, welches deswegen als eine reine norwegische Initiative angesehen werden konnte.[18] Gleichzeitig lief eine gross angelegte öffentliche Spendenaktion an, die den Rest der Finanzierung des

---

13 Vgl. Tvedt 2005, *op. cit.*, S. 490–491.
14 Vgl. Sunniva Engh, Helge Pharo, «Nordic cooperation in providing development aid», in: Norbert Götz, Heidi Haggrén (Hg.), *Regional cooperation and international organizations. The Nordic model in transnational alignment*, New York 2009, S. 112–130, hier S. 116.
15 Knut Nustad, *Gavens makt. Norsk utviklingshjelp som formynderskap*, Oslo 2003, S. 106, weist darauf hin, dass die norwegische Entwicklungspolitik in ihrer ersten Periode aktiv darauf ausgerichtet war, einen alternativen Weg zwischen amerikanischen *containment* und kommunistischer Revolution zu finden. Auch wurde in den 1970er Jahren lange die Perspektive der Neuen Weltwirtschaftsordnung aufrechterhalten. Ab den 1980er Jahren spiegelte die norwegische Entwicklungspolitik hingegen mehr oder minder internationale Diskurse wieder.
16 Pharo 2003, *op. cit.*, S. 532.
17 Vgl. Jarle Simensen, *Norge møter den tredje verden (1952–1975)*, Norsk utviklingshjelps historie, Band 1, Bergen 2003, S. 55.
18 *Ibid.*, S. 45.

Projektes sichern sollte – «thus making it not just an impersonal government-funded scheme but one in which the 'man in the street' could feel he had a personal stake».[19]

Darüber hinaus war bei der Planung des Kerala-Projektes auch die ethnische Zusammensetzung der lokalen Bevölkerung von Bedeutung: Andere mögliche Projektstandorte wie etwa Assam wurden ausgeschlossen, da die norwegischen Vertreter, die nach Indien gereist waren, die dortige Bevölkerung als zu wenig «typisch indisch»[20] charakterisierten. Die primäre Vorgabe beim Entwurf der Hilfsmassnahme waren also nicht in erster Linie die Hilfsbedürftigkeit der lokalen Bevölkerung oder die Vorschläge der indischen Projektpartner, sondern es ging vielmehr darum, die norwegische Bevölkerung in ihren Vorannahmen über Indien (und 'die Inder') zu bestärken und sich so ihre Unterstützung zu sichern.[21] Auch die Beschränkung auf einen indischen Teilstaat kann als Strategie gesehen werden, um die norwegische Bevölkerung von der Richtigkeit des eigenen Engagements zu überzeugen. Durch diesen Fokus auf ein lokal begrenztes Projekt hoffte man zeigen zu können, dass der norwegische Einsatz tatsächlich eine konkrete praktische Bedeutung hatte und dass greifbare Resultate erzielt werden würden.[22]

Warum aber waren diese auf die Meinung der eigenen Bevölkerung gerichteten Überlegungen ein so wichtiger Bestandteil der frühen norwegischen Entwicklungspolitik, die sich im Kerala-Projekt manifestiert? Sunniva Engh und Helge Pharo bieten eine auf parteipolitische Konflikte ausgerichtete Erklärung dieses Umstandes an: «[…] the project was a way to face the sharp criticism of Norway's Western alignment through NATO membership and increased military spending after the outbreak of the Korean War.»[23] Während die sozialdemokratische Regierung den Beitritt Norwegens in die NATO anstrebte, gab es Strömungen innerhalb des linken Flügels der eigenen Partei, die verlangten, Norwegen müsse – wie beispielsweise Schweden oder die Schweiz – im Konflikt zwischen den USA und der Sowjetunion neutral bleiben. Ein starkes entwicklungspolitisches Profil Norwegens als ein dezidiert sozialdemokratisches Projekt sollte nun dazu beitragen, diese Gruppierungen – sowie darüber hinaus auch die gesamte Bevölkerung und die Presse – dem bereits 1949 erfolgten NATO-Beitritt und den mit ihm verbundenen Kosten (beispielsweise durch den Koreakrieg) gegenüber gewogener zu stimmen.[24] Mit der Entwicklungszusammenarbeit schuf die norwegische Regierung eine «positive Arena, in der man sich engagieren konnte und die als Gegengewicht zum 'notwendigen Übel' der

---

19 Riste 2001, *op. cit.*, S. 257.
20 Zitiert nach Helge Pharo, *Hjelp til selvhjelp: det indiske-norske fiskeri-prosjektets historie 1952–72*, Oslo 1986, S. 87.
21 Siehe Nustad 2003, *op. cit.*, S. 66.
22 *Ibid.*, S. 65–66.
23 Engh, Pharo 2009, *op. cit.*, S. 116.
24 Vgl. Simensen 2003, *op. cit.*, S. 47.

Allianzpolitik wirken konnte».[25] In diesem Sinne erhielt die Entwicklungszusammenarbeit auf politischer Ebene eine auch nach innen gerichtete Funktion.

Die Beispiele zeigen, dass nicht nur entwicklungspolitische Faktoren bei der Auswahl und Ausformung des oben beschriebenen Kerala-Projektes von Relevanz waren, sondern dass explizit auch Rücksicht auf die vermutete Wahrnehmung und die als solche angenommenen Interessen der norwegischen Bevölkerung an diesem Projekt genommen wurde.[26] Dieser Rückbezug auf die Unterstützung der norwegischen Bevölkerung konnte allerdings nur deswegen gelingen, weil sich die in ihm formulierte Positionierung Norwegens als eines grosszügigen Gebers in bereits seit langer Zeit bestehende Traditionen und in postulierte soziale, politische und kulturelle Normen einpasste.

Auch als es darum ging, die besondere Eignung Norwegens für den Kontakt mit und die Hilfe für die neu gegründeten vor allem afrikanischen Staaten zu begründen, wurde auf historisch-politischer Ebene argumentiert, Norwegen habe wegen seiner kolonialen Vergangenheit – oder besser gesagt: dem postulierten Fehlen einer solchen – auch keine koloniale 'Schuld' auf sich geladen und biete sich deshalb als Vermittler zwischen den nun unabhängigen Kolonien und den ehemaligen Kolonialmächten geradezu an.[27] Es zeigt sich hier ein Entschuldungs- und Neutralitätsdiskurs, der in anderen skandinavischen Ländern ebenso wie in der Schweiz wirksam war.[28]

Im deutlichen Kontrast zur Schweiz gab es im öffentlichen Diskurs Norwegens hingegen auch Stimmen, welche die besondere norwegische Kompetenz im Umgang mit ehemaligen Kolonien damit begründeten, dass das Land selbst mehrere Jahrhunderte lang eine dänische Kolonie gewesen war und sich deshalb auf besondere Weise mit den 'unterdrückten Nationen' identifizieren könne.[29]

---

25 Nustad 2003, *op. cit.*, S. 78.
26 In diesem Zusammenhang möchten wir darauf hinweisen, dass der Zusammenhang zwischen der Konstruktion nationaler Selbstbilder, der öffentlichen Meinung und der Entwicklungspolitik noch stärker empirisch belegt werden muss. Beispielsweise wäre zu fragen, inwieweit die Bevölkerung überhaupt die ihr präsentierten Identifikationsangebote rezipiert hat bzw. inwieweit eine Modifikation der Entwicklungspolitik tatsächlich zu einem öffentlichen Wahrnehmungswandel beitrug.
27 Siehe Nustad 2003, *op. cit.*, S. 19–20. Diese Interpretation der norwegischen Geschichte ignoriert die kolonialen Verwicklungen, die sich durch Norwegens Personalunion mit dem Königreich Dänemark, welches sehr wohl Kolonien besass, ergaben. Darüber hinaus waren zahlreiche Norweger im Kongo für König Leopold II. tätig.
28 Rebecka Lettevall et al. (Hg.), *Neutrality in Twentieth-Century Europe. Intersections of Science, Culture, and Politics after the First World War*, London/New York 2012; Daniel Speich Chassé, «The scientific construction of Swiss neutrality», in: Rebecka Lettevall et al. (Hg.), *Neutrality in Twentieth-Century Europe. Intersections of Science, Culture, and Politics after the First World War*, London/New York, S. 159–180; Daniel Speich Chassé, «Verflechtung durch Neutralität. Wirkung einer Schweizer Maxime im Zeitalter der Dekolonisation», in: Patricia Purtschert, Barbara Lüthi, Francesca Falk (Hg.), *Postkoloniale Schweiz. Formen und Folgen eines Kolonialismus ohne Kolonien*, Bielefeld 2012, S. 225–244.
29 Vgl. Nustad 2003, *op. cit.*, S. 53.

Darüber hinaus hatten die Norweger bereits die Erfahrung gemacht, dass der humanitäre Einsatz einer Einzelperson zu der aussenpolitisch ausserordentlich wirkungsvollen Mischung führen konnte, 'Gutes' zu tun und dabei in den Augen der Welt 'gut' auszusehen. Gemeint sind hier die Aktivitäten des norwegischen Forschungsreisenden Fridtjof Nansen, der in den 1920er Jahren als Hochkommissar des Völkerbundes für die Flüchtlingshilfe eintrat.[30] Auch heute noch wird in Publikationen des norwegischen Direktorates für Entwicklungshilfe der Geist Nansens beschworen,[31] um die besondere Verpflichtung Norwegens – aber auch die hohe Qualität des eigenen Einsatzes – zu betonen. Die Herstellung von historischer Kontinuität, die in die tautologische Feststellung mündet, Norwegen sei eine Friedensnation mit besonderen Aufgaben, weil es schon immer eine gewesen sei,[32] wurde so zu einem wichtigen Element norwegischer Legitimationsstrategien.

Eine weitere historische Kontinuität, und zwar jene hinsichtlich des Kontakts mit nicht-europäischen Gebieten, wurde herangezogen, um die besondere Qualifikation und somit auch die Bestimmung Norwegens für das Engagement in der Entwicklungshilfe zu erklären: Norwegen stellte an seiner Bevölkerungsgrösse gemessen um 1900 den höchsten Anteil europäischer Missionare in anderen Teilen der Welt.[33] Dieser vor allem in konservativ-christlichen Kreisen später als positiv interpretierte Umstand wurde angeführt, wenn es darum ging zu zeigen, dass Norwegen prädestiniert sei, in ehemaligen 'Missionsfeldern', wie beispielsweise Madagaskar, Entwicklungszusammenarbeit zu leisten.[34]

Für viele Norweger ergab sich aus der Synthese der oben skizzierten historisch-politischen Argumentationskette eine besondere Stellung ihres Landes: «Politiker, Forscher und Schriftsteller haben relativ einheitlich ein Bild von Norwegen gezeichnet, welches das Land bereits seit 1500 als separiert von der europäischen Expansion und dem europäischen Imperialismus darstellt.»[35] Weil Norwegen «durch seine Kultur und Geschichte die Sache von Freiheit und Demokratie repräsentiert hat und weil niemand uns verdächtigen kann, Menschen ausnutzen zu wollen»,[36] wurde dem Land zumindest von sozialdemokratischer Seite die Qualifikation zugeschrieben, die Interessen der neu entstandenen Staaten besonders gut vertreten zu können. Entwicklungspolitik wurde hierbei vor allem in den 1960er Jahren als ein wirkungsvolles

---

30 Vgl. Riste 2001, *op. cit.*, S. 255.
31 Siehe beispielsweise die NORAD-Seite «Meilensteine der norwegischen Entwicklungszusammenarbeit» (http://www.norad.no/no/om-norad/historie/milepæler-i-norsk-bistandsarbeid, 5. Juni 2012).
32 Siehe Leira et al. 2007, *op. cit.*
33 Vgl. Marianne Gullestad, *Picturing Pity. Pitfalls and Pleasures in Cross-Cultural Communication. Image and Word in a North Cameroon Mission*, New York 2007, S. 2.
34 Vgl. Riste 2001, *op. cit.*, S. 257.
35 Nustad 2003, *op. cit.*, S. 19.
36 Parteichef der Arbeiterpartei Einar Gerhardsen, zitiert nach Pharo 1986, *op. cit.*, S. 32.

Werkzeug angesehen, um die Folgen von Kolonialismus und Ausbeutung, die in der norwegischen Auffassung ausschliesslich von den 'klassischen' grossen Kolonialmächten ausgegangen waren, zu lindern.[37] So wurde Entwicklungszusammenarbeit als Fortsetzung einer spezifisch norwegischen Tradition gedeutet und gleichzeitig elegant in bereits existierende nationale Selbstbilder eingebettet.

Selbst die Existenz norwegischer Eigeninteressen im Wirtschaftsbereich, vor allem in der Schifffahrt und in der Landwirtschaft, stellte keine diskursive Bedrohung dieses durch die Entwicklungszusammenarbeit gestärkten Selbstbildes dar, sondern wurde entweder verschwiegen oder durch Alternativpläne und Umdeutungen mit dem positiven Selbstbild in Einklang gebracht. Denn obwohl das Land hier zugunsten der Entwicklungsländer nicht zu Konzessionen bereit war, also auf seinen ökonomischen Eigeninteressen bestand, machte es immer auch altruistisch motiviert erscheinende Kompromissvorschläge: Das norwegische Angebot zur Hilfe beim Ausbau einiger Häfen in Afrika etwa wahrte die Interessen der norwegischen Handelsflotte, von der der norwegische Export bis in die 1970er Jahre stark abhing, und kam zugleich der Forderung dieser afrikanischen Staaten nach der Förderung der eigenen maritim orientierten Wirtschaft nach. Der ursprünglichen Forderung von afrikanischer Seite, die Gebernationen sollten Unterstützung für den Aufbau eigener Flotten zur Verfügung stellen, wurde hingegen von Norwegen nicht entsprochen.[38]

Ähnlich ist die Tatsache zu beurteilen, dass Norwegens Regierung nicht lange an ihrer anfangs sehr vehement vertretenen Ablehnung gebundener Hilfe festhielt, sondern argumentierte, dass es notwendig wäre, die eigene Industrie mit dieser Form der Entwicklungshilfe zu unterstützen, damit sie nicht unter der gebundenen Hilfe anderer Staaten zu leiden habe.[39] Diese Argumentationsweise wurde besonders in Bezug auf Branchen angeführt, die für den norwegischen Export von grosser Bedeutung waren. Gleichzeitig schwanden die altruistischen Überzeugungen der Norweger deutlich in Zeiten ökonomischer Rezession, die zu steigender Arbeitslosigkeit der exportierenden Branchen, wie etwa dem Schiffsbau, führten.[40]

Diese Art der Argumentation zeigt, dass in öffentlichen Diskursen vor allem die postulierte 'richtige' (weil uneigennützige) Intention der norwegischen Hilfe als konstituierend für das hegemoniale Selbstbild «der humanitären Supermacht»[41] dargestellt wurde. Dementsprechend wurde versucht, die tatsächliche Existenz eigener Interessen, die dieses Selbstbild ja nachhaltig beschädigen konnte, zumindest

---

37 Siehe Simensen 2003, *op. cit.*, S. 273.
38 Siehe Pharo 2003, *op. cit.*, S. 545.
39 *Ibid.*, S. 541.
40 Siehe Riste 2001, *op. cit.*, S. 264.
41 Dieser Begriff, der das besondere Engagement Norwegens in der Entwicklungszusammenarbeit beschreiben soll, findet sich beispielsweise auf der Website der norwegischen Regierung (http://www.regjeringen.no/nb/dep/fad/dok/nouer/2003/nou-2003-019/13/1.html?id=371237, 5. Juni 2012).

gegenüber der norwegischen Öffentlichkeit zu überdecken.[42] Gleichzeitig wird an den oben genannten Beispielen deutlich, dass Entwicklungszusammenarbeit durchaus auch auf wirtschaftlicher Ebene eine innenpolitische Funktion erfüllte, auch wenn diese aufgrund der Existenz des dominierenden Selbstbildes nicht weiter ausgeführt werden konnte.

Zusammenfassend lässt sich also sagen, dass im norwegischen Entwicklungsdiskurs die Ideale und Interessen Norwegens so dargestellt wurden, als ob das Land grundsätzlich gar keine Eigeninteressen besässe, und wenn doch, dass diese immer vor allem zum allgemeinen Nutzen beitrügen.[43] Darüber hinaus wurde dem angeblich durch bestimmte historische Traditionen, kulturelle Besonderheiten und soziale Normen charakterisierten 'norwegischen Modell' eine Position als nationales Projekt eingeräumt, welche ihm gleichzeitig eine Funktion als Gradmesser der nationalen Moral zuschrieb. Die Fähigkeit sich zu kümmern, die sich in der Entwicklungszusammenarbeit durch ständig wachsende Budgets manifestierte, wurde so zur nationalen Tugend stilisiert. In diesem Abstecken eines Handlungsrahmens für jeden einzelnen Norweger sieht Tvedt die wichtigste innenpolitische Bedeutung des «nationalen Gutheitsregimes».[44]

Bemerkenswert ist in diesem Zusammenhang der Umstand, dass die breite – auch überparteiliche – Zustimmung, derer sich die Entwicklungszusammenarbeit erfreute und die sicherlich ihren Anteil zum 'nation-building' Norwegens beitrug, schon von jeher als ein Merkmal der norwegischen Innenpolitik gesehen wurde. Diese wurde von einer Tendenz zur Konsenspolitik geprägt,[45] einer Politik, die versuchte, die Opposition mit in die politischen Entscheidungsfindungen einzubeziehen. Obwohl der norwegische Entwicklungsdiskurs bis in die 1960er Jahre hinein von den Politikern der sozialdemokratischen Arbeiterpartei dominiert wurde, herrschte auch in den anderen Parteien grundsätzlich Einigkeit über die Notwendigkeit von humanitärer Intervention in den Entwicklungsländern. Dieser Umstand drückt sich beispielsweise darin aus, dass sowohl die Christliche Volkspartei als auch die sozialliberale *Venstre* bereits 1957 Entwicklungshilfe in ihr Parteiprogramm aufnahmen.[46]

---

42 Siehe Leira et al. 2007, *op. cit.*, S. 17–18.
43 *Ibid.*, S. 10.
44 Tvedt 2005, *op. cit.*, S. 500.
45 Vgl. hierzu: Knut Nustad, Henrik Thune, «Norway: political consensus and the problem of accountability», in: Charlotte Ku, Harold K. Jacobson (Hg.), *Democratic accountability and the use of force in international law*, Cambridge 2002, S. 154–175.
46 Vgl. Kjetil Visnes, *Suverinitet og stat i norsk bistandsdiskurs*, Abschlussarbeit in Politikwissenschaft, Universität Oslo 1999, S. 38.

Insgesamt ergibt sich so der Eindruck, dass die norwegische Entwicklungszusammenarbeit als Spiegel des Zustandes der eigenen Gesellschaft funktionierte – «und die Norweger mochten, was sie sahen».[47]

Umstrittenes Gutsein in der Schweiz

Inwiefern war Entwicklungspolitik auch in der Schweiz ein «Reservoir nationaler Identitätsproduktion»[48]? Was heisst internationales 'Gutsein' in der Geschichte der Eidgenossenschaft? Wie Norwegen besass auch die Schweiz nie Kolonien und verfügt stattdessen über eine sehr reiche Missionstradition. Und wie Norwegen war auch die Schweiz stets darum bemüht, ihre internationalen Wirtschaftsinteressen zu schützen, auch wenn dies nach aussen wie nach innen unter dem Deckmantel des Altruismus vertreten werden musste. Überdies verbindet die beiden Länder eine innenpolitische Konsensorientierung, die immer stark drauf bedacht war, alle relevanten Kräfte in die politische Selbstverständigung einzubinden. Angesichts dieser strukturellen Übereinstimmungen ist es bemerkenswert, dass in der Schweiz – im Gegensatz zu Norwegen – kein innenpolitischer Konsens zur Entwicklungspolitik entstand.

Der Eintritt der Schweiz in das nachkoloniale Entwicklungsgeschehen fand mit dem *Swiss-Nepal-Forward-Team* statt. Auf eine Anfrage der Regierung von Nepal hin sollte 1950 untersucht werden, welche besonderen Schweizer Wissensbestände für die gesamtgesellschaftliche Entwicklung des bergigen Agrarlandes zur Verfügung gestellt werden könnten.[49] Für die Schweiz boten internationale Kooperationsnachfragen dieser Art eine willkommene Chance, sich weltweit solidarisch zu zeigen und aus der internationalen Isolation auszubrechen, die sich nach dem Ende des Zweiten Weltkriegs manifestiert hatte.[50] Gerne folgte die Schweiz 1950 dem Ruf des norwegischen Politikers Trygve Lie, der als erster UN-Generalsekretär interessierte Geberländer zu einer 'Pledging Conference' des neuen Entwicklungshilfeprogramms der UNO nach Lake Success bei New York einlud.[51] Man wollte nicht abseits von der entstehenden Gebergemeinschaft stehen. Zugleich waren be-

---

47 Simensen 2003, *op. cit.*, S. 275.
48 Tvedt 2005, *op. cit.*, S. 482.
49 Sara Elmer, «Postkoloniale Erschliessung ferner Länder? Die erste Schweizer Nepalmission und die Anfänge der 'technischen Hilfe an unterentwickelte Länder'», in: Patricia Purtschert, Barbara Lüthi, Francesca Falk (Hg.), *Postkoloniale Schweiz. Formen und Folgen eines Kolonialismus ohne Kolonien*, Bielefeld 2012, S. 245–266. Siehe auch den Beitrag von Sara Elmer in diesem Band.
50 Daniel Trachsler, *Bundesrat Max Petitpierre. Schweizerische Aussenpolitik im Kalten Krieg 1945–1961*, Zürich 2011. Siehe auch den Beitrag von Daniel Trachsler in diesem Band.
51 Daniel Speich, «Der Blick von Lake Success. Das Entwicklungsdenken der frühen UNO als 'lokales Wissen'», in: Hubertus Büschel, Daniel Speich (Hg.), *Entwicklungswelten. Globalgeschichte der Entwicklungszusammenarbeit*, Frankfurt a. M. 2009, S. 143–174.

reits mehrere Schweizer Techniker und Experten von verschiedenen Entwicklungsorganisationen der UNO direkt, das heisst an der Entscheidungskompetenz der Schweizer Regierung vorbei, mit Missionen beauftragt worden. Zudem begannen gemeinnützige Schweizer Hilfswerke ihre Tätigkeit auf die ehemaligen französischen, belgischen und britischen Kolonien auszudehnen, und auch Lateinamerika geriet in den Blick. Das neue internationale Tätigkeitsfeld der Entwicklungshilfe berührte wesentlich die Schweizer Aussenpolitik und wurde deshalb 1961 vom Bundesrat durch die Schaffung eines *Dienstes für technische Zusammenarbeit* koordinierend zusammengefasst.[52]

Die 1960er Jahre waren gezeichnet von einer stetigen Professionalisierung der internationalen Entwicklungsaktivität und dem allmählichen Ansteigen des gesamten Hilfsvolumens. Auch die Schweiz konnte es sich nicht leisten, bei dieser Dynamik im Abseits zu stehen. Man suchte Länder, die einheimische Stereotype bedienten. Man fand bergige Binnenländer wie Nepal, Bolivien oder Ruanda. Mögliche Zielländer der Entwicklungshilfe wurden verzerrt wahrgenommen, und lokale Vorstellungen wurden auf diffuse Folien des Fremden projiziert.[53] Wie die Schweiz orientierte sich auch Norwegen in dem oben erwähnten Kerala-Projekt an spezifischen Indienbildern, die dem innenpolitischen Diskurs entsprachen, aber mit Indien wenig zu tun hatten.

1968 trat die Eidgenossenschaft dem *Development Assistance Committee* (DAC) bei, dem Entwicklungsausschuss der OECD, der ganz wesentlich zur Koordination und Vereinheitlichung der Entwicklungspolitik aller OECD-Länder beitrug. Damit bekannte sich die Schweiz klar zur entwicklungsbezogenen Aktivität und setzte sich bewusst dem Vergleich mit anderen Industrienationen aus, inklusive Norwegen. Innenpolitisch war die Entwicklungshilfe bis zur Mitte der 1960er Jahre fest verankert und kaum umstritten, wobei sie stets nur einen relativ tiefen Anteil des gesamten Staatsbudgets betraf. Aber dann begannen sich allmählich verschiedene Frontstellungen abzuzeichnen.[54] Wirtschaftskreise argumentierten vermehrt, die private Direktinvestition in Entwicklungsländern müsse unbedingt

---

52 Walter Renschler, *Die Konzeption der technischen Zusammenarbeit zwischen der Schweiz und den Entwicklungsländern*, Wirtschaft, Gesellschaft, Staat, Bd. 26, Zürich 1966.
53 Lukas Zürcher, «'So fanden wir auf der Karte diesen kleinen Staat': Globale Positionierung und lokale Entwicklungsfantasien der Schweiz in Rwanda in den 1960er Jahren», in: Hubertus Büschel, Daniel Speich (Hg.), *Entwicklungswelten. Globalgeschichte der Entwicklungszusammenarbeit*, Frankfurt a.M. 2009, S. 275–310.
54 Monica Kalt, *Tiersmondismus in der Schweiz der 1960er und 1970er Jahre. Von der Barmherzigkeit zur Solidarität*, Bern 2010; Konrad J. Kuhn, *Entwicklungspolitische Solidarität. Die Dritte-Welt-Bewegung in der Schweiz zwischen Kritik und Politik (1975–1992)*, Zürich 2011; Konrad J. Kuhn, «Im Kampf gegen das 'heimliche Imperium' – Entwicklungspolitik und postkoloniale Kritik in der Schweiz seit 1970», in: Patricia Purtschert, Barbara Lüthi, Francesca Falk (Hg.), *Postkoloniale Schweiz. Formen und Folgen eines Kolonialismus ohne Kolonien*, Bielefeld 2012, S. 267–288.

als konstruktiver Beitrag zum Wachstum der Schweizer Exportwirtschaft verstanden werden. Dem wurde entgegen gehalten, gerade die global tätigen Unternehmen seien schuld an der weltwirtschaftlichen Ungleichheit. Rechtsbürgerliche Kreise stellten das Engagement der Schweiz in multilateralen Programmen grundsätzlich in Frage. Meinungsumfragen wurden in Auftrag gegeben, die für die Bevölkerungsmehrheit eine ablehnende Haltung gegenüber der Entwicklungshilfe ergaben.[55] Ein Podiumsgespräch, das vom Hilfswerk *Helvetas* organisiert wurde, stand 1968 unter dem Titel: «Ist die Entwicklungshilfe noch zu retten?»[56] Man sah zwar ein, dass die Entwicklungshilfe im Zuge der Dekolonisation auch für die kolonialgeschichtlich vermeintlich unbelastete Schweiz eine Chance darstellte, sich global neu zu positionieren, aber es bestanden im Vergleich zu Norwegen sehr viel stärkere Vorbehalte gegen altruistische Ressourcenallokationen, die vielleicht Gewinne generieren könnten, vielleicht aber auch ins Leere laufen würden.

Mit viel Elan verfassten kirchliche Kreise in den späten 1960er Jahren Appelle an die christliche Moral, um den Weltbezug der Schweiz aus dem engeren Zusammenhang der volkswirtschaftlichen Kosten-Nutzen-Rechnung herauszuheben. Der bekannteste dieser Appelle war die *Erklärung von Bern*, die am 9. Januar 1969 dem Bundesrat übergeben wurde.[57] Im Herbst 1970 fand im Berner Bundeshaus eine vielbeachtete *Interkonfessionelle Konferenz Schweiz und Dritte Welt* statt, an der 250 Teilnehmerinnen und Teilnehmer – darunter auch prominente Persönlichkeiten wie Raul Prebisch – das Engagement der Schweiz im nachkolonialen Entwicklungsunterfangen diskutierten.[58] Man beschloss, 20 bis 25 Prozent der Entwicklungsgelder der Hilfswerke für Informationskampagnen in der Schweiz zu reservieren, und es wurde ein hilfswerkübergreifendes *Informationszentrum Dritte Welt* geschaffen, das 1971 den Betrieb aufnahm. Offensichtlich war mediale Überzeugungsarbeit gefragt. Sie äusserte sich auch in einer wachsenden Zahl von Dokumentarfilmen über die 'Dritte Welt'.[59]

Im Frühjahr 1971 geriet das nationale Parlament bei der Beratung eines Entwicklungskredits von 400 Millionen Franken in eine Grundsatzdebatte über rechtliche

---

55 Gerhard Schmidtchen, *Schweizer und Entwicklungshilfe. Innenansichten der Aussenpolitik*, Bern 1971. Dieser argumentiert, nur gut gebildete, jüngere, städtische Bevölkerungsteile stünden der Entwicklungshilfe positiv gegenüber.
56 «Ist die Entwicklungshilfe noch zu retten?», in: *Neue Zürcher Zeitung*, 29. März 1968.
57 Anne-Marie Holenstein, Regula Renschler, Rudolf H. Strahm, *Entwicklung heisst Befreiung. Erinnerungen an die Pionierzeit der Erklärung von Bern (1968–1985)*, Zürich 2008.
58 Hans K. Schmocker, Michael Traber, *Schweiz – Dritte Welt. Berichte und Dokumente der Interkonfessionellen Konferenz in Bern*, Zürich 1971. Siehe auch den Beitrag von Samuel Misteli in diesem Band.
59 Felix Rauh, «Hilfsbedürftiges Afrika? Zum Gebrauch von Dokumentarfilmen in der Entwicklungszusammenarbeit», in: Manuel Menrath (Hg.), *Afrika im Blick. Afrikabilder im deutschsprachigen Europa, 1870–1970*, Zürich 2012, S. 283–308.

Fragen, welche die Ausarbeitung einer neuen Gesetzesgrundlage nötig erscheinen liess.[60] In einem jahrelangen Prozess wurde das Schweizer Engagement in der Entwicklungsfrage nun verhandelt, der zu zwei Ergebnissen führte. Erstens wurde 1976 ein Entwicklungshilfegesetz verabschiedet, das die meisten aktuellen Positionen des Entwicklungsdiskurses aufnahm. Insbesondere sprach die offizielle Schweiz fortan nicht mehr von 'Hilfe', sondern von partnerschaftlicher 'Zusammenarbeit' und legte den Schwerpunkt der Aktivitäten auf die Deckung der lebensnotwendigen Grundbedürfnisse der ländlichen Bevölkerung von Entwicklungsländern.[61]

Zweitens verhärtete sich die innenpolitische Frontstellung. Innerhalb weniger Jahre entstand in der Schweiz rund um die Entwicklungsproblematik eine Vielzahl von Positionen, die sich grob in drei Gruppen gliedern lassen: Rechts standen die Entwicklungsskeptiker, die Steuergelder nur im Inland zum Ausgleich ökonomischer Differenzen verwenden wollten. Links standen die «Entwicklungsextremisten»[62], wie sie im Nationalrat einmal genannt wurden, die das Wohlstandswachstum der Schweiz selbst für eine wesentliche Ursache des Elends in anderen Ländern hielten und deshalb unter anderem auch Massnahmen forderten, die direkt die Gewinnerwartungen von Schweizer Unternehmen bedrohten. Dazwischen fand sich eine 'illusionslose' Gruppe, die aus moralischen Gründen und wegen des internationalen Ansehens der Schweiz in der Entwicklungszusammenarbeit eine notwendige Staatsaufgabe sah.

Die Rede von einer weltzugewandten 'humanitären Tradition' ist in der Schweiz nach dem Zweiten Weltkrieg zu einem Gemeingut geworden. Im Gegensatz zu Norwegen zeigt sich aber klar, dass die Schweiz als ein aus ihrer geschichtlichen Dynamik heraus umstrittenes Staatswesen in den Jahrzehnten nach 1945 gewiss nicht bereit gewesen wäre, Verantwortung für den Modernisierungsverlauf in anderen Weltregionen zu übernehmen. Internationale Organisationen wie die UNO oder die OECD haben in dieser Hinsicht eine wichtige Rolle gespielt.[63] Sie haben Normsetzungen vollzogen, welche den Handlungsspielraum von wohlhabenden Industrieländern kanalisierten und so unterschiedliche Kollektive wie Norwegen und die Schweiz in die weltpolitische Handlungseinheit der westlichen Geberländer einschlossen.

---

60 Peter Hammer, *Funktion und Verfassungsmässigkeit der schweizerischen Entwicklungspolitik*, Freiburg i. Ue. 1974.
61 Dieses Sachverständnis entsprach damals dem neuesten Stand der Entwicklungstheorie und ist bis heute leitend geblieben. Lester B. Pearson (Hg.), *Partners in Development. Report of the Commission on International Development*, London 1969.
62 So Bundesrat Ernst Brugger in der Nationalratsdebatte über Finanzhilfe an Entwicklungsländer vom 16. März 1971. *Amtliches Bulletin der Bundesversammlung 1971*, II, Heft 1, S. 360.
63 Speich Chassé 2011, *op. cit.*

Die Normierung des westlichen Geberlandes

Wir möchten den hier angestellten Vergleich zwischen Norwegen und der Schweiz mit einem Blick auf die internationale politische Kommunikation abschliessen. Dabei gilt die Aufmerksamkeit insbesondere den internationalen Organisationen und der Konstruktion von Kollektividentitäten wie dem 'Westen' oder dem davon abgegrenzten 'Rest' der Welt.

Sicher ist die angenommene Einheit des 'Westens' gegenüber dem Rest der Welt zu differenzieren. Aktuell weit rezipierte Darstellungen der Weltgeschichte stellen diese Kategorien als historische Kräfte oder sogar als Akteure vor.[64] Sie sind aber auch eine Resultante der Weltgeschichte gewesen. Unsere vergleichende Skizze zeigt, dass spezifische Interpretationen der eigenen nationalstaatlichen Dynamik, die offenbar 'gute' Formen des Regierungshandelns hervorbrachten, ältere Kollektividentitäten des 'Westens' in der globalisierten politischen Kommunikation der Nachkriegszeit stabilisierten. Mit Blick auf die Entwicklungsländer sind Differenzen zwischen der Schweiz und Norwegen durch die Bildung solcher geopolitischer Kategorien verschüttet worden. Losgelöst von der jeweiligen Nationalgeschichte begannen beide Länder ein erfolgreiches 'westliches' Entwicklungsmodell zu repräsentieren.

Hinter der angenommenen Einheit westlicher bzw. nördlicher Geber steckt eine beachtliche Vielfalt, die das reiche Kommunikationspotential der Entwicklungsdiskurse nährte. Die Modernisierungserfolge der zwei in diesem Beitrag behandelten Länder verdanken sich unterschiedlichen Ursachen und zeitigten verschiedene Wirkungen auf die innenpolitische Verständigung. Daraus resultierten divergierende Formen der Indienstnahme der eigenen Entwicklungspolitik. Die Annahme einer Vorbildfunktion diente aber in beiden Ländern dazu, Modernisierungskosten abzufangen, innere Spannungen zu überdecken und auf der unübersichtlichen Bühne der Weltpolitik eine Rolle zu finden. Die Entwicklungspolitik war eine Möglichkeit für die zwei kleinen, offenen Volkswirtschaften, sich in einen Bczug zur Weltpolitik zu stellen und auf Augenhöhe mit den Grossmächten zu agieren. Dabei galt es, eigene Interessen diskret zu positionieren und das eigene entwicklungspolitische Engagement diesen Eckwerten gemäss zu konkretisieren. Zeitgleich gewann die internationale politische Kommunikation zunehmend an Transparenz, indem man vermehrt auf wissenschaftliche Expertise zurückgriff. Tatsächlich wurde globales Zahlenmaterial für alle Geberländer entscheidend, die auf dieser Grundlage ihre eigene Hilfstätigkeit explizit mit jener anderer Länder zu vergleichen begannen.

Um die normative Wirkung der internationalen Kooperation voll veranschlagen zu können, bedarf es eines erweiterten Verständnisses der Funktionsweise von

---

64 Niall Ferguson, *Der Westen und der Rest der Welt. Die Geschichte vom Wettstreit der Kulturen*, Berlin 2011.

internationalen Organisationen. Wenn man diese ganz auf die Konvergenz der nationalen Interessen der Mitgliedsländer reduziert, bleibt der Blick auf die Internationalisierung der Politik verstellt. Wenn Länder sich zu einem bestimmten Zweck zusammenschlossen und eine gemeinsame Körperschaft gründeten, dann ist vielmehr anzunehmen, dass diese Organisation eine historische Eigendynamik entfaltet und auf die Länder zurückgewirkt hat.[65] So verlangte die UNO oder auch die aus dem Marshall-Plan hervorgegangene OECD von ihren reichen Mitgliedsländern, auf die Reduktion der weltwirtschaftlichen Ungleichheit hinzuarbeiten. 1960 postulierte die UNO ein Prozent des Bruttonationaleinkommens als internationale Normvorgabe für die Höhe von Entwicklungsausgaben.[66]

Ein wichtiges Instrument bei der Formulierung und Durchsetzung dieser Normen war die quantitative Erfassung der offiziellen Entwicklungshilfeleistungen (ODA).[67] In enger Kooperation mit der Statistikabteilung der UNO bemühte sich insbesondere das Entwicklungskomitee der OECD (DAC) um die Herstellung eines vergleichenden Zahlenraums, der die Entwicklungspraxis aller OECD-Länder mitprägte und diese homogenisierte. So strukturierten die folgenden Zahlen die Wirklichkeit, indem sie Handlungen verlangten und Komplexitäten reduzierten.

Grafik 1 zeigt auf der Basis von OECD-Zahlen das Volumen der Entwicklungshilfe von Norwegen und der Schweiz gemessen am jeweiligen Bruttonationaleinkommen. Insbesondere in den 1970er und den frühen 1980er Jahren machte Norwegen in dieser Hinsicht eine deutlich bessere Figur als die Schweiz. Im langen Trend ist aber auch das Wachstum der Schweizer ODA-Quote bemerkenswert, welche ins internationale Mittelfeld aufstieg. Die Vorgabe von Normquoten – 2011 lag diese bei 0,7 Prozent – hat eine internationale Angleichung bewirkt. *Grafik 2* zeigt ebenfalls auf der Basis von OECD-Zahlen den Anteil der multilateralen Hilfe am Gesamtvolumen der Entwicklungshilfe Norwegens und der Schweiz. Diese Quote gilt als Indikator für das Vertrauen, das ein Land in internationale Organisationen setzt, und für die Bedeutung, die es der ungebundenen Hilfe zuweist. Denn multilaterale Zahlungen sind im Sinne der eigenen nationalen Interessen nicht instrumentalisierbar. Der Trend weist dabei für beide Länder gleichförmig weg vom multilateralen Engagement.

---

65 Martha Finnemore, *National Interests in International Society*, Ithaca 1996; Connie L. McNeely, *Constructing the Nation-State. International organization and prescriptive action*, Westport/London 1995.
66 UNO-Resolution 1522 (XV) vom 15. Dezember 1960: «[…] the flow of international assistance and capital should be increased substantially so as to reach as soon as possible approximately 1 per cent of the combined national incomes of the economically advanced countries.» Daniel Speich Chassé, «Streit um den Geldsack. Zahlen als politische Kommunikationsform über Entwicklungshilfe in der Schweiz», in: *WerkstattGeschichte*, Vol. 58 (2011) Heft 2, S. 71–86, hier S. 83.
67 http://www.oecd.org/dac/stats/idsonline (4. Juli 2012).

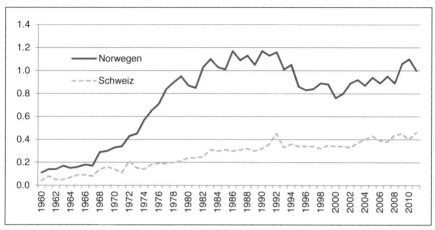

Grafik 1: Offizielle Entwicklungshilfe (ODA) in Prozent des Bruttonationaleinkommens

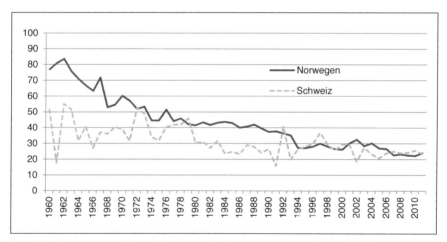

Grafik 2: Prozentanteil der multilateralen Hilfe an der gesamten Hilfe (ODA)

Wir möchten diese Standardisierung dadurch erklären, dass der internationale Kommunikationsraum nach 1945 rasch genug transparent wurde, um auch die bilateralen Hilfszusammenhänge zu erfassen. Die Statistikapparaturen von internationalen Organisationen haben Länder wie Norwegen und die Schweiz bezüglich ihres Engagements in der Entwicklungsfrage vergleichbar gemacht. Wenn ein Land 'gute', das heisst nicht unmittelbar dem nationalen Eigeninteresse dienende Hilfe leisten wollte, musste es sich an diesen international gültigen Normen orientieren. Das heisst wiederum: Unter internationaler Beobachtung haben sich auch die nationalen Interessen angeglichen, denn für Länder wie Norwegen oder die Schweiz gehörte es zum guten Ton, Entwicklungshilfe zu leisten. *Grafik 2* zeigt, dass sich die Haltungen Norwegens und der Schweiz zu internationalen Organisationen angenähert haben, aber historisch sehr unterschiedlich gewesen sind.

Tatsächlich reagierten Norwegen und die Schweiz nach 1945 ganz unterschiedlich auf die internationalistische Zumutung, die das sorgfältige Abstimmen der eigenen aussenwirtschaftlichen Interessen auf den globalen Diskurs verlangte.

In Norwegen verfestigte sich bereits in den 1950er Jahren relativ rasch die von sozialdemokratischer Seite getragene Annahme, je mehr Hilfe man gebe, umso besser stehe man da. Dieser Grundsatz wurde allerdings bis in die 1970er Jahre hinein vor allem rhetorisch vertreten und kaum in Handlungen überführt. Erst in diesem Jahrzehnt gelang es Norwegen annäherungsweise, bei der Zahlung von Entwicklungshilfe auch tatsächlich an die für sich in Anspruch genommene Grosszügigkeit heranzureichen und die ODA-Quote zu erfüllen. Gleichzeitig gehörte die norwegische Selbstcharakterisierung als kleines Land auch immer mit zur gängigen Rhetorik der nordeuropäischen Nation.[68] Diese erlaubte es, sich von den Grossmächten abzugrenzen und die postulierte eigene Selbstlosigkeit weiter hervorzuheben.

In der dezidiert liberalen Schweiz verstetigte sich die offizielle Entwicklungshilfe hingegen erst in den späten 1960er Jahren, verblieb gemessen am Bruttonationaleinkommen auf einem vergleichsweise tiefen Niveau und stand im nationalen Parlament regelmässig und grundsätzlich zur Debatte. Bei allen 'technischen' internationalen Kooperationsprogrammen, die nach dem Zweiten Weltkrieg in grosser Zahl entstanden, brachte sich die Schweiz zwar voll ein. Zugleich galten in der Eidgenossenschaft internationale Organisationen bis zur Jahrtausendwende aber als im Grunde illegitime Instanzen, denen das eigene Staatswesen nicht auszuliefern sei. Eine Abstimmung über einen Kredit für die *Entwicklungsagentur der Weltbank* (IDA) in den 1970er Jahren und die langen Beitrittsdiskussionen zum *Weltwährungsfonds* (IMF) und zur UNO, welche erst 2002 abgeschlossen wurden,[69] zeugen von dem ambivalenten Verhältnis der Eidgenossenschaft zu ihrer – potentiellen oder angenommenen – internationalen Sendung.

Norwegen war im Vergleich zur Schweiz fest in das internationale System der Entwicklungspolitik eingebunden, was allerdings nicht immer ohne Unstimmigkeiten verlief. Während die Schweiz beispielsweise gegenüber den Forderungen der *UNO-Konferenz für Handel und Entwicklung* (UNCTAD) sehr reserviert blieb,[70]

---

68 Siehe hierzu Øyvind Østerud, «Lite land som humanitær stormakt?», in: *Nytt Norsk Tidsskrift*, Vol. 24 (2006) Heft 4, S. 305–316.
69 Carlo Moos, *Ja zum Völkerbund – Nein zur UNO. Die Volksabstimmungen von 1920 und 1986 in der Schweiz*, Zürich 2001; Kuhn 2011, *op. cit.*, S. 335ff.
70 Siehe den Beitrag von Samuel Misteli in diesem Band.

fiel das nordeuropäische Land in den 1970er Jahren durch sein (zumindest partielles) Festhalten an der *Neuen Weltwirtschaftsordnung* (NIEO) auf[71] und geriet hierdurch in einen gewissen Konflikt mit seinen westlichen Partnern. Dieses Beharren an zu diesem Zeitpunkt international schon diskreditierten Ideen wurde vor allem von einem akademischen Milieu getragen, das während der 1970er Jahre prägend für die norwegische Entwicklungszusammenarbeit war.[72] Ihren Höhepunkt fand die Unterstützung der NIEO 1975 in der Parlamentsmitteilung Nr. 94, die die Position Norwegens in Fragen der Entwicklungszusammenarbeit verdeutlichte:

> Selbst wenn die Entwicklungsländer sich nach und nach vom Kolonialismus befreit haben und selbständige Staaten geworden sind, befinden sie sich weiterhin in einer wirtschaftlichen Abhängigkeit von der reichen Welt. Diese ist bedingt durch eine Eigentums-, Arbeits- und Marktverteilung, die eine volle ökonomische und soziale Befreiung verhindert.[73]

Trotz Norwegens nicht besonders starker Stellung gegenüber der Weltbank und dem Internationalen Währungsfonds wurde gefordert, dass das Land Anstrengungen unterstützen solle, die den «Entwicklungsländern einen rechtmässigen Einfluss»[74] sichern wollten. Die Impulse, die der norwegischen Entwicklungspolitik zu diesem Zeitpunkt ihre Richtung gaben und sie «etwas links vom internationalen Zentrum»[75] platzierten, kamen nicht nur von aussen (zum Beispiel in Form der Dependenztheorien), sondern spiegelten auch – und vor allem – innenpolitische Diskurse wider. Beispielsweise waren Begriffe wie 'sozial gerechte Politik', die auch in der Entwicklungspolitik Verwendung fanden, ein integraler Bestandteil des norwegischen Wohlfahrtsstaatsvokabulars.[76] Hier zeigt sich erneut die Wechselwirkung von innenpolitischer Funktion(alisierung) und historisch-politisch begründetem Selbstbild: Der Rückbezug auf postulierte historisch gewachsene Traditionen in der diskursiven Verhandlung von Entwicklungszusammenarbeit schuf in der norwegischen Bevölkerung eine hohe Zustimmung und Kohärenz. In der Schweiz kam ein solcher Konsens hingegen nie zustande. Aber in beiden Ländern reproduzierte dieser Rückbezug die Legitimität sowohl der Entwicklungszusammenarbeit als auch der behaupteten Traditionen.

---

71 Siehe Nustad 2003, *op. cit.*, S. 106. Zum Diskurs um die NIEO siehe Craig N. Murphy, *The Emergence of the NIEO Ideology*, Boulder 1984.
72 Dieses Milieu umfasste zahlreiche, auch auf die Untersuchung entwicklungspolitischer Fragestellungen ausgerichtete Forschungsinstitute wie z.B. das *Norwegian Institute for International Affairs* (NUPI) oder die Fridtjof-Nansen-Stiftung.
73 NORAD, *Norges økonomiske samkvem med utviklingslandene*, Mitteilung des Storting Nr. 94 (1971–1972), Oslo 1975, S. 11.
74 *Ibid.*, S. 31.
75 Simensen 2003, *op. cit.*, S. 269.
76 *Ibid.*, S. 269.

Fazit

In Bezug auf die Rolle internationaler Organisationen bei der Positionierung der Entwicklungspolitik innerhalb Norwegens lässt sich festhalten, dass man trotz der eigenen Eingebundenheit in das internationale System durchaus auch auf Distanz etwa zur UNO oder zur Weltbank ging, wenn es die dem «nationalen Gutheitsregime» inhärente Logik verlangte. In der Schweiz wurde eine solche auch offensiv nach aussen getragene Distanzierung[77] durch das lange Abseitsstehen gegenüber der UNO-Generalversammlung deutlich. Diese Distanzierung trug sicherlich zur weiteren Festigung des eigenen Selbstbildes bei, hatte aber auf internationaler Ebene vor allem symbolisch-rhetorischen Charakter. Für Norwegen hiess dies: Bei der konkreten Durchsetzung der Neuen Weltwirtschaftsordnung (NIEO) etwa – bzw. in der strikten Ablehnung einer solchen – fand sich das Land schnell an der Seite der anderen UN-Mitglieder wieder und passte in Folge auch seine Entwicklungshilfemassnahmen den herrschenden internationalen entwicklungspolitischen Trends an. Und auch die Schweiz strebte danach, ihre entwicklungspolitischen Aktionen international kompatibel zu machen, obwohl sie nicht Mitglied der UNO war.

Unser Beitrag zeigt, mit welchen kulturellen, sozialen und politischen Argumenten die Entwicklungszusammenarbeit in beiden Ländern in der Phase ihrer Formation, ihrer Konsolidierung und ideologischen Ausformung vom Ende der 1950er Jahre bis zu Beginn der 1980er Jahre als ein moralisches Projekt entstand. Darüber hinaus wurde deutlich gemacht, wie mit der Begründung des eigenen Einsatzes in beiden Ländern zugleich Identifikationsmöglichkeiten für die eigene Bevölkerung geschaffen wurden, die – im Wechselspiel – die Entwicklungszusammenarbeit in Norwegen und in der Schweiz weiter legitimierten und zu einer je spezifisch moralisch begründeten Sprechweise führten. Diese Schaffung von Identifikationsmöglichkeiten kann als eine innenpolitische Funktionalisierung und Instrumentalisierung der Entwicklungszusammenarbeit gedeutet werden. Weitere Forschungen entlang der hier vorgetragenen vergleichenden Perspektive könnten die Spannungen weiter explizieren, die damit verbunden waren.

---

77 Für Norwegen vgl. Olav Riste, «The Historical Determinants of Norwegian Foreign Policy», in: Johan Jørgen Holst (Hg.), *Norwegian foreign policy in the 1980s*, Oslo 1985, S. 12–25, S. 139.

Neutralität, Solidarität und Kalter Krieg: Die Entwicklungshilfe als aussenpolitisches Instrument in der Ära Petitpierre, 1945–1961[*]

Daniel Trachsler

Einleitung

2011 feierte die Schweiz das 50-Jahr-Jubiläum des *Dienstes für Entwicklung und Zusammenarbeit* (DEZA). Die Geschichte der staatlichen Entwicklungszusammenarbeit der Schweiz beginnt jedoch nicht erst im Frühjahr 1961 mit der Gründung des *Dienstes für technische Zusammenarbeit* (DftZ) und der Ernennung von Hans Keller zum Delegierten des Bundesrates für technische Zusammenarbeit. Wesentliche Weichenstellungen in diesem Politikfeld erfolgten in der 'Ära Petitpierre' (1945–1961). Aussenminister Max Petitpierre, der damalige Vorsteher des *Eidgenössischen Politischen Departementes* (EPD), hatte zentralen Einfluss auf die relevanten politischen und institutionellen Entscheidungen. Unter seiner Ägide wurde die staatliche Entwicklungshilfe in der Schweiz institutionalisiert und als zunehmend wichtiges Standbein der schweizerischen Aussenpolitik etabliert. Und mit seinem persönlichen Engagement für die institutionelle Zentralisierung im EPD und für den quantitativen Ausbau der schweizerischen Entwicklungshilfe-Kredite gegen Ende seiner Regierungszeit beeinflusste Petitpierre den Wandel hin zur modernen Entwicklungszusammenarbeit massgeblich.[1]

---

[*] Der Autor bedankt sich bei Sara Elmer, Konrad J. Kuhn und Daniel Speich Chassé für die Kommentare zu einer früheren Version dieses Beitrags.

[1] Dieser Beitrag stützt sich ab auf: Daniel Trachsler, *Bundesrat Max Petitpierre: Schweizerische Aussenpolitik im Kalten Krieg 1945–1961*, Zürich 2011. Der Forschungsstand zur Entstehung der staatlichen Entwicklungshilfe der Schweiz war lange Zeit eher dürftig. Nach wie vor grundlegend: Alfred Matzinger, *Die Anfänge der schweizerischen Entwicklungshilfe, 1948–1961*, Bern 1991; Peter Hug, Beatrix Mesmer (Hg.), *Von der Entwicklungshilfe zur Entwicklungspolitik*, Schweizerisches Bundesarchiv, Studien und Quellen, Bd. 19, Bern 1993; Jean-Jacques de Dardel, *La coopération au développement: certitudes et interrogations*, Genève 1981. In jüngerer Zeit ist mehr Dynamik in den Forschungsbereich gekommen. Vgl. dazu etwa: René Holenstein, *Wer langsam geht, kommt weit: Ein halbes Jahrhundert Schweizer Entwicklungshilfe*, Zürich 2010; Daniele Waldburger, Lukas Zürcher, Urs Scheidegger, *Im Dienst der Menschheit: Meilensteine der Schweizer Entwicklungszusammenarbeit seit 1945*, Bern 2012; Rolf Wilhelm, *Gemeinsam Unterwegs: Eine Zeitreise durch 60 Jahre Entwicklungszusammenarbeit Schweiz–Nepal*, Bern 2012; Daniel Speich Chassé, «Verflechtung durch Neutralität: Wirkung einer Schweizer Maxime im Zeitalter der Dekolonisation», *in*: Patricia Purtschert, Barbara Lüthi, Francesca Falk (Hg.), *Postkoloniale Schweiz. Formen und Folgen eines Kolonialismus ohne Kolonien*, Bielefeld 2012, S. 225–244; Sara Elmer, «Postkoloniale Erschliessung ferner Länder? Die erste schweizer Nepalmission und die Anfänge der 'technischen Hilfe an unterentwickelte Länder'», in: *ibid.*, S. 255–266.

Wie in anderen Ländern stand die Entwicklungszusammenarbeit auch in der Schweiz von Beginn weg im Spannungsfeld von humanitären, aussenwirtschaftlichen und ideologischen Interessen. Dennoch hält sich die Fiktion von der vermeintlich 'apolitischen' Entwicklungshilfe der Schweiz im Kontext des Kalten Krieges hartnäckig. Auch im offiziellen Diskurs wird diese Fehlperzeption bis in die Gegenwart rhetorisch weitergepflegt, wie die Aussage von DEZA-Direktor Martin Dahinden anlässlich eines Vortrags 2011 zeigt:

> Für die Schweiz als neutrales Land war die Entwicklungszusammenarbeit nicht ein Beitrag zum Containment der Sowjetunion und des Kommunismus. Sie war Ausdruck der aktiven Neutralität der Ära Petitpierre und knüpfte an der humanitären Tradition unseres Landes an.[2]

Dieser Beitrag argumentiert, dass hinter dem Ausbau der staatlichen Entwicklungshilfe zu einem zentralen Pfeiler der Schweizer Aussenpolitik nicht nur normativ-humanitäre und aussenwirtschaftliche, sondern gerade bei Petitpierre in zunehmendem Ausmass auch aussenpolitische und – konkreter – antikommunistische Absichten standen. Gegenüber der breiten Öffentlichkeit wurde dies nie klar kommuniziert, um die neutralitätspolitische Glaubwürdigkeit der Schweiz nicht zu schädigen. Doch in der Landesregierung stellte der Aussenminister die Entwicklungshilfe unmissverständlich in den Kontext des Ost-West-Konflikts, so bei einer Aussprache über die grundlegenden aussenpolitischen Herausforderungen im Mai 1959: «Wissenschaftliche Forschung und Hilfe an unterentwickelte Länder sind ebenso wichtige Verteidigungsformen der freien Welt, wie die militärische Landesverteidigung.»[3] Die Vorstellungen davon, welche konkrete Rolle die Entwicklungshilfe im Rahmen der schweizerischen Aussenpolitik zwischen 1949 und 1961 aus der Sicht der politischen Verantwortungsträger spielen sollte, waren Veränderungen unterworfen. Petitpierre beurteilte deren Stellenwert auch in Abhängigkeit von seinem Handlungsspielraum in anderen Politikbereichen, namentlich in den Themen UNO-Mitgliedschaft und Verhältnis zur europäischen Integration. Auch innenpolitische Überlegungen hinsichtlich der Frage, wie der internationale Solidaritätswillen gewisser Bevölkerungsgruppen und insbesondere der Jugend in neutralitätspolitisch verhältnismässig unverfängliche Bereiche gelenkt und so die Kritik an der aussenpolitischen Passivität des Bundesrates gemildert werden konnte, spielten phasenweise eine Rolle. Diese Sichtweise hat beträchtlichen Erklärungsgehalt für die Beantwortung der Frage, weshalb Petitpierre die Entwicklungshilfe

---

2   Martin Dahinden, *50 Jahre DEZA – mehr als Hilfe,* Vortrag, Cercle de la Grande Société, Bern, am 14. September 2011. Vgl. http://www.deza.admin.ch/de/Home/Dokumentation/Referate_des_Direktors (Stand: 23. November 2012).

3   BAR, E 2800 1990/106/1, Petitpierre, Verhandlungsprotokoll der 34. Sitzung des Bundesrates vom 19. Mai 1959. Aussprache über die Probleme gemäss Schreiben EPD vom 15./23. April 1959.

gegen Ende seiner Regierungstätigkeit zu einem zentralen aussenpolitischen Betätigungsfeld erkor und die Schweiz ihr Engagement in diesem Bereich in der Ära Petitpierre und speziell zwischen 1959 und 1961 stark ausbaute.[4]

Nachfolgend werden die zentralen Etappen der Etablierung der staatlichen Entwicklungshilfepolitik in der Schweiz zwischen 1949 und 1961 knapp skizziert und die grundlegenden Motivationen für das schweizerische Engagement mit einem besonderen Fokus auf Aussenminister Petitpierre herausgearbeitet.

Etappen der Etablierung der staatlichen Entwicklungshilfepolitik

Der Aufbau der staatlichen Entwicklungszusammenarbeit der Schweiz zwischen 1949 und 1961 kann in drei Phasen unterteilt werden. Die *erste Phase* (1949–1954) stand im Zeichen der Institutionalisierung und Konsolidierung der staatlichen Entwicklungszusammenarbeit in der Aussenpolitik und in der Verwaltung. Die *zweite Phase* (1955–1958) wurde durch einen merklichen konzeptionellen Bedeutungsanstieg der Entwicklungszusammenarbeit sowohl im Rahmen der schweizerischen Aussenpolitik als auch in der Beurteilung durch die schweizerische Öffentlichkeit charakterisiert. Dieser Bedeutungszuwachs hatte seine Wurzeln einerseits in den Entwicklungen im internationalen Umfeld und andererseits in den Veränderungen im Kontext der schweizerischen Aussenpolitik. In der *dritten Phase* (1959–1961) fand schliesslich der Take-off[5] der modernen staatlichen Entwicklungszusammenarbeit der Schweiz statt, der in der Zentralisierung der Verwaltungskompetenzen für die staatliche Entwicklungshilfe im EPD, in der Gründung des *Dienstes für technische Zusammenarbeit*, in der Ernennung des Delegierten des Bundesrates und in der substanziellen Erhöhung der zur Verfügung stehenden finanziellen Ressourcen mündete.

Erste Phase: Institutionalisierung und Konsolidierung (1949–1954)

Den Startschuss für die Etablierung der staatlichen Entwicklungshilfepolitik in der Schweiz gab der Entscheid des Bundesrates, sich an der UNO-Geberkonferenz des *Expanded Programme of Technical Assistance* (EPTA) zu beteiligen. Die Konferenz war 1949 angekündigt worden, nach mehrfacher Verschiebung fand sie

---

4 Zürcher weist in diesem Zusammenhang insbesondere auf die wachsende Zahl unabhängiger Staaten und die damit einhergehende Bilateralisierung der Hilfe, auf den Druck der UNO zugunsten einer Erhöhung der schweizerischen Beiträge sowie auf die wachsende Sensibilisierung der Öffentlichkeit für das Thema der Entwicklungsfragen hin. Vgl. Lukas Zürcher, «'So fanden wir auf der Karte diesen kleinen Staat': globale Positionierung und lokale Entwicklungsfantasien der Schweiz in Rwanda in den 1960er Jahren», in: Hubertus Büschel, Daniel Speich (Hg.), *Entwicklungswelten: Globalgeschichte der Entwicklungszusammenarbeit*, Frankfurt a.M./New York 2009, S. 275–309, hier S. 280f.

5 Matzinger 1991, *op. cit.*, S. 195f.

schliesslich im Juni 1950 in Lake Success statt.[6] Die Lancierung dieses UNO-Unterstützungsprogramms ging auf die Rede von US-Präsident Harry S. Truman anlässlich seiner Inauguration am 20. Januar 1949 zurück. Darin hatte dieser die Förderung der Entwicklung armer Länder im berühmten 'Point Four' seiner Ausführungen erstmals zum offiziellen Ziel der US-Aussenpolitik erklärt. Als Vorbild diente Truman der Erfolg des Marshallplans beim Wiederaufbau Westeuropas nach dem Ende des Zweiten Weltkrieges.[7]

Im März 1950 traf die Einladung des UNO-Generalsekretärs Trygve Lie zur Teilnahme an der Konferenz von Lake Success in Bern ein.[8] Petitpierre sprach sich für eine Beteiligung der Schweiz an den multilateralen Bemühungen zur Förderung der unterentwickelten Länder aus. Durch seine Einwilligung, die Höhe der finanziellen Zusagen der Schweiz von zwei Millionen auf eine Million Schweizer Franken zu halbieren und diesen Beitrag an die Bedingung zu knüpfen, dass er nur für schweizerische Dienstleistungen verwendet werden durfte, konnte er den Widerstand insbesondere des *Eidgenössischen Finanz- und Zolldepartements* (EFZD) gegen eine Teilnahme der Schweiz an der Konferenz überwinden.[9] Im Rahmen der Beteiligung der Schweiz an der EPTA stimmten National- und Ständerat der ersten Botschaft zur technischen Hilfe der Schweiz einstimmig zu und genehmigten 1951 damit einen Beitrag von einer Million Schweizer Franken an die multilaterale Hilfe. Zudem wurde ein Betrag von 200 000 Franken für die bilaterale Hilfe der Schweiz bewilligt.[10] Erste vorsichtige Schritte mit technischer Hilfe auf bilateraler Ebene hatte der Bund bereits seit 1948 unternommen, insbesondere mit Projekten in Nepal.[11]

Welche Motive standen hinter dem Engagement des Bundes in der Entwicklungszusammenarbeit? Im Vordergrund standen in dieser ersten Phase solidarisch-humanitäre und – in der Öffentlichkeit weniger deutlich zum Ausdruck gebracht – aussenwirtschaftspolitische Absichten. So rückte das EPD in der Botschaft zum Kreditantrag die karitative Seite der technischen Hilfe in den Vordergrund.[12] Im

---

6 Patrick Moser, «'Ein kühnes neues Programm': Das Point-Four-Programm der USA, das Erweiterte Technische Hilfsprogramm der UNO (EPTA) und die Schweiz», in: Hug, Mesmer 1993, *op. cit.*, S. 78–89; Daniel Speich, «Der Blick von Lake Success. Das Entwicklungsdenken der frühen UNO als 'lokales Wissen'», in: Büschel, Speich 2009, *op. cit.*, S. 143–174.
7 Matzinger 1991, *op. cit.*, S. 20.
8 BAR, E 2001 (E) 6/11, Tryvge Lie an Petitpierre, 17. März 1950.
9 Datenbank DoDis, Nr. 7662, Protokoll des Bundesrates, Participation de la Suisse à la conférence de l'assistance technique aux pays sous-développés, qui s'ouvrira à New York le 16 mai 1950, 14. April 1950; Matzinger 1991, *op. cit.*, S. 58–61.
10 BBl 1951 I 421, Botschaft über die Mitwirkung der Eidgenossenschaft am technischen Hilfsprogramm der Vereinigten Nationen vom 14. Februar 1951.
11 Wilhelm 2012, *op. cit.*; Elmer 2012, *op. cit.*, vgl. auch den Beitrag von Sara Elmer in diesem Band.
12 BBl 1951 I 421, Botschaft über die Mitwirkung der Eidgenossenschaft am technischen Hilfsprogramm der Vereinigten Nationen vom 14. Februar 1951.

vertraulichen Rahmen der aussenpolitischen Kommissionen wies Petitpierre auch auf die aussenwirtschaftliche Dimension hin, welche die verwaltungsinternen Debatten dominiert hatte.[13] Er persönlich räumte diesem Argument zwar nur einen begrenzten Stellenwert ein. Insbesondere bei den ebenfalls in die Debatten involvierten Akteuren wie dem *Bundesamt für Gewerbe, Industrie und Arbeit* (BIGA), der Handelsabteilung oder den konsultierten Wirtschaftsvertretern dominierte jedoch das Ziel, die schweizerische Entwicklungshilfe als Instrument der Handels- und Exportförderung einzusetzen. Ihnen ging es vor allem darum zu verhindern, dass die Schweiz durch eine Abstinenz bei der Entwicklungshilfe bei der Erschliessung neuer Absatzmärkte für die heimische Exportindustrie benachteiligt wurde. Prägnant brachte diese Haltung Otto Zipfel, der Delegierte des Bundesrates für Arbeitsbeschaffung, an einer interdepartementalen Konferenz 1949 zum Ausdruck: «Wie für uns ist auch für andere Länder die ideelle Seite weniger wichtig als die kommerzielle, wenn dies selbstverständlich auch nicht gesagt werden darf.»[14]

Erstaunlicherweise wurde in der Schweiz in den frühen 1950er Jahren den ideologischen Implikationen der schweizerischen Entwicklungshilfe wenig Bedeutung beigemessen. Im Gegenteil, Petitpierre selbst plädierte mit dem Argument für eine Beteiligung an den Entwicklungsbemühungen, die Schweiz könne damit ihre Solidarität in einem Sektor unter Beweis stellten, welcher nicht von der ideologischen Auseinandersetzung des Kalten Krieges geprägt sei.[15] Eine solche Solidaritätsbekundung war aus seiner Sicht dringend notwendig, da sich die Kritik an der neutralitätsbedingten Absenz der Schweiz von der UNO sowie von den westeuropäischen Kooperations- und Verteidigungsbemühungen gegen die Ausbreitung des Kommunismus (z.B. Europarat, NATO) vor dem Hintergrund des Koreakrieges intensiviert hatte und ihre Solidaritätsbereitschaft hinterfragt wurde.

Weder Petitpierre noch die anderen politischen Entscheidungsträger erkannten zu diesem Zeitpunkt, wie stark die Entwicklungshilfe schon bald vom Gravitationsfeld des Ost-West-Konflikts absorbiert werden würde und dass auch die Schweiz sich dieser Entwicklung kaum würde entziehen können. Trotz des sich verschärfenden Kalten Krieges stand die Frage der ideologischen Instrumentalisierung der Entwicklungshilfe bei den verwaltungsinternen Diskussionen nicht im Zentrum. Zwar wurden die politischen Absichten insbesondere der Initiativen der USA durchaus erkannt, doch die Schweiz wurde als neutrales Land ohne kolonial

---

13 Matzinger 1991, *op. cit.*, S. 68–71.
14 BAR, E 2001 (E) 6/11, Zipfel an AIO, 7. Januar 1950, zit. nach Matzinger 1991, *op. cit.*, S. 43. Vgl. dazu weiter: Ann-Karin Wicki, «Zwischen Exportwirtschaft und Aussenpolitik. Die Institutionalisierung der technischen Hilfe zwischen 1950 und 1955», in: Hug, Mesmer 1993, *op. cit.*, S. 113–124.
15 DoDis, Nr. 7662, Protokoll des Bundesrates, Participation de la Suisse à la conférence de l'assistance technique aux pays sous- développés, qui s'ouvrira à New York le 16 mai 1950, 14. April 1950.

belastete Vergangenheit als prädestiniert erachtet, den unterentwickelten Ländern 'apolitische' Hilfe zur Verfügung zu stellen.[16]

Die neue Etablierung der Entwicklungshilfe als einer staatlichen Aufgabe erforderte auch eine Klärung der verwaltungsinternen Zuständigkeiten, die vorher kaum geregelt gewesen waren. Bei der Festlegung der Kompetenzen der verschiedenen Bundesstellen auf dem Gebiet der Entwicklungshilfe musste EPD-Vorsteher Petitpierre eine mit dem E*idgenössischen Volkswirtschaftsdepartement* (EVD) geteilte Verantwortung akzeptieren. In einer Übereinkunft im März 1950 wurde festgelegt, dass für die multilaterale technische Hilfe das EPD und hier die *Abteilung für Internationale Organisationen* (AIO) zuständig sein sollten. Die bilaterale Hilfe wurde dem EVD und hier namentlich dem BIGA und dem Delegierten für Arbeitsbeschaffung zugewiesen.[17] Zwischen den beteiligten Departementen war eine enge Abstimmung vorgesehen, doch die geteilte Zuständigkeit führte im Verlauf der 1950er Jahre mehrfach zu Kompetenzkonflikten zwischen dem EPD und dem EVD.

Eine Koordinationskommission, welche neben Vertretern der involvierten Verwaltungsstellen auch Exponenten aus Wirtschaft und Wissenschaft umfasste, sollte ein effizientes Vorgehen im Bereich der Entwicklungshilfe garantieren.[18] Präsidiert wurde die Kommission von ETH-Professor Hans Pallmann. An der ETH Zürich wurde auch die Geschäftsstelle der Koordinationskommission eingerichtet. Die Technische Hochschule und auch der hier domizilierte Schweizerische Schulrat – der ebenfalls von Pallmann präsidiert wurde – spielte in dieser Frühphase der staatlichen Entwicklungshilfe der Schweiz auch darüber hinaus eine zentrale Rolle, so etwa bei der Beurteilung von Gesuchen oder bei der Suche nach schweizerischen Fachexperten für Missionen.[19]

Nach dieser inhaltlichen und institutionellen Etablierung der Entwicklungshilfe auf Bundesebene zwischen 1949 und 1951 folgte eine Periode der Konsolidierung. Nachdem der Entscheid für die Beteiligung der Schweiz am EPTA 1950/51 gefallen war, wurde diese in den folgenden Jahren nicht mehr grundsätzlich in Frage gestellt. Auch die Motive für die Leistung von Entwicklungshilfe veränderten sich weder bei Petitpierre noch bei den anderen involvierten Stellen markant. Im Umfang blieben die Beiträge der Schweiz an die multilaterale Entwicklungshilfe konstant – trotz der Kritik von EPTA-Vertretern 1953, welche die Schweiz zu höheren

---

[16] BBl 1951 I 421, Botschaft über die Mitwirkung der Eidgenossenschaft am technischen Hilfsprogramm der Vereinigten Nationen vom 14. Februar 1951, vgl. zu diesem Topos den Beitrag von Katharina Pohl und Daniel Speich Chassé in diesem Band.
[17] DoDiS, Nr. 8157, Convenium betreffend die Behandlung von Geschäften im Gebiete der technischen Unterstützung wirtschaftlich unentwickelter Länder, 24. März 1950.
[18] Matzinger 1991, *op. cit.*, S. 56.
[19] *Ibid.*; vgl. auch Speich Chassé 2012, *op. cit.*, S. 234f.

Zahlungen zu bewegen suchten.[20] 1952 und 1954 genehmigte das Parlament die mehrjährigen Kreditanträge des Bundesrates weitgehend diskussionslos. 1952 wurden allerdings die Bedingungen, die an die Gewährung der schweizerischen Beiträge geknüpft waren, noch weiter ausgebaut.[21]

Zweite Phase: Bedeutungsanstieg der staatlichen Entwicklungshilfe (1955–1958)

Nach 1955 gewann die Entwicklungshilfe in der Schweiz sowohl verwaltungsintern als auch -extern markant an Beachtung. Den Hintergrund im internationalen Umfeld bildeten die Beschleunigung des Dekolonisationsprozesses, die wachsenden Spannungen zwischen Kolonialmächten und (ehemaligen) Kolonialgebieten, wie sie in der Suezkrise von 1956 zum Ausdruck kamen, sowie die im April 1955 stattfindende Konferenz von Bandung.[22]

Die erhöhte politische und öffentliche Aufmerksamkeit für das Thema der Entwicklungshilfe führte 1956 zu zwei parlamentarischen Anfragen, die Petitpierre die Gelegenheit gaben, seine Sichtweise darzulegen.[23] Der EPD-Vorsteher wies auf die gewaltige Tragweite des Dekolonisationsprozesses für die internationalen Beziehungen hin. Und er gab seiner Überzeugung Ausdruck, dass der Nord-Süd-Gegensatz zwischen den 'entwickelten' und den 'unterentwickelten' Ländern sich langfristig als zusätzliche internationale Grundkonstellation neben dem Ost-West-Antagonismus etablieren würde.[24]

Die ideologische Dimension war nun auch für die schweizerischen Akteure unübersehbar geworden. Mit wachsender Skepsis registrierte Petitpierre, dass der Nord-Süd-Gegensatz immer stärker durch den Kalten Krieg überlagert wurde. Die 'Dritte Welt' wurde zunehmend zum Schauplatz eines ideologischen, politischen und wirtschaftlichen Konkurrenzkampfs, bei dem sowohl der Westen als auch der

---

20 Trachsler 2011, *op. cit.*, S. 231–233.
21 Die Beiträge der Schweiz waren dabei an folgende Kriterien gebunden: 1) Mindestens 85 Prozent der Beiträge mussten für Schweizer Experten, Stipendiaten in der Schweiz und Beschaffung von Material in der Schweiz ausgegeben werden; 2) sollte der Beitrag bis Ende 1952 nicht vollständig ausgeschöpft sein, sollte die Restsumme vom Schweizer Beitrag für 1953 abgezogen werden, 3) der schweizerische Beitrag sollte proportional gekürzt werden, wenn der angestrebte Gesamtbetrag von 20 Millionen US$ für das Programm nicht erreicht würde. Vgl. de Dardel 1981, *op. cit.*, S. 19.
22 René Holenstein, *Was kümmert uns die Dritte Welt: Zur Geschichte der internationalen Solidarität in der Schweiz*, Zürich 1998, S. 25f.
23 BAR, E 2800 1967/59/45, Réponse de M. Max Petitpierre, Chef du Département politique fédéral, au postulat de M. Bringolf du 14 mars 1956, et à l'interpellation de M. Reverdin du 4 juin 1956 concernant l'aide aux pays sous-développés, 20. Juni 1956.
24 DoDiS, Nr. 14037, Petitpierre, Conférence donnée par Monsieur Max Petitpierre, Chef du Département politique fédéral, à l'«ISTITUTO PER GLI STUDI DI POLITICA INTERNAZIONALE», à Milan, le 9 novembre 1957; Diplomatische Dokumente der Schweiz (DDS), Bd. 21, Nr. 5. Questions évoquées dans l'exposé fait par le Chef du Département politique au cours de la séance du Conseil fédéral du 23 mai 1958.

Osten versuchten, die betroffenen Staaten in ihre jeweiligen Einflusssphären zu ziehen:

> Il n'y a pas de doute qu'actuellement on peut craindre qu'il y ait une concurrence entre l'Est et l'Ouest en ce qui concerne l'aide aux pays sous-développés et que celle-ci ne constitue pas un but en soi, mais ne soit que la suite de la guerre froide, celle-ci prenant la forme d'une guerre économique ayant pour objectif, pour chacun des deux mondes rivaux, le monde occidental et le monde oriental, d'attirer dans son orbite les pays et les régions que leur misère pousse naturellement à se joindre à ceux qui peuvent ou qui savent le mieux leur venir en aide.[25]

Besorgt konstatierte Petitpierre, dass die Sowjetunion in dieser Auseinandersetzung die Nase vorn zu haben schien. Das seiner Ansicht nach desaströse britisch-französische Vorgehen im Kontext der Suezkrise 1956 hatte die antiwestlichen Tendenzen noch verstärkt. Die Situation entwickelte sich gemäss seiner Einschätzung nicht zugunsten des Westens – und damit auch nicht zugunsten der Schweiz.[26]

Diese Lageeinschätzung führte dazu, dass Petitpierre sich für eine Intensivierung des schweizerischen Engagements in der Entwicklungshilfe einsetzte und versuchte, auch seine Regierungskollegen und insbesondere EVD-Vorsteher Thomas Holenstein und EFZD-Vorsteher Hans Streuli von der Wichtigkeit dieser Aufgabe zu überzeugen.[27] Petitpierre war nur partieller Erfolg beschieden. Konzeptuell wurde die technische Hilfe erweitert und mit wirtschaftlichen Massnahmen kombiniert, was sich beispielsweise im Einbezug von handelspolitischen Instrumenten wie der Exportrisikogarantie zeigte.[28] In finanzieller Hinsicht wurde der schweizerische Beitrag an die EPTA auf Petitpierres Antrag hin auf eineinhalb Millionen Franken pro Jahr erhöht.[29] Dieser Schritt war überfällig, war doch die Schweiz in den vergangenen Jahren unter den Geberländern weit nach hinten gerutscht.[30] Auch die bilaterale Hilfe wurde von 100 000 auf 300 000 Franken pro Jahr aufgestockt.[31] Weniger Erfolge konnte Petitpierre bei der Verbesserung der Koordina-

---

25 BAR, E 2800 1967/59/45, Réponse de M. Max Petitpierre, Chef du Département politique fédéral, au postulat de M. Bringolf du 14 mars 1956, et à l'interpellation de M. Reverdin du 4 juin 1956 concernant l'aide aux pays sous-développés, 20. Juni 1956.
26 DoDiS, Nr. 12254, Réponse de M. Max Petitpierre, Chef du Département politique fédéral, aux interpellations des Commissions des affaires étrangères du 5 décembre 1956, 12. Januar 1957; BAR, E 2800 1967/61/66, Petitpierre, Journée des Ministres, 6. September 1956.
27 Vgl. DDS, Bd. 20, Nr. 50, Petitpierre, Le Chef du Département politique, M. Petitpierre, au Chef du Département des Finances et des Douanes, H. Streuli, et au Chef du Département de l'Economie publique, Th. Holenstein, 18. Januar 1956; DoDiS, Nr. 11676, Petitpierre, Délégation économique et financière du Conseil fédéral. Notes sur la réunion du 29 mai 1956 (salle IV du Parlement).
28 Matzinger 1991, *op. cit.*, S.182f.
29 BBl 1956 I 1549, Botschaft des Bundesrates über die technische Hilfe der Schweiz an wirtschaftlich ungenügend entwickelte Länder vom 14. Juli 1956.
30 De Dardel 1981, *op. cit.*, S. 21.
31 BAR, E 2800 1990/106/1, Petitpierre, Ständerätliche Kommission. Technische Hilfe an unterentwickelte Länder, 6. September 1956; Matzinger 1991, *op. cit.*, S.186.

tion zwischen den staatlichen und den privaten Entwicklungsakteuren der Schweiz verbuchen. Hier herrschte auf privater Seite ein ausgeprägtes Misstrauen gegenüber einer zu grossen staatlichen Einmischung und Bevormundung.[32] Auch die verwaltungsinterne Kompetenzverteilung blieb im Wesentlichen unverändert und damit unübersichtlich und spannungsreich.[33]

Was die Motive für das schweizerische Engagement betraf, so behielten die humanitären und die aussenwirtschaftlichen Argumente, die dem Aufbau der staatlichen Entwicklungshilfe der Schweiz Pate gestanden hatten, ihr Gewicht. Im Vergleich zur ersten Phase deutlich ausgeprägter war jedoch die Absicht der Entscheidungsträger, mit der Entwicklungshilfe auch einen Beitrag zur Eindämmung des sowjetischen Einflusses in den Entwicklungsländern zu leisten. Formal und gegenüber der Öffentlichkeit hielt Petitpierre zwar am 'apolitischen' Charakter der schweizerischen Hilfe fest.[34] Ein öffentliches Bekenntnis von Regierungsseite zur antikommunistischen Stossrichtung der Entwicklungshilfeaktivitäten hätte die internationale Glaubwürdigkeit der schweizerischen Neutralitätspolitik massiv untergraben. Entsprechende Stellungnahmen hätten unweigerlich zur Kritik kommunistischer Staaten geführt, die Schweiz habe ihre Neutralität verletzt. Solche Vorwürfe wollte Petitpierre unbedingt vermeiden, war doch der finale sicherheitspolitische Zweck der Neutralität – nämlich ihre Respektierung im Kriegsfall – aus seiner Sicht untrennbar mit der Frage nach ihrer glaubwürdigen Umsetzung durch die Schweiz verbunden.

Aber auch Petitpierre war durchaus von antikommunistischen Absichten inspiriert. So hob er 1956 im vertraulichen Rahmen gegenüber dem Bundesrat hervor, dass es nicht im Interesse der Schweiz liege, dass sich die kommunistischen Staaten in der Entwicklungshilfe profilieren könnten:

> Il n'est pas dans son intérêt que le développement économique des pays sous-développés et l'élévation du niveau de vie de leur population soient dus exclusivement à l'aide des pays à régime communiste.[35]

Auch Petitpierre sah in der schweizerischen Entwicklungshilfe einen – wenn auch bescheidenen – Beitrag dazu, der Ausdehnung des kommunistischen Einflussbereichs in der Dritten Welt entgegenzuwirken. Und dass dieser Expansion Einhalt geboten wurde, erschien Petitpierre je länger desto dringlicher. Denn seine Über-

---

32 Matzinger 1991, *op. cit.*, S.175f.
33 *Ibid.*, S.187f.
34 BAR, E 2800 1967/59/45, Petitpierre, Conférence de M. Max Petitpierre, Chef du Département politique fédéral, au Club 44, à La Chaux-de-Fonds, le 31 mai 1956.
35 DoDiS, Nr. 11015, Petitpierre. Au Conseil fédéral. Réponse à donner à M. Hammarskjoeld, Secrétaire général de l'Organisation des Nations Unies, au sujet du projet de création d'un Fonds spécial des Nations Unies pour le développement économique des pays sous-développés, 22. März 1956.

zeugung wuchs, dass vermutlich nicht die militärische Bedrohung die grösste Gefahr für den Westen darstellte, sondern die wirtschaftliche Infiltration Asiens und Afrikas durch die Sowjetunion und das daraus resultierende Ende des Mächtegleichgewichts im Ost-West-Konflikt.[36]

Es hatte aber auch andere Gründe, dass Petitpierre sich anschickte, die global ausgerichtete Entwicklungshilfe nach 1955 zum zentralen Betätigungsfeld der schweizerischen Solidarität auszubauen. Diese hingen nur indirekt mit der Entwicklungshilfe selbst zusammen. Petitpierres Aussenpolitik orientierte sich an seiner Konzeption der 'Neutralität und Solidarität'. Die Solidarität besass dabei stark kompensatorischen Charakter. Ihre konzeptionelle Hauptfunktion lag darin, die Neutralität und die damit einhergehende aussenpolitische Zurückhaltung der Schweiz zu legitimieren. Diese äusserte sich beispielsweise in der Absenz der Schweiz von internationalen Organisationen wie der UNO, dem Europarat und in der Nichtteilnahme an militärischen Zusammenschlüssen. Mit Aktivitäten in Europa wie der Schweizer Spende oder auch der Beteiligung am Marshallplan und der Mitgliedschaft in der *Europäischen Organisation für wirtschaftliche Zusammenarbeit* (OECE) unterstrich die Schweiz ihre Solidarität und präsentierte sich als verantwortungsbewusstes Mitglied der westlichen Wertegemeinschaft.[37]

Doch in der zweiten Hälfte der 1950er Jahre begann sich der aussenpolitische Handlungsspielraum der Schweiz in Europa zu verengen. Neutralitäts- und Souveränitätsbedenken sowie wirtschaftspolitische Vorbehalte verhinderten eine Beteiligung der Schweiz an der supranationalen Integrationsdynamik, die 1957 in die Gründung der *Europäischen Wirtschaftsgemeinschaft* (EWG) mündete. Zwischenstaatliche Kooperationsformen in Europa wie die OECE, welche der Schweiz eine Plattform für ihren Solidaritätswillen geboten hatten, verloren an Relevanz oder scheiterten wie die versuchte Gründung einer Grossen Freihandelszone. Petitpierres Bemühungen, der schweizerischen Solidarität durch eine Aufwertung der Entwicklungshilfe vermehrt auf globaler Ebene Ausdruck zu verleihen, waren somit auch ein Versuch, den diesbezüglich schrumpfenden Handlungsspielraum in Europa zu kompensieren.[38] Verstärkt wurde diese Tendenz noch durch den Umstand, dass Petitpierre und das EPD in dieser Phase die Federführung in der Europapolitik der Schweiz an die Handelsabteilung und das EVD verloren und dass sich

---

36 DDS, Bd. 21, Nr. 5, Petitpierre, Questions évoquées dans l'exposé fait par le Chef du Département politique au cours de la séance du Conseil fédéral du 23 mai 1958.
37 Trachsler 2011, *op. cit.*, S. 78–97, 101–105.
38 De Dardel 1981, *op. cit.*, S. 34 f. Vgl. auch: DDS, Bd. 21, Nr. 5, Questions évoquées dans l'exposé fait par le Chef du Département politique au cours de la séance du Conseil fédéral du 23 mai 1958.

auch in der UNO-Frage keine Annäherung der Schweiz an die Weltsicherheitsorganisation abzeichnete.[39]

In der Optik Petitpierres bot die Entwicklungshilfe zudem nicht nur der Schweiz als Staat, sondern auch all jenen innenpolitischen Kreisen eine Plattform für solidarisches Handeln, die die neutralitätspolitisch bedingte Zurückhaltung der Schweiz bemängelten. Gerade in der jüngeren Generation gab es speziell nach der kommunistischen Niederschlagung des Ungarn-Aufstandes 1956 Stimmen, welche die neutralitätsinduzierte aussenpolitische Passivität der Schweiz heftig kritisierten und eine konstruktivere und offenere Haltung der Schweiz insbesondere gegenüber Institutionen wie dem *Europarat*, der *Europäischen Wirtschaftsgemeinschaft* (EWG) oder der UNO forderten.[40] So reichte ein Zusammenschluss aus 14 Jugendverbänden im Juni 1957 eine Petition ein, welche von der Schweiz als Zeichen der Solidarität einen Beitritt zum Europarat forderte. Obschon das Patronatskomitee mit prominenten Persönlichkeiten aus Politik, Medien und Wissenschaft besetzt war, blieb die Mobilisierungskraft der Petition letztlich gering. Nur 20 706 Personen unterzeichneten die Bittschrift.[41]

Petitpierre lehnte einen Beitritt der Schweiz zum Europarat aus neutralitätspolitischen und aus grundsätzlichen Erwägungen ab. Er wollte nicht, dass eine Beteiligung an der ausschliesslich aus westeuropäischen Staaten zusammengesetzten Organisation von den kommunistischen Ländern als politische Entscheidung zugunsten des Westblocks interpretiert würde. Zudem schätzte er die Strassburger Organisation auch inhaltlich kritisch als wenig handlungsfähigen Debattierklub ein.[42] So skeptisch Petitpierre damit der Europarats-Petition und der Forderung nach einem grösseren Engagement der Schweiz in den (west-)europäischen Institutionen gegenüberstand, so hatte er doch Verständnis für das Bedürfnis der Jugend, nach den Ereignissen in Ungarn ihrer Solidarität verstärkt Ausdruck zu verleihen. Beitritte zu Organisationen wie dem Europarat oder der UNO kamen jedoch für Petitpierre als Solidaritätsbezeugungen nicht in Frage. Hier musste die Schweiz in seinen Augen aus neutralitätspolitischen Überlegungen ihre bisherige aussenpolitische Zurückhaltung wahren.[43]

In der Entwicklungshilfe sah Petitpierre jedoch ein ideales Tätigkeitsfeld und gleichzeitig ein mögliches Ventil für die neutralitätsbedingten Frustrationen und

---

39 Trachsler 2011, *op. cit.*, S. 238–259.
40 Martin A. Senn, Stephan Israel, «Bekämpfte Begeisterung», in: *NZZ am Sonntag*, 2007, Nr. 12, S. 28.
41 BAR, E 2800 1990/106/9, Petition für die Mitarbeit der Schweiz im Europarat, 27. Juni 1957; vgl. auch Rudolf Wyder, *Die Schweiz und der Europarat 1949–1971: Annäherung und zehn Jahre Mitarbeit in der Parlamentarischen Versammlung*, Bern/Stuttgart 1984, S. 102–107.
42 Trachsler 2011, *op. cit.*, S. 260–265.
43 *Ibid.*, S. 238–265.

den angestauten Willen zur internationalen Solidarität.[44] Hier waren die neutralitätspolitischen Restriktionen für die Schweiz aus seiner Sicht geringer und ihr Handlungsspielraum entsprechend grösser. Und gerade weil sich die Schweiz in anderen Bereichen zurückhaltend zeige, könne und müsse sie sich in Fragen wie der Entwicklungshilfe umso aktiver engagieren und auf diesem Weg zum Aufbau einer gerechten und friedlichen internationalen Ordnung beitragen, argumentierte Petitpierre in einer Rede. Was dies für jeden einzelnen bedeute, führte Petitpierre am Schluss seines Vortrages aus:

> Ce que je voudrais, c'est que [...] chaque Suisse se demande comment, sous quelle forme, par quel sacrifice personnel, il pourrait participer à cette aide indispensable, qu'attend de nous les peuples moins privilégiés qui ont l'ambition légitime de combler peu à peu le retard qu'ils ont sur nous dans l'ordre matériel pour que leurs conditions d'existence répondent aux exigences de la dignité humaine. Aujourd'hui, nous ne pouvons plus méconnaître des devoirs qui nous sont imposés. Mettons à les accomplir nos forces, notre bonne volonté et notre cœur.[45]

Dritte Phase: Take-off der modernen Entwicklungszusammenarbeit (1959–1961)

Zwischen 1959 und 1961 wurde die Basis für die moderne staatliche Entwicklungszusammenarbeit der Schweiz gelegt. International wurde die Periode durch eine weitere Beschleunigung des Dekolonisationsprozesses geprägt, 1960 erlangten 17 Staaten ihre Unabhängigkeit. Innenpolitisch kam es zu einer institutionellen Zentralisierung der Entwicklungshilfe im EPD und zu einem finanziell zunächst moderaten, 1961 jedoch substanziellen Ausbau der zur Verfügung stehenden Ressourcen. Ausschlaggebend für den erneut markanten Bedeutungsanstieg der schweizerischen Entwicklungshilfe zwischen 1959 und 1961 waren nicht völlig andere oder neue Gründe als in der vorhergehenden Phase. Dennoch lassen deren im Vergleich zur vorangegangen Periode akzentuierte Dringlichkeit auf der einen sowie der tiefgreifende Charakter der Veränderungen in der schweizerischen Entwicklungszusammenarbeit auf der anderen Seite die vorgenommene Periodisierung gerechtfertigt erscheinen.

Diese Veränderungen setzten zunächst auf institutioneller Ebene ein. Die zunehmende Wichtigkeit, die Petitpierre der Entwicklungshilfe sowohl in der Auseinandersetzung zwischen Ost und West auf internationaler Ebene als auch im Rahmen der schweizerischen Aussenpolitik beimass, bewogen den Aussenminister, eine institutionelle Reorganisation anzustossen. Petitpierre gelang es, eine Neu-

---

44 BAR, E 2800 1967/59/45, Conférence de M. Max Petitpierre, Chef du Département politique fédéral, au Club 44, à La Chaux-de-Fonds, le 31 mai 1956; de Dardel 1981, *op. cit.*, S. 34f.
45 BAR, E 2800 1967/59/45, Petitpierre, Discours prononcé par M. Max Petitpierre, Président de la Confédération, au Rassemblement protestant jurassien, 12. Juni 1960.

gliederung durchzusetzen, die dem verwaltungsinternen Kompetenzwirrwarr in diesem Bereich ein Ende setzte und die entsprechenden Zuständigkeiten im EPD zentralisierte. Bereits Ende 1958 teilte der Aussenminister dem EVD-Vorsteher Thomas Holenstein mit, dass die bisherige Kompetenzaufteilung sich in seinen Augen nicht bewährt habe. Petitpierre forderte eine Zentralisierung der Zuständigkeiten im EPD. Er argumentierte, dass die technische Hilfe möglichst wenig von Handelsinteressen tangiert werden dürfe, wenn sie glaubwürdig und effektiv sein wolle: «Il convient donc de la séparer autant que possible de notre politique commerciale et de la maintenir dans le champ de notre politique étrangère dont elle constitue, actuellement, l'un des éléments essentiels.»[46] Dies gelte auch für die bilaterale Hilfe, betonte Petitpierre.

Der Bundesrat entschied diesen Kompetenzstreit Anfang 1960 im Sinne des Aussenministers und beschloss, im EPD innerhalb der AIO den *Dienst für technische Hilfe* einzurichten. Diese Stelle sollte sich künftig mit allen Fragen im Zusammenhang mit der schweizerischen Entwicklungshilfe auseinandersetzen.[47] Dieser Entscheid fiel nicht zuletzt vor dem Hintergrund, dass das EVD und hier insbesondere die Handelsabteilung unter ihrem Leiter Hans Schaffner genau in dieser Phase das EPD in der Gestaltung der Europapolitik weitgehend entmachtet hatte. Dem Kompetenzgewinn des EPD in der Entwicklungshilfe steht somit ein Kompetenzverlust in der Europapolitik gegenüber. Im April 1961 wurde der *Dienst für technische Hilfe* schliesslich durch den *Dienst für technische Zusammenarbeit* (DftZ), die institutionelle Vorläuferorganisation der heutigen DEZA, ersetzt.[48]

Die Neuorganisation der staatlichen Entwicklungshilfe hatte sich auch deshalb aufgedrängt, weil die Schweiz ihre finanziellen Ausgaben im Bereich der Entwicklungszusammenarbeit in dieser Phase massiv erhöhte. Die Botschaft des Bundesrates über die Zusammenarbeit der Schweiz mit den Entwicklungsländern vom 5. Juni 1961 bildete den entscheidenden Meilenstein.[49] Das EPD beantragte einen Kredit von sechzig Millionen Franken für eine Laufzeit von rund drei Jahren. Erstmals waren sowohl die multilaterale als auch die bilaterale Hilfe in einem Kreditantrag vereint, wobei rund zwei Drittel der Mittel für die bilaterale und ein Drittel für die multilaterale Hilfe vorgesehen waren. Der Kredit wurde in der Frühjahrssession 1961 vom Parlament gutgeheissen, obwohl Petitpierre eingestand, dass

---

46 BAR, E 2800 1967/59/46, Petitpierre an Holenstein, Assistance technique au pays sous-développés, 22. Mai 1959.
47 DDS, Bd. 21 Nr. 63, Assistance technique aux pays sous-développés, 8. Januar 1960; vgl. auch Matzinger 1991, *op. cit.*, S. 196–198.
48 Matzinger 1991, *op. cit.*, S. 196–198.
49 BBl 1961 I 1021, Botschaft des Bundesrates vom 5. Mai 1961 über die Zusammenarbeit der Schweiz mit den Entwicklungsländern. Zunächst hatte Petitpierre sogar hundert Millionen Schweizer Franken beantragen wollen, er verzichtete allerdings darauf, weil keine detaillierte Ausgabenplanung vorlag.

man zurzeit noch kein detailliertes Programm formuliert habe und damit die genaue Verwendung der Gelder teilweise noch unbestimmt sei. Die dennoch oppositionslose Zustimmung zeige, dass die Volksvertreter die Bedeutung dieser Aufgabe erkannt hätten, stellte Petitpierre erfreut fest.[50] Wie viel ihm daran lag, der schweizerischen Entwicklungshilfe kurz vor seinem Rücktritt noch einen Impuls geben zu können, welcher der seiner Ansicht nach kapitalen Bedeutung des Themas entsprach, zeigt auch die Tatsache, dass der EPD-Vorsteher die gesamte Botschaft innert kürzester Zeit persönlich umschrieb, weil er mit dem vorgelegten Entwurf unzufrieden gewesen war.[51]

Petitpierre leistete in dieser Phase einen enormen persönlichen Beitrag, um die Entwicklungszusammenarbeit im Kontext der schweizerischen Aussenpolitik fest zu etablieren und sie auch innenpolitisch abzusichern. Er machte sie zum Thema seiner Vorträge,[52] hielt Ansprachen zur Unterstützung der Kampagne der *UNO-Ernährungs- und Landwirtschaftsorganisation* (FAO) gegen den Hunger[53] und setzte sich mit öffentlichen Aufrufen[54] und der Organisation von Treffen aller involvierter Kreise[55] für eine bessere Koordination der staatlichen und nichtstaatlichen Akteure im Bereich der Entwicklungshilfe ein. Seine eigenen Mitarbeiter wies er an, ihm häufiger unterstützungswürdige Entwicklungsprojekte vorzulegen, finanzielle Bedenken dürften diesbezüglich keine Rolle spielen.[56]

Die Argumente, welche in der vorangegangenen Phase eine Aufwertung der schweizerischen Entwicklungshilfe sinnvoll hatten erscheinen lassen, hatten in den Augen Petitpierres nichts an Dringlichkeit verloren – im Gegenteil, ihre Bedeutung hatte sich noch akzentuiert. Die humanitären und – bei Petitpierre persönlich in eingeschränktem Ausmass – die aussenwirtschaftlichen Absichten bildeten das Fundament für die Legitimierung des Engagements der Schweiz. Der Wille, dem internationalen Umfeld die Solidaritätsbereitschaft der Schweiz auf globaler Ebene

---

50 BAR, E 2800 1967/59/45, Petitpierre im Nationalrat, (ohne Titel), 6. Juni 1961.
51 BAR, E 1003(-) 1994/26 R5905,Verhandlungsprotokoll BR, Verhandlungsprotokoll der 12. Sitzung des Bundesrates vom 14. Februar 1961.
52 BAR, E 2800 1967/59/45, Petitpierre, Discours prononcé par M. Max Petitpierre, Président de la Confédération, au Rassemblement protestant jurassien, 12. Juni 1960.
53 Zürcher 2009, *op. cit.*, S. 280; Konrad J. Kuhn, *Entwicklungspolitische Solidarität. Die Dritte-Welt-Bewegung in der Schweiz zwischen Kritik und Politik 1975–1992*, Zürich 2011, S. 202–203 und Andreas Rüfenacht, «Machtverlagerung im Kampf gegen den Hunger: Die Welthungerkampagne der FAO und ihre Umsetzung in der Schweiz 1960–1965», in: Hug, Mesmer 1993, *op. cit.*, S. 478–494.
54 BAR, E 2003-03(-) 1976/44/16, Bundesrat, Aufruf des Bundesrates betreffend die Hilfe an unterentwickelte Länder, 30. Juni 1960.
55 BAR, E 2800 1967/60/18, Petitpierre an die Teilnehmer der Konferenz von Murten, 29. September 1959; BAR, E 2800 1967/60/18, Petitpierre, (ohne Titel), 19. Oktober 1959; BAR, E 2800 1967/60/18, Conférence du 31 mai 1961 concernant divers problèmes relatifs à la coopération technique avec les pays en voie de développement. Notes de séance.
56 BAR, E2003-03(-) 1976/44/10, Petitpierre, Notiz über die Sitzung bei Herrn Bundespräsident Petitpierre vom 4. April 1960, 10 Uhr.

zu demonstrieren, blieb ebenfalls ausgeprägt. Dieser Faktor hatte vor dem Hintergrund der Ablehnung einer Partizipation am europäischen Integrationsprozess und der wirtschaftspolitischen Teilung Westeuropas in die EWG-Mitglieder und die Staaten, welche der *Europäischen Freihandelszone* (EFTA) angehörten, sogar noch an Gewicht gewonnen. Diesem Solidaritätsaspekt räumte der Aussenminister in seinen öffentlichen Auftritten immer wieder einen prominenten Platz ein. Gerade die Schweiz, die aufgrund ihrer Neutralität in vielen Fragen eine zurückhaltende Aussenpolitik verfolge, habe in der Entwicklungshilfe eine besondere Verpflichtung, argumentierte Petitpierre. Sie müsse deshalb eine besondere Leistung erbringen und auf diese Weise den Aufbau einer friedlichen Weltordnung unterstützen, beschwor Petitpierre die Zuhörerschaft. Speziell wollte er mit seinen Appellen die Jugend und die Privatwirtschaft erreichen, denn diese hatten seiner Meinung nach die Bedeutung des Themas noch nicht genügend erkannt.[57]

Die antikommunistische Ausrichtung blieb eine wichtige Triebfeder für die Legitimierung der schweizerischen Entwicklungshilfe, auch wenn dies an den öffentlichen Auftritten aus den bereits erwähnten Gründen nicht thematisiert wurde. So forderten etwa die Bundesräte Giuseppe Lepori und Philipp Etter 1959 unverblümt, man müsse die Mittel der Schweiz auf die am meisten vom Kommunismus bedrohten Länder konzentrieren.[58] Petitpierre hielt zwar in seinen öffentlichen Verlautbarungen nachdrücklich am Dogma der 'apolitischen' und uneigennützigen Hilfe der Schweiz fest, wie er 1961 vor dem Parlament unterstrich:

> Il n'est pas inutile de répéter que cette aide, dans l'esprit du Conseil fédéral, doit être entièrement désintéressée, c'est-à-dire non seulement qu'elle ne soit liée à aucune condition politique, mais encore qu'elle ne vise pas à obtenir des avantages économiques, directe ou indirecte.[59]

Doch im internen Rahmen forderte auch er, dass die Schweiz genau analysieren solle, weshalb die Methoden der kommunistischen Länder in der Entwicklungshilfe so erfolgreich seien, und sich überlegen müsse, wie man die eigene Arbeit ebenfalls effizienter gestalten könne.[60] Solche vertraulichen Äusserungen machen

---

57 BAR, E 2800 1967/59/45, Petitpierre, Discours prononcé par M. Max Petitpierre, Président de la Conféderation, au Rassemblement protestant jurassien, 12. Juni 1960; BAR, E 2003-03(-) 1976/44/10, Petitpierre, Notiz über die Sitzung bei Herrn Bundespräsident Petitpierre vom 4. April 1960, 10 Uhr; vgl. auch de Dardel 1981, *op. cit.*, S. 36.
58 BAR, E 2800 1990/106/1, Verhandlungsprotokoll der 34. Sitzung des Bundesrates vom 19. Mai 1959. Aussprache über die Probleme gemäss Schreiben EPD vom 15./23. April 1959, 19. Mai 1959.
59 BAR, E 2800 1967/59/45, Petitpierre im Nationalrat, (ohne Titel), 6. Juni 1961; vgl. für diese Sichtweise auch die Botschaften des Bundesrates zur Entwicklungshilfe von 1959 und 1961: BBl 1959 II 401, Botschaft des Bundesrates vom 25. August 1959 über die technische Hilfe der Schweiz an die unterentwickelten Länder; BBl 1961 I 1021, Botschaft des Bundesrates vom 5. Mai 1961 über die Zusammenarbeit der Schweiz mit den Entwicklungsländern.
60 BAR, E2003-03(-) 1976/44/10, Petitpierre, Notiz über die Sitzung bei Herrn Bundespräsident Petitpierre vom 4. April 1960, 10 Uhr.

deutlich, dass für Petitpierre die Möglichkeit, der Expansion des Kommunismus auch als neutrales Land etwas entgegensetzen zu können, ein wichtiges Motiv für die Etablierung der staatlichen Entwicklungshilfe als Instrument der schweizerischen Aussenpolitik darstellte.

Schluss

Bundesrat Max Petitpierre verfolgte mit dem Ausbau der Entwicklungshilfe zu einem zentralen Wirkungsfeld des helvetischen Solidaritätswillens nicht nur normativ-humanitäre Absichten. Vielmehr setzte er die Entwicklungshilfe gezielt als Instrument der schweizerischen Aussenpolitik ein. Es war somit die Kombination von humanitären, aussenwirtschaftlichen und aussenpolitischen bzw. antikommunistischen Absichten, welche wesentlich dafür verantwortlich war, dass sich die staatliche Entwicklungszusammenarbeit zwischen 1949 und 1961 als fester Bestandteil der schweizerischen Aussenpolitik etablieren konnte.

Konkret verfolgten Petitpierre und der Bundesrat neben der Unterstützung der 'unterentwickelten Länder' insbesondere ab Mitte der 1950er Jahre drei weitere Ziele: *Erstens* sollte auch die neutrale Schweiz mit ihrem Engagement einen Beitrag zur Eindämmung des kommunistischen Einflussbereichs leisten – auch wenn dies öffentlich nicht eingestanden wurde, um die Glaubwürdigkeit der offiziellen Neutralitätspolitik nicht zu kompromittieren. *Zweitens* sollte damit die konzeptionell zur Legitimation der Neutralität unabdingbare Solidarität der Schweiz auf globaler Ebene unter Beweis gestellt und damit ihre wachsende Zurückhaltung gegenüber der (west-)europäischen Integration und ihre anhaltende Distanziertheit gegenüber der UNO kompensiert werden. *Drittens* ging es Petitpierre darum, mit der Entwicklungshilfe innenpolitisch ein Ventil für den – speziell nach 1956 – bei der Jugend wachsenden Willen zur internationalen Solidarität zu schaffen und so der gegen Ende seiner Regierungszeit aufkommenden Kritik an der Passivität seiner Aussenpolitik den Wind aus den Segeln zu nehmen.

Dass hinter der staatlichen Entwicklungszusammenarbeit ein ganzes Spektrum von unterschiedlichen, teils offen bekundeten, teils vor der öffentlichen Aufmerksamkeit verheimlichten Absichten stehen, ist kein ausschliessliches Spezifikum des Kontexts des Kalten Krieges, mit welchem sich dieser Beitrag auseinandergesetzt hat. Genauso wie damals wurde 2012 im Zusammenhang mit der «Botschaft zur Internationalen Zusammenarbeit 2013–2016»[61] in der Öffentlichkeit, in der Verwaltung und auch im Bundesrat darüber diskutiert, welche Ziele bei der Ent-

---

61 BBL, Nr. 12. 20. März 2012, Bundesrat. Botschaft über die internationale Zusammenarbeit der Schweiz 2013–2016 vom 12. Februar 2012, vgl. http://www.admin.ch/ch/d/ff/2012/2485.pdf (Stand 23. November 2012).

wicklungszusammenarbeit der Schweiz im Vordergrund stehen sollten. Geht es dabei nun schwergewichtig um die Armutsbekämpfung, die Friedensförderung und die Stabilisierung fragiler Staaten, die Eindämmung unfreiwilliger Migration, die Förderung der Exportwirtschaft oder die Demonstration der schweizerischen Solidarität? Welches die prioritären Absichten hinter dem Engagement der Schweiz in der Entwicklungszusammenarbeit sind, ist letztlich das Ergebnis von gesellschaftlichen und politischen Aushandlungsprozessen – aktuell genauso wie in der 'Ära Petitpierre'.

Der UNCTAD-Moment. Die Entstehung des Nord-Süd-Konflikts und die Politisierung des Schweizer Entwicklungsdiskurses

Samuel Misteli

Die Delegation, die der Schweizer Bundesrat im Frühjahr 1964 an die UN-Konferenz für Handel und Entwicklung nach Genf entsandt hatte, griff im Nachgang der Konferenz zu grossen Worten: Einem «historischen Ereignis»[1], so etwa Delegationsleiter Paul Jolles, habe man beigewohnt. Die Entwicklungsländer hätten in «revolutionärer Weise»[2] ihre Forderungen erhoben. Emilio Moser, Vizedirektor der Handelsabteilung und neben Jolles die zentrale Figur der Schweizer Delegation, schrieb den Konferenzbeschlüssen in einem Referat vor Vertretern der chemischen Industrie das Potential zu, als Richtlinien einer zukünftigen, neuen Weltwirtschaftspolitik fungieren zu können.[3]

Die Aussagen der beiden hochrangigen Bundesbeamten sind erste Zeugnisse einer veränderten Wahrnehmung des globalen Südens und seiner wirtschaftlichen Probleme sowie einer sich abzeichnenden nachhaltigen Verschiebung in den spätestens seit Anfang der 1960er Jahre omnipräsenten Diskursen um 'Entwicklung' der 'armen' Weltregionen. Es ist kein Zufall, dass diese Kommentare nach der ersten UNCTAD-Konferenz *(United Nations Conference on Trade and Development)* gemacht wurden: Die Konferenz markierte den definitiven Auftritt der 'Dritten Welt'[4] auf der Weltbühne; erstmals machte an der UNCTAD eine geschlossene Allianz von afrikanischen, asiatischen und lateinamerikanischen Ländern gemeinsame Forderungen in einer Form geltend, die die globalen diplomatischen Diskurslinien dauerhaft umformen sollte.[5] Indem die Allianz, die sich am Ende der Konfe-

---

1 BAR E 7110, 1975/31, Bd. 86, UNCTAD-Résumée, S. 4.
2 *Ibid.*, S. 1.
3 BAR E 7110, 1975/31, Bd. 89, «Die Probleme der UNO-Konferenz für Handel und Entwicklung im Lichte ihrer zukünftigen Auswirkungen auf die Industrieländer, insbesondere auf die Schweiz», Referat des Vizedirektors der Handelsabteilung (Moser) vor der handelspolitischen Konsultativkommission der chemischen Industrie, 4. November 1964, S. 4.
4 Populär wurde der Begriff der 'Dritten Welt' durch Frantz Fanons 1961 erstmals erschienenes antikolonialistisches Manifest, vgl. Frantz Fanon *Les damnés de la terre,* Paris 1961. Geprägt hatte die Bezeichnung – die sowohl die Vorstellung eines dritten Standes auf internationaler Ebene als auch die eines dritten Blocks neben kommunistischem Osten und kapitalistischem Westen evoziert – der französische Demograph und Historiker Alfred Sauvy, vgl. Alfred Sauvy, «Trois mondes, une planète», in: *L'observateur,* 14. August 1952.
5 Zur Geschichte der UNCTAD vgl. Richard N. Gardner, «The United Nations Conference on Trade and Development», in: *International Organization,* Vol. 22 (1968), Heft 1, S. 99–130; Charles L. Robertson, «The Creation of UNCTAD», in: Robert W. Cox (Hg.), *International Organisation:*

renz formal als G77 konstituierte, die globale Struktur der Weltwirtschaft als Problem in den Fokus rückte, brach sie mit der lange hegemonialen Vorstellung von 'Entwicklung' als eines in jedem Land planbaren Unterfangens, das die armen Staaten mit der Hilfe der bereits entwickelten Länder bewältigen würden.[6] 'Entwicklung' wurde so von einem technischen zu einem politischen Problem und von einer kooperativen zu einer konfrontativen Angelegenheit insofern, als die Veränderung der asymmetrischen Weltwirtschaftsordnung auch gegen den Widerstand der Industrieländer angestrebt wurde. 'Entwicklungspolitik' – im Sinne einer Neuverhandlung der Beziehungen zwischen Industrie- und Entwicklungsländern mit dem Ziel, das ökonomische Vorankommen der Letzteren zu fördern – hatte in dieser Form vor 1964 nicht existiert. So gesehen lassen sich die Aussagen der beiden Schweizer Delegierten auch verstehen als Vorboten jener einschlägigen Auseinandersetzungen, die im öffentlichen Diskurs der Schweiz wie auch auf globaler diplomatischer Ebene in den 1970er Jahren ihren Höhepunkt erreichen sollten.

Tatsächlich trägt die entwicklungspolitische Debatte, die in der Schweiz Ende der 1960er Jahre mit Verzögerung einsetzte, Züge der Konfrontation von 1964: Auch der Widerspruch gegen das quasi-offizielle Schweizer Entwicklungsverständnis, der von progressiven Kirchenkreisen und Gruppierungen aus dem Umfeld der Studentenbewegung von 1968 ausging, erfolgte über die Thematisierung der internationalen politischen und wirtschaftlichen Hierarchie sowie über die Absage an ein Entwicklungsdenken, das Entwicklungshilfe aus einer Ingenieursperspektive als die Justierung angeblich rückständiger Strukturen in 'unterentwickelten' Ländern betrachtete. Auch im kritischen entwicklungspolitischen Diskurs der Schweiz erging der Ruf nach einer anderen Form von Solidarität, die nicht Mildtätigkeit, sondern das Bemühen um globale Chancengleichheit und Gerechtigkeit sein sollte – 'trade not aid' hatte die eingängigste der entsprechenden Losungen an der UNCTAD-Konferenz gelautet.

Die Herausforderung der gängigen Entwicklungskonzeptionen erfolgte zudem an der Konferenz von 1964 wie in der Schweiz unter ständiger Bezugnahme auf – primär ökonomische – Wissensbestände, die der Kritik den Anstrich von Objekti-

---

World Politics. Studies in Economic and Social Agencies, London 1969, S. 258–274; United Nations Conference on Trade and Development (Hg.), *The History of UNCTAD 1964–1984*, New York 1985; ders. (Hg.), *Beyond Conventional Wisdom in Development Policy. An Intellectual History of UNCTAD 1964–2004*, New York 2004; Karen Smith, Ian Taylor, *The United Nations Conference on Trade and Development*, Abingdon/New York 2007; Sönke Kunkel, «Zwischen Globalisierung, internationalen Organisationen und 'Global Governance'. Eine kurze Geschichte des Nord-Süd-Konflikts in den 1960er und 1970er Jahren», in: *Vierteljahrshefte für Zeitgeschichte*, Vol. 60 (2012), Heft 4, S. 555–577.

6 Zur G77 vgl. Marc Williams, *Third World Cooperation. The Group of 77 in UNCTAD*, London 1991; Jacqueline Anne Braveboy-Wagner, *Institutions of the Global South*, London 2009, S. 30–54.

vität und mithin grössere Autorität verleihen sollte. 1964 lieferte der strukturalistische ökonomische Ansatz, den Raúl Prebisch und andere im Umfeld der UNO-Wirtschaftskommission für Lateinamerika entwickelt hatten, das gemeinsame Denkgerüst für die heterogene Koalition der G77; für die schweizerische entwicklungspolitische Bewegung war die Expertise, welche die institutionalisierte UNCTAD unter der Führung von Prebisch produzierte, eine (neben zahlreichen anderen) wichtige Wissensquelle.

Die Legitimierung der kritischen Entwicklungsideen über technisches Wissen war die Umkehrung eines bisher funktionierenden Mechanismus: 'Entwicklung' war das emphatische Versprechen der spät- und postkolonialen Welt gewesen, das gleichzeitig kraft seiner technischen Rhetorik die potentiell hochpolitischen Nord-Süd-Beziehungen entpolitisierte.[7] Nun erfolgte auch die Politisierung der Entwicklungsthematik über konstantes Verweisen auf Wissensbestände, welche die Einlösung des Entwicklungsversprechens aber nicht mehr als Positivsummenspiel betrachteten.

Der folgende Beitrag untersucht die Entstehung einer offen politischen – also auf die Aushandlung von Interessenskonflikten zielenden – Dimension der Entwicklungsdebatte auf internationaler diplomatischer Ebene wie in der Schweiz. Eine Klammer für die beiden Ebenen ergibt sich dabei nicht nur daraus, dass sich die Politisierung der Diskussion zwar zeitlich verschoben, aber nach ähnlichen Mustern vollzog, sondern auch aus der Rolle der Schweizer UNCTAD-Delegation: Diese erkannte die Verschiebung der globalen Konfliktlinien, die durch die Verknüpfung von Handels- und Entwicklungspolitik an der Konferenz vollzogen wurde, unmittelbar – wie aus den eingangs angeführten Zitaten ersichtlich wird. In der entwicklungspolitischen Debatte in der Schweiz der 1970er Jahre präsentierte sich aber die Handelsabteilung, welche die UNCTAD-Politik der Schweiz von Anfang an geprägt hatte, als Verfechterin eines herkömmlichen, weitgehend unpolitischen Entwicklungsverständnisses. Daraus ergibt sich ein interessantes Spannungsverhältnis von früher Erkenntnis des politisierten Entwicklungsdiskurses im Zuge der UNCTAD-Konferenz und dem Widerstand gegen eine ebensolche Politisierung in den Schweizer Entwicklungsdebatten.

Ich möchte also im Folgenden zeigen, wie die Konstituierung einer diplomatischen Allianz der Entwicklungsländer den vormals harmonischen Entwicklungsdiskurs umformte, indem sie ihn durch die Verknüpfung von Handel und Entwicklung entlang einer Nord-Süd-Konfliktlinie politisierte. Zudem möchte ich kenntlich

---

7 Zu Entpolitisierungsmechanismen im Entwicklungsdiskurs am Beispiel Lesothos vgl. James Ferguson, *The Anti-Politics Machine. 'Development', Depoliticization and Bureaucratic Power in Lesotho*, Minneapolis 1994.

machen, wie das an der UNCTAD-Konferenz gelegte diskursive Raster in den entwicklungspolitischen Debatten wieder aufschien, die mit Verzögerung auch in der Schweiz einsetzten. Übergreifend geht es mir darum, drei Motive herauszuarbeiten: Einmal das Wechselspiel von Politisierung und Entpolitisierung, als das sich die entwicklungspolitischen Debatten in der UNCTAD wie in der Schweiz präsentierten; dann die zentrale Rolle, die der Behauptung einer ungerechten globalen Wirtschaftsstruktur bei der Politisierung der Entwicklungsdebatte zukam; und schliesslich die durchgängig zu beobachtenden Legitimationsbemühungen über den Rückgriff auf angeblich objektive Wissensbestände.

Ich beginne mit der Skizzierung des vor der ersten UNCTAD-Konferenz dominierenden Entwicklungsverständnisses und exemplifiziere es am Beispiel der Schweiz: In der Herangehensweise des Bundes an die Genfer Konferenz kommt – insbesondere in Kontrast mit den nachträglichen Bedeutungszuschreibungen durch die Delegierten – deutlich zum Ausdruck, dass eine Konferenz, die Handels- mit Entwicklungsfragen verknüpfen sollte, nicht in das zuvor hegemoniale Entwicklungsverständnis passte. In einem zweiten Schritt möchte ich die allmähliche Entstehung einer diplomatischen Allianz des globalen Südens nachzeichnen, die sich zunächst als politische, schliesslich aber vor allem als ökonomische Schicksalsgemeinschaft zu konstituieren suchte. Danach schwenkt der Fokus zurück auf die Schweiz: Zunächst schildere ich, wie die Politisierung des Entwicklungsdenkens mit einiger Verzögerung Ende der 1960er Jahre die Schweizer Politik erreichte – und sich an der Interkonfessionellen Konferenz von 1970 erstmals breitenwirksam manifestierte. Schliesslich möchte ich anhand der entwicklungspolitischen Positionen von Christoph Eckenstein und Paul Jolles zeigen, wie sich die Diskussion zwischen Kritikern und Verteidigern des quasi-offiziellen Schweizer Entwicklungsverständnisses als Wechselspiel von Politisierung und Entpolitisierung vollzog.

Handels- als Entwicklungspolitik?
Der internationale Entwicklungsdiskurs vor der UNCTAD

Die Verschiebung der Wahrnehmung des globalen Südens und des internationalen Entwicklungsdiskurses, die an der ersten UNCTAD-Konferenz stattfand, wird erahnbar, wenn man die eingangs zitierten Aussagen von Paul Jolles und Emilio Moser kontrastiert mit der nüchternen Gemütslage der Schweizer Diplomatie im Vorfeld der grössten zum damaligen Zeitpunkt je durchgeführten internationalen Konferenz: Die Schweiz – im Einklang mit praktisch allen Industrieländern – sah keinen Bedarf für eine Konferenz, an der die Entwicklungsprobleme der Länder Asiens, Afrikas und Lateinamerikas vor dem Hintergrund der Welthandelsstrukturen diskutiert werden sollten. Sie hatte sich denn auch 1962 bei einer Umfrage des UN-Generalsekretariats gegen die Durchführung ausgesprochen.[8] Als die UNCTAD aber auf Betreiben einer fast geschlossenen Allianz der Entwicklungsländer, die von ihrer numerischen Mehrheit in der UN-Generalversammlung Gebrauch machte, zustande gekommen war, glaubte auch die offizielle Schweiz, mit einer Teilnahme zumindest Signale des Goodwills in Richtung Süden aussenden zu können. Die Schweiz, so Bundesrat Friedrich Traugott Wahlen in einem Brief an den HSG-Professor Hans Bachmann, müsse an der Welthandelskonferenz teilnehmen, «um ihre positive Einstellung zu den Problemen der Wirtschaftshilfe an Entwicklungsländer zu bekunden».[9] Dass die Konferenz substantielle Resultate hervorbringen würde, glaubte man freilich nicht: Die Schweizer Vertreter – und auch hier gingen sie einig mit ihren Kollegen in den übrigen Industrieländern – nahmen an, dass die UNCTAD zu einer Plattform der politischen Abrechnung der Sowjetunion und der Entwicklungsländer mit dem reichen Westen würde, dass sich die inhaltliche Diskussion aber von der Architektur der Weltwirtschaftsordnung rasch auf Fragen der Finanzhilfe für die Länder des Südens verlagern würde. Die Schweiz erwartete also eine Konferenz, die weitgehend nach gewohnten Mustern verlaufen würde – keine Grundsatzdiskussion, in der die Entwicklungsprobleme der südlichen Länder nachdrücklich mit den Welthandelsstrukturen verbunden würden. Ein gewisses Gefahrenpotential glaubte man allenfalls darin zu erkennen, dass das GATT *(General Agreement on Tariffs and Trade)* – das von der Mehrheit der Industrieländer und auch von der Schweiz bevorzugte Instrument zur Regelung der internationalen Handelsbeziehungen – an der UNCTAD zweifelsohne unter Beschuss kommen würde. Nach den vorbereitenden Treffen, an denen die Schweiz als Beobachterin teilgenommen hatte, nahmen die Schweizer Akteure indes an, dass das GATT aus der Entwicklungskonferenz unbeschadet hervorgehen würde.[10]

Ein einsamer Rufer für eine engagierte Schweizer Rolle blieb der Handelsdiplomat Christoph Eckenstein, von dem weiter unten ausführlicher die Rede sein wird. Sein Plädoyer für die Betätigung der Schweiz als eines 'Anwalts der U-Länder'[11], das er der Handelsabteilung per Telegramm aus Santiago de Chile übermittelte, blieb folgenlos für die Schweizer UNCTAD-Position:

---

8   Der Auftrag, die entsprechende Umfrage durchzuführen, ging zurück auf Resolution 1707 (XVI) der UN-Generalversammlung vom 19. Dezember 1961.
9   BAR E 2003 (A), 1974/52, Bd. 339, EPD (Wahlen) an H. Bachmann, Professor an der Handels-Hochschule St. Gallen.
10 BAR E 2003 (A), 1974/52, Bd. 339, Der schweizerische Beobachter bei den UN (Thalmann) an die Bundesräte Wahlen und Schaffner, 12. Juli 1963. UN-Beobachter Ernesto Thalmann gab nach der zweiten Sitzung des UNCTAD-Vorbereitungskomitees 'Entwarnung': «Es besteht kaum Aussicht, dass eine neue mit dem GATT rivalisierende Welthandelsorganisation geschaffen werden wird».
11 Die Abkürzung 'U-Länder' steht für 'unterentwickelte Länder'.

Die Welthandelskonferenz böte [...] für uns eine einzigartige Gelegenheit, um unsere Nützlichkeit für die Entwicklungsländer durch gut durchdachte Vorschläge und Initiativen unter Beweis zu stellen. Das spezifische Profil der Schweiz als das Land Europas, das für den Dialog mit der ärmeren Welt politisch besonders geeignet ist, erhielte damit seine Ergänzung auf wirtschaftlichem Gebiet.[12]

Die Schweizer Prioritätensetzung und die tiefen Erwartungen – die in überaus deutlichem Kontrast standen zu den Hoffnungen einer Grosszahl der Entwicklungsländer, dass die Konferenz eine Veränderung der Weltwirtschaftsstrukturen einleiten würde – waren exemplarisch für das Herangehen des Gros der Industrieländer an die UNCTAD. Die OECD-Länder betrachteten die Genfer Konferenz als eine primär handelspolitische Angelegenheit, bei der es galt, Eingriffe in die liberale Handelsordnung zu verhindern. Die Entwicklungsprobleme, insbesondere jene der jungen asiatischen und afrikanischen Staaten, die sich in den vorangegangenen Jahren immer deutlicher manifestiert hatten, wurden zwar nicht in Zweifel gezogen, aber im Sinn der dominierenden Modernisierungstheorien primär endogen gedacht: Wenn die Länder Asiens, Afrikas und Lateinamerikas sich aus der Armut befreien wollten, mussten sie dies durch eigene Planungsbemühungen erreichen – bei denen sie freilich auf die Unterstützung (und Anleitung) des Westens zählen konnten.[13] Die von südlichen Ländern mit zunehmender Vehemenz geltend gemachte Möglichkeit, dass es die Struktur des Weltwirtschaftsgefüges sei, welche die wirtschaftliche Ungleichheit zwischen globalem Norden und globalem Süden perpetuiere, war in dieser Betrachtungsweise weitgehend abwesend, die Verknüpfung von Handelspolitik mit Entwicklungsfragen noch praktisch inexistent.

An der Handels- und Entwicklungskonferenz lag der Schweizer Fokus deshalb konsequenterweise auf Handel, nicht auf Entwicklung. Dies spiegelte sich in der Zusammensetzung der 24-köpfigen UNCTAD-Delegation: Die Federführung oblag der Handelsabteilung des Volkswirtschaftsdepartements; den Akteuren des damaligen Eidgenössischen Politischen Departementes, unter ihnen der Delegierte für technische Zusammenarbeit, blieb nur eine Nebenrolle.[14] Das Entwicklungs-

---

12 BAR E 7110, 1974/31, Bd. 81, Eckenstein an EVD (Stopper und Weitnauer), 26. Oktober 1963.
13 Zur Ideengeschichte und politischen Wirkung der Modernisierungstheorie vgl. Nils Gilman, *Mandarins of the Future. Modernization Theory in Cold War America*, Baltimore 2007. Die beiden wohl einflussreichsten modernisierungstheoretischen Werke sind Walt Rostow, *Stages of Economic Growth. A Non-Communist Manifesto*, Cambridge 1960 und W. Arthur Lewis, *The Theory of Economic Growth*, London 1955. Zu den Biographien von Rostow und Lewis vgl. David Milne, *America's Rasputin. Walt Rostow and the Vietnam War*, New York 2008; Robert L. Tignor, *W. Arthur Lewis and the Birth of Development*, Princeton 2006.
14 Zur Dominanz der Handelsabteilung und dem Einfluss der Privatwirtschaft auf die Schweizer UNCTAD-Positionen vgl. Thomas Brodbeck, «Bewahren und beharren – die Schweiz an der UNCTAD. Die erste UNCTAD-Konferenz 1964 in Genf, das allgemeine Präferenzsystem und die Schweiz», in Peter Hug, Beatrix Mesmer (Hg.), *Von der Entwicklungshilfe zur Entwicklungspolitik*, Studien und Quellen Bd. 19, Bern 1993, S. 319–332.

verständnis der offiziellen Schweiz wiederum fand sich in der Eröffnungsrede von Bundesrat Hans Schaffner abgebildet: Er empfahl dem Block der Entwicklungsländer, den Schlüssel zum ökonomischen Vorankommen primär in eigenen Anstrengungen zu sehen. Als Vorbild nannte Schaffner die Schweiz: Diese habe als Land ohne natürliche Ressourcen allein dank Können und Willen ihrer Bevölkerung eine hochindustrialisierte Wirtschaft aufzubauen vermocht.[15]

Es sollte sich indes in den folgenden drei Monaten, in denen über 2000 Delegierte aus 120 Ländern an der Konferenz verhandelten, zeigen, dass eine Reihe von bisherigen Paradigmen ihre Gültigkeit verloren hatte: Sowohl was die politischen Konstellationen als auch was die dominierenden Diskurse in den internationalen Beziehungen betraf, bedeutete die erste UNCTAD-Konferenz einen Bruch. Herbeigeführt wurde dieser von einer Allianz der Entwicklungsländer, die sich im vorangegangenen Jahrzehnt zu bilden begonnen hatte und die sich nun an der Handels- und Entwicklungskonferenz in Form der G77 als Gegenpart des reichen Nordens konstituieren sollte. Mithin markiert die erste UNCTAD-Konferenz auch den Beginn des Nord-Süd-Konfliktes, dessen Entstehung ich im Folgenden umreissen möchte.

Von Bandung nach Genf: Die Entstehung des Nord-Süd-Konflikts

Die mögliche Bildung einer Allianz von Entwicklungsländern ausserhalb der Machtblöcke des Kalten Krieges hatte sich erstmals an der Bandung-Konferenz von 1955 abgezeichnet, wo sich Vertreter von 29 afrikanischen und asiatischen Ländern der wechselseitigen Solidarität sowie der gemeinsamen Verurteilung des Kolonialismus versichert hatten.[16] Obschon in Bandung – sowohl inhaltlich als auch in Bezug auf die geographische Reichweite – erst der Ansatz der späteren, drei Kontinente umspannenden Drittweltkoalition vorhanden war, entfaltete die Konferenz eine beträchtliche symbolische Strahlkraft. Der 'Bandung Spirit'[17] wurde an zwei anderen Konferenzen weitergetragen: In Belgrad formierte sich 1961 das *Non-Aligned Movement*, dessen zunächst 25 Mitglieder der Vereinnahmung

---

15 «Switzerland, a country without any natural resources, had to rely completely on the skill and the initiative of her population in building up a highly industrialized economy». Vgl. United Nations (Hg.), *Proceedings of the United Nations Conference on Trade and Development*, Bd. 2, New York 1964, S. 356.
16 Robert A. Mortimer, *The Third World Coalition in International Politics*, Boulder/London 1984; Vijay Prashad, *The Darker Nations. A People's History of the Third World*, New York 2008; Christopher J. Lee (Hg.), *Making a World after Empire. The Bandung Moment and its Political Afterlives*, Athens 2010.
17 Frederick Cooper, Randall Packard, «Introduction», in: dies. (Hg.), *International Development and the Social Sciences. Essays on the History and Politics of Knowledge*, Berkeley/London 1996, S. 1–44, hier S. 10.

durch die beiden grossen Machtblöcke eine dezidierte Absage erteilten.[18] 1962 schliesslich erweiterten sich sowohl der Kreis als auch die Themenpalette der noch losen Allianz: In Kairo waren erstmals auch lateinamerikanische Länder vertreten, zudem lag der inhaltliche Akzent nun auf Problemen der wirtschaftlichen Entwicklung.[19] Die *Cairo Declaration of Developing Countries* forderte in 63 Punkten die Reformierung der für die Entwicklungsländer nachteiligen Weltwirtschaftsordnung.[20] Es wurde mithin deutlich, dass nicht nur das Konzept der Blockfreiheit als Grundlage für eine Allianz der Länder des globalen Südens dienen konnte, sondern dass sich auch in wirtschaftlichen Fragen eine gemeinsame Problemwahrnehmung zu formen begonnen hatte.

Diese Wahrnehmung wurde nicht zuletzt dadurch genährt, dass die in der internationalen Diplomatie laufend prominenter werdenden Debatten um 'Entwicklung' die Länder Afrikas, Asiens – und schliesslich auch Lateinamerikas – mit einer Kollektividentität versahen: Das Etikett der 'Developing Countries' diente der entstehenden Drittwelt-Allianz spätestens ab der Kairo-Konferenz als Banner für das Einbringen gemeinsamer Forderungen in den diplomatischen Diskurs.[21]

'Entwicklung' war in der zwischen- und überstaatlichen Diplomatie der Nachkriegszeit ursprünglich das Versprechen an die Länder des globalen Südens gewesen, bei erfolgreicher Imitation des westlichen Modernisierungsmodells mit den Ländern des industrialisierten Nordens auf deren Wohlstandsniveau konvergieren zu können.[22] Der vordergründig kooperative Entwicklungsdiskurs zwischen Nor-

---

18 Volker Matthies, *Die Blockfreien. Ursprünge, Entwicklung, Konzeptionen*, Opladen 1985; Braveboy-Wagner 2009, *op. cit.*, S. 13–29.
19 Mortimer 1984, *op. cit.*, S. 16.
20 Die Kairo-Deklaration wurde am 18. Dezember 1962 von der UN-Generalversammlung zur Kenntnis genommen und den UN-Mitgliedern als Orientierungshilfe für ihre Entwicklungspolitik empfohlen. UNGA 1820 (XVII): The Cairo Declaration of Developing Countries. Sie findet sich auch in den Beständen des Bundesarchivs: BAR E 7110, 1973/41, Bd. 38.
21 Das Identifikationspotential, das die Kollektivbezeichnung der 'unterentwickelten' Länder bot, erkannte auch Paul Jolles in einer Bewertung der Solidarität der Entwicklungsländer an der UNCTAD-Konferenz: «Der gemeinsame Nenner liegt somit ausschliesslich in der Tatsache der 'Unterentwicklung', d.h. des mehr oder weniger grossen Rückstandes gegenüber dem Lebensstandard, der Produktivität und dem Volkseinkommen der westlichen Industriestaaten.» Paul Rudolf Jolles, «Das Ergebnis der UNO-Konferenz für Handel und Entwicklung und die Stellung der Schweiz», in: *Aussenwirtschaft*, Nr. 4 (1964), S. 332–349, hier S. 334. Zu Geschichte und Geschichtsschreibung von 'Entwicklung' im 20. Jahrhundert vgl. insbes. die Einleitung in Cooper, Packard 1996, *op. cit.*, sowie Frederick Cooper, «Writing the History of Development», in: *Journal of Modern European History*, Vol. 8 (2010), Heft 1, S. 5–23.
22 Internationale Organisationen – und insbesondere die Vereinten Nationen – spielten eine wichtige Rolle bei der Verbreitung des Entwicklungskonzepts. Umgekehrt verschaffte die Entwicklungshilfe zahlreichen neu entstehenden internationalen Organisationen ein Betätigungsfeld. Vgl. Akira Iriye, *Global Community. The Role of International Organizations in the Making of the Contemporary World*, Berkeley 2004; Craig Murphy, *Global Institutions, Marginalization and Development*, Abingdon/New York 2005; Daniel Speich, «Der Entwicklungsautomatismus. Ökonomisches Wissen als Heilsversprechen in der ostafrikanischen Dekolonisation», in: *Archiv für Sozialgeschichte*, Vol. 48 (2008), S. 183–212; Madeleine Herren-Oesch, *Internationale Organisationen seit 1865. Eine Globalgeschichte der internationalen Ordnung*, Darmstadt 2009.

den und Süden nahm indes in dem Masse konfrontativere Züge an, wie deutlich wurde, dass sich die Entwicklungsversprechen nicht erfüllten. Der Graben zwischen armen und reichen Ländern wurde nicht kleiner – er wurde sichtlich grösser.[23] Die Entwicklungsländer begannen deshalb um 1960 in den internationalen Foren mit zunehmender Vehemenz das Gefüge der Weltwirtschaft in den Fokus zu rücken. Als einflussreiche kritische Stimme des globalen Südens profilierte sich dabei die UN-Wirtschaftskommission für Lateinamerika, die unter dem späteren UNCTAD-Generalsekretär Raúl Prebisch das Argument einer für die Staaten des globalen Südens unvorteilhaften Welthandelsstruktur in die wissenschaftliche und politische Debatte einbrachte.[24] Die Welt, so Prebischs bereits 1949 erstmals formulierte These, war auch in postkolonialer Zeit in ein industrialisiertes Zentrum und eine agrarisch dominierte Peripherie unterteilt, wobei den früheren Kolonien weiterhin die Rolle der Rohstofflieferanten zukam. Da sich die Preise der Rohstoffe im Verhältnis zu den Halb- und Fertigfabrikaten, welche die Entwicklungsländer aus dem Zentrum importierten, verschlechterten, verhinderte die Weltwirtschaftsstruktur das ökonomische Vorankommen des globalen Südens.[25] Prebischs Argument der fortlaufenden Verschlechterung der Terms of Trade für die rohstoffexportierenden Länder des Südens lieferte der sich formierenden Allianz der Entwicklungsländer den wissenschaftlichen Unterbau, den die lange hegemonialen Modernisierungstheorien für den zuvor harmonischen Entwicklungsdiskurs abgegeben hatten.[26]

Die zusehends koordinierteren Bemühungen der Entwicklungsländer, die Architektur der Weltwirtschaft zum Thema zu machen, mündeten schliesslich in der Durchführung der UNCTAD.[27] Die Konferenz war der Moment, in dem die verschiedenen Entwicklungen der vorangegangen Jahre sich verdichteten und in einer nachhaltigen Veränderung der internationalen Debatten und diplomatischen Konstellationen kulminierten.

---

23 Dies zeigte sich beispielsweise im sinkenden Anteil der Entwicklungsländer an den weltweiten Exporten. Vgl. Jürgen Rettberg *Weltwährungsfonds mit Weltbankgruppe und UNCTAD als Bezugspunkte der internationalen Handels- und Entwicklungspolitik*, Köln 1983, S. 541.
24 Kathryn Sikkink, «Development Ideas in Latin America: Paradigm Shift and the Economic Commission for Latin America», in: Cooper, Packard 1996, *op. cit.,* S. 228–258; John Toye, Richard Toye, *The UN and Global Political Economy*, Indiana 2004, v.a. S. 137–162.
25 Raúl Prebisch, *The Economic Development of Latin America and its Principal Problems*, New York 1950. Zur Biographie von Prebisch vgl. Edgar Dosman, *The Life and Times of Raúl Prebisch*, Montreal 2008.
26 Der Entwicklungsökonom Hans W. Singer, der seit 1947 beim neu gegründeten Department of Economic Affairs der Vereinten Nationen arbeitete, machte praktisch zeitgleich, aber unabhängig von Prebisch die Beobachtung der Verschlechterung der Terms of Trade für rohstoffexportierende Länder. Daher die Bezeichnung «Prebisch-Singer-These» für das Phänomen. Vgl. Toye, Toye 2004, *op. cit.,* S. 113. Zur Prebisch-Singer-These vgl. *ibid.,* S. 110–136.
27 Die entsprechende ECOSOC-Resolution vom 3. August 1962 ist 917 (XXXIV).

In der hochfliegenden Rhetorik der Plenardebatten kamen die Hoffnungen der Entwicklungsländer zum Ausdruck, dass die auf ihr Betreiben einberufene Konferenz einen Wendepunkt in den internationalen Wirtschaftsbeziehungen bedeuten würde: «This conference is therefore our own, the conference of the developing countries», sagte der brasilianische Delegationsleiter Araújo Castro stellvertretend in seiner Eröffnungsrede.[28] Die Sprecher der südlichen Länder forderten einerseits mit Nachdruck die Einlösung des Entwicklungsversprechens, andererseits denunzierten sie die Struktur des Welthandels mit einer Konsequenz und Stringenz, welcher der schlecht koordinierte Block der Industrieländer normativ wenig entgegenhalten konnte. Sie artikulierten eine gemeinsame Problemwahrnehmung im Sinn der strukturalistischen Wirtschaftstheorie und formulierten abermals 'Entwicklung' als Ziel, das aber nur mehr durch die Veränderung des Welthandelssystems zustande kommen konnte. Die Entwicklungsländer brachen auf diese Weise mit bislang dominierenden Entwicklungsvorstellungen und führten ein neues Paradigma ein, das die Entwicklungsproblematik konsequent mit den internationalen Handelsbeziehungen verknüpfte. Als ständiger Referenzrahmen bei dieser Politisierung des vormals so einvernehmlichen Entwicklungsdiskurses diente dabei ein Bericht, in dem Raúl Prebisch seine Thesen verdichtet und damit die Konferenzdebatte gleichsam vorgeformt hatte. Die knapp sechzigseitige Darstellung repetierte unter dem Titel «Towards a New Trade Policy for Development» das zentrale Argument einer fortlaufenden Verschlechterung der Handelsbedingungen der Entwicklungsländer unter den gegebenen Strukturen und präsentierte einen umfassenden Katalog möglicher Lösungsansätze.[29] Obschon der Bericht quer stand zum nach wie vor dominierenden modernisierungstheoretischen Mainstream, konnten die darin enthaltenen Argumente offenbar auch von Verfechtern der bislang hegemonialen Denkansätze nicht ignoriert werden: Die Konferenzdokumentation, schrieb etwa Paul Jolles in einer Bilanz zur UNCTAD, habe die Notwendigkeit verbesserter internationaler Zusammenarbeit bewiesen.[30]

In der Bedeutung des Berichts und auch in der engagierten Art und Weise, wie das von Prebisch handverlesene Konferenzsekretariat[31] den Block der Entwicklungsländer mit Expertise anleitete, zeigte sich wiederum die Bedeutung, die vor allem ökonomischem Wissen in den entwicklungspolitischen Debatten

---

28 UNCTAD Proceedings, Vol. II, S. 118.
29 Der Bericht ist abgedruckt in: UNCTAD Proceedings, Vol. II, S. 3–66.
30 Jolles 1964, *op. cit.,* S. 332f.
31 Zur Zusammenstellung des UNCTAD-Sekretariats durch Prebisch vgl. Dosman 2008, *op. cit.,* S. 388–390.

zukam.³² Hatte das ökonomische Entwicklungswissen lange die Illusion einer fast politikfreien Herstellung wirtschaftlicher Entwicklung für den globalen Süden genährt, stützte sich nun auch der Bruch mit der bisherigen Orthodoxie auf die Autorität angeblich objektiver Wissensbestände. Wissensbasierte Argumentation, zuvor ein Mittel zur Entpolitisierung potentiell problematischer Beziehungen, funktionierte hier nun als Instrument für die Repolitisierung der Debatte.

Ebenso wichtig für die effektive Veränderung der internationalen Ordnungslinien, die an der Konferenz stattfand, war zudem, dass es der Allianz der Entwicklungsländer nicht nur gelang, im Kampf um die normative Deutungshoheit die Oberhand zu behalten, sondern die Einigkeit auch in inhaltlichen Fragen zu wahren. Dies gelang einerseits aufgrund des gemeinsamen Problemverständnisses, andererseits trug aber auch die praktisch durchwegs abwehrende Haltung der überwiegenden Mehrheit der Industrieländer dazu bei. Zentral hierbei war die heftige Debatte im vierten Komitee über mögliche institutionelle Änderungen im Welthandelssystem.³³ Der Widerstand der Industrieländer gegen institutionelle Anpassungen verhärtete die Konfliktlinien bis zu dem Punkt, an dem das Scheitern der gesamten Konferenz drohte. In buchstäblich letzter Minute konnte ein Kompromiss ausgehandelt werden, der die Einrichtung der UNCTAD als ein permanentes UN-Organ vorsah.³⁴ Für die Allianz der Entwicklungsländer bedeutete dieses Resultat einen ungeahnten Erfolg. Gleichzeitig war mit der Institutionalisierung der UNCTAD garantiert, dass der aufgebrochene Nord-Süd-Konflikt ein permanentes Forum erhalten würde; ein Forum, in dem Fragen des Welthandels dauerhaft mit der Entwicklungsthematik verknüpft würden.

Bereits im unmittelbaren Anschluss an die UNCTAD interpretierten die Schweizer Vertreter die Konferenz als eine massgebende Weichenstellung in den internationalen Beziehungen: Für die Schweiz, konstatierte Paul Jolles in einem Résumée, sei eine neue Front entstanden, die sie auf lange Zeit hinaus beschäftigen werde.³⁵ Die Bewertung der Konferenz durch die Schweizer Delegation – auch die einleitend angeführten Zitate sind einschlägig – zeugt bereits von einer veränderten Wahrnehmung der Stellung des globalen Südens in der Weltpolitik und enthält die Ahnung, dass die Entwicklungsproblematik fortan vor dem Hintergrund der Welt-

---

32 Die aktive Rolle des UNCTAD-Sekretariats – und die kaum verhohlene Unterstützung für die Gruppe der Entwicklungsländer – beeinflussten den Konferenzverlauf wesentlich. Der amerikanische Diplomat Richard Gardner schrieb in seiner Bewertung der UNCTAD-Gründung: «One cannot think of any other international conference that was so profoundly influenced by the work of a secretariat as the first UNCTAD Conference at Geneva.» Gardner 1968, *op. cit.*, S. 107.
33 Für den brasilianischen Delegierten Dias Carneiro war die Debatte im vierten Komitee «a condensation of all the other issues in the field of trade and development». UNCTAD 1964, Summary Records, Fourth Committee, E/CONF.46/C.4/SR.7, S. 2.
34 Zur Aushandlung des Kompromisses vgl. Dosman 2008, *op. cit.*, S. 405–409.
35 UNCTAD-Résumée, S. 6.

wirtschaftsordnung verhandelt werden würde. Die 'Dritte Welt' hatte sich an der Handels- und Entwicklungskonferenz als ernstzunehmender Faktor auf der Weltbühne etabliert – und wurde als solcher von der Schweizer Diplomatie erkannt. Neben der Anerkennung dafür, dass es den Entwicklungsländern gelungen war, ihre jeweiligen Partikulärinteressen zugunsten einer gemeinsamen Position zurückzustellen, artikulierten die Schweizer Diplomaten auch Missbilligung für die als überrissen wahrgenommenen Forderungen. Gleichzeitig glaubten sie aber, dass durch die Konferenzergebnisse und aufgrund der Tatsache, dass fortan ein permanentes Forum für die Verknüpfung von Handel und Entwicklung existieren würde, ein moralischer Druck für die Industrieländer entstanden war, der bei künftigen Diskussionen um die Ausgestaltung der internationalen Handelsordnung nicht zu ignorieren sei. Konkret konnte dies etwa heissen, dass das von den Entwicklungsländern heftig angegriffene GATT, wenn es weiterhin eine Existenzberechtigung haben wollte, die Entwicklungsprobleme des globalen Südens besser würde berücksichtigen müssen.[36] Die Entwicklungsländer, so hiess es im Schlussbericht der Schweizer Delegation, betrachteten die Konferenz «nur als einen ersten Schritt zur Verwirklichung einer neuen auf die Entwicklungshilfe ausgerichteten internationalen Handelspolitik»[37]; und für die Delegierten stand ausser Zweifel, dass die Allianz der Entwicklungsländer in den folgenden Jahren energisch versuchen würde, die nächsten Schritte zu machen.[38] Auch der noch zu Konferenzbeginn so zurückhaltende Bundesrat Schaffner bewertete die UNCTAD in geradezu pathetischem Ton:

> Die Industrieländer sollen und werden sich meines Erachtens nicht zum Glauben verleiten lassen, dass der status quo aufrechterhalten bleiben kann, ohne Rücksicht auf die Diagnose, die wir im Verlaufe der Konferenz gemacht haben und welcher sehr weitgehend zugestimmt wurde. Eine neue Lage, eine neue internationale Arbeitsteilung wird entstehen; je früher wir uns dessen bewusst werden und je früher wir uns darauf vorbereiten, desto besser.[39]

Die Politisierung des Schweizer Entwicklungsdiskurses

Der starke Eindruck, den das gemeinsame Auftreten der 'Dritten Welt' auf die Schweizer Delegierten gemacht hatte, fand keine Entsprechung in der Schweizer Öffentlichkeit: Zwar berichteten die Medien teilweise ausführlich über die Konferenz, die das diplomatische Ereignis des Jahres darstellte, es gab 1964 aber in Ent-

---

36 Tatsächlich wurde dem GATT-Vertragswerk 1965 ein «Part IV» hinzugefügt, der die besonderen Bedürfnisse der Entwicklungsländer anerkannte.
37 BAR E 7110, 1975/31, Bd. 89, EVD an Bundesrat, «UNO-Konferenz für Handel und Entwicklung. Gesamtwürdigung des Konferenzergebnisses und Vorkehren für die Fortsetzung der Arbeiten», S. 15.
38 Ähnliche Deutungen finden sich auch in der Berichterstattung der US-amerikanischen Delegation. Vgl. Kunkel 2012, *op. cit.*, S. 564.
39 Zit. nach Jolles 1964, *op. cit.*, S. 337.

wicklungsfragen keine kritische Schweizer Öffentlichkeit, die alternative Entwicklungsvorstellungen für die innenpolitische Arena hätte rezipieren können. Das Interesse der Bevölkerung an Entwicklungsfragen war 1964 gar bereits im Sinken begriffen, nachdem die von der Dekolonisation ausgelöste Entwicklungseuphorie um 1960 ursprünglich auch die Schweiz erfasst hatte.[40] Bei den zuständigen Bundesstellen betrachtete man das schwindende Interesse insofern mit Sorge, als unter der Regie des Bundesrates seit Beginn des Jahrzehnts die Institutionalisierung und der Ausbau der staatlichen Entwicklungshilfe betrieben wurde – mit der Einrichtung des *Dienstes für technische Zusammenarbeit* (DftZ) im Jahr 1961 als deutlichstem Ausdruck dieser Bestrebungen.[41] Eine vertiefte, von der Handels- und Entwicklungskonferenz angeregte Kritik an den gängigen Formen der Hilfe für die 'unterentwickelten' Länder konnte dem Bund deshalb nur ungelegen kommen – und auch seine UNCTAD-Delegierten hatten kein ernsthaftes Interesse daran, eine solche anzustossen.

Während also die erste UNCTAD-Konferenz auf internationaler Ebene einen Bruch mit dem bisherigen Entwicklungskonsens bedeutete, fand dieser Einschnitt in der Schweiz keinen nennenswerten Wiederhall. Die 'helvetische Einheitsmeinung', die Rudolf Strahm, eine der wichtigsten Figuren der späteren kritischen entwicklungspolitischen Bewegung, für die Schweiz der 1950er und 1960er Jahre in Bezug auf Entwicklungsfragen ausmachte, beruhte auf einem noch weitgehend unpolitischen Entwicklungsverständnis.[42] Sie akzeptierte im Wesentlichen kritiklos – auch wenn ihr dabei zusehends der Enthusiasmus abhandenkam – den Entwicklungsdiskurs, wie ihn die offiziellen Stellen gepflegt hatten, seitdem die Schweiz 1950 erstmals einen Kredit für das technische Hilfsprogramm der Vereinten Nationen gesprochen hatte. Aussenminister Max Petitpierre, von dem in den Anfängen der staatlichen Schweizer Entwicklungshilfe die entscheidenden Impulse ausgingen, hatte ein schweizerisches Engagement damals mit der Notwendigkeit einer aktiven Aussenpolitik im Zeichen der von ihm geprägten Maxime von 'Neutralität und Solidarität' begründet.[43] Dazu kam das für den Aufbau der internationalen

---

40 Eine Meinungsumfrage des Schweizerischen Hilfswerks für aussereuropäische Gebiete zeigte 1965, dass lediglich rund 30 Prozent der Schweizer Bevölkerung eine eindeutig positive Einstellung zur Entwicklungshilfe besassen. Das SHAG hatte zudem mit einem Spendenrückgang zu kämpfen – und vollzog unter anderem deshalb 1965 die Namensänderung zu *Helvetas*. Vgl. Susanne Buri, «Euphorie weicht der Ernüchterung. Mobilisierung der Öffentlichkeit durch das Schweizerische Hilfswerk für aussereuropäische Gebiete, 1955–1965», in: Hug, Mesmer 1993, *op. cit.*, S. 525–536, hier S. 532.
41 Zur Gründung des DftZ vgl. Albert Matzinger, *Die Anfänge der Schweizerischen Entwicklungshilfe 1948–1961*, Bern 1991, S. 195–198 sowie Branka Fluri, «Umbruch in Organisation und Konzeption. Die technische Zusammenarbeit beim Bund 1958–1970», in: Hug, Mesmer 1993, *op. cit.*, S. 382–393.
42 René Holenstein, *Was kümmert uns die Dritte Welt. Zur Geschichte der internationalen Solidarität in der Schweiz*, Zürich 1998, S. 198.
43 Daniel Trachsler, *Bundesrat Max Petitpierre. Schweizerische Aussenpolitik im Kalten Krieg 1945–1961*, Zürich 2011. Vgl. auch den Beitrag von Daniel Trachsler in diesem Band.

Entwicklungshilfe nach dem Zweiten Weltkrieg wesentliche Argument der Gefahr für den noch brüchigen Weltfrieden, die von einem Auseinanderdriften des Wohlstandsniveaus der Länder angeblich ausging.[44] Ein Schweizer Engagement im Namen von Solidarität und Friedenssicherung schien zudem auch dem christlichen Ideal der Nächstenliebe zu entsprechen, dem konfessionelle Schweizer Hilfswerke bereits beim Wiederaufbau Europas nachgelebt hatten. Und schliesslich versprach die technische Hilfe auch ein Beitrag dazu zu sein, dem möglichen Vordringen des Kommunismus in den armen Weltregionen entgegenzuwirken.[45]

Die Assoziation von Entwicklungshilfe und Aussenhandel war im Schweizer Entwicklungsverständnis der 1950er und 1960er Jahre zwar durchaus vorhanden: Dass die stark exportorientierte Schweizer Wirtschaft aber von einem Engagement des Bundes im neuen internationalen Tätigkeitsfeld der Entwicklungshilfe profitieren sollte, erschien insofern als unproblematisch, als der Freihandelsglaube ungebrochen war und die Beschaffenheit der Weltwirtschaftsstruktur keiner in der Schweiz hörbaren Kritik unterzogen worden war.[46] Innerhalb der Bundesverwaltung sorgte die Verbindung von Handels- und Entwicklungsfragen in erster Linie deshalb für Diskussionen, weil sie zu einem dauernden Kompetenzgerangel zwischen Politischem Departement und Volkswirtschaftsdepartement führte.[47]

Die verstärkte öffentliche Wahrnehmung der Entwicklungsthematik ab der zweiten Hälfte der 1950er Jahre – begünstigt unter anderem durch die Dekolonisation und die Sammeltätigkeit des 1955 gegründeten Schweizerischen Hilfswerks für aussereuropäische Gebiete – beliess das beschriebene Schweizer Entwicklungsverständnis im Wesentlichen unverändert; der sich Mitte der 1960er Jahre abzeichnende Überdruss ebenso. Die Skepsis in der Bevölkerung gegenüber der Entwicklungshilfe zeugte eher davon, dass 'Entwicklung' auf der politischen Prioritätenliste der Mehrheit der Schweizerinnen und Schweizer nicht besonders weit oben angesiedelt war, denn von einer kritischen Beschäftigung breiter Bevölkerungsgruppen mit den Entwicklungsaktivitäten des Bundes. Weder der Ausbau der staatlichen Schweizer Entwicklungshilfe noch ihre Form stiessen deshalb bis in die zweite Hälfte der 1960er Jahre auf nennenswerten Widerspruch.

---

44 Monica Kalt, *Tiersmondismus in der Schweiz der 1960er und 1970er Jahre. Von der Barmherzigkeit zur Solidarität*, Bern 2010, S. 212.
45 Kalt 2010, *op. cit.*, S. 255.
46 Holenstein 1998, *op. cit.*, S. 86–89; Kalt 2010, *op. cit.*, S. 221.
47 Zu Kompetenzverteilung und -streitigkeiten innerhalb der Bundesverwaltung vgl. Martin Jäger, «Zwischen Tradition und Umbruch. Die staatliche technische Hilfe der Schweiz im Zeitraum 1955–1958», in: Hug, Mesmer 1993, *op. cit.*, S. 274–289; Andreas Minder, «Zwischen exportwirtschaftlichem und aussenpolitischem Kalkül. Konzeptions- und Kompetenzkonflikte um die technische Hilfe des Bundes 1950–1955», in: Hug, Mesmer 1993 *op. cit.*, S. 90–98; sowie Trachsler 2011, *op. cit.*

Die Politisierung des Schweizer Entwicklungsdenkens ging schliesslich von zwei Seiten aus: Einerseits gab es ab Mitte der 1960er Jahre an den progressiven Rändern der offiziellen Kirchen Bestrebungen, die bisher primär karitative Rhetorik in der Diskussion über die Verbesserung der Lebensbedingungen in den 'unterentwickelten' Weltregionen umzuformen: hin zur Thematisierung von Gerechtigkeits- und Verteilungsfragen. Eine wichtige Figur war dabei der reformierte Genfer Pfarrer und promovierte Ökonom André Biéler, der den Vorschlag einer globalen Umverteilung machte, zu der die reichen Länder durch Finanzhilfe im Umfang von drei Prozent ihres Bruttosozialprodukts beitragen sollten.[48] Aus dieser Idee entstand 1968 die *Erklärung von Bern*, die sich 1970 als die gleichnamige entwicklungspolitische Organisation konstituierte und fortan die Schweizer Entwicklungsdebatte massgeblich mitprägen sollte.[49]

Als zweite wesentliche Triebfeder für die Politisierung des Schweizer Entwicklungsdiskurses wirkten kritische Gruppierungen, die im Kontext der Studentenbewegungen um 1968 auch in der Schweiz entstanden. Das Einbringen prononcierter Machtkritik in die Analyse der Beziehungen zwischen 'Erster' und 'Dritter Welt', wie von diesen Gruppen vorgenommen, war unvereinbar mit dem dominierenden, weitgehend unpolitischen Schweizer Entwicklungsverständnis.[50]

Die kirchliche Gerechtigkeitsrhetorik und die machtkritische Analyse der Studentenbewegung rückten – ähnlich wie dies die Allianz des globalen Südens einige Jahre zuvor an der ersten UNCTAD-Konferenz getan hatte – die Hierarchien innerhalb der globalen politischen und wirtschaftlichen Strukturen in den Fokus. Gerade die bisher weithin akzeptierte Verbindung von Entwicklungshilfe und Handelsförderung musste den neuen kritischen Stimmen, die den Nutzen einer verstärkten Einbindung des globalen Südens in die weltwirtschaftlichen Austauschprozesse bestritten, als stossend erscheinen.

War die erste Handels- und Entwicklungskonferenz der Moment gewesen, in dem der bisherige Entwicklungskonsens auf internationaler Ebene aufgebrochen wurde, lässt sich das manifeste Ende des unpolitischen Schweizer Entwicklungs-

---

48 André Biéler, *Gottes Gebot und der Hunger der Welt*, Zürich 1966. Zu André Biéler vgl. auch Kalt 2010, *op. cit.*, S. 328f.
49 Zur Entstehung der *Erklärung von Bern* vgl. Anne-Marie Holenstein, Regula Renschler, Rudolf H. Strahm, *Entwicklung heisst Befreiung. Erinnerungen an die Pionierzeit der Erklärung von Bern (1968–1985)*, Zürich 2008; Konrad J. Kuhn, «'Der Kampf der Entrechteten dort ist unser Kampf hier!' Entwicklungspolitisches Engagement und internationale Solidarität in der Schweiz», in: Janick Marina Schaufelbuehl (Hg.), *1968–1978. Ein bewegtes Jahrzehnt in der Schweiz. Une décennie mouvementée en Suisse*, Zürich 2009, S. 113–124.
50 Kalt 2010, *op. cit.*, S. 268f.; vgl. auch Manuel Schär, «Wie entwickeln wir die 'Dritte Welt'? Kontinuitäten und Brüche im Entwicklungsverständnis um 1968 in der Schweiz», in: Schaufelbuehl 2009, *op. cit.*, S. 99–112; Konrad J. Kuhn 2009, *op. cit.*; Nicole Peter, «'Die Utopie ist ein Teil der Wirklichkeit'. Implikationen des schweizerischen Drittweltdiskurses der 1960er Jahre», in: Schaufelbuehl 2009, *op. cit.*, S. 137–146.

diskurses auf November 1970 datieren: Die von den drei Landeskirchen organisierte *Interkonfessionelle Konferenz Schweiz – Dritte Welt*, die rund 250 Teilnehmer – Vertreter von Kirchen, Hilfswerken, Wirtschaft, Bundesverwaltung sowie Gäste aus der 'Dritten Welt' – im Bundeshaus versammelte, markiert die Entstehung einer sichtbaren kritischen entwicklungspolitischen Öffentlichkeit.[51] Die Konferenz, so die Aussage in der 1971 erschienenen Dokumentation, sollte in der Absicht der Organisatoren nicht im Zeichen der Entwicklungs*hilfe* stehen, sondern den Übergang zur Entwicklungs*politik* einleiten.[52] Dass die geplante Standortbestimmung tatsächlich – und durchaus nicht im Sinne eines Teils der Anwesenden – zu einer grundlegenden Auseinandersetzung mit dem bisherigen schweizerischen Entwicklungsverständnis geriet, war dem engagierten Auftritt einer Fraktion von dreissig Jugendvertretern geschuldet, welche die Konferenz geschickt als Forum für die öffentlichkeitswirksame Platzierung ihrer entwicklungspolitischen Anliegen nutzten.[53] Die Jugendfraktion, die zu grossen Teilen aus Studierenden und Assistierenden von Universitäten bestand, fürchtete, dass die moderaten Kräfte an der Konferenz die Diskussion in den gängigen Bahnen halten würden. In einem im Vorfeld der Konferenz ausgearbeiteten Papier forderten die Jugendvertreter deshalb, dass die Ursachen für die 'Unterentwicklung' weiter Erdteile offen benannt würden. Insofern sie das Problem nicht in einem zeitlichen Entwicklungsrückstand der armen Länder, sondern in ausbeuterischen Strukturen orteten, verlangten sie, dass Veränderungen primär in den Industrieländern angestrebt werden sollten.[54] In Bezug auf die Schweiz konnte das beispielsweise heissen, den Einfluss von Lobbys auf die Aussenhandelspolitik zu untersuchen, wie dies ein Jugendvertreter im Handelspanel forderte.[55] Auf den Punkt gebracht hiess die Losung der Jugendvertreter: «Nicht die Dritte Welt ist krank, unsere Strukturen sind faul.»[56]

Die Interkonfessionelle Konferenz stellte also gewissermassen den UNCTAD-Moment der Schweiz dar: den Zeitpunkt, in dem eine Allianz kritischer Kräfte das bislang herrschende Entwicklungsverständnis anfocht und ihm ein alternatives Paradigma entgegenstellte. In dieser Allianz waren die Jugendvertreter zwar die radikalsten Stimmen, ihre Analyse, die den Blick auf das Machtungleichgewicht in den

---

51 Kalt 2010, *op. cit.,* S. 296.
52 Hans K. Schmocker, Michael Traber (Hg.), *Schweiz–Dritte Welt. Berichte und Dokumente der Interkonfessionellen Konferenz in Bern*, Zürich/Freiburg 1971, S. 13.
53 Zur Rolle der Jugendfraktion an der Konferenz vgl. Kalt 2010, *op. cit.,* S. 296–303.
54 Monica Kalt verwendet für diese Perspektivenänderung den Begriff der «selbstreflexiven Wende», Kalt 2010, *op. cit.,* S. 16–18.
55 Schmocker, Traber 1971, *op. cit.,* S. 29–32.
56 So ein Redner der Jugendfraktion, zitiert nach Al Imfeld, «Die Konferenz in der Rückblende», in: Schweizerischer Katholischer Missionsrat und Schweizerischer Evangelischer Missionsrat (Hg.), *Auf dem Weg zu einer schweizerischen Entwicklungspolitik. Missionsjahrbuch der Schweiz*, Vol. 38 (1971), S. 11.

Nord-Süd-Beziehungen lenkte, wurde aber von Hilfswerken und Kirchen – und auch von Teilen der Entwicklungsexperten beim Bund – geteilt.

Die UNCTAD war bei der Herausforderung des Schweizer Entwicklungskonsenses eine wichtige Referenz, was an der Interkonfessionellen Konferenz nicht zuletzt in personeller Hinsicht zum Ausdruck kam: Raúl Prebisch, zu diesem Zeitpunkt schon nicht mehr UNCTAD-Generalsekretär, sprach am zweiten Konferenztag über die Notwendigkeit einer Änderung des globalen Machtgefüges für die Partizipation aller Menschen am Entwicklungsprozess.[57] Der bereits erwähnte Christoph Eckenstein, den Prebisch nach der Institutionalisierung der UNCTAD als Mitarbeiter nach Genf geholt hatte, hielt ebenfalls eine Rede über die entwicklungspolitische Komponente der Handelspolitik.[58] Er leitete zudem das Konferenzkomitee, das sich mit Problemen des Handels befasste – und dürfte dessen Bericht wesentlich mitgeprägt haben.[59] Die UNCTAD diente aber auch insofern als Referenz, als die von ihr in den ersten Bestehensjahren produzierten Wissensbestände die Argumente für die Kritik an der Weltwirtschaftsarchitektur lieferten.

Der Versuch der Jugendfraktion und ihrer Verbündeten, die dominierenden Schweizer Entwicklungsideen zu verändern, vollzog sich unter ständiger Bezugnahme auf Fachwissen internationaler Organisationen sowie anderer Expertengremien – und erinnerte darin an die Art und Weise, wie die G77 1964 mit hegemonialem Entwicklungswissen gebrochen hatten.[60] Die Politisierung des Entwicklungsdiskurses geschah 1964 in Genf wie 1970 in Bern unter konstantem Verweisen auf Wissensbestände, die den kritischen Konzeptionen durch den Anstrich wissenschaftlicher Objektivität eine Autorität verleihen sollten, die dem blossen Einfordern politisch-moralischer Ideale wie 'Gerechtigkeit' oder 'Solidarität' abgegangen wäre.

Am deutlichsten personifizierte die Wissensfixierung der entwicklungspolitischen Kritik in der Schweiz der gelernte Chemiker Rudolf Strahm, der bereits 1970 als Ökonomiestudent zu den Vordenkern der entstehenden Dritte-Welt-Bewegung gehörte und nach Abschluss seines Studiums während kurzer Zeit für

---

57 In der Konferenzdokumentation von Hans Schmocker und Michael Traber wird Prebischs Vortrag als «Sensation der ersten Session» bezeichnet (die Konferenz fand in zwei Sessionen statt). Die Aussage zeugt vom Status, der Prebisch in der globalen Entwicklungsdebatte nach wie vor zukam. Schmocker, Traber 1971, *op. cit.*, S. 24.
58 *Ibid.*, S. 23.
59 Zur Auswirkung der Arbeit des Handelskomitees auf die Entstehung der 'Fair-Trade-Bewegung' in der Schweiz vgl. Konrad J. Kuhn, «'Handelsförderung ist notwendig und problematisch zugleich'. Die Entstehung des fairen Handels als neue Handels- und Unternehmensform», in: Hansjörg Gilomen, Margrit Müller, Laurent Tissot (Hg.), *Dienstleistungen. Expansion und Transformation des «dritten Sektors» (15.–20. Jahrhundert)*, Zürich 2007, S. 107–124.
60 Zur Bedeutung ökonomischen Wissens in der entwicklungspolitischen Debatte der Schweiz vgl. Daniel Speich Chassé, «Streit um den Geldsack. Zahlen als politische Kommunikationsform über Entwicklungshilfe in der Schweiz», in: *WerkstattGeschichte*, Vol. 58 (2011), Heft 2, S. 71–86.

die UNCTAD arbeitete.[61] Strahm, der ab den 1970er Jahren gerade auch durch eine rege Publikationstätigkeit auf die Schweizer Entwicklungsdebatte einzuwirken versuchte,[62] beschrieb 2008 in einem Rückblick auf seine entwicklungspolitische Tätigkeit die Bedeutung wissensbasierter Argumentation in der entwicklungspolitischen Kritik der frühen 1970er Jahre: «Zu dieser Zeit fühlten wir uns verpflichtet, jeder politischen Aktion auch eine wissenschaftliche Fundierung zu geben. Man unterwarf sich dem selbst auferlegten Zwang, den Protest mit Wissen zu rechtfertigen, jede Aktion mit seriöser Publizität zu untermauern.»[63]

Die kritischen entwicklungspolitischen Organisationen, unter denen die *Erklärung von Bern* und die *Schweizerischen Arbeitsgruppen für Entwicklungspolitik* (SAFEP) in den 1970er Jahren am prominentesten wirkten, standen mit ihren Bemühungen um Schaffung neuer Wissensbestände über die Nord-Süd-Beziehungen nicht alleine da: Die Arbeitsgemeinschaft der Hilfswerke hatte als Teil ihrer Bemühungen, von einer primär auf Emotionalisierung aufbauenden Öffentlichkeitsarbeit abzukommen, 1972 den *Informationsdienst Dritte Welt* (i3W) geschaffen.[64] Und auch universitäre Kreise begannen sich über eine vertiefte wissenschaftliche Auseinandersetzung mit Entwicklungsfragen hinaus in die Debatte einzuschalten: Als eigentlicher Think Tank für kritisches Entwicklungsdenken funktionierte in den 1970er Jahren das *Genfer Institut für Entwicklungsstudien* (IUED) unter der Leitung des Soziologieprofessors Roy Preiswerk.[65]

Die erfolgreichste Demonstration ihrer Fähigkeit, den Entwicklungsdiskurs der Schweiz über wissensbasierte Argumentation zu beeinflussen, lieferte diese entwicklungspolitische Koalition 1975 mit dem Bericht «Entwicklungsland Welt Entwicklungsland Schweiz».[66] Der Bericht einer 17-köpfigen, von Roy Preiswerk

---

61 Die Anstellung war auf Vermittlung von Christoph Eckenstein zustande gekommen. Über seine Zeit bei der UNCTAD schrieb Strahm: «Geblieben ist mir ein gewisses Selbstvertrauen, das mir später als Nationalökonom und Wirtschaftspolitiker half, gegen den Strom der Mainstream-Ökonomen zu schwimmen [...]. Die Unctad half mir, die geistige Enge der hierzulande gelehrten 'nationalen' Nationalökonomie zu sprengen.» Holenstein, Renschler, Strahm 2008, *op. cit.*, S. 119.
62 Vgl. z.B. Rudolf H. Strahm, *Beziehungen Schweiz–Dritte Welt: Imperialismus?*, Gastvorlesung an der Universität Bern, Bern 1974; Beat Kappeler, Rudolf H. Strahm, *Schweizer Kapital und Dritte Welt*, Zürich 1974; Rudolf H. Strahm, *Stossrichtungen einer entwicklungspolitischen Verfassungsinitiative. Überlegungen zum Problem, wie sich das neue entwicklungspolitische Verständnis in eine politische Strategie umsetzen lässt*, Separatdruck aus Reformatio, 1/1975 (= 1975a); ders., *Entwicklungsorientierte Handelsförderung im Dauerdilemma. Probleme und Möglichkeiten einer aktiven schweizerischen Importförderung aus Entwicklungsländern*, Bern 1975 (= 1975b); ders., *Überentwicklung – Unterentwicklung. Werkbuch mit Schaubildern und Kommentaren über die wirtschaftlichen Mechanismen der Armut*, Stein 1975 (= 1975c).
63 Holenstein, Renschler, Strahm 2008, *op. cit.*, S. 127.
64 Kalt 2010, *op. cit.*, S. 180.
65 René Holenstein, *Wer langsam geht, kommt weit. Ein halbes Jahrhundert Schweizer Entwicklungshilfe*, Zürich 2010, S. 63; Kalt 2010, *op. cit.*, S. 171f.
66 Kommission schweizerischer Entwicklungsorganisationen, *Entwicklungsland Welt – Entwicklungsland Schweiz*, Basel 1975.

geleiteten Kommission, die aus Vertretern der wichtigsten Hilfswerke sowie der *Erklärung von Bern* und den SAFEP bestand, zielte auf die Beeinflussung des zähflüssigen Prozesses, in dem seit 1972 ein Bundesgesetz über die Entwicklungshilfe des Bundes erarbeitet wurde. Indem das schliesslich 1976 verabschiedete Gesetz die Ausrichtung der Schweizer Entwicklungszusammenarbeit auf die ärmsten Bevölkerungsschichten festschrieb, berücksichtigte es die Hauptforderung des EWES-Berichts – was für die Schweizer Dritte-Welt-Bewegung ihren bislang grössten Erfolg bedeutete.[67]

Über die Forderung nach einer Fokussierung auf die ärmsten Bevölkerungsschichten hinaus, welche die Skepsis gegenüber der bisherigen Form der Entwicklungszusammenarbeit zum Ausdruck brachte, war der EWES-Bericht die Formulierung des detaillierten Programms einer alternativen Schweizer Entwicklungspolitik. Die auf rund sechzig Seiten zusammengestellten Analysen und Forderungen kreisen abermals um die Notwendigkeit eines Perspektivenwechsels weg von der alleinigen Fokussierung auf die angeblich rückständigen Länder des Südens hin zur Untersuchung hierarchischer Strukturen – im internationalen Machtgefüge ebenso wie im 'Entwicklungsland Schweiz'.

Der Bund sah sich also Mitte der 1970er Jahre mit einer kritischen entwicklungspolitischen Öffentlichkeit konfrontiert, die in der Lage war, den Schweizer Entwicklungsdiskurs mitzuprägen und der staatlichen Politik gewisse Konzessionen abzuringen. Den Kern des elaborierten Entwicklungsdenkens der Bewegung bildete die Überzeugung, dass die Armut im globalen Süden ein Produkt der globalen Machtstrukturen war. Ihren unmittelbarsten Angriffspunkt fand diese Sichtweise in einer Fundamentalkritik der bisherigen Entwicklungshilfe und der internationalen Wirtschaftsbeziehungen. Bei der Politisierung des Schweizer Entwicklungsdiskurses war mithin das schon 1964 zentrale Argument einer Machtasymmetrie in den Wirtschaftsbeziehungen von Industrie- und Entwicklungsländern ebenfalls wesentlich: Weil keine Gemeinsamkeit der Interessen bestand, musste eine Aussenwirtschaftspolitik, die nicht ausbeuterisch sein sollte, auch Entwicklungspolitik sein – das heisst, die Frage nach dem Nutzen für die Handelspartner im Süden neu stellen. Und wenn Entwicklungshilfe mehr sein sollte als Kosmetik, durfte sie nicht mehr als rein technische Angelegenheit inszeniert werden, sondern sie musste auch ein Verständnis für politische und wirtschaftliche Machtstrukturen beinhalten.

Insofern als das Ende des Schweizer Entwicklungskonsenses Züge der Nord-Süd-Konfrontation von 1964 aufwies, überrascht es nicht, dass die UNCTAD als

---

67 Eine aufschlussreiche Bewertung des Entstehungsprozesses des Gesetzes aus Sicht der entwicklungspolitischen Bewegung liefert Rudolf Strahm in Holenstein, Renschler, Strahm 2008, *op. cit.*, S. 149–158. Strahm war als Vertreter der Erklärung von Bern an der Ausarbeitung des EWES-Berichts beteiligt.

wichtige – und in Handelsfragen als wichtigste – Referenz für die entwicklungspolitische Kritik in der Schweiz fungierte. Das Entwicklungsdenken der Schweizer Dritte-Welt-Bewegung war längst nicht auf Handelsthemen beschränkt, und ihre Exponenten standen den UNCTAD-Vorschlägen durchaus auch skeptisch gegenüber, da sie fürchteten, dass die verlangten Massnahmen allein die Eliten in den Entwicklungsländern begünstigen würden.[68] Aber die Schweizer Dritte-Welt-Bewegung ging mit den UNCTAD-Ökonomen darin einig, dass nicht über 'Entwicklung' gesprochen werden konnte, ohne dass die Architektur der Weltwirtschaft in den Blick genommen wurde. Deshalb war die Schweizer Aussenwirtschaftspolitik, und insbesondere deren Verknüpfung mit der Entwicklungshilfe – die etwa in Form von Exportkrediten und Investitionsrisikogarantien für in Entwicklungsländern tätige Schweizer Firmen zum Ausdruck kam – ein zentrales Streitthema im politisierten Schweizer Entwicklungsdiskurs.

Politisierung, Entpolitisierung, Repolitisierung:
Das offizielle Entwicklungsverständnis und seine Kritiker

Im Folgenden möchte ich auf die konkrete Ausgestaltung dieses politisierten Schweizer Entwicklungsdiskurses eingehen. Es geht mir dabei um das Wechselspiel zwischen entwicklungspolitischer Kritik und der Rezeption sowie Umformung des politisierten Entwicklungsdenkens durch den Bund beziehungsweise durch die beim Volkswirtschaftsdepartement für Entwicklungsfragen zuständige Handelsabteilung. Im Vordergrund stehen dabei zwei wichtige Exponenten der Schweizer Diskussion um das Verhältnis von Handels- und Entwicklungspolitik: auf der einen Seite der bereits mehrfach erwähnte Handelsdiplomat Christoph Eckenstein, der in den 1970er Jahren dezidierte Kritik übte an der Schweizer Entwicklungspolitik – vor allem an der zurückhaltenden Schweizer Politik in den einschlägigen internationalen Gremien. Der gebürtige Basler Eckenstein war ein profunder Kenner der internationalen Handelsbeziehungen und insbesondere des Zusammenspiels von Handel und Entwicklung. Er hatte sich von 1956 bis 1962 als Mitarbeiter der Handelsabteilung mit Fragen der europäischen Integration und des Freihandels befasst. Danach – und bis zu seinem frühen Tod 1974 – arbeitete er unter anderem als Berater für zahlreiche afrikanische Regierungen sowie die UN-Regionalkommissionen für Lateinamerika und Afrika. Bei der UNCTAD diente er ab 1965 zunächst als Sonderberater für Raúl Prebisch, bis er 1968 die Leitung der

---

68 Zudem befürchteten sie, dass durch die Konzentration auf die Förderung der Exporte der Entwicklungsländer die internationale Arbeitsteilung zementiert und die Selbstversorgung der Entwicklungsländer vernachlässigt werde. Kommission schweizerischer Entwicklungsorganisationen 1975, *op. cit.*, S. 37.

Abteilung für Handelsförderung übernahm. Trotz seines internationalen Tätigkeitsfeldes mischte sich Eckenstein immer wieder als prominente Stimme in die Schweizer Entwicklungsdiskussion ein.[69]

Als zweite wichtige Persönlichkeit der Schweizer Entwicklungsdebatte gelangt der ebenfalls bereit zitierte Paul Jolles zu Wort. Er hatte nicht nur die Schweizer UNCTAD-Delegation geleitet, sondern war auch in den folgenden beiden Jahrzehnten als Direktor der Handelsabteilung und später als Staatssekretär die prägende Figur bei der Gestaltung der Schweizer Aussenwirtschaftspolitik.[70] Die Lektüre seiner Reden und Aufsätze macht deutlich, dass Jolles kritische Begriffe und Denkfiguren zwar aufgriff, sie aber zu entpolitisieren suchte, indem er sie in ein technisches, machtfreies Verständnis von Handels- und Entwicklungsfragen einpasste.

Die starke Wirkung, welche die Verschiebung der diplomatischen und diskursiven Konstellationen an der ersten UNCTAD-Konferenz 1964 auf die Schweizer Delegation gehabt hatte, blieb nicht nur in der Schweizer Öffentlichkeit ohne Widerhall; auch das Verhältnis von staatlicher Handels- und Entwicklungspolitik erfuhr im Nachgang der Konferenz keine nennenswerte Änderung. Die Aktivitäten der Handelsabteilung im Entwicklungsbereich bestanden nach wie vor im Wesentlichen aus der finanziellen Absicherung und Unterstützung schweizerischer Exporte und Auslandinvestitionen – wobei der Abteilung dafür im Zuge des generellen Ausbaus der Schweizer Entwicklungshilfe in der zweiten Hälfte der 1960er Jahre steigende Mittel zur Verfügung standen.[71] An den UNCTAD-Konferenzen von 1968 und 1972 scherte die Schweiz nicht aus der nun besser koordinierten Gruppe der Industrieländer aus; durch ihren Beitritt zum *Development Assistance Committee* der OECD im Jahr 1968 war sie zudem auch stärker in die entwicklungspolitische Koordinierung der OECD eingebunden.

Die Schweiz entwickelte mithin nach der ersten UNCTAD-Konferenz keine Handelspolitik, in der ein verändertes Entwicklungsverständnis zum Ausdruck gekommen wäre. Mit der Politisierung des Schweizer Entwicklungsdiskurses um 1970 geriet diese Haltung zusehends in die Kritik. Im EWES-Bericht wurde 1975 – vermutlich rhetorisch – gefragt: «Ist die Entwicklungszusammenarbeit der öffent-

---

69 Eine Charakterisierung des 1974 noch nicht fünfzigjährig verstorbenen Eckenstein liefert Rudolf Strahm in Holenstein, Renschler, Strahm 2008, *op. cit.*, S. 162: «Selten habe ich in meinem Leben einen so inspirierten, kreativen, charismatischen Menschen mit so viel Ausstrahlung getroffen. [...] Äusserlich zeigte er sich mit durch und durch bürgerlichem Habitus, innerlich war er ein Rebell [...].»

70 Jolles war 1961, nach vierjähriger Tätigkeit als stellvertretender Generaldirektor der Internationalen Atomenergiebehörde, zum Delegierten des Bundesrats für Handelsverträge ernannt worden. Ab 1966 leitete er die Handelsabteilung des Volkswirtschaftsdepartements, von 1979 bis zu seiner Pensionierung 1984 war er Staatssekretär und Direktor des Bundesamts für Aussenwirtschaft. Vgl. den Eintrag zu Jolles im Historischen Lexikon der Schweiz: http://www.hls-dhs-dss.ch/ (Stand: 2. Dezember 2012).

71 Holenstein 1998, *op. cit.*, S. 86.

lichen Hand mehr ein Instrument schweizerischer Aussen- und Aussenwirtschaftspolitik oder ein Dienst an den Ärmsten der Welt?»[72] Und bereits zwei Jahre zuvor hatte Christoph Eckenstein nach der dritten UNCTAD-Konferenz die Schweizer Entwicklungspolitik im Tagesanzeiger einer pointierten Kritik unterzogen: 1964, schrieb er, habe zwar ein «rascher Lernprozess» eingesetzt, dieser habe sich aber nicht in einer aktiven Entwicklungspolitik niedergeschlagen. Die Schweiz betätige sich in Einzelfällen als ehrliche Maklerin, präsentiere aber ansonsten ihren Widerwillen gegen eine Veränderung der internationalen Wirtschaftsstrukturen «in einem diplomatisch ansprechenden Deckmäntelchen», wodurch es ihr gelinge, mit den OECD-Ländern solidarisch zu bleiben, gleichzeitig aber auch in den Augen der Länder des Südens als relativ vernünftiges, gemässigtes Land zu erscheinen. Ihre Ideenlosigkeit verkaufe die Schweiz als Realismus:

> Auf dem Genfer Uno-Parkett hat die Schweiz daher keinen schlechten Namen. Ihre Haltung enttäuscht jedoch diejenigen – innerhalb und ausserhalb der Schweiz –, die glauben, es gehe nicht einfach um Brosamen für die armen Länder, sondern um eine tiefgreifende Änderung der Beziehungen zwischen der nördlichen und der südlichen Hälfte unserer Erdkugel. Diese erblicken in der schweizerischen Einstellung vor allem geistiges Satellitentum: Man tut nur das, was die anderen tun.

Einen wesentlichen Grund für die passive Schweizer Handelspolitik sah Eckenstein 1973 darin, dass entwicklungspolitisch interessierte Kreise in Bern «eher belächelt als ernst genommen» würden. «Drückt sich dies darin aus, dass die offiziell beratenden Organe der Handelspolitik wohl Vertreter der Wirtschaftsverbände umfassen, aber keine Vertreter der sich für eine aktive Entwicklungspolitik einsetzenden Kreise?» Eckenstein fordert, dass sich die Schweizer Handelspolitik nicht auf Finanzhilfe, sondern auf die Verbesserung der Absatzmöglichkeiten für Produkte von Entwicklungsländern konzentriere.[73]

Die Bundesbehörden sahen sich also in den 1970er Jahren wiederholten Vorwürfen ausgesetzt, dass sie eine verfehlte Entwicklungspolitik betreiben, die es versäume, Fragen der Aussenwirtschaft mit einem zeitgemässen Entwicklungsverständnis zu verbinden. Während der EWES-Bericht eine grundsätzlich falsche, weil eigennützige Entwicklungspolitik konstatierte, beklagte Christoph Eckenstein lediglich – wenn auch in deutlichen Worten – deren Passivität. Auch die auf den ersten Blick moderatere Diagnose sah aber den Grund für die unveränderte Entwicklungspolitik im Einfluss von Wirtschaftskreisen, die kein Interesse daran

---

72 Kommission schweizerischer Entwicklungsorganisationen 1975, *op. cit.*, S. 30.
73 Christoph Eckenstein, «Beziehungen Schweiz – Dritte Welt: Nur eine Frage von mehr Geld? Plädoyer für eine einfallsreichere Wirtschaftspolitik unseres Landes gegenüber Entwicklungsstaaten», in: *Tagesanzeiger*, 28. April 1973. Abgedruckt in: ders., *Den Dialog erkämpfen. Industrieländer und die Dritte Welt*, Genf 1977, S. 215–224, hier S. 217–221.

haben konnten, ihr Entwicklungsverständnis dahingehend zu revidieren, dass es einen Interessengegensatz zwischen der Förderung des Schweizer Aussenhandels und der Entwicklung der armen Länder feststellen musste. Vor allem aber kam auch in Ecksteins Kritik eine politisierte Entwicklungskonzeption zum Ausdruck, welche die problematische Struktur der Nord-Süd-Beziehungen im Blick hatte – auch Eckenstein hielt eine «tiefgreifende Änderung der Beziehungen zwischen der nördlichen und der südlichen Hälfte unserer Erdkugel» für notwendig.

Die Herausforderung für die Gestalter der Entwicklungspolitik des Volkswirtschaftsdepartements bestand deshalb im Kern im Ruf nach einem differenzierten Entwicklungsverständnis, das nicht mehr a priori von einer Interessenkongruenz von Industrie- und Entwicklungsländern ausging, sondern ein Sensorium für die oft problematische Beziehung zwischen Handel und 'Entwicklung' ausbildete. Paul Jolles hatte sich spätestens seit der ersten UNCTAD-Konferenz mit einem solchen neuen Entwicklungsdenken auseinandergesetzt. Ihm als Direktor der Handelsabteilung oblag es auch, der entwicklungspolitischen Kritik ein quasi-offizielles Entwicklungsverständnis entgegenzustellen. Er kam dieser Aufgabe in Form regelmässiger Vorträge und Publikation von Artikeln nach.[74]

«Beeindruckt von einzelnen Thesen der Entwicklungsländer», so Christoph Eckenstein, hatte sich Jolles nach der Genfer Konferenz tatsächlich darum bemüht, die skeptischen Kreise in Wirtschaft und Politik von der Notwendigkeit einer aktiveren Entwicklungspolitik der Schweiz zu überzeugen.[75] Gewichtigstes Argument war dabei die Abhängigkeit der Schweiz vom Aussenhandel, auch von jenem mit den Ländern des globalen Südens – was Jolles in seinen Texten mitunter gebetsmühlenartig wiederholte.[76] Jolles verwies in diesem Kontext auch gerne auf die lange Tradition der Aussenorientierung der Schweizer Wirtschaft, so etwa 1966 in einem in der Zeitschrift *Aussenwirtschaft* erschienenen Artikel über die UNCTAD: «Von allen nichtkolonialen Mächten ist die Schweiz wohl die älteste Welthandelsnation.»[77]

Eine aktive Entwicklungspolitik war also vor allen Dingen im Eigeninteresse der Schweiz geboten – und würde gleichzeitig eine lange Tradition Schweizer

---

74 Eine Auswahl davon findet sich in Paul Rudolf Jolles, *Von der Handelspolitik zur Aussenwirtschaftspolitik. Ausgewählte Reden und Aufsätze*, Bern 1983. In einer 1980 erschienenen, vom Institut für Sozialethik des Schweizerischen Evangelischen Kirchenbundes herausgegebenen «Bibliographie Schweiz – Dritte Welt» ist Paul Jolles mit 33 Einträgen der Autor mit den meisten aufgeführten Titeln (vor Rudolf Strahm mit 13 Einträgen). Hans-Balz Peter (Hg.), *Bibliographie Schweiz – Dritte Welt*, Adliswil 1980.
75 Eckenstein 1977, *op. cit.*, S. 217.
76 So z.B. in Jolles 1964, *op. cit.*; ders., «Die Tätigkeit der UNO-Konferenz für Handel und Entwicklung (UNCTAD) aus schweizerischer Sicht», in: *Aussenwirtschaft*, Nr. 4 (1966), S. 303–322; ders., «Elemente einer schweizerischen Entwicklungspolitik und ihre Zusammenhänge.» Referat an der Delegiertenversammlung der *Helvetas* 1969, in: ders. 1983, *op. cit.*, S. 251–265.
77 Jolles 1966, *op. cit.*, S. 304.

Handelsbeziehungen mit den Ländern des globalen Südens in intensivierter Form fortführen. Aktivere Entwicklungspolitik konnte aus Sicht der Handelsabteilung freilich nicht eine strukturverändernde Entwicklungspolitik sein, wie sie die G77 an der UNCTAD-Konferenz gefordert hatten. Die Gewährung von Zollpräferenzen für Produkte der Entwicklungsländer etwa, die Schweizer Produkte ernsthaft konkurrenziert hätten, entsprach fraglos nicht Schweizer Wirtschaftsinteressen. Eine 'aktivere' Entwicklungspolitik meinte mithin nicht eine 'neue', revidierte Entwicklungspolitik, sondern den verstärkten Einsatz der bisherigen Instrumente, die vor allem auf Exportförderung zielten. In diesem Ansatz schien deutlich das alte Entwicklungsverständnis auf, das den allseitigen Nutzen des Freihandels propagierte. Es erstaunt deshalb wenig, dass die Entwicklungspolitik der Handelsabteilung in der Praxis kaum neue Formen annahm und die Schweiz in multilateralen Foren wie der UNCTAD die von Eckenstein kritisierte passive Rolle einnahm.[78]

Insofern als Jolles Abhängigkeiten thematisierte, nahm auch er das weltwirtschaftliche Gefüge in den Blick. In den 1970er Jahren verwendete er dabei vermehrt das Schlagwort der 'Interdependenz'. Dieses hatte bereits an der UNCTAD-Konferenz Eingang in die Diskussion gefunden, erfuhr aber neue Bedeutung, nachdem die erste Ölkrise 1973 vermeintlich gezeigt hatte, dass den rohstoffproduzierenden Ländern des Südens künftig eine stärkere Position im globalen Machtgefüge zukommen würde.[79] Der Begriff der Interdependenz war tatsächlich eine präzise Verknappung von Jolles' Verständnis der globalen Strukturbeziehungen: Im Gegensatz zur Kritik der UNCTAD und der entwicklungspolitischen Bewegung in der Schweiz behauptete Jolles nicht eine einseitige Abhängigkeit der Entwicklungsländer, sondern eine Interessenkongruenz: «In langfristiger wirtschaftlicher Betrachtung ergibt sich in vielen Bereichen eine Übereinstimmung der Interessen der Entwicklungsländer und der Industrienationen.»[80] Jolles präsentierte also 'Entwicklung' in seinen Texten nach wie vor als Positivsummenspiel und als vornehmlich technische Angelegenheit. Eine kausale Beziehung zwischen Wohlstand im Norden und Armut im Süden, wie sie die entwicklungspolitische Kritik behaup-

---

78 Detaillierte Kritik an der angeblich passiven Haltung der Schweizer Delegation an der dritten UNCTAD-Konferenz 1972 in Santiago de Chile übte eine Publikation der SAFEP: Urs Birchler, Richard Diethelm, *Schweiz – UNCTAD. Eine Untersuchung über das Verhalten der Schweiz an der Welthandelskonferenz in Santiago de Chile*, Bern 1973.
79 Beispielsweise Paul Rudolf Jolles, «Der Nord-Süd-Dialog und die Entwicklungszusammenarbeit im Rahmen der schweizerischen Aussen- und Aussenwirtschaftspolitik», in: *Die Volkswirtschaft*, Vol. 51 (1978), Heft 5, S. 237–238. Die Ölkrise war mit ein Grund dafür, dass sich die Industrieländer ab 1974 in den Vereinten Nationen auf die Diskussion über eine «Neue Weltwirtschaftsordnung» einliessen. Craig Murphy, *The Emergence of the NIEO Ideology*, Boulder 1984; Robert L. Rothstein, *Global Bargaining: UNCTAD and the Quest for a New International Economic Order*, Princeton 1979.
80 Jolles 1978, *op. cit.*, S. 237.

tete, machte Jolles nicht aus. Er sah deshalb auch keinen Bedarf für eine fundamentale Reform der Weltwirtschaftsarchitektur; die durchaus vorhandenen Ungleichgewichte konnten in einvernehmlicher Weise justiert werden. Diese technische Konzeptionalisierung von 'Entwicklung' unterschied sich nur in Nuancen von einem unpolitischen Entwicklungsverständnis, wie es in den internationalen Foren vor der UNCTAD und in der Schweiz bis Ende der 1960er Jahre dominiert hatte. Jolles' Texte können deshalb auch als Bemühungen gedeutet werden, der Politisierung des Entwicklungsdiskurses entgegenzuwirken. Erkenntlich ist auch der Versuch, politisierte Begriffe aufzunehmen und sie durch Umdeutung wieder zu entpolitisieren. Ein Beispiel hierfür ist Jolles' Umgang mit dem Begriff der 'Entwicklungspolitik', den die entstehende Schweizer Dritte-Welt-Bewegung der 'Entwicklungshilfe' entgegengesetzt hatte, um von einer karitativen Rhetorik zur Thematisierung von Machtfragen überzugehen. In einem Referat an der Delegiertenversammlung der *Helvetas* schlug Jolles 1969 drei Grundsätze von Entwicklungspolitik vor:

> Nämlich einmal den, dass Entwicklungspolitik im Gegensatz zu reiner Entwicklungshilfe bedeutet, dass verschiedene Massnahmen gleichzeitig eingesetzt werden, die in einem innern [sic] Zusammenhang zueinander stehen und sich in ihrer Wirkung sinnvoll ergänzen. Und zweitens, dass diese Massnahmen einen besonderen Charakter haben müssen, indem sie sich auf die besonderen Bedürfnisse der Entwicklungsländer ausrichten und sich auf diese Weise von der gewöhnlichen Wirtschafts- und Handelspolitik unterschieden. Und drittens, dass der Massstab, das Kriterium, für die Entwicklungshilfe, darin zu bestehen hat, dass sie einen echten Nutzeffekt für die wirtschaftliche Entwicklung der betreffenden Länder erzielt.[81]

Diese Konzeption sah zwar vor, dass Entwicklungspolitik an ihrem effektiven Nutzen gemessen werden konnte, sie ging aber nicht davon aus – wie dies an der UNCTAD die Entwicklungsländer behauptet hatten –, dass sich dieser Nutzen erst einstellen würde, wenn die Industrieländer Zugeständnisse gemacht hätten, die für sie mit Kosten verbunden wären. Eine so begriffene Entwicklungspolitik war insofern entpolitisiert, als sie keinen eigentlichen politischen Aushandlungsprozess zwischen Industrie- und Entwicklungsländern vorsah, sondern lediglich die bisherige Entwicklungshilfe durch weitere Massnahmen ergänzen wollte.

Dieses quasi-offizielle entpolitisierte Entwicklungsdenken wurde von der entwicklungspolitischen Bewegung in der Schweiz wiederum heftig angegriffen, am deutlichsten vielleicht in einer Stelle im EWES-Bericht, die sich als direkte Kritik an einem Entwicklungsverständnis, wie es der Handelsabteilungs-Direktor ver-

---

81 Jolles 1983, *op. cit.*, S. 253.

breitete, liest. Im Unterkapitel mit dem Titel «Die Ideologie der schweizerischen Aussenwirtschaft» stand:

> Mit der Entwicklungszusammenarbeit erhebt die Schweiz den Anspruch, zum Nutzen der Dritten Welt zu handeln. Die Interessen und Ziele der dortigen Bevölkerungsmehrheiten decken sich doch im Wesentlichen nicht mit den schweizerischen Wirtschaftsinteressen. In entscheidenden Punkten sind die beiden einander vollständig oder teilweise entgegengesetzt. Dieser Zielkonflikt müsste eigentlich offen gelöst werden, indem man die gegenseitige Begrenzung der Ziele politisch klar entscheidet. Stattdessen bedient sich die Schweiz zur scheinbarern [sic] Ueberwindung dieses Zielkonfliktes einer doppelten Ideologie: Man proklamiert gegen allen Tatsachen die Gemeinsamkeit der Interessen. [...] Mit der undifferenzierten Uebernahme und Weiterverbreitung des Begriffes 'Interdependenz' wird verschleiert, dass die Summe der gegenseitigen Abhängigkeiten politischer, wirtschaftlicher, wissenschaftlicher, militärischer Art keineswegs ausgeglichen ist. [...] Indem man die Interessenharmonie zwischen den Staaten in den Vordergrund schiebt, wird es angeblich möglich, mit ein- und demselben Instrument zwei gegensätzliche Zielsetzungen zu verfolgen (z.B. Entwicklungszusammenarbeit und Exportförderung mit Finanzhilfe an Entwicklungsländer).[82]

Im Jahr 1981, drei Jahre vor seiner Pensionierung, würdigte die Schweizer Dritte-Welt-Bewegung Paul Jolles in ironischer Weise für die Verdienste, die er sich in den Augen der entwicklungspolitischen Gruppierungen bei der Vernebelung der Entwicklungsdiskussion erworben hatte. Am *Symposium der Solidarität*, das an die Interkonfessionelle Konferenz von 1970 anknüpfen und eine entwicklungspolitische Agenda für die 1980er Jahre formulieren sollte, erhielt Jolles den Schmähpreis eines «goldenen Gnoms» für «die beste Kaschierung des Krämergeistes».[83] Rudolf Strahm pries in seiner Laudatio den altgedienten Staatssekretär «für seine hervorragenden Qualitäten in der Linguistik und Semantik», mit denen es ihm gelungen sei, die von den Wirtschaftsjournalisten unterdessen allgemein gebrauchte Sprachregelung einzuführen, dass man 'Hilfe' sage, wenn man 'Geschäft' meine.[84]

Schluss

Die Verleihung des goldenen Gnoms an Jolles stellte einen symbolischen Beitrag dar in der Auseinandersetzung um die Gestalt des Schweizer Entwicklungsverständnisses, die im Kern stets ein Ringen um Politisierung und Entpolitisierung war. Die Pole bildeten einerseits eine Schweizer Entwicklungspolitik, wie sie Paul Jolles und die Handelsabteilung (bzw. ab 1979 das *Bundesamt für Aussenwirt-*

---

82 Kommission schweizerischer Entwicklungsorganisationen 1975, *op. cit.*, S. 32f.
83 Zum «Symposium der Solidarität» vgl. Konrad J. Kuhn, *Entwicklungspolitische Solidarität. Die Dritte-Welt-Bewegung in der Schweiz zwischen Kritik und Politik 1975-1992*, Zürich 2011, S. 41–84.
84 Kalt 2010, *op. cit.*, S. 341.

schaft) vertraten. Diese betrachtete die Verbindung von Entwicklungshilfe und Exportförderung als unproblematisch, weil ihr primär technisches Entwicklungsverständnis keine fundamentalen Interessendifferenzen zwischen Industrie- und Entwicklungsländern identifizierte. Auf der anderen Seite stand ein Entwicklungsverständnis, wie es 1964 an der UNCTAD-Konferenz und um 1970 in erweiterter Form mit der Entstehung einer kritischen entwicklungspolitischen Bewegung in der Schweiz aufgetreten war – ein Verständnis, dessen Grundannahme die Existenz ebensolcher Interessendifferenzen in einem ungleichen globalen Machtgefüge war. Die von der Handelsabteilung dominierte Schweizer UNCTAD-Delegation mit Paul Jolles als ihrem Leiter war früh mit einem politisierten Entwicklungsdenken konfrontiert gewesen und hatte dessen Tragweite erkannt. In den einsetzenden Debatten um eine alternative Schweizer Entwicklungspolitik fanden sich Jolles und die Handelsabteilung aber in der Position von Verfechtern einer Entwicklungskonzeption wieder, die sich nur unmerklich von der früheren, technischen Konzeption unterschied.

Jolles und seine Mitarbeiter sahen sich einer entwicklungspolitischen Bewegung gegenüber, deren politische Methode Parallelen aufwies zu jener der Entwicklungsländer an der Genfer Konferenz. Anders als die G77 1964 war die Schweizer Bewegung nicht auf ökonomische Wissensbestände angewiesen, um überhaupt erst zu einer gemeinsamen Problemwahrnehmung und Handlungsbasis zu gelangen. Ähnlich wie die asiatisch-afrikanisch-lateinamerikanische Allianz in Genf setzte sie aber die Autorität von Wissen bewusst ein, um ihren Anliegen grössere Legitimität zu verleihen und bislang quasi-hegemoniales Wissen in Frage zu stellen. Die UNCTAD, so habe ich in diesem Beitrag zu zeigen versucht, hatte ein Modell für die Politisierung des Entwicklungsdiskurses vorgegeben – und das galt insbesondere für die entwicklungspolitische Verwendung von Wissensbeständen: Wissen war nicht nur ein Instrument, um einen politischen Prozess technisch zu kleiden und ihn so zu entpolitisieren; Es war, wenn in kritischer Form vorhanden, auch ein Instrument zur Artikulation alternativer Forderungen und Behauptungen.

Contre l'«aide au pillage» du tiers-monde: le réquisitoire gauchiste des années 1970

Nuno Pereira

«La tarte à la crème d'aujourd'hui est l'"aide" aux pays sous-développés.»[1] A l'instar de l'auteur marxiste Pierre Jalée, dont l'ouvrage *Le pillage du tiers monde* avait eu un large écho après sa publication en 1965, les organisations suisses de la nouvelle gauche radicale des 'années 68' avaient l'habitude de placer entre guillemets le terme d'"aide" au développement du tiers-monde.[2] Elles prenaient ainsi avec ironie leurs distances par rapport à un concept qui avait alors le vent en poupe. Cependant, ces organisations ne témoignaient pas moins d'un vif intérêt pour le tiers-monde, qui était à la fois un objet d'analyse, un champ d'intervention militante et un laboratoire politique, dépositaire d'espoirs révolutionnaires sans cesse affirmés.

Cette contribution vise, dans un premier temps, à fournir un aperçu des principales critiques qui étaient formulées par les militants d'extrême gauche à l'égard de l'aide au développement, essentiellement l'aide publique, telle qu'elle était mise en œuvre en Suisse depuis les années 1960. Dans un deuxième moment, j'examinerai le regard que ces groupes et les comités anti-impérialistes qui en étaient proches portaient sur le tiers-monde. La période choisie, celle des années 1970, correspond à l'apogée de la décennie contestataire en Suisse,[3] et en particulier de son aile la plus politisée, qui est l'objet de la présente étude: la nouvelle gauche radicale. Ces années coïncident également avec le long débat politique qui va déboucher sur la Loi fédérale sur la coopération au développement et l'aide humanitaire internationale, qui entre en vigueur en 1976. Mon propos se fonde sur des textes produits par les deux principales composantes de la gauche extraparlementaire romande au cours des années 1970: la 'trotskiste' et la 'maoïste' (ou marxiste-léniniste). Mon étude se limite à l'espace politique romand. Toutefois, rien ne conduit à supposer que les milieux 'gauchistes' alémaniques et tessinois aient connu des évolutions très différentes de celle qui est présentée ici.[4] Dès 1969, toute une série d'or-

---

1 Pierre Jalée, *Le pillage du tiers monde*, Paris 1965, p. 63.
2 Il en allait de même pour d'autres termes, tel 'tiers-monde', auquel la presse révolutionnaire préférait par exemple souvent l'expression 'peuples et nations opprimés'. L'expression 'présence suisse' était quant à elle remplacée par 'impérialisme suisse'.
3 Pour un panorama des mouvements sociaux et politiques des années 68 en Suisse, voir Janick Marina Schaufelbuehl (éd.), *1968–1978. Ein bewegtes Jahrzehnt in der Schweiz. Une décennie mouvementée en Suisse*, Zurich 2009.
4 Notons que l'influence française, patente dans l'appropriation de certaines analyses théoriques, ne semble pas avoir été déterminante dans la question qui nous occupe.

ganisations politiques se situant à gauche du *Parti du Travail* (PdT) voient le jour en Suisse, sous l'impulsion de dissidents du PdT et d'étudiants radicalisés par la contestation de 1968.[5] Ces groupes rassemblent en général quelques dizaines de militants, jeunes pour la plupart. Si toutes ces formations se revendiquent du marxisme, elles élaborent des lignes politiques distinctes et déploient des efforts considérables pour se démarquer les unes des autres, tant sur le plan théorique que sur celui de la pratique politique.

Le courant trotskiste, lié à la IVe Internationale, est représenté par la *Ligue marxiste révolutionnaire* (LMR), formation fondée en 1969, qui est par ailleurs la seule à réussir à s'implanter au niveau national.[6] De son côté, le pôle maoïste/ marxiste-léniniste apparaît comme une constellation éclatée de nombreux groupes qui se réclament à des degrés divers de l'expérience chinoise. Créées au début des années 1970, les organisations «m-l» ont généralement d'abord été empreintes d'une idéologie «spontanéiste», avant de suivre un processus de structuration organisationnelle visant à leur donner les bases d'un parti léniniste.[7] A Genève, on trouve le *Centre de liaison politique* (CLP), le *Mouvement socialiste autonome* (MSA), ou encore le *Centre d'information sur les mouvements de libération* (CIML), tandis qu'à Lausanne, l'organisation la plus forte est *Rupture pour le Communisme* (RplC). D'autres groupuscules locaux existent, tel *Lutte prolétaire*, à Fribourg. Un autre groupe est implanté en Suisse romande depuis les années 1960: le *Parti communiste de Suisse / marxiste-léniniste* (PCS/ML).[8] Produit de la scission sino-soviétique, il est le descendant du *Centre Lénine*, formation prochinoise fondée à Lausanne en 1964.[9] Il est à souligner que la question de l'aide au tiers-monde a été peu théorisée par les comités et les organisations révolutionnaires des années 68. Les sources s'y

---

5 Pierre Jeanneret, *Popistes. Histoire du Parti Ouvrier et Populaire Vaudois, 1943–2001*, Lausanne 2002, pp. 184–198; André Rauber, *Histoire du mouvement communiste suisse – t. II (1944–1991)*, Genève 2000, pp. 345–361.
6 Benoît Challand, *La Ligue marxiste révolutionnaire en Suisse romande (1969–1980)*, Fribourg 2000; Simon Jäggi, *Vorhut ohne Rückhalt. Integrationsprozess der RML/SAP (1969–1987)*, mémoire de licence, Université de Fribourg 2007.
7 Nuno Pereira, «Les vieux habits de la Nouvelle Gauche. Aspects rituels, symboliques et hiérarchiques des organisations révolutionnaires de l'après-1968 en Suisse romande», in: Françoise Briegel, Sébastien Farré (éd.), *Rites, hiérarchies*, Genève 2010, pp. 174–186.
8 Originaire de Suisse romande, ce groupe possède à partir des années 1970 son pôle le plus dynamique en Suisse alémanique, essentiellement à Zurich. Voir à ce sujet Duri Beer, *Die Lebenswelt der Maoistinnen und Maoisten in Zürich. Kognitionen, politisches Engagement und kollektive Identität der KPS/ML 1972–1987*, mémoire de licence, Université de Berne 2006; Laurent Vonwiller, «Der lange Marsch in der Seifenblase. Die Kommunistische Partei der Schweiz/Marxisten-Leninisten (KPS/ML) im Rückblick», in: Sebastian Gehrig, Barbara Mittler, Felix Wemheuer (éd.), *Kulturrevolution als Vorbild? Maoismen im deutschsprachigen Raum*, Francfort 2008, pp. 39–49; Angela Zimmermann, *Maoisten in der Schweiz. Das lange rote Jahrzehnt der KPS/ML im Kontext der schweizerischen Linken 1972–1987*, mémoire de licence, Université de Zurich 2006.
9 Pierre Jeanneret, «Les engagements politiques des années 60 et l'expulsion de Nils Andersson», in: François Vallotton (dir.), *Livre et militantisme: La Cité Editeur, 1958–1967*, Lausanne 2007, pp. 108–159.

rapportant sont en effet relativement rares.[10] L'organisation qui y a consacré les réflexions les plus approfondies a sans doute été la LMR, dans son organe *La Brèche*. Force est de constater que le débat politique sur l'aide, qui a précédé, au parlement fédéral et dans la presse, le vote de la Loi sur la coopération au développement et à l'aide humanitaire (1976), n'a pas trouvé un grand écho dans la presse militante de la gauche révolutionnaire helvétique. Lorsqu'il se produit, cet écho se traduit par ailleurs la plupart du temps par un souci de démystification de la présence suisse dans les pays du Sud. C'est ce sur quoi insiste *La Brèche* en 1973: «au moment où le Conseil fédéral multiplie les palabres sur l'accroissement de l'"aide au Tiers Monde" et le renforcement de la coopération technique, il est de plus en plus nécessaire que les militants révolutionnaires dénoncent vigoureusement la politique de l'impérialisme suisse et soutiennent pleinement la lutte que mènent les travailleurs et paysans des pays coloniaux et semi-coloniaux».[11]

Aider à exploiter le tiers-monde?

Le premier constat fait par les organisations révolutionnaires concerne le budget alloué en Suisse à l'aide publique aux «pays sous-développés». A leurs yeux, celui-ci est tout à fait dérisoire.[12] En 1975, par exemple, l'aide ne représente que 0,16% du PNB helvétique, c'est-à-dire deux fois moins que la moyenne des pays riches de l'OCDE.[13] Pour la nouvelle gauche radicale, la Suisse fait d'ailleurs preuve d'une habileté financière indéniable puisque, «en participant dans une moindre mesure que les autres pays à l'aide au tiers-monde, [la Suisse] en retire au moins autant, si ce n'est plus, d'avantages économiques».[14] Pour autant, contrairement à la gauche établie (*Parti socialiste*, PdT, *Union syndicale suisse*) et à des groupes tiers-mondistes tels que la *Déclaration de Berne*, la gauche extraparlementaire ne milite pas pour une augmentation du montant alloué par la Confédéra-

---

10 En ce qui concerne les sources trotskistes, je me suis concentré sur les articles de *La Brèche*, l'organe de la LMR. Pour ce qui est des sources des formations maoïstes, j'ai essentiellement dépouillé le Fonds 'gauche genevoise' de la Bibliothèque de Genève et le Fonds Charles Philipona, conservé aux Archives contestataires, à Genève. Enfin, j'ai ponctuellement recouru à d'autres fonds, tels que les dossiers du Ministère public fédéral, déposés aux Archives fédérales ou les archives du Comité Memoria y Justicia (Genève).
11 A. Udry, «Impérialisme suisse: capital helvétique et mexicanisation», in: *La Brèche*, n° 66/67, 11 avril 1973, pp. 2–3.
12 La critique est antérieure aux années 68. La revue *Contacts* dénonce ainsi dès le milieu des années 1950 l'aide insuffisante apportée par la Suisse aux pays sous-développés. Cf. Michel Buenzod, «Une revue de paix et de démocratie pendant la guerre froide», in: *Cahiers d'histoire du mouvement ouvrier*, n° 19, 2003, p. 105.
13 C. M., «Aide au développement: aide aux profits!», in: *La Brèche*, n° 111, 2 avril 1975, p. 8.
14 *Ibid.*

tion à l'aide aux 'pays sous-développés'. Il s'agit «avant tout de dénoncer le caractère forcément dérisoire et illusoire de toute aide dans le cadre du système capitaliste».[15] Cette aide est d'autant plus insignifiante en regard des transferts de capitaux issus des pays de la 'périphérie' vers les pays du 'centre',[16] qui s'effectuent «au travers du rapatriement des dividendes, des redevances sur les brevets, de l'échange inégal».[17] De ce point de vue, la Suisse est également gagnante, puisque sa balance commerciale avec les pays du tiers-monde est excédentaire. Selon les soixante-huitards radicaux, l'aide peut alors contribuer à équilibrer la balance des paiements. Ainsi, loin de combler des décennies d'échange inégal entre le Nord et le Sud, l'aide ne profite pas ou peu aux pays en voie de développement. Sur ce point comme sur d'autres, il importe de souligner que les militants révolutionnaires rejoignent des cercles plus larges, en épousant l'analyse critique du courant tiers-mondiste, telle qu'elle était portée par des groupes comme la *Déclaration de Berne*,[18] l'*Arbeitsgruppe Dritte Welt*[19] ou le *Centre Europe Tiers-Monde*.

Selon les organisations d'extrême gauche, l'aide poursuit en réalité deux objectifs principaux. Le premier est de nature politique et idéologique, puisqu'il s'agit de maintenir, dans les pays du Sud, un ordre politique qui soit favorable aux intérêts suisses, ce qui, la plupart du temps, suppose de lutter contre le 'communisme', autrement dit contre tout mouvement tenu pour subversif. Dans le même élan, les gauchistes dénoncent alors l'anticommunisme viscéral des autorités helvétiques et mettent en évidence le caractère fictif de la neutralité. A leurs yeux, cette neutralité sert en réalité les intérêts de l'impérialisme, en préservant le système de domination en place. Le Conseil fédéral ne cache d'ailleurs pas son attachement à la stabilité politique des pays du Sud, position qui peut être interprétée comme un soutien au *statu quo*. Il affirme en effet que «la coopération au développement […] contri-

---

15 O. P., «La garantie contre les risques de l'investissement», in: *La Brèche*, n° 2, 22 janvier 1970, p. 3.
16 Cette analyse rejoint la théorie de la dépendance. Sur la diffusion de cette théorie en Suisse, voir Manuel Schär, *Strukturveränderungen statt Entwicklungshilfe? Rezeption und Diffusion der Dependenztheorie in der schweizerischen Entwicklungspolitik, 1968–1978*, mémoire de licence, Université de Berne 2006.
17 A. Udry, «Impérialisme et 'aide' au tiers-monde (3)», in: *La Brèche*, n° 57, 30 octobre 1972, p. 13.
18 Voir Anne-Marie Holenstein, Regula Renschler, Rudolf Strahm, *Entwicklung heisst Befreiung: Erinnerungen an die Pionierzeit der Erklärung von Bern 1968–1985*, Zurich 2008; Monica Kalt, *Tiersmondismus in der Schweiz der 1960er- und 1970er- Jahre. Von der Barmherzigkeit zur Solidarität*, Bern 2010; Konrad J. Kuhn, *Entwicklungspolitische Solidarität. Die Dritte-Welt-Bewegung in der Schweiz zwischen Kritik und Politik (1975–1992)*, Zurich 2011.
19 Rahel Fischer, «*Die Solidarität in den Strukturen*». *Entwicklungspolitische Konzepte, Aktionen und Lebenswelten der Arbeitsgruppe Dritte Welt Bern, 1968–1976*», mémoire de licence, Université de Berne 2007; Rahel Fischer, Manuel Schär, «Tausende Hungertote – Ist die Schweiz mitschuldig? Internationale Solidarität in Bern: die Arbeitsgruppe Dritte Welt», in: Bernhard C. Schär et al. (éd.), *Bern 68. Lokalgeschichte eines globalen Aufbruchs – Ereignisse und Erinnerungen*, Baden 2008, pp. 145–154.

Figure 1: Pour la nouvelle gauche radicale, l'aide suisse au développement apparaît comme un instrument de l'exploitation du tiers-monde. Source: C. M., «Aide suisse au développement: une neutralité active!», in: *La Brèche*, n° 112, 19 avril 1975, p. 11.

bue, à long terme, à éviter ou à réduire les tensions potentielles ou réelles».[20] Le second objectif est économique, puisqu'il s'agit de favoriser les investissements privés dans les pays du tiers-monde et de participer à l'exploitation de ces pays.[21] Selon cette perspective, l'aide stimule l'industrie suisse d'exportation et favorise le maintien de marchés et la rentabilité des investissements privés. Le développement de ces derniers est également favorisé par des organismes internationaux de coopération, tels que la *Banque internationale pour la reconstruction et le développement* (BIRD) et *l'Association internationale de développement* (IDA), institutions appartenant au groupe de la Banque mondiale, auxquelles la Confédération octroie des prêts et qui font l'objet de vives critiques, notamment en raison du contrôle que les Etats-Unis exercent sur elles.[22] De ce point de vue, l'aide publique est qualifiée d''aide au pillage', puisqu'elle participe à l'exploitation des richesses et des travailleurs des pays pauvres.[23] Elle s'inscrit par conséquent dans le cadre de la politique impérialiste de la bourgeoisie suisse, au même titre que l'action des multinationales helvétiques. L'exemple de la coopération technique est ici éclairant. Certes, la presse gauchiste reconnaît que certains projets permettent d'améliorer les conditions de vie de la population rurale dans plusieurs pays (au Pérou ou au Népal, par exemple).[24] Cependant, à titre d'exemple, pour le CIML, petit groupe genevois d'inspiration maoïste, la coopération technique constitue aussi un «instrument déguisé de l'impérialisme qui subordonne les intérêts des pays 'aidés' à ceux du pouvoir dans la métropole».[25] Un autre cas de figure exemplaire est exposé par le Comité de soutien au peuple chilien, un groupe proche de la gauche extraparlementaire. Selon ce comité, la coopération technique suisse au Chili «permet de former sur place, aux frais des gouvernements chilien et suisse (donc des travailleurs des pays cités) une main d'œuvre qualifiée pour les filiales des grandes entreprises suisses opérant au Chili».[26] Dans ce cas, la coopération a du reste un caractère sélectif, puisque, remarque le comité avec à propos, elle est dirigée vers des secteurs dans lesquels des entreprises suisses possèdent des investissements: la réfrigération (contrôlée par une filiale de Nestlé), le tourisme et le tricotage (favorisant l'entreprise neuchâteloise Dubied).

---

20 Voir le «Message du CF à l'AF concernant la continuation de la coopération technique de la Suisse avec des pays en développement, 5 février 1975», cité dans C. M., «Aide suisse au développement: une neutralité active!», in: *La Brèche*, n° 112, 19 avril 1975, p. 11.
21 A. Udry, «Impérialisme et 'aide' au tiers-monde (2)», in: *La Brèche*, n° 55, 28 septembre 1972, pp. 10–11.
22 A. Udry, «Impérialisme et 'aide' au tiers-monde (3)», in: *La Brèche*, n° 57, 30 octobre 1972, p. 13.
23 A. Udry, «Impérialisme et 'aide' au tiers-monde (1)», in: *La Brèche*, n° 54, 13 septembre 1972, pp. 10–11.
24 C. M., «Aide au développement: une neutralité active!», in: *La Brèche*, n° 112, 19 avril 1975, p. 11.
25 Centre d'information sur les mouvements de libération, «Mouvement anti-impérialiste», Genève, sd. Bibliothèque de Genève, Fonds gauche genevoise, carton 2, chemise «Manifeste du CIML».
26 Comité Chili, *L'impérialisme suisse au Chili*, [Genève], 1974, p. 3. Archives du Comité Memoria y Justicia, Genève.

Le cas du Brésil est également révélateur. Gouverné par une dictature militaire depuis 1964, ce pays est le premier client latino-américain de la Suisse, qui y est en 1969 le quatrième plus grand pays investisseur.[27] En hausse depuis l'instauration du régime militaire, les relations économiques entre la Suisse et le Brésil sont dénoncées aussi bien par les contestataires suisses que par des mouvements révolutionnaires brésiliens. Ainsi, le Comité de solidarité avec le peuple brésilien mène une campagne contre l'exposition industrielle que la Suisse organise à São Paulo en 1973, laquelle vise à élargir les échanges commerciaux entre les deux pays. Aux yeux du comité genevois, les aides suisses publique et privée «ne servent qu'à édifier l'infrastructure permettant de rentabiliser au maximum les investissements privés». En d'autres termes, «l'\`aide publique' est une garantie octroyée au monopole».[28] Il est à noter que les relations économiques entre la Suisse et le Brésil sont à l'origine de l'enlèvement, en décembre 1970, de Giovanni Bucher, l'ambassadeur suisse au Brésil, par un groupe révolutionnaire brésilien. Cet enlèvement est perçu par les trotskistes romands comme une attaque directe contre «la Suisse pacifique», en guise de réponse à la «participation de l'impérialisme suisse au pillage des pays sous-développés».[29] En somme, pour la nouvelle gauche radicale helvétique, l'aide suisse au développement, qu'elle soit publique ou privée, se révèle une mystification politique et idéologique. En effet, d'un côté, l'aide remplit une fonction «publicitaire», puisqu'elle peut, selon les mots mêmes du Conseil fédéral, «servir l'image de notre pays».[30] De l'autre, elle apparaît comme un moyen de participer à l'exploitation du tiers-monde. Dès lors, l'extrême gauche des années 1970 s'emploie à démystifier le caractère prétendument généreux et désintéressé de la politique suisse d'aide au développement, et affirme sans ambages que l'aide œuvre au maintien du système de domination capitaliste et impérialiste. Ce faisant, la critique gauchiste bat aussi en brèche l'image d'Epinal de la Suisse altruiste et humanitaire. Enfin, la critique de l'aide publique ou privée au développement revêt un caractère instrumental marqué: il s'agit en effet également d'un acte politique d'opposition interne, tant à l'Etat qu'à la bourgeoisie suisse.

Dans un contexte politique marqué notamment par un mouvement xénophobe vigoureux (votation de la deuxième initiative Schwarzenbach en 1974), incitant au repli sur soi, les organisations d'extrême gauche adoptent des positions diverses face à la thématique de l'aide. Alors que certaines rejettent, pour les raisons précé-

---

27 «A qui profite l'Expo suisse de São Paulo?», in: *Bulletin d'information du Comité de solidarité avec le peuple brésilien*, n° 3, juin 1973, p. 15.
28 *Ibid.*, pp. 15–16.
29 A. Udry, «L'impérialisme suisse au Brésil: aider à exploiter», in: *La Brèche*, n° 56, 13 octobre 1972, pp. 8–9.
30 Cité par C. M., «Aide suisse au développement: une neutralité active!», in: *La Brèche*, n° 112, 19 avril 1975, p. 11.

demment évoquées, le principe même d'aide, d'autres font preuve d'une attitude plus nuancée. C'est le cas du *Mouvement socialiste autonome*, petit groupe marxiste-léniniste genevois.[31] Bien qu'il soit convaincu que l'«aide est à la fois un camouflage de l'exploitation du Tiers-Monde par le capitalisme suisse et un moyen de renforcer cette exploitation», ce groupe prend le parti, pour des considérations tactiques, de ne pas s'opposer de front à l'aide. Conscient des difficultés que ce débat représente pour les organisations révolutionnaires, il propose une voie qui combine analyse approfondie des mécanismes de l'aide et dénonciation de l'impérialisme helvétique: «Une seule voie nous est ouverte: créer un rassemblement de forces qui analysent rigoureusement le contenu réel (matériel et propagandiste) de l'aide et qui dévoilent et dénoncent la réalité des rapports d'exploitation Suisse-Tiers-Monde dans le cadre d'une analyse de l'impérialisme».[32]

Le soutien révolutionnaire au tiers-monde

Examinons à présent le regard que les révolutionnaires suisses portaient sur le tiers-monde et sur les questions de développement. De manière générale, les organisations néo-marxistes proclament une solidarité avec le tiers-monde fondée non sur des sentiments humanitaires, mais sur une analyse politique. La radicalisation induite par la contestation de 68 et le développement des luttes de libération dans le tiers-monde ont conduit à une évolution idéologique qui, partant souvent d'une indignation de type humanitaire, débouche sur la prise de conscience de l'impérialisme comme facteur de sous-développement. Beaucoup de militants glissent ainsi du tiers-mondisme à l'anti-impérialisme.[33] L'engagement anti-impérialiste permet non seulement de prendre conscience du caractère global de l'impérialisme, mais aussi de son corollaire: la convergence profonde entre les luttes du tiers-monde et les mobilisations anticapitalistes en Suisse, autrement dit entre ce qu'on désigne alors de 'nations ou peuples opprimés' et les travailleurs des métropoles.[34] L'anti-impérialisme intègre alors l'analyse de classes et devient inséparable de l'anticapi-

---

31 Nuno Pereira, «Du MSA à l'OLC: les tribulations d'un groupe révolutionnaire genevois des années 1970», in Frédéric Deshusses, Stefania Giancane (coord.), *Traces et souvenirs de la contestation: Charles Philipona*, Lausanne/Genève 2013, pp. 57–76.
32 Mouvement socialiste autonome (MSA), «Aide publique – aide privée au tiers-monde. La votation de 1974. L'initiative Schwarzenbach», [*Bulletin interne*, n°1], décembre 1973. Archives contestataires, Genève, Fonds Charles Philipona, 002_CP_S11_SS130.
33 Lettre du MSA au CIML, Genève, 29 mars 1974. Bibliothèque de Genève, Fonds gauche genevoise, carton 2, chemise «CIML». Voir aussi Christoph Kalter, *Die Entdeckung der Dritten Welt. Dekolonisierung und neue radikale Linke in Frankreich*, Francfort 2011.
34 Konrad J. Kuhn, «'Der Kampf der Entrechteten dort ist unser Kampf hier!' Entwicklungspolitisches Engagement und internationale Solidarität in der Schweiz», in: Schaufelbuehl 2009, *op. cit.*, pp. 113–124.

talisme,[35] tandis que les concepts de développement et sous-développement apparaissent tous deux comme une part essentielle de la structure du système capitaliste à l'échelle mondiale.

Prenant leurs distances par rapport au discours développementaliste, les gauchistes helvétiques lancent des mots d'ordre spécifiquement politiques, fortement colorés de marxisme: *internationalisme (prolétarien)*, *révolution anti-impérialiste*, *soutien aux luttes révolutionnaires des peuples opprimés*, *pouvoir populaire*, etc. Par le biais de ce cadre discursif radical et de modes d'action combatifs, ils se démarquent des autres mouvements de solidarité internationale, tant des œuvres d'entraide, que des nouveaux courants tiers-mondistes d'inspiration chrétienne (tels que la *Déclaration de Berne*) ou de la gauche établie, en mettant l'accent sur la dimension anticapitaliste de leur engagement internationaliste. Lors de la famine qui a touché le Sahel en 1973, *La Brèche* écrit ainsi: «Face à l'hypocrisie internationale à propos d'une famine qui n'est que le produit de l'impérialisme, nous devons dénoncer le caractère trompeur des litanies humanitaires qui masquent le véritable problème: celui de la lutte contre l'impérialisme et [ses] valets».[36] Le soutien au tiers-monde permet aussi de préserver la radicalité politique d'une perspective révolutionnaire et socialiste, laquelle était difficile à maintenir dans le contexte helvétique très conservateur. Par ailleurs, de cette manière, l'extrême gauche assure s'attaquer aux causes véritables du sous-développement. Car la gauche radicale présente le sous-développement comme le produit du colonialisme et de l'impérialisme. Dès lors, la solidarité avec le tiers-monde implique la dénonciation de ces processus, et en particulier de l'impérialisme suisse. Les méfaits de ce dernier sont exposés à maintes reprises, notamment dans les publications de la *Ligue marxiste révolutionnaire*. Tous les courants néo-marxistes s'accordent pour soutenir que le développement réel ne peut se faire que par une modification radicale des structures socio-économiques. En d'autres termes, «la solution du sous-développement passe par la révolution socialiste».[37] Pour nombre de révolutionnaires de 68, le tiers-monde représente la 'zone des tempêtes', où la révolution mondiale apparaît de la façon la plus tangible. Reprenant la théorie léniniste du maillon faible, ils estiment que la révolution n'éclate pas nécessairement là où le capitalisme est le plus développé, mais là où ses contradictions sont les plus aiguës, c'est-à-dire dans les pays du Sud. Les courants maoïstes considèrent le tiers-monde comme la force principale de la révolution et développent une forte identification avec les mouvements de libération. Par exemple, dans le discours du

---

35 MSA, *Bulletin interne*, n° 1, décembre 1973, pp. 1–2. Archives contestataires, Genève, Fonds Charles Philipona, 002_CP_S11_SS130.
36 N. C., «Sécheresse en Afrique», in: *La Brèche*, n° 73/74, juillet–août 1973, p. 17.
37 A. Udry, «Impérialisme et aide au tiers-monde (2)», in: *La Brèche*, n° 55, 28 septembre 1972, pp. 10–11.

PCS/ML, diffusé par son organe *Octobre*, le tiers-monde y apparaît sacralisé. Les luttes des peuples du tiers-monde sont qualifiées d'«héroïques», leurs victoires sans cesse exaltées.[38] Ce groupe maoïste attribue aux luttes du tiers-monde une fonction d'exemplarité[39] et appelle à les appuyer, y compris sur le plan matériel: «Nous devons soutenir les peuples d'Afrique, d'Asie et d'Amérique latine par un vaste mouvement de solidarité et par l'aide matérielle que nous pouvons leur apporter: leur lutte héroïque et sans concession est un exemple pour le peuple suisse».[40] De son côté, la LMR trotskiste évoque fréquemment, à l'instar de la IVe Internationale à laquelle elle est affiliée, le thème de la 'révolution coloniale'.

Il faut dire que l'émergence du tiers-monde dans les années 1960 et 70 semble donner raison aux gauchistes. En Asie, la Chine exerce un puissant attrait, alors que la lutte du peuple vietnamien constitue l'incontournable toile de fond de toute la décennie contestataire, en Suisse[41] comme dans le reste du monde. Pour toute une génération, le Vietnam représente en effet la clé de voûte de la révolution mondiale. En Afrique, les mouvements de libération nationale achèvent la décolonisation ou s'en prennent au néocolonialisme. Sur ce plan, ce sont les colonies portugaises qui retiennent principalement l'attention. Les mouvements indépendantistes en Angola, en Guinée-Bissau et au Mozambique mènent en effet un combat non seulement contre un système honni (le colonialisme), mais aussi contre un régime perçu comme anachronique, dans la mesure où il incarne, au même titre que l'Espagne de Franco, un avatar du fascisme de l'entre-deux-guerres. A cet égard, la mobilisation contre la présence du Portugal comme hôte d'honneur au Comptoir suisse en 1973 a constitué le point culminant de cet engagement internationaliste.[42] Enfin, en Amérique latine, la lutte anti-impérialiste est portée par de nombreuses guérillas, inspirées par la révolution cubaine et qui combattent fréquemment des régimes dictatoriaux soutenus par les Etats-Unis. Le cas du Chili est emblématique: bien qu'il signale, au premier abord, une défaite pour le mouvement ouvrier et révolutionnaire chilien et latino-américain (de nombreux opposants sud-américains de gauche s'étaient réfugiés dans le Chili de l'Unité populaire), il déclenche aussi une mobilisation qui constitue probablement la plus grande campagne de so-

---

38 Pascale Burnier, *Le tiers-mondisme politique en Suisse romande (1962–1975). Idéologies et modalités d'action: perspectives de cinq groupes militants*, mémoire de licence, Université de Fribourg 2006, pp. 78–81.
39 Voir aussi Marcel Dreier, «Afrikanische Befreiungsbewegungen und die antiimperialistische Solidaritätsbewegung in der Schweiz», in: Schaufelbuehl 2009, *op. cit.*, pp. 161–176.
40 «Front uni contre l'impérialisme», in: *Octobre*, n° 56, novembre 1972, p. 15.
41 Marc Griesshammer, *Zwischen Friedenswunsch und Weltrevolution. Die Vietnamsolidarität in der Schweiz, 1965–1974*, mémoire de licence, Université de Berne 2006.
42 Nuno Pereira, «Le mouvement suisse de 68 et le Portugal: de la dictature à la révolution (1962–1975)», in: Schaufelbuehl 2009, *op. cit.*, pp. 147–160.

lidarité internationale des années 68, dépassant celle qui s'est opposée à la guerre du Vietnam.[43]

Les années 1960 et 1970 sont incontestablement marquées par les luttes révolutionnaires des 'peuples opprimés' dans un tiers-monde qui fait office de laboratoire politique et social. Les luttes *armées* qui s'y déroulent – les fusils venant rappeler à une Suisse dépourvue de tradition révolutionnaire que la révolution est un acte violent – possèdent pour de nombreux soixante-huitards radicaux un caractère exemplaire. Jakob Tanner a certes déconstruit à bon escient la «simultanéité apparente produite par les médias, qui intègre dans la sphère d'attente d'une 'révolution mondiale' des événements disparates» se déroulant dans divers points du globe.[44] Il n'en reste pas moins que, comme l'a relevé Olivier Pavillon, «[les années 1973–1974] sont d'une densité d'événements-clés impressionnante. Les militants courent au feu: des grèves sauvages qu'il faut soutenir et populariser à la solidarité avec les opposants à Pinochet, en passant par la dénonciation du goulag et de la dictature bureaucratique en URSS. Ils ont l'impression d'être au cœur de l'histoire».[45] Pour les organisations révolutionnaires des années 1970, la Suisse se devait de participer à ce vaste mouvement d'émancipation, non pas à travers l'aide au développement, mais en apportant un soutien vigoureux aux luttes de libération du tiers-monde. A leurs yeux, la seule solidarité efficace avec le tiers-monde devait prendre la forme d'un mouvement anti-impérialiste de masse, appelé à prendre pour cible non seulement l'impérialisme américain, mais également l'impérialisme suisse, qui était perçu comme l'allié objectif des Etats-Unis. En ce sens, au-delà de la rhétorique militante, provocante et parfois simpliste, de nombreuses mobilisations concrètes et souvent massives ont eu lieu dans les années 68, pour soutenir les combats révolutionnaires qui, dans les continents du tiers-monde, aspiraient à une transformation radicale des structures socio-économiques. Selon les révolutionnaires suisses, une telle transformation était, en définitive, la seule garante d'un développement authentique des pays du tiers-monde.

Pour la nouvelle gauche radicale helvétique, la solidarité avec le tiers-monde avait un corollaire en Suisse: le soutien indéfectible à la classe ouvrière, aux immigrés (en particulier aux saisonniers, perçus comme un 'tiers-monde de l'intérieur'). Après le renversement du gouvernement de Salvador Allende au Chili, deux organisations fribourgeoises d'extrême gauche appellent aussi à des luttes de masse en

---

43 Olivier Pavillon, «La nouvelle gauche en Suisse romande, des années 60 au milieu des années 80: un essai de mise en perspective», in: *Cahiers d'histoire du mouvement ouvrier*, n° 21, 2005, p. 26.
44 Jakob Tanner, «'L'Internationale sera le genre humain'. Le mouvement ouvrier suisse entre politique nationale et solidarité transfrontalière», in Stefan Howald (éd.), *Les 25 ans du Solifonds. La solidarité, une valeur sûre*, Zurich 2008, p. 81.
45 Pavillon 2005, *op. cit.*, p. 26.

Suisse, en proclamant que «la seule solidarité, c'est la lutte de classe».[46] Dans le même sens, l'organe du PCS/ML rappelle quant à lui que l'internationalisme prolétarien, valeur première qui préside à la solidarité avec les peuples du tiers-monde, ne doit pas être considéré «comme un élément indépendant de la révolution dans notre pays».[47] Ce souci rejoint d'ailleurs l'appel que Dom Hélder Câmara, archevêque brésilien partisan de la théologie de la libération, avait adressé aux militants internationalistes européens: «La meilleure aide que vous puissiez nous apporter est de changer les structures d'injustice chez vous.»[48] Malgré ces déclarations et les points de contact ponctuels, la jonction entre le mouvement tiers-mondiste et le mouvement ouvrier radical en Suisse ne s'est jamais véritablement opérée.[49]

Le tournant de la fin des années 1970

L'ambivalence d'un tiers-mondisme qui est à la fois *mouvement* et *discours* a été relevée par Monica Kalt.[50] A cet égard, le versant discursif, qui englobe la propagande, semble avoir prédominé par rapport au volet relatif à la pratique concrète de la solidarité politique ou matérielle. Empreint de manichéisme et d'une analyse souvent caricaturale de la réalité politique et sociale des pays du Sud, ce discours s'est parfaitement inscrit dans le champ discursif très polarisé de la guerre froide. Il traduisait en outre un attachement indéfectible à des idéaux tels que la révolution et la libération, concepts centraux pour les mouvements de 68.

Le soutien au tiers-monde pouvait également se traduire par une «aide» matérielle aux mouvements de libération nationale. La LMR, pour laquelle l'internationalisme n'était «pas un vain mot» a ainsi essayé de soutenir des guérillas latino-américaines, à travers le réseau de la IVe Internationale.[51] C'est dans cette optique que se situe l'affaire de Baden, au cours de laquelle trois militants trotskistes sont arrêtés en 1970, pour vol de matériel de transmission dans l'usine de Brown Boveri, matériel qui aurait été destiné à la guérilla bolivienne. D'autres comités de

---

46 Lutte prolétaire, Lutte de Classe, «Chili: l'échec pourquoi?», tract, Fribourg, septembre 1973. Annexé au rapport de la police de Sûreté du canton de Fribourg, 10 octobre 1973. Archives fédérales, Berne, E 4320 (C), 1995/391, 923/336, carton 244.
47 «Front uni contre l'impérialisme», in: *Octobre*, n° 56, novembre 1972, p. 15.
48 Cité dans *Chili-Argentine-Bolivie - Bulletin d'information*, par le Comité de soutien aux prisonniers politiques au Chili – Fribourg, janvier 1977. Archives fédérales, Berne, E 4320 (C), 1995/391, 923/336, carton 244.
49 Si la création, en 1983, du Solifonds, témoigne du lien entre le monde syndical et le mouvement tiersmondiste, elle ne s'inscrit pas du tout dans une perspective de transformation radicale de la société suisse. Cf. Howald 2008, *op. cit.*
50 Kalt 2010, *op. cit.,* pp. 10–15.
51 Lucien Scherrer, *Potemkinsche Dörfer und Stadtguerilla: Die linksextremen Organisationen PdA, POCH und RML zwischen internationalistischer Theorie und Praxis, 1969–1981*, mémoire de licence, Université de Berne 2004, pp. 88–119.

solidarité internationale ont lancé des campagnes de soutien matériel. A l'automne 1976, le Groupe de travail Afrique australe Portugal, comité proche de l'extrême gauche genevoise, organise par exemple une campagne d'aide aux réfugiés du Zimbabwe (récolte de vêtements, médicaments, etc.). Cette aide demeure néanmoins sous-tendue par une question politique: «Par notre soutien, nous contribuerons, d'une façon peut-être modeste, à aider le peuple du Zimbabwe à continuer sa lutte pour renverser le régime raciste et exploiteur de Ian Smith, et à acquérir une indépendance rapide et totale».[52] C'est à un moment où le cycle de contestation marqué par 1968 se trouve déjà dans une phase de déclin que se déroule, à Lausanne, en octobre 1978, le premier Symposium de la solidarité, événement qui peut, dans une certaine mesure, être considéré comme un tournant. Le projet d'un tel symposium naît à la suite de la protestation contre la tenue d'un symposium latino-américain européen à Montreux en octobre 1977, lequel réunit des milieux d'affaires. Après de longs mois de préparation, le Symposium de la solidarité rassemble des milliers de personnes[53] autour d'un objectif: «Non seulement protester, scander des slogans; mais aussi défricher la réalité des relations Suisse/pays opprimés, se former, expliquer, dénoncer et donner la parole aux représentants des peuples opprimés».[54] Relevons ici la référence aux 'peuples opprimés', qui était courante dans la terminologie soixante-huitarde.

Cette rencontre unitaire romande de trois jours est préparée par une vingtaine d'organisations et une quinzaine de groupes de travail. Elle entend être le «point culminant de notre solidarité avec le Tiers Monde, en se focalisant sur trois thèmes principaux: l'Afrique australe, l'Amérique latine et les relations entre la Suisse et le Tiers Monde».[55] Les groupes de travail qui se penchent sur cette dernière thématique élaborent une réflexion sur des thèmes que la contestation post-soixante-huitarde a souvent mis en exergue: l'exportation d'armes, la fuite des capitaux, le rôle des banques et des multinationales, ou encore la faim dans le monde. Lors du Symposium, une table-ronde sur le thème de la dépendance pays riches / pays pauvres réunit quatre figures emblématiques: l'économiste André Gunder Frank, théoricien du sous-développement,[56] Régis Debray, le compagnon de route de la révolution cubaine et de Che Guevara en Bolivie,[57] le sociologue et député socialiste Jean

---

52 «Aide aux réfugiés du Zimbabwe», in: *Afrique nouvelle*, n° 7, novembre 1976, pp. 7–8.
53 «La solidarité en Suisse romande», in: *Chili Venceremos*, n° 12, février–mars 1979.
54 «Pour un Symposium de la solidarité», feuillet, 1978, Archives du Comité Memoria y Justicia, Genève, Fonds Roland Bersier. Au sujet du deuxième Symposium, organisé à Berne en 1981, voir Kuhn 2011, *op. cit.*, pp. 41–84.
55 «Les 20-21-22 octobre à Lausanne: le Symposium de la solidarité», tract, 1978, Archives du Comité Memoria y Justicia, Genève, Fonds Roland Bersier.
56 André Gunder Frank, *Le développement du sous-développement: l'Amérique latine*, Paris 1970.
57 Régis Debray, *Révolution dans la révolution? Lutte armée et lutte politique en Amérique latine*, Paris 1967.

Ziegler,[58] ainsi que Charles-André Udry, dirigeant historique de la LMR et permanent de la IVe Internationale. Malgré la présence de ce dernier, le courant révolutionnaire pèse de moins en moins dans les discussions. En effet, seules deux organisations d'extrême gauche y participent: la LMR et l'*Organisation communiste Le Drapeau Rouge*, dans laquelle s'est fondue RplC. Ces deux groupes sont noyés sous un flot disparate des comités et d'associations de solidarité, qui épousent une approche moins idéologique et radicale, plus unitaire et «réaliste».[59] Cette tendance va s'accentuer au cours des années 1980.

Cette évolution se déroule dans un contexte de recul des mouvements sociaux et politiques issus de 68. En Suisse et dans la plupart des pays occidentaux, la nouvelle gauche radicale se trouve au milieu des années 1970 sur le déclin, qui est notamment patent dans les mobilisations de rue. Certes, l'année 1975 est encore marquée par des manifestations internationalistes de grande ampleur, pendant lesquelles nombre de militants révolutionnaires ont l'impression que la révolution, partie des pays du tiers-monde, arrive en Europe. En effet, aux victoires des mouvements de libération nationale au Vietnam et au Cambodge et à l'indépendance des anciennes colonies portugaises répondent, sur le continent européen, la révolution portugaise et la fin du franquisme, alimentant toutes deux des espoirs révolutionnaires. Cependant, en 1976, le nombre de manifestations de solidarité internationale baisse sensiblement en Suisse.[60] La crise économique, la mutation générationnelle et les convulsions internes à la gauche radicale constituent quelques-uns des facteurs explicatifs de cet affaiblissement. A cela s'ajoute l'évolution politique internationale. L'Asie orientale, 'zone des tempêtes' pendant une décennie, ne porte plus la Révolution (fin de la Révolution culturelle en Chine après la mort de Mao, instauration du régime khmer rouge au Cambodge). Par conséquent, de nombreux activistes déchantent devant l'évolution d'Etats nouvellement indépendants, dont ils ont auparavant soutenu la lutte de libération. De façon plus générale, le marxisme, le léninisme et la notion même de lutte des classes perdent de leur attrait. Pour la nouvelle gauche radicale, mais aussi pour bon nombre de comités anti-impérialistes, les années 1976–1979 vont être des années d'effritement et de disparition de nombreux groupes.

Ces années seront suivies, dès 1979, par une phase de légère recomposition, qui se déroule notamment autour du soutien à l'Amérique centrale. La révolution san-

---

58 Jean Ziegler avait publié deux ans auparavant un livre qui avait fait grand bruit: *Une Suisse au-dessus de tout soupçon*, Paris 1976.
59 Voir l'article paru dans le dernier numéro du journal du CLP: «Symposium de la solidarité: la lutte anti-impérialiste a profité des opportunismes», in: *Le Militant*, n° 41, novembre 1978, p. 10.
60 Alois Tschopp, *Datenhandbuch über politische Aktivierungsereignisse in der Schweiz, 1945–1978*, Zurich 1981.

diniste au Nicaragua nourrira encore quelques espoirs révolutionnaires et donnera lieu à un important mouvement de solidarité dans les années 1980.[61] Mais le paradigme anti-impérialiste, qui associait soutien au tiers-monde et lutte de classes en Suisse, et avait été puissant dans les années 1970, semble bel et bien révolu, malgré les actions, en Suisse alémanique, d'un comité tel que le *Solidaritätskomitee für Afrika, Asien und Lateinamerika* (SKAAL).[62] De toute évidence, l'anti-impérialisme, dans sa version gauchiste, s'effrite inexorablement dès la deuxième moitié des années 1970. En revanche, le tiers-mondisme politique suscite encore durant la décennie suivante de nombreux débats et connaît une forte adhésion. En ce sens, Konrad Kuhn montre par exemple que la mobilisation du mouvement tiers-mondiste atteint un point culminant lors du Symposium de la Solidarité de 1981.[63] Ce courant se désagrègera à son tour durant les années 1990, alors même que les notions de 'tiers-monde' voire de 'développement' (tant comme discours que comme facteur de mobilisation sociale) deviennent peu à peu obsolètes, même si cette dernière fait toujours l'objet de quelques débats nourris.[64] Si le concept d''aide' a lui aussi survécu[65] et n'est désormais que rarement placé entre guillemets, sa valeur opératoire est aujourd'hui fortement remise en question.

---

61 Thomas Kadelbach, *Les brigadistes suisses au Nicaragua (1982–1990)*, Fribourg 2006.
62 Kalt 2010, *op. cit.*, pp. 318–323.
63 Kuhn 2011, *op. cit.*, pp. 42–43.
64 Gilbert Rist, *Le développement. Histoire d'une croyance occidentale*, Paris 1996.
65 Jean-Michel Severino, Jean-Michel Debrat, *L'aide au développement*, Paris 2010.

III.

Entwicklungsarbeit als historisches Forschungsfeld

Soziale Bewegungen und internationale Solidarität – Archivbestände und offene Forschungsfragen

Anita Ulrich und Konrad J. Kuhn

Nach der Historisierung der 1960er Jahre hat nun jene der 1970er und 1980er Jahre eingesetzt, für die die Herausbildung sozialer Bewegungen charakteristisch ist. Das trifft auch für die Solidaritätsbewegungen und die Entwicklungszusammenarbeit zu. In diesem Prozess der Historisierung gewinnen archivalische Quellen an Gewicht, denn die Möglichkeiten der geschichtswissenschaftlichen Forschung werden entscheidend dadurch geprägt, was von den damaligen Akteuren überhaupt an schriftlichen Unterlagen geschaffen wurde und – gerade bei zivilgesellschaftlichen Bewegungen nicht immer vorauszusetzen – in Archiven gesichert wurde.

In diesem Beitrag soll in zwei Teilen der Frage nachgegangen werden, welche zukünftigen Forschungsfragen für eine Geschichte der internationalen Solidarität und der Entwicklungszusammenarbeit mit zivilgesellschaftlichen Quellenbeständen bearbeitet werden können. Diese Frage ist verbunden mit einer ersten Übersicht über eine Auswahl solcher Archivalien von sozialen Bewegungen, wie sie sich gegenwärtig im *Schweizerischen Sozialarchiv* in Zürich befinden. Die Quellenbestände im *Sozialarchiv* dienen für diesen Beitrag als konkretes Beispiel zur Darstellung der Perspektiven und Möglichkeiten für zukünftige Forschungsbeiträge, zugleich aber ist diese Institution in ihrer Verbindung von Archiv, Bibliothek und Dokumentationsstelle schweizweit einzigartig als Sammlungsort von schriftlichen Zeugnissen von politischen Bewegungen und zivilgesellschaftlichen Organisationen, die sich in der Schweiz in der zweiten Hälfte des 20. Jahrhunderts für internationale Solidarität, globale Gerechtigkeit und Entwicklungszusammenarbeit engagiert haben. Der Beitrag soll deshalb nicht zuletzt dazu anregen, Forschungen mit den umfangreichen und breiten Quellenbeständen anzugehen. In einem zweiten Schritt strukturiert dieser Beitrag knapp die bisherige Forschungslandschaft zur Geschichte der Schweizer Entwicklungszusammenarbeit und internationaler Solidarität und ortet dabei fünf Bereiche, in denen weiterführender Forschungsbedarf besteht. Damit will der Beitrag sowohl mögliche Fragestellungen als auch theoretisch-methodische Überlegungen skizzieren, um so zukünftige geschichtswissenschaftliche Arbeiten anzuregen, die unsere Kenntnis der Entstehung, der Denkweisen und der Praktiken von internationaler Solidarität und Entwicklungszusammenarbeit in der Schweiz erweitern.

Materialien und Bestände im Schweizerischen Sozialarchiv

Zur Entwicklungszusammenarbeit und zur Solidaritäts- und Dritte-Welt-Bewegung existiert eine kaum zu überblickende Menge von Unterlagen und Dokumenten unterschiedlicher Art. Neben der amtlichen Überlieferung ist auf Seiten der Gegenöffentlichkeit eine Vielfalt von Unterlagen entstanden: Material zur Argumentationshilfe mit dem Ziel einer emanzipatorischen 'Bewusstseinsbildung' über die Ungerechtigkeit und die Armut in der 'Dritten Welt'. Material aber auch, das zur Selbstvergewisserung für die in der heterogenen Bewegung Engagierten gedient hat. Und trotzdem ist das Material nicht immer in der von der geschichtswissenschaftlichen Forschung gewünschten Dichte und für die jeweils benötigen Perioden vorhanden. Allgemein lässt sich bei allen sozialen Bewegungen beobachten, dass Flugblätter und Flugschriften in Hülle und Fülle vorhanden sind, es jedoch häufig an aussagekräftigen, kontextstarken Dokumenten mangelt. Zudem fehlen oft Protokollserien, aus denen der Verlauf von gruppeninternen Auseinandersetzungen oder das Zustandekommen wichtiger Entscheide hervorgehen würden.

Allgemein ist die Überlieferungssicherung der schweizerischen Dritte-Welt-Bewegung durch zwei Charakteristika geprägt. Zum einen handelt es sich um eine heterogene, gesamtschweizerisch aktive Bewegung, die eine Vielzahl unterschiedlicher Akteure vereint. Sie umfasst entwicklungspolitische Aktionsgruppen und Lobbyorganisationen, studentische Gruppen und Organisationen der politischen Linken, Hilfswerke, länderbezogene Solidaritätskomitees, die Dritte-Welt-Läden und international operierende NGOs. Sie bilden eine Gemengelage verschiedenster Interessen und unterscheiden sich bezüglich Aktions- und Organisationsformen. Internationale Solidarität hat als Movens zivilgesellschaftlichen Engagements ab den 1960er Jahren in den Staaten Westeuropas eine erhebliche Kraft entwickelt. Dabei waren es vor allem kollektive Akteure, die sich unter Begriffen wie 'Solidaritätsbewegung' oder 'Dritte-Welt-Bewegung' engagierten. In der Forschung werden folglich die Bezeichnungen 'Dritte-Welt-Bewegung' und 'entwicklungspolitische Solidaritätsbewegung' synonym verwendet. Sie beide sind Selbstbezeichnungen der Bewegung und zeichnen sich dadurch aus, dass sie die Kernelemente und -begriffe des Engagements der Aktivisten transportieren: Dritte Welt, Entwicklungspolitik und Solidarität.[1] Nach Hanspeter Kriesi firmiert unter Solidaritätsbe-

---

1 Vgl. Florence Passy, «Political Altruism and the Solidarity Movement. An Introduction», in: Marco Guigni, Florence Passy (Hg.), *Political Altruism? Solidarity Movements in International Perspective*, New York/Oxford 2001, S. 3–20, hier S. 4–5; Christine Frantz, Ansgar Klein, Markus Rohde, Ulrich Willems, «Advokaten internationaler Solidarität: Zivilgesellschaftliche Organisationen in Entwicklungspolitik und Entwicklungszusammenarbeit», in: *Forschungsjournal Neue Soziale Bewegungen* 1 (2005), S. 2–6; Zur Begrifflichkeit auch: Michael Bommes, Michael Heuer, «'Dritte-Welt-Bewegung' – Was für eine Bewegung?!», in: *Forschungsjournal Neue Soziale Bewegungen* 3 (1994), S. 63–75, bes. S. 65–67.

wegung «die vielgestaltige Bewegung, die Solidarität mit der Dritten Welt übt. Sie umfasst Teilbewegungen für Entwicklungs- und humanitäre Hilfe, für politische Häftlinge, für Asylbewerber und gegen Rassismus».[2] Zum anderen sind Entwicklungszusammenarbeit und humanitäre Hilfe in der Schweiz eine gemeinsame Aufgabe von Staat, Zivilgesellschaft und Privaten. Die Heterogenität der Bewegung und die Verflechtungen von Staat und Hilfswerken führen unter anderem auch dazu, dass die schriftlichen Quellen in den unterschiedlichsten Beständen und in den föderal organisierten staatlichen und in den privaten Archiven der Schweiz zu suchen sind. So befinden sich beispielsweise die Archive der Hilfswerke *Swissaid*, *Helvetas* und HEKS im *Schweizerischen Bundesarchiv*, während das Archiv des katholischen Hilfswerkes *Caritas* im kantonalen Staatsarchiv Luzern deponiert ist und dasjenige der Entwicklungsorganisation *Swisscontact* im *Archiv für Zeitgeschichte*.[3] Eine Hilfe bei der Suche nach den Aufbewahrungsorten von einschlägigen Beständen in den daran beteiligten Archiven bietet das Archivportal *Archivesonline.org*.

Das *Schweizerische Sozialarchiv* in Zürich hat seiner Tradition entsprechend die Überlieferung einer beachtlichen Anzahl von zivilgesellschaftlichen Akteuren gesichert. Seit seiner Gründung im Jahr 1906 dokumentiert das *Schweizerische Sozialarchiv* die Soziale Frage, soziale Bewegungen und den gesellschaftlichen Wandel mit dem Schwerpunkt Schweiz. Heute beherbergt die Archivabteilung des *Sozialarchivs* rund 570 Aktenbestände von Parteien, Gewerkschaften, Verbänden, gemeinnützigen Organisationen und sozialen Bewegungen. Darunter sind auch zahlreiche Privatnachlässe von Aktivistinnen und Aktivisten dieser Organisationen. Die Abteilungen Bibliothek und Dokumentation des *Sozialarchivs* sammeln systematisch gedrucktes Quellenmaterial, hervorzuheben sind besonders die umfangreichen Periodika-Bestände und die einzigartigen Sammlungen sogenannter Kleinschriften sowie die Pressedokumentation.

Die sozialen Bewegungen der späten 1960er und 1970er Jahre haben eine Flut von Büchern, Broschüren, Flugblättern, Zeitschriften, Mitteilungsbulletins und Kampagnenmaterial produziert. Das ist bei der Solidaritätsbewegung nicht anders. Das *Schweizerische Sozialarchiv* verfügt über die wohl umfangreichste Sammlung von Kleinschriften, also Broschüren, Zeitschriften, Flugblättern, in der Schweiz. Mitteilungsbulletins, Redetyposkripte, Vortragseinladungen oder Handzettel sind wegen ihrer Ausrichtung auf den unmittelbaren Gebrauch meist nur hier gesammelt und überliefert worden, während sie sonst die Zeit nicht überdauert haben.

---

2   Hanspeter Kriesi, «Organisationsentwicklung von sozialen Bewegungen», in: *Forschungsjournal Neue Soziale Bewegungen* 4 (1992), S. 85–93, hier S. 92. Ähnlich breit ist Solidaritätsbewegung auch definiert bei Simone Baglioni, «Solidarity Movement Organizations: Toward an Active Global Consciousness?», in: Guigni, Passy 2001, *op. cit.*, S. 219–234.

3   Vgl. dazu den Beitrag von Gregor Spuhler, Lea Ingber und Sonja Vogelsang in diesem Band.

Gerade in diesen Beständen findet sich Material für Forschungsfragen, beispielsweise nach der Aussendarstellung der entwicklungspolitischen Organisationen, nach den sprachlichen und ikonografischen Kommunikationsmitteln von Hilfswerken oder nach der Darstellung und Präsenz der 'Dritten Welt' und ihrer Menschen in der Schweiz. Vielversprechend wäre auch eine Analyse der Karikaturen, die die Probleme der Entwicklungszusammenarbeit ins Bild gesetzt haben und als Bildquellen genutzt werden könnten.[4] Die in unserem Kontext wichtigsten Dossiers sind einerseits Länderdossiers der Zeitungsausschnittabteilung, beispielsweise Algerien, Vietnam, Nicaragua, Kuba, Chile und Südafrika. In den Länderdossiers befindet sich auch Quellenmaterial zu den Solidaritätskundgebungen in der Schweiz. Thematische Dossiers bestehen zu: Entwicklungshilfe, Entwicklungspolitik, Technische Zusammenarbeit: allgemein und Ausland; Entwicklungshilfe, Entwicklungspolitik, Technische Zusammenarbeit: Schweiz; Nord-Süd-Dialog (wirtschaftliche Aspekte), Fairer Handel; Internationale Landwirtschaftsorganisationen, Hunger; Banken in der Schweiz, Finanzplatz Schweiz, Fluchtgeld; Dritte Welt, Entwicklungsländer: Allgemeines; Rüstungsindustrie, Waffenhandel. Diese Sammlungen sind stets nach dem Pertinenzsystem (d.h. sachsystematisch) aufgebaut, 1200 Sachthemen sind in Dossiers abgelegt und online recherchier- und bestellbar.

Eine bedeutende Quelle stellen daneben die Periodika-Bestände dar. Mehr als 120 Zeitschriften, Mitteilungsorgane verschiedener, hauptsächlich schweizerischer Akteure, privater und kirchlicher Hilfswerke, entwicklungspolitischer Organisationen und Solidaritätsgruppen sind im *Sozialarchiv* vorhanden. Diese Periodika dienten der Meinungsbildung, der Sensibilisierung für die Anliegen der Solidarität, Gerechtigkeit und Entwicklung sowie der Politisierung der Bevölkerung. Nicht zuletzt war das Ziel auch die Mobilisierung von Spendengeldern. Die Spannweite reicht von lokalen Solidaritätskomitees, deren Publikationen nur wenige Male erschienen sind, bis zu etablierten Hilfswerken, deren Wirken über Jahrzehnte festgehalten ist. Daneben finden sich im *Sozialarchiv* auch die Jahresberichte von Institutionen, die sich in der Entwicklungszusammenarbeit und der internationalen Solidarität engagiert haben. Diese Tätigkeitsberichte dokumentieren die Veränderungen innerhalb der einzelnen Organisationen und legen Rechenschaft über die Aktivitäten ab. Anhand dieser Publikationen liesse sich nachvollziehen, wie sich die Tätigkeitsfelder und die Reflexion über das eigene Engagement im Laufe der Zeit verändert haben.

Geschichte und Gegenwart von sozialen Bewegungen sind mit dem Gedanken der Solidarität eng verbunden. Solidarität – auch in der Dimension der internatio-

---

4   Monica Kalt, *Tiersmondismus in der Schweiz der 1960er und 1970er Jahre: Von der Barmherzigkeit zur Solidarität*, Bern 2010, hier S. 528.

nalen Solidarität – hat eine wichtige Rolle in der Arbeiterbewegung des 19. und 20. Jahrhunderts gespielt, Solidarität war und ist aber auch zentral in den neuen sozialen Bewegungen, zum Beispiel der Ökologie- und der Frauenbewegung. Innerhalb der Friedensbewegung, von der seit dem Zweiten Weltkrieg verschiedene Impulse auf die Entwicklungspolitik ausgegangen sind, ist es ebenfalls üblich, sich auf Solidarität zu berufen. Aspekte des Solidaritätsdiskurses spielen aus den oben erwähnten Gründen in vielen und verschiedenen Archivbeständen des *Schweizerischen Sozialarchivs* eine wichtige Rolle.

Entwicklungspolitik

In der Schweiz bildeten sich seit den späten 1960er Jahren eine Reihe von entwicklungspolitischen Aktionsgruppen in Hochschul-, Schul- und Kirchenkreisen. Viele der in jener Zeit gegründeten entwicklungspolitischen Gruppierungen führten ihr Engagement auf christliche Werte zurück. Dies resultierte zeitweise in Auseinandersetzungen mit den offiziellen Landeskirchen. Es entstanden zahlreiche Dritte-Welt-Solidaritätsgruppen und Länder-Komitees, angefangen bei den Vietnam-Komitees bis hin zu den Zentralamerika-Komitees, Dritte-Welt-Läden und -Buchhandlungen. Seit Beginn der 1970er Jahre stellten viele dieser Gruppierungen die Gesellschaftsstrukturen und die Rolle westlicher Staaten und Unternehmen grundsätzlich in Frage und fragten nach der Mitverantwortung der nördlichen Industriestaaten für die ungerechten Wirtschaftsstrukturen und die ungleiche Entwicklung der Welt. Zu den bedeutendsten Beständen des *Sozialarchivs* zählen in diesem Kontext die Archive der *Erklärung von Bern* und der *Arbeitsgruppe Dritte Welt*. Beide Organisationen leisteten Pionierarbeit hinsichtlich der Sensibilisierung und Bewusstseinsbildung der schweizerischen Gesellschaft für Fragen der Nord-Süd-Beziehungen.

Die *Erklärung von Bern* (EvB)/*Déclaration de Berne* (DB) wurde im Jahr 1968 von einer Gruppe reformierter Theologen in Form eines Manifestes über die Schweiz und die Entwicklungsländer formuliert. 1971 konstituierte sie sich als gesamtschweizerischer Verein mit einer starken Verankerung in den drei grossen Sprachregionen mit je eigenem Vorstand und Sekretariaten in Zürich und Lausanne. Freiwillige Mitarbeitende wurden zudem in Lese- und Regionalgruppen organisiert. Die EvB agierte bereits früh auch in einem internationalen Netzwerk von Nichtregierungsorganisationen, die sich für Entwicklungspolitik, Menschenrechte und Umwelt engagieren. Die Unterlagen der EvB aus dem Zeitraum 1968–2004 im Umfang von 21 Laufmetern sind dank der hohen Professionalisierung der Organisation durch ständige Sekretariate sowie ein ausgeprägtes historisches Bewusstsein weitgehend erhalten. Weitere Ablieferungen an das *Sozialarchiv* werden 2014 erfolgen. Die EvB zeichnet sich durch eine intensive Textproduktion aus, es ging ihr primär um Bewusstseinsbildung, darum, der Bevölkerung zu einer adäquaten Wahrnehmung der Entwicklungsproblematik zu verhelfen. Auffallend ist die grosse Wichtigkeit des schriftlich Fixierten. Die Sitzungen der verschiedenen Gremien wurden in der mit professionellen Strukturen versehenen Organisation minutiös protokolliert, der Quellenwert des Archivs ist entsprechend hoch. Neben publizistischen Texten wie Broschüren, Stellungnahmen, Aktionsmaterial und Presseausschnitten enthält der Bestand ferner strategische Papiere, Korrespondenzen und Handakten von einzelnen Mitarbeiterinnen und Mitarbeitern. Das Material zu den eigenen Aktionen und den Dossiers zu den von der EvB bearbeiteten Themen wird ergänzt durch Unterlagen zu einzelnen zusammen mit andern Akteuren der Dritte-Welt-Bewegung getragenen Kampagnen. Besonders hervorzuheben sind die Handakten der prägenden Pioniere und Pionierinnen Regula Renschler und Anne-Marie Holenstein (besonders die Aktivitäten der *Food Policy Study Group* der *International Peace Research Association*), Ursula Walter sowie René Holenstein und Rudolf Strahm. Weitere Akten von Rudolf Strahm sollen dem *Sozialarchiv* zu einem späteren Zeitpunkt übergeben werden.[5] Der audiovisuelle Bestand ist mit rund siebzig Fotos, Objekten und Tonbildschauen vergleichsweise bescheiden. Das Bildarchiv umfasst neben der «Jute statt Plastic»-Aktion 1976–1979[6] Beispiele anderer Sensibilisierungs- und Aufklärungskampagnen, etwa zur Kleider- und Schuhproduktion in Entwicklungsländern, zu den Finanzbeziehungen der Schweiz zum Apartheidstaat Südafrika oder zu gentechnisch veränderten Lebensmitteln.

Innerhalb der schweizerischen Dritte-Welt-Bewegung der späten 1960er und frühen 1970er Jahre hatte die 1968 entstandene *Arbeitsgruppe Dritte Welt Bern* (AG3W) eine tragende Rolle inne. Die AG3W war eine der ersten Organisationen, die den Protest gegen die Zustände in der Dritten Welt mit konkreten, persönlichen Handlungsperspektiven verband. Bis 1973 führte sie beispielsweise die Weihnachtsaktionen durch, eine Geschenkverzichtsaktion zugunsten der Dritten Welt. Die Beschäftigung mit den Entwicklungsländern und den Finanzbeziehungen führte die AG3W bald zu einer Grundsatzkritik an der staatlichen Entwicklungs-

---

5 Vgl. aus einer Erinnerungsperspektive mit weiteren Facetten und neuen Einsichten: Anne-Marie Holenstein, Regula Renschler, Rudolf Strahm, *Entwicklung heisst Befreiung: Erinnerungen an die Pionierzeit der Erklärung von Bern 1968–1985*, Zürich 2008; vgl. auch Konrad J. Kuhn, *Entwicklungspolitische Solidarität. Die Dritte-Welt-Bewegung in der Schweiz zwischen Kritik und Politik 1975–1992*, Zürich 2011 und Konrad J. Kuhn, «'Der Kampf der Entrechteten dort ist unser Kampf hier!' Entwicklungspolitisches Engagement und internationale Solidarität in der Schweiz», in: Janick Marina Schaufelbuehl (Hg.), *1968–1978: Ein bewegtes Jahrzehnt in der Schweiz – Une décennie mouvementée en Suisse*, Zürich 2009, S. 113–124.

6 Konrad J. Kuhn, «'Das Produkt als Aufhänger für Information und Schulungsarbeit': Die entwicklungspolitische Konsumentenaktion 'Jute statt Plastic' 1976–1979», in: *Traverse* (2005), Nr. 3, S. 27–39.

hilfe.⁷ Neben dem politischen Lobbying war die Informations- und Öffentlichkeitsarbeit die wichtigste Tätigkeit der AG3W. Ihre spektakulärste Kampagne war der Prozess gegen Nestlé (1974–1976).⁸ Im Zuge der in den 1970er Jahren zunehmenden Professionalisierung und Vernetzung mit anderen entwicklungspolitischen Gruppen der Schweiz wirkte die AG3W als Zentralstelle der 1972 gegründeten Vereinigung *Schweizer Arbeitsgruppen für Entwicklungspolitik* (Safep). Von dieser Organisation befinden sich bisher leider nur Nachlasssplitter im *Sozialarchiv*.⁹ Das Archiv der *Arbeitsgruppe Dritte Welt Bern* umfasst die gesamten Akten – Prozessakten, Korrespondenz, Presseausschnitte – zum Nestlé-Prozess, ferner umfangreiches Material zum Mirow-Prozess sowie einen kleineren Bestand zur Motor Columbus/CIAE. Insgesamt handelt es sich um einen Bestand von 2,2 Laufmetern aus den Jahren 1973–1987.

Eng damit zusammenhängend ist das Archiv der 1990 als Verein konstituierten *Arbeitsgruppe Nestlé* (AGN), die den sogenannten zweiten Nestlé-Boykott in der Schweiz 1991 lancierte. 1977 hatte die *Arbeitsgruppe Dritte Welt Bern* den ersten Nestlé-Boykott in der Schweiz ausgerufen als Reaktion auf Nestlés Vermarktungspraktiken von Babymilchersatz und dessen Folgen in der Dritten Welt. Erneute Kodex-Verletzungen des weltgrössten Verkäufers von Babymilchersatzprodukten hatten zur Folge, dass der Boykott 1988 in den USA wiederaufgenommen wurde und sich rasch auf andere Länder ausweitete. 1991 erreichte die Boykottbewegung in der Schweiz ihren Höhepunkt. Der Bestand umfasst Akten aus dem Zeitraum 1986–1999 im Umfang von 0,4 Laufmetern.

Ein typisches Beispiel für die sich in diesen Jahren auch auf lokaler Ebene formierende Solidaritätsbewegung mit der Dritten Welt ist die *Arbeitsgruppe 3. Welt Volketswil* (a3w). Sie entstand im November 1974 auf Initiative der Reformierten Kirchgemeinde und bezweckte die Bewusstseinsbildung für die Probleme der Dritten Welt und die Unterstützung von Projekten. Der Verein veranstaltete zahlreiche Informationsabende, sammelte Geld für den Brunnenbau in Kamerun oder für die Strassenkinder in Bogota und engagierte sich für den fairen Handel. Es handelt sich um einen kleinen, repräsentativen Bestand im Umfang von 0,2 Laufmetern, vorhanden sind nicht nur Protokolle, Statuten und Flugblätter, sondern auch Gegenstände, beispielsweise die Einkaufstasche «Jute statt Plastic» mit dem

---

7   Rahel Fischer, Manuel Schär, «Tausende Hungertote – ist die Schweiz mitschuldig? Internationale Solidarität in Bern: Die Arbeitsgruppe Dritte Welt», in: Bernhard C. Schär et. al. (Hg.), *Bern 68 – Lokalgeschichte eines globalen Aufbruchs – Ereignisse und Erinnerungen*, Baden 2008, S. 145–154.
8   Kalt 2010, *op. cit.*, S. 400–490.
9   Ein Teil der Archivalien der Safep befindet sich im Archiv der «Studienbibliothek zur Geschichte der Arbeiterbewegung» in der Handschriftenabteilung der Zentralbibliothek Zürich (Signatur SGA Ar 105.11).

Gemeindewappen von Volketswil, sowie zahlreiche Fotodokumente von Standaktionen und Veranstaltungen.

Die *Aktion Finanzplatz Schweiz – Dritte Welt* (AFP) wurde 1978 im Zusammenhang mit der Banken-Initiative der *Sozialdemokratischen Partei Schweiz* gegründet, um die entwicklungspolitischen Aspekte der Initiative aufzugreifen, die 1984 an der Urne wuchtig verworfen wurde. Die AFP setzte ihren Schwerpunkt auf Recherchen, Analysen und Kampagnen zu den wichtigsten Themen rund um den Finanzplatz Schweiz. 2012 stellte sie ihre Tätigkeit ein; bereits im Juli 2012 konnte das Archiv an das *Schweizerische Sozialarchiv* übergeben werden und ist so gesichert.

Fairer Handel

Die Geschichte des fairen Handels in der Schweiz ist eng mit dem Entstehen der Solidaritätsbewegung in der Schweiz verknüpft. Entwicklungspolitische Organisationen wie die *Erklärung von Bern*, die *Arbeitsgruppe Dritte Welt* und die Safep lancierten in den frühen 1970er Jahren Konsumentenaktionen, um auf das wachsende Nord-Süd-Gefälle aufmerksam zu machen. Produkte wie Kaffee («Ujamaa»), Jute oder Bananen wurden Symbolträger für die Darstellung entwicklungspolitischer Zusammenhänge.[10] Gleichzeitig sollte den Konsumentinnen und Konsumenten eine Gelegenheit geboten werden, etwas für die Entwicklungshilfe zu tun, ohne die Almosenmentalität zu unterstützen. Der Erfolg dieser Aktionen machte die Gründung einer gemeinsamen schweizerischen Importzentrale erforderlich.

Die *Importstelle OS3* leistete seit 1977 Pionierarbeit im fairen Handel, 1997 wurde sie unter dem Namen *claro fair trade AG* in eine Aktiengesellschaft umgewandelt. Die *Importstelle OS3* bzw. *claro fair trade* sind auf den Handel mit Lebensmitteln und Kunsthandwerk aus Entwicklungsländern spezialisiert. Ihre Handelspartner sind Kleinproduzentinnen und -produzenten aus wirtschaftlichen Randgebieten des Südens und Europas, für die der faire Handel einen alternativen Zugang zum Welthandel darstellt. Oberstes Ziel der *claro fair trade AG* ist die kontinuierliche Verbesserung der sozialen, wirtschaftlichen und ökologischen Situation ihrer Produzenten. Dazu gehören auch die Minimierung des Zwischenhandels zugunsten einer möglichst direkten Zusammenarbeit mit den Partnern und die Unterstützung sozialer Projekte. Wenn immer möglich werden die Produkte durch

---

10 Ursula Brunner, *Bananenfrauen*, Frauenfeld/Stuttgart/Wien 1999; Konrad J. Kuhn, «'Handelsförderung ist notwendig und problematisch zugleich': Die Entstehung des fairen Handels als neue Handels- und Unternehmensform», in: Hans-Jörg Gilomen, Margrit Müller, Laurent Tissot (Hg.), *Dienstleistungen: Expansion und Transformation des «dritten Sektors» (15.–20. Jahrhundert)*, Zürich 2007, S. 107–124.

die Stiftung *Max Havelaar* zertifiziert. Das Firmenarchiv der *claro fair trade AG* aus dem Zeitraum 1973–1999 im Umfang von 27 Laufmetern enthält die Gründungsakten, die Vorstandsprotokolle, die Protokolle der Generalversammlungen, die Akten der Geschäftsleitung, Unterlagen zum Social Accounting und zur Qualitätssicherung, umfangreiche Schriftwechsel mit Produzenten und Lieferanten, Sortimentskataloge, Unterlagen zu Marketing und Kampagnen, Periodika und Drucksachen sowie Unterlagen zu in- und ausländischen Partnerorganisationen u.a. *Max Havelaar Schweiz*. Ebenfalls vorhanden sind die Akten der *Vereinigung Dritte-Welt-Läden* (V3WL) aus den Jahren 1976–1999. Speziell hervorzuheben ist der grosse Bestand an Bilddokumenten und audiovisuellen Medien: Fotografien, Dias, Film-, Ton- und Videodokumente.

Zum fairen Handel besitzt das *Schweizerische Sozialarchiv* zwei Archivbestände regionaler Initiativen, des *Vereins Weltläden Nordwestschweiz* und des *Regionalvereins 3. Weltläden Zürich*. Der Verein *3. Welt-Läden Region Basel* wurde 1982 in Liestal gegründet, 1998 unter dem Namen *Verein Weltläden Nordwestschweiz* reorganisiert und 2004 aufgelöst. Der Verein unterstützte die Arbeit der claro-, Welt- und Bioläden und förderte die Umsetzung und das Konzept des fairen Handels. Der kleine Bestand aus dem Zeitraum 1982–2004 im Umfang von 0,6 Laufmetern enthält Protokolle von Sitzungen und Versammlungen, Jahresberichte, Korrespondenzen, Akten zum Regionallager, Produkteinformationen und -werbung, Verträge und Finanzen und die Akten zur Neuorganisation des *Vereins Weltläden Nordwestschweiz* ab 1998 bis 2004. Die einzelnen Serien sind über mehrere Jahre erhalten geblieben. Unter dem Namen *Verein Regionallager für 3.Welt-Läden* konstituierte sich 1983 in Zürich ein gemeinnütziger Verein zur Förderung der Zusammenarbeit und des Informationsaustausches zwischen den assoziierten Läden. Er bezweckte ursprünglich auch, einen Beitrag zur entwicklungspolitischen Aufklärung zu leisten. Die Nachfolgeorganisation *Regionalverein für Weltläden Zürich* rückte die Interessenvertretung insbesondere gegenüber Vertriebsfirmen ins Zentrum. Die Auflösung des Regionalvereins erfolgte 2006. Der Bestand aus dem Zeitraum 1983–2009 im Umfang von 0,3 Laufmetern umfasst einen dichten Bestand an Protokollen, Korrespondenz und diversen Sitzungsunterlagen.

Hilfswerke

Ausser den Archiven von entwicklungspolitischen Aktionsgruppen und den Weltläden beherbergt das *Schweizerische Sozialarchiv* auch Akten und Dokumente von Hilfswerken, die sich in der Entwicklungszusammenarbeit engagiert haben. Sie haben ihren Ursprung meist in der Arbeiterbewegung oder haben von dort massgebliche Impulse erhalten.

In erster Linie ist das Archiv des *Schweizerischen Arbeiterhilfswerks* (SAH) zu erwähnen. Das SAH wurde 1936 in Folge der Weltwirtschaftskrise vom *Schweizerischen Gewerkschaftsbund* und der *Sozialdemokratischen Partei der Schweiz* gegründet. Das Ziel war, bedürftige Arbeiterfamilien im In- und Ausland zu unterstützen. Zudem leistete das SAH im Spanischen Bürgerkrieg humanitäre Hilfe. Der Archivbestand enthält neben Unterlagen zur Inlandhilfe umfangreiche Aktenbestände zur Flüchtlingshilfe, zur Nachkriegshilfe, zu den Auslandaktivitäten und zur Entwicklungszusammenarbeit. Damals konzentrierte sich das Arbeiterhilfswerk auf Wiederaufbauprogramme in Europa sowie auf die Unterstützung von Opfern des Aufstands von 1956 in Ungarn. Ab 1949 leistet das SAH – als eines der ersten Schweizer Hilfswerke – internationale Entwicklungshilfe, unter anderem in Griechenland, Palästina/Israel, Jugoslawien und nach dem Algerienkrieg auch in Algerien und Tunesien. Die Akten der Auslandabteilung zur internationalen Entwicklungszusammenarbeit und Katastrophenhilfe liegen noch im Zürcher Hauptsitz des SAH (seit 2011 mit dem neuen Namen *Solidar Suisse*). Sie wurden von Seiten des *Sozialarchivs* und in Zusammenarbeit mit den Verantwortlichen des SAH teilweise bereits bewertet und neu verpackt, so dass sie in dieser Form zugänglich sind. Der Bestand enthält Protokolle, Berichte, Memos, Strategie- und Planungspapiere, Verträge sowie Projektunterlagen, ferner zusammenfassende Berichte, Reiseberichte, SAH-eigene Drucksachen und Publikationen von Projekten. Der wertvolle Bestand der Auslandabteilung enthält auch Fotomaterial. Im Archiv des SAH befindet sich zudem ein wichtiger Aktenbestand zum *Internationalen Arbeiterhilfswerk* (*Entraide Ouvrière Internationale/International Labour Assistance*). Das Bildarchiv des SAH umfasst mehr als 1800 Fotos mit Fokus auf den 1940er und 1950er Jahren. Besonders gut dokumentiert sind die Hilfsaktionen der letzten Kriegs- und unmittelbaren Nachkriegsjahre in den Nachbarländern. Hermann Freytag und Ernst Koehli, zwei Zürcher Fotografen aus dem Umfeld der Arbeiterbewegung, haben die Tätigkeiten des SAH über Jahre hinweg verfolgt und in nüchterner Weise festgehalten. Die Tätigkeiten späterer Jahre hingegen sind leider nur noch spärlich fotografisch dokumentiert.

Teilweise ähnliche Zielsetzungen wie das SAH verfolgt das Hilfswerk *Brücke – Le pont*, das gemeinsam von der *Katholischen Arbeitnehmerinnen- und Arbeitnehmer-Bewegung der Schweiz* (KAB) und von der christlichen Gewerkschaftsorganisation *Travail Suisse* (bis 2003 CNG) getragen wird. Es ist aus der Vorläuferorganisation *Brücke für Bruderhilfe* (gegründet 1956 von der KAB) und CECOTRET (*Centre de coopération technique et de recherche pour l'éducation des travailleurs dans les pays en voie de développement*, gegründet 1971 vom CNG) hervorgegangen. Das Hilfswerk versteht sich als Brücke zwischen den Arbeitnehmerinnen und Arbeitnehmern in der Schweiz und in den Ländern des Südens.

Der Archivbestand im Umfang von 13,3 Laufmetern enthält zahlreiche Bezüge zur Gewerkschaftsarbeit, zur Geschichte der Dritte-Welt-Bewegung in der Schweiz und zu den Aktivitäten im Bereich fairer Handel. Beide Hilfswerke setzten sich nicht nur für bauliche und landwirtschaftliche Fragen ein, sondern waren auch politisch tätig, indem sie lokale Gewerkschaften, Frauenbewegungen, Genossenschaften und Menschenrechtsorganisationen förderten und Funktionäre ausbildeten. Das Hilfswerk finanziert und begleitet Projekte in Afrika und Lateinamerika, vorwiegend im Bereich Arbeit, ökologischer Landbau, berufliche Ausbildung, Frauenförderung, Recht auf Land und Arbeit sowie die Bekämpfung missbräuchlicher Kinderarbeit. Der Bestand beinhaltet Protokolle und Akten der Vorläuferorganisationen, Projektunterlagen zu Lateinamerika, Afrika, Asien und Europa. Speziell zu erwähnen sind auch die im Bestand enthaltenen Akten der *Fédération Genevoise de Coopération* aus dem Zeitraum 1980–1995.

Aktivitäten von Privatpersonen, die kleine Hilfswerke aufgebaut und betrieben haben, finden ihren Niederschlag in den Nachlässen von *AiDE DiRECTE* und dem Nachlass von *Verena Karrer*. Die 1990 vom Berner Lehrer und freikirchlichen Missionar René Weiss gegründete *AiDE DiRECTE* führte Schulen in Kaya, Burkino Faso und errichtete Schulbauten, Lehrerunterkünfte, Werkstätten, Gärten und Brunnen. Im Verlauf einer Vereinskrise und im Zuge von Konflikten mit der lokalen Bevölkerung löste sich der Verein 2010 auf. Das Vereinsarchiv im Umfang von 0,4 Laufmetern mit den Protokollen der Gremien, den Jahresberichten und Jahresrechnungen, Statuten und Leitbildern, Verträgen, Rundbriefen, Fotodokumenten und Korrespondenz ist chronologisch geordnet. Es ermöglicht einen einzigartigen Einblick in die für die Schweiz zentrale private Hilfe kleinerer Hilfswerke und deren teilweise auch problematischen Hierarchisierungen zwischen Gebern in der Schweiz und Nehmern in den Entwicklungsländern.

Verena, genannt *Vre Karrer* (1933–2002) gründete 1993 im somalischen Merka die Krankenstation «Neue Wege». Später kamen ein Ambulatorium und eine Primar-, Sekundar- und Mittelschule dazu. Im Jahr 2002 wurde Vre Karrer in ihrer Wohnung aus bis heute unbekannten Gründen ermordet. Der Bestand enthält unter anderem Briefe von Vre Karrer (teilweise abgedruckt in der Zeitschrift *Neue Wege* 1993–2002), Zeitungsausschnitte, Berichte über den *Förderverein Neue Wege in Somalia* aus den Jahren 1995–2010, Unterlagen zum Tod von Vre Karrer (2002) sowie zur Buchpublikation.[11]

---

11 Vre Karrer, *Und grüsse euch mit dem Lied des Regenvogels: Briefe aus Somalia*, Bern 2003.

Länderkomitees

Für verschiedene Länder der Dritten Welt gibt es in der Schweiz Solidaritätsgruppen, die vor allem ab den frühen 1980er Jahren entstanden und deren Geschichte bisher erst spärlich erforscht ist. Diese Länderkomitees informierten über die betreffenden Länder oder Regionen, förderten das Bewusstsein in der Schweiz, unternahmen politische Vorstösse, unterstützten Befreiungsbewegungen oder Entwicklungsprojekte im 'befreiten' Land. Oft engagierten sich auch Emigrantinnen und Flüchtlinge aus den entsprechenden Ländern in diesen Vereinigungen. Den umfangreichsten Nachlass in diesem Kontext bildete die *Anti-Apartheid-Bewegung* in der Schweiz. Erste Wurzeln des Engagements gegen die Apartheid sind in kirchlichen Kreisen zu erkennen. Später dehnte sich die Beteiligung in traditionell linke Kreise aus. 1965 wurde das *Mouvement Anti-Apartheid Suisse* (MAAS) in Genf/ Meyrin gegründet, erst 1975 folgte die *Anti-Apartheid-Bewegung* in der deutschen Schweiz (AAB). Die AAB setzte sich zum Ziel, über die Apartheid zu informieren, konkrete Aktionen zu unterstützen und das Bewusstsein für Rassismusfragen zu fördern.[12] Aus der AAB heraus entwickelten sich zwei Organisationen: Der *Früchteboykott* in Basel mit eigenem Sekretariat koordinierte Produkteboykotte, und die *Aktion Finanzplatz Schweiz – Dritte Welt* leitete Untersuchungen gegen Firmen und Betriebe ein. Der Bestand aus dem Zeitraum 1973–2003 im Umfang von 3 Laufmetern enthält die Sekretariatsakten (1973–1994), Protokolle, Korrespondenz, Drucksachen, Publikationen und Akten zu verschiedenen Aktivitäten (Konferenzen, Symposien, parlamentarische Vorstösse, Petitionen, Früchteboykott, Aktionen zugunsten von Einzelpersonen). Ferner finden sich Dokumentationen zu den Wirtschaftsbeziehungen in den Bereichen Finanzplatz, Schweizer Unternehmen, Tourismus und Investitionstätigkeit zwischen der Schweiz und Südafrika sowie Unterlagen nahestehender Organisationen. Erwähnenswert ist in diesem Kontext auch die im *Sozialarchiv* vorhandene Korrespondenz der Pfarrerin *Leni Altwegg* mit Chief Mangosuthu Gatsha Buthelezi in KwaZulu aus den Jahren 1980–1994. Buthelezi war Vorsitzender der Zulu-Partei *Inkatha Freedom Party* und bis 2004 südafrikanischer Innenminister. Er lehnte die Idee eines südafrikanischen 'Einheitsstaats' ab und strebte eine föderale Lösung unter ethischen Aspekten an.

Die *Gruppe Schweiz–Philippinen* (GSP) war eine Solidaritätsorganisation mit Sitz in Zürich, die 1983 gegründet wurde und sich im Jahr 2000 auflöste, weil der Vorstand keine neuen Mitglieder rekrutieren konnte. Der Bestand umfasst das schriftliche Material sowie Fotos und Dias der *Gruppe Schweiz–Philippinen*.

---

12 Eine Übersicht leistet Peter Leuenberger, «Switzerland and Apartheid: The Swiss Anti-Apartheid Movement», in: *The Road to Democracy in South Africa: International Solidarity*, Pretoria 2008, S. 704–715.

Neben den verschiedenen Kampagnen, öffentlichkeitswirksamen Veranstaltungen und Konferenzen sind auch die Aktivitäten der Regionalgruppen Bern, Genf, Luzern und Zürich sowie diverser philippinischer Organisationen im *Sozialarchiv* gut dokumentiert. Der Bestand aus dem Zeitraum 1983–2001 im Umfang von 3,5 Laufmetern enthält Statuten, Protokolle, Korrespondenz, Unterlagen zu diversen Kampagnen, Presseausschnitte und Dokumentationen sowie Fotodokumente. Das umfangreiche Archiv des Dokumentationszentrums, das Zeitschriften, Broschüren und weiteres Material von zahlreichen philippinischen Nichtregierungsorganisationen umfasste, wurde dem *International Institute of Social History* in Amsterdam übergeben, das ein Archiv zu den Philippinen führt.[13] Die Plakate gingen an die Plakatsammlung des Museum für Gestaltung in Zürich, das einen Schwerpunkt auf politischen Plakaten aus den Ländern des Südens besitzt.[14]

Das 1980 gegründete *Zentralamerika-Sekretariat* (ZAS) wurde von verschiedenen Solidaritätsgruppen getragen, die nach der erfolgreichen sandinistischen Revolution von 1979 in Nicaragua entstanden waren. Das ZAS setzte sich für «Frieden, Selbstbestimmung und Nichtintervention» in Zentralamerika ein. Inhaltlich lag das Schwergewicht auf Nicaragua. Daneben wurden aber auch Ereignisse und Entwicklungen in El Salvador, Guatemala und Honduras thematisiert. In den 1980er Jahren organisierte das ZAS verschiedentlich Arbeitsbrigaden nach Nicaragua, die beim Aufbau von Infrastruktur und bei der Landarbeit mithelfen sollten.[15] Neben den Unterlagen der nationalen Koordination (Protokolle, Korrespondenzen, interne Papiere, Broschüren, Flugblätter, Pressemitteilungen) sind Dokumente der Ortsgruppen Zürich und Schaffhausen vorhanden. Dazu kommen Unterlagen zu verschiedenen Aktionen in der Schweiz und in Zentralamerika wie zum Beispiel Dokumentationen der Arbeitsbrigade Nicaragua aus den Jahren 1982/83. In enger Beziehung dazu steht der Bestand der sogenannten *Gesundheitsbrigaden Schweiz/ Nicaragua* (Brigada de Salud), die dem Aufbau und der Aufrechterhaltung eines Gesundheitswesens im ganzen Land dienen sollten. Der vorliegende Bestand dokumentiert die Arbeit einer solchen Brigade, die Rekrutierung des freiwilligen Gesundheitspersonals in der Schweiz und die Berichterstattung darüber. In den Dokumenten kommen die enorme Motivation der Aktivistinnen und Aktivisten und die Erfolge, aber auch die Probleme und Grenzen des Engagements zur Sprache.

---

13 International Institute of Social History (IISH), *Social and political movements in the Philippines Collection*; http://www.iisg.nl/archives/en/files/s/ARCH02446full.php (7. August 2012).
14 http://www.museum-gestaltung.ch/de/sammlungen/plakat/ (7. August 2012).
15 Vgl. dazu Thomas Kadelbach, *Les brigadistes suisses au Nicaragua (1982–1990)*, (Aux sources du temps présent Nr. 15), Fribourg 2006.

Flüchtlinge und Asylbewerber

Beispiele für die Solidarität schweizerischer Aktionen und Privatpersonen mit Migranten und Asylsuchenden sind die Hilfsaktionen *Arbeitsgemeinschaft Freiplatz Chile-Flüchtlinge*. Diese Bürgerinitiative entstand in Zusammenhang mit dem Militärputsch gegen den Präsidenten Salvador Allende und ermöglichte über 2000 Chilenen die Rettung in die Schweiz. Die Arbeitsgemeinschaft organisierte in politischen Gemeinden und in Kirchgemeinden Freiplätze für chilenische Flüchtlinge und verteilte sie an die Lokalkomitees in der ganzen Schweiz, darunter die *Freiplatzaktion Chile-Flüchtlinge Schaffhausen*. Die Bestände enthalten Protokolle verschiedener Gremien, Korrespondenz, Pressemitteilungen, Zeitungsausschnitte, Vermittlung von Wohn- und Arbeitsplätzen, Stipendien, Bewilligungen, Flüchtlingsdossiers mit fallbezogenen Akten, Video- und Tonbandaufzeichnungen.

Personennachlässe

Neben den Archiven von Körperschaften bewahrt das *Schweizerische Sozialarchiv* auch verschiedene Personennachlässe von Aktivisten und Aktivistinnen im Bereich Entwicklungszusammenarbeit und internationale Solidarität auf. Wichtig dabei sind vor allem folgende Bestände:

Walter Renschler (1932–2006): Der Nationalökonom Walter Renschler war als Journalist, SP-Politiker und Gewerkschaftsfunktionär tätig. Zu seinen Spezialgebieten gehörten unter anderem die schweizerische Aussen- und Entwicklungspolitik. Im entwicklungspolitischen Bereich betätigte er sich bereits zu Beginn der 1960er Jahre als Redaktor der Schweizer Zeitschrift *Mondo* für Entwicklungsfragen, bildete zwischen 1967 und 1968 Journalisten in Afrika aus, bekleidete von 1968 bis 2001 den Posten des Vizepräsidenten der Entwicklungshilfe-Organisation *Helvetas* und arbeitete gleichzeitig bis 1974 als Redaktor beim *Helvetas*-Organ *Partnerschaft* mit. Der Nachlass von Walter Renschler enthält Dokumente aus dem Zeitraum 1932–2006 und umfasst rund 6 Laufmeter. Die thematischen Akten beinhalten unter anderem Materialien zum sogenannten Afrikazyklus (ca. 1956–1965). Unter den chronologisch geordneten Akten (1967–2006) finden sich neben Zeitungsartikeln, Fotomaterial, Referaten, Korrespondenz, Flugblättern, Broschüren und Podiumsgesprächen auch diverse Dokumente zur Entwicklungshilfe und Material aus der Zeitschrift *Mondo*, die nach wie vor einer Untersuchung harrt.

Hansjürg Braunschweig (1930–1999): Der promovierte Jurist und langjährige Amtsvormund der Stadt Zürich wies Zeit seines Lebens ein grosses friedens-, entwicklungs- und parteipolitisches Engagement auf. 1953 trat er in die SPS ein, für die er sich als Kantonsrat (1968–1978), als Präsident der SP des Kantons Zürich (1976–1982) und als Nationalrat (1978–1990) engagierte. In friedenspolitischer Hinsicht arbeitete er 1956 bis 1966 beim *Service Civil International*, bei der *Internationalen Liga der Rotkreuzgesellschaft* in Algerien und beim *Schweizerischen Arbeiterhilfswerk*. Er war von 1964 bis 1975 Präsident des *Schweizerischen Friedensrates*, von 1982 bis 1992 Präsident der *Arbeitsgemeinschaft für Rüstungskontrolle und ein Waffenausfuhrverbot* sowie von 1984 bis 1997 Präsident der religiös-sozialistischen Vereinigung *Freunde der Neuen Wege*. Der Bestand enthält neben umfangreichen Unterlagen zu seinen partei- und friedenspolitischen Aktivitäten, thematischen Dokumentationen (unter anderem auch zur Asyl- und Ausländerpolitik) und verschiedenen Länderdossiers, zahlreiche Unterlagen zu entwicklungspolitischen Fragen. Es finden sich Unterlagen zur *Liga der nationalen Rotkreuz-Gesellschaften* (1962–1965), zum Vorstand, zur Geschäftsleitung und zur Flüchtlingskommission des *Schweizerischen Arbeiterhilfswerk* (SAH) (1962–1997). Dabei handelt es sich um Protokolle, Tätigkeitsberichte, Korrespondenz, Projektbeschreibungen (so zum Bau einer Berufsschule in Algerien 1963–1965). Die Aktenserie zur Entwicklungspolitik umfasst des weiteren Dossiers zur Arbeitsgemeinschaft für den Einsatz junger Berufsleute in Entwicklungsgebieten (1963–1969) und zur Entwicklungspolitik selbst. Hier findet sich Material zu Organisationen wie dem Friedensrat, der EvB oder dem *Solidaritätsfond für den Befreiungskampf in der Dritten Welt* (Solifonds), zur entwicklungspolitischen Verfassungsinitiative und zur *Aktion Finanzplatz Schweiz – Dritte Welt* sowie zu Veranstaltungen zur Entwicklungszusammenarbeit und zu Menschenrechten.

Rodolfo Olgiati (1905–1986): Der Mathematik- und Physiklehrer Rodolfo Olgiati war ab 1935 als Sekretär des *Internationalen Zivildienstes* tätig. Er engagierte sich in der Spanienkinderhilfe und wirkte am Aufbau des *Schweizerischen Kinderhilfswerkes* mit. Olgiati war Leiter der *Schweizer Spende* und arbeitete ab 1949 als Mitglied des IKRK. Der Bestand im Umfang von einem Laufmeter aus dem Zeitraum 1934–1963 beinhaltet neben Unterlagen zur Person, Briefe, Reiseberichte, Vortragsmanuskripte, auch Unterlagen zu verschiedenen Hilfswerken wie der *Schweizer Spende*, des *Internationalen Zivildienstes*, der *Schweizerischen Arbeitsgemeinschaft für kriegsgeschädigte Kinder*, der *Schweizer Europahilfe* oder des *Schweizerischen Hilfswerk für aussereuropäische Gebiete*. Die Gründung des *Schweizerischen Hilfswerks für aussereuropäische Gebiete* war das Ergebnis der sogenannten *Solidaritätsaktion* (1953–1955), zu der im Nachlass zahlreiche Zwischenberichte, Einladungen, Berichte, Protokolle der Initiantengruppe, Vorträge, Zeitungsartikel und Korrespondenz zu finden sind.

Vernetzungen: Soziale Bewegungen, Parteien und Gewerkschaften

Generell ist es kaum möglich, die Dritte-Welt-Bewegung genau abzugrenzen und zu bestimmen, wer dazugehört und wer nicht; dies ist ein Charakteristikum aller 'Neuen sozialen Bewegungen', bei denen das Engagement der Aktivistinnen und Aktivisten auch in anderen Themen seinen Ausdruck finden kann. Wie andere neue soziale Bewegungen war die Dritte-Welt-Bewegung parteiunabhängig und setzte sich aus Personen und unterschiedlichen Organisationen zusammen, gleichwohl bestanden aber personelle Verbindungen zu einzelnen Parteien der politischen Linken. Die Vernetzungen auch mit zahlreichen anderen Bewegungen und Organisationen bestanden einerseits über personelle Netze, andererseits über organisatorische Zusammenarbeit. Solche Vernetzungen finden auch in den Beständen des *Sozialarchivs* ihren Niederschlag. Am wichtigsten war hier die *Sozialdemokratische Partei der Schweiz* (SPS), die bereits früh entwicklungspolitisch engagierte Exponenten in ihren Reihen hatte und von der über Mitarbeitende der Hilfswerke oder der EvB direkte Verbindungen zur schweizerischen Dritte-Welt-Bewegung bestanden. Unter den Aktenserien des umfangreichen Archivs der *Sozialdemokratischen Partei der Schweiz* finden sich zu entwicklungspolitischen Fragen verschiedene Dossiers. So enthalten die Unterlagen der entwicklungspolitischen Kommission verschiedene Berichte, Protokolle und Korrespondenz aus den Jahren 1987–1995. Für die Jahre 1995–2000 finden sich auch verschiedene Dossiers der Kommission für Aussen- und Entwicklungspolitik. Des Weiteren finden sich im Bestand bisher unbearbeitete Akten zu Vorschlägen für Aktionen der Partei auf dem Gebiet der Entwicklungshilfe (1960) und zu *Terre des Hommes* (1966). Umfangreich ist auch das Material zu Initiativen und Kampagnen; hier erwähnt sei vor allem die auch mit einer entwicklungspolitischen Zielsetzung versehene Bankeninitiative 1978–1984.

Daneben fanden entwicklungspolitische Anliegen und aktive Personen auch in der Grünen Partei und in der Gewerkschaftsbewegung Resonanz. So enthalten die Bestände zur Friedensbewegung – *Schweizerischer Friedensrat, Arbeitsgemeinschaft für Rüstungskontrolle und ein Waffenausführverbot* und *Friedenspolitische Initiativen* sowie *Peace Brigades International* substanzielle Unterlagen zu entwicklungspolitischen Fragen. Ähnliches gilt für die *cfd Frauenstelle für Friedensarbeit*. Daneben gibt es Gruppierungen, die sich darauf beschränkten, ihre Aktivisten und Aktivistinnen bei Aktionen oder Initiativen der Dritte-Welt-Bewegung zu mobilisieren; in diesem Fall entstanden vor allem Dossiers mit Broschüren und Flugblättern. Zusätzlich engagierten sich die seit Mitte der 1970er Jahre aktive Kleinpartei POCH *(Progressive Organisationen Schweiz* mit den Beständen POCH Bern, POCH Zürich, POCH/KPS/ML, OFRA) und die Parteien und Organisationen der Neuen Linken in Fragen der entwicklungspolitischen Solidarität. Vor allem das parteinahe *Solidaritätskomitee Afrika, Asien und Lateinamerika* (SKAAL) pflegte einen eigenständigen Internationalismus. Daneben bestanden weitere trotzkistische oder maoistische Gruppen auf Seiten der Linken. Sie thematisierten die Dritte-Welt-Problematik in den Horizonten Internationalismus/Antiimperialismus, quellenmässig drückt sich dies in Dokumenten zur Imperialismustheorie und zu Protestaktionen bezüglich Chile, Vietnam, Nicaragua und El Salvador und Kuba aus.

Die schweizerischen Gewerkschaften wie der *Schweizerische Gewerkschaftsbund* (SGB) beteiligten sich zwischen 1949 und Mitte der 1970er Jahre vorwiegend über internationale Organisationen wie den *Internationalen Bund Freier Gewerkschaften* (IBFG) an der Entwicklungszusammenarbeit. Neben wenigen eigenen Initiativen wie schriftlichen Protesten bei Menschenrechts- und Gewerkschaftsrechtsverletzungen in den Entwicklungsländern oder der materiellen Unterstützung karitativer Massnahmen des Arbeiterhilfswerks beschränkte sich das entwicklungspolitische Engagement des SGB auf die interne Aufklärungsarbeit über die Initiativen der internationalen Organisationen und deren finanzielle Unterstützung. Das Entwicklungshilfekonzept der schweizerischen Gewerkschaften änderte sich erst 1983. Durch die Gründung des *Solidaritätsfonds für den Befreiungskampf in der Dritten Welt* (Solifonds), eines Gemeinschaftswerks der SPS, des SGB, des SAH und verschiedener entwicklungspolitischer Organisationen, wurde die politische Dimension von Entwicklungshilfe in den Vordergrund gestellt. Die technische und projektorientierte Entwicklungshilfe wandelte sich zu einer solidarischen und selbstkritischen Entwicklungspolitik, die sich durch die finanzielle Unterstützung des Arbeiter- und Gewerkschaftskampfes in den Entwicklungsländern für politische und gewerkschaftliche Grundrechte in der Dritten Welt einsetzt. Die Quellenlage zu entwicklungspolitischen Aktivitäten der schweizerischen Gewerkschaften in den Beständen des *Sozialarchivs* ist allgemein eher mager. Vereinzelte Angaben finden sich im Archiv des SGB in Bern. Zur Geschichte und Tätigkeit des *Solifonds* besteht ein umfangreiches Archiv der Stiftung Solifonds in Zürich, ein Dossier «Solifonds» im Archiv des *Informationsdienstes 3. Welt* (i3w) in Bern sowie persönliche Akten von Gründer Rudolf H. Strahm und Mitgründer Ueli Schwarz und Karl Aeschbach, der einen Teil seines Vorlasses mit Reden und Artikeln im Sommer 2012 deponiert hat. Zwei Schachteln zu einem Solidaritätsfonds für christliche Gewerkschaften in den Entwicklungsländern finden sich im Bestand des *Christlich-Nationalen Gewerkschaftsbundes der Schweiz* (CNG).

Zugang

www.sozialarchiv.ch erlaubt den Zugriff auf alle Bestände des *Sozialarchivs*. Bis auf wenige Jahresberichte und Kleinschriften sind alle Bestände online recherchier- und bestellbar. Die Verzeichnisse aller Körperschaftsarchive und Nachlässe sind im Online-Archivfindmittel mit einer thematischen, einer alphabetischen oder mit einer Volltextsuche recherchierbar, während die Einsichtnahme in die Archivbestände nur im Lesesaal möglich ist. Die Archivbestände sind jeweils nach Provenienzprinzip geordnet und auf Schachtelebene verzeichnet, wobei jedes Verzeichnis als Kontextinformation zusätzlich eine kurze Verwaltungsgeschichte oder biographische Angaben sowie eine summarische Inhaltsbeschreibung enthält. Die audiovisuellen Archivalien sind in der Datenbank «Bild+Ton» erschlossen mit dem Ziel, diese weiter sukzessive zu digitalisieren und online zur Verfügung zu stellen. Die Sachdokumentation mit über 160 000 Einzeldokumenten und 1,7 Millionen Zeitungsausschnitten hingegen steht in thematisch geordneten Sachdossiers zur Verfügung, die Schachteln können online bestellt und vor Ort eingesehen werden. Dieser Bestand ist nach Pertinenz geordnet, so dass die vorgängige Sichtung der Sachdokumentation hilfreich sein kann, weil sie es den Forscherinnen und Forschern ermöglicht, sich rasch einen Überblick über die wichtigsten Akteure und Ereignisse zu verschaffen, semantische Netze zu knüpfen und inhaltliche Bezüge ausfindig zu machen.

Forschungsfelder und weiterführende Fragestellungen

Für eine weiterführende Geschichte der Schweizer Entwicklungszusammenarbeit sind gerade auch angesichts dieser Fülle von Quellen neue und erweiterte Forschungen erforderlich. Neu ist hier denn auch doppelt gemeint; einerseits braucht es veränderte und erweiterte Fragestellungen, andererseits sollte sich der Forschungsblick auf bisher von der geschichtswissenschaftlichen Forschung erst wenig bearbeitete Quellen richten. Generell lassen sich bezüglich nicht-staatlicher Akteure in der Entwicklungszusammenarbeit und der internationalen Solidarität die nachfolgenden ebenso vielversprechenden wie weiterführenden Forschungsfragen formulieren, die zugleich Desiderate ansprechen, die mit zukünftigen Forschungen einzulösen wären:

Erstens ist es dringend, die bisherige starke Dominanz staatlicher Quellenbestände in Forschungsarbeiten zur Geschichte der Entwicklungszusammenarbeit multiperspektivisch zu brechen. Hier wäre der Einbezug der Vielzahl von nichtstaatlichen Quellenbeständen, wie sie oben beschrieben und dargestellt wurden, notwendig. Diese Materialbasis sollte dabei aber unbedingt auch durch mündlich erschlossene Quellen erweitert und damit auch diversifiziert werden.[16] Dies gesagt, soll weder postuliert werden, der bisher dominierende politikhistorische Blick auf staatliche Archivalien sei überholt, noch wird behauptet, diese Quellen seien abschliessend bearbeitet.

Es geht *zweitens* vielmehr darum, die Perspektive auf eine breitere Quellenbasis zu verstärken, weil nur so die für die schweizerische Entwicklungszusammenarbeit konstitutiven Verflechtungen zwischen dem schweizerischen Bundesstaat und den zivilgesellschaftlichen Organisationen adäquat erforscht werden können. Zahlreich sind die Aussagen, dass Entwicklungszusammenarbeit und internationale Hilfe in der Schweiz eine gemeinsame Aufgabe des Staates, zivilgesellschaftlicher Organisationen und Privatpersonen sei.[17] Peter Hug und Beatrix Mesmer haben diese enge Beziehung, ja Abhängigkeit zwischen der offiziellen Schweiz und den privaten Hilfswerken und Entwicklungsorganisationen treffend als «pluralistischen Korporatismus» bezeichnet, ein Begriff, der darauf hinweist, wie eng in der Schweiz staatliches Handeln mit zivilgesellschaftlichem Engagement verflochten ist.[18] Trotz dieses richtigen Befundes sind diese Verknüpfungen und nicht immer konfliktfreien Relationen bisher erst wenig empirisch untersucht. Mit einem sowohl bezüglich analytischer Fragestellung als auch bezüglich Quellenbasis erweiterten Forschungsblick würde wohl auch die diskursiv hartnäckig wirksame Rolle des schweizerischen Selbstbildes als humanitäre Grossmacht nicht nur noch stärker als bisher in Frage gestellt, sondern es würde auch deutlich, in welchen Formen sich der von der bisherigen Forschung festgestellte, aber noch wenig materialgesättigte Befund eines ab den 1960er Jahren zunehmenden öffentlichen Interesses der schweizerischen Öffentlichkeit an Entwicklungsfragen manifestierte.[19] Dabei würde deutlicher, wie sich dieser «gesellschaftliche Konsens» (René Holenstein) über Entwicklungszusammenarbeit in handlungsleitenden Diskursen, aber auch in

---

16 Dass ein solcher Ansatz äusserst vielversprechend sein kann, haben erst kürzlich für das thematisch eng verwandte Feld der humanitären Hilfe gezeigt: Thomas Gull, Dominik Schnetzer, *Die andere Seite der Welt. Was Schweizerinnen und Schweiz im humanitären Einsatz erlebt haben*, Baden 2011, hier bes. S. 11. Vgl. auch den Beitrag von Gregor Spuhler, Lea Ingber und Sonja Vogelsang in diesem Band.

17 Beispielsweise bei: Urs Kälin, «Quellen zur Menschenrechts-Bewegung und zur humanitären Hilfe im Schweizerischen Sozialarchiv», in: *arbido* (2009), Nr. 2, S. 49–53, hier S. 50. Vgl. auch Albert Matzinger, *Die Anfänge der schweizerischen Entwicklungshilfe 1948–1961*, Bern/Stuttgart 1991, S. 178–181; Richard Gerster, «Entwicklungszusammenarbeit der privaten Hilfswerke», in: Alois Riklin, Hans Haug, Raymond Probst (Hg.), *Neues Handbuch der schweizerischen Aussenpolitik*, Bern/Stuttgart/Wien 1992, S. 705–715 und Jean-François Giovannini, «La suisse et la coopération au développement», in: *ibid.*, S. 693–703.

18 Peter Hug, Beatrix Mesmer, «Der pluralistische Korporatismus als innenpolitisches Erfolgsrezept in der schweizerischen Entwicklungspolitik», in: *Jahrbuch Schweiz–Dritte Welt* (1995), Nr. 14, S. 247–253.

19 Vgl. dazu Daniel Trachsler, *Bundesrat Max Petitpierre. Schweizerische Aussenpolitik im Kalten Krieg 1945–1961*, Zürich 2011, hier S. 333–338. Vgl. auch Albert Matzinger, *Die Anfänge der schweizerischen Entwicklungshilfe 1948–1961*, Bern/Stuttgart 1991, S. 199

konkreten Kooperationen operationalisierte.[20] Zugleich würden aber auch die diskursiv in Zeiten des innenpolitischen Kalten Krieges scharf gezogenen Grenzen dessen deutlich, was bezüglich Solidarität und globaler Gerechtigkeit in der Schweiz zwischen den 1950er und den späten 1980er Jahren sagbar und kritisierbar war.

Drittens würde eine solche Erweiterung beitragen zur multiperspektivischen Brechung der – aller modischen Trends von Global- und transnationaler Geschichtsschreibung zum Trotz – bisher nach wie vor vorherrschenden nationalen Forschungsperspektive. Diese bietet unterdessen zwar immerhin verschiedene Varianten von Meistererzählungen an, die allerdings alle nach wie vor von einem zumindest implizit formulierten teleologischen Modell ausgehen. Damit entstehen häufig Geschichten, die Entwicklungszusammenarbeit als eine Abfolge von kollektiven Lernprozessen von Institutionen und Akteuren beschreiben, die sich trotz Rückschlägen auf dem Weg hin zu einer «besseren Praxis» bewegen.[21] An deren Stelle müsste eine Geschichte treten, die stärker auf die Widersprüche, ja auf die Widerstände, auf die Ambivalenzen und damit auch auf die Grenzen von 'Entwicklung' als globales Projekt eingeht.

Damit verbunden wäre *viertens* ein Blick auf eine Alltagsgeschichte der konkreten Lebenswelt in der Entwicklungszusammenarbeit, aber auch auf die gelebten Realitäten in entwicklungspolitischen Zusammenhängen von sozialen Bewegungen in der Schweiz. Nach wie vor bleibt analytisch zu beschreiben, wie die kraftvolle Utopie globaler Gerechtigkeit als Antrieb für den Einsatz zahlreicher Menschen produktiv wirkte und so auch zahlreiche äusserst konkrete Handlungsfelder im Alltag schuf.[22] Dabei wird in den Quellen aber auch sichtbar, welche biografischen Brüche, welcher Preis gerade bezüglich Familienarbeit und wie viele persönliche Krisen mit der ausgesprochen hohen Identifikation mit dem politischen und entwicklungspraktischen Engagement verbunden waren. Es ginge also darum,

---

20 René Holenstein, «'Es geht auch um die Seele unseres Volkes': Entwicklungshilfe und nationaler Konsens», in: Mario König, Georg Kreis, Franziska Meister, Gaetano Romano (Hg.), *Dynamisierung und Umbau: Die Schweiz in den 60er und 70er Jahren*, Zürich 1998, S. 115–125, hier S. 115. Vgl. auch René Holenstein, *Was kümmert uns die Dritte Welt: Zur Geschichte der internationalen Solidarität in der Schweiz*, Zürich 1998, S. 29–34 und S. 69–100.

21 Jüngste Beispiele dafür sind: René Holenstein, *Wer langsam geht, kommt weit. Ein halbes Jahrhundert Schweizer Entwicklungshilfe*, Zürich 2010. Trotz dieses analytischen Mangels bietet das Buch einen gerade für nichtspezialisierte Leserinnen und Leser konzisen Rückblick über die Geschichte der schweizerischen Entwicklungszusammenarbeit und einen engagierten Ausblick auf die kommenden Herausforderungen; Rolf Wilhelm, *Gemeinsam unterwegs. Eine Zeitreise durch 60 Jahre Entwicklungszusammenarbeit Schweiz–Nepal*, Bern 2012; und mit Einschränkungen auch: Daniele Waldburger, Lukas Zürcher, Urs Scheidegger, *Im Dienst der Menschheit. Meilensteine der Schweizer Entwicklungszusammenarbeit seit 1945*, Bern 2012.

22 Einen Einblick (auch in die Schattenseiten ihres pionierhaften Engagements) geben Holenstein, Renschler, Strahm 2008, *op. cit.*

der Wirkungsmacht von Imaginationen (wie sie beispielsweise im Begriff der 'internationalen Solidarität' enthalten ist) als auch der realitätsprägenden Kraft von Bildern und Vorstellungen nachzugehen. Beispielsweise ist das enorme Mobilisierungs- und Politisierungspotential der Idee einer 'Dritten Welt' historiografisch in den Bereichen Wissenschafts-, Politik-, wie auch Sozial- und Wirtschaftsgeschichte erst in Ansätzen präsent.[23]

Generell ist *fünftens* bisher zu wenig hervorgehoben worden, in welcher Weise gerade die entwicklungspolitischen Gruppen als Taktgeber für die Entwicklungszusammenarbeit wirkten, indem sie neue Themenbereiche aus der internationalen Diskussion aufgriffen und ihre wissenschaftliche Komplexität für die schweizerische Situation 'übersetzten'.[24] Dies taten sie beispielsweise über die in steter Folge lancierten publikumswirksamen Aktionen, mittels derer komplexe Themenbereiche wie globaler Hunger, die Fluchtgeldproblematik oder internationale Verschuldung handlungsorientiert in die schweizerische Öffentlichkeit getragen wurden. Dies wäre jedoch kaum möglich gewesen ohne einen Resonanzraum auf der emanzipatorisch-politischen Linken, der sich in Parteien und Organisationen manifestierte, die gemeinsam den 'Entwicklungskuchen'[25] ausmachten, der sich in den vielfältigen Beständen des *Schweizerischen Sozialarchivs* zwar nicht vollständig, aber doch deutlich erforschbar, abbildet.

Ausblick

Der entsprechende Einbezug zivilgesellschaftlicher Quellenbestände könnte auch den Transfer von geschichtswissenschaftlichen Erkenntnissen zu den in der praktischen Entwicklungsarbeit tätigen Personen ermöglichen. Bis dato ist dieser nämlich nur selten festzustellen. Wenn nun aber das Archivmaterial der breiten Vielzahl von Hilfswerken und entwicklungspolitischen Organisationen selber vermehrt erforscht wird, dann dürften die Resultate solcher Forschungen auch diese interessieren und letztendlich dazu führen, dass Forschungsergebnisse in eine breitere Öffentlichkeit gelangen würden. Dies nicht etwa mit dem Ziel einer Verbesserung der konkreten 'Entwicklungspraxis' der heterogenen Akteure im Feld – ein Anspruch von dem sich eine kritisch-konstruktivistische Geschichtswissenschaft verabschiedet hat –, sondern mit dem nur vermeintlich bescheidenen Ziel, besser zu verstehen, wie historische Vorgänge die Welt und damit auch die Schweiz prägen.

---

23 Dazu Kuhn 2011, *op. cit.*; Christoph Kalter, *Die Entdeckung der Dritten Welt. Dekolonisierung und neue radikale Linke in Frankreich*, Frankfurt a.M./New York 2011; Kalt 2010, *op. cit.*
24 Ein Beispiel für dieses 'Übersetzen' (in die 'Kommunikationsform' der Zahlen) präsentiert Daniel Speich Chassé, «Streit um den Geldsack. Zahlen als politische Kommunikationsform über Entwicklungshilfe in der Schweiz», in: *WerkstattGeschichte* (2012), Nr. 58, S. 71–86.
25 Ueli Mäder, «Der Entwicklungskuchen: Mit frischem Mut?», in: *Solidarität* (1981), Nr. 59, S. 14–15.

Auslandhilfe als biografische Erfahrung. Das Zeitzeugenprojekt *humem*, zwei Freiwillige in Tansania 1967–1969 und die Sicherung von 75 Zeitzeugnissen durch das *Archiv für Zeitgeschichte*

Gregor Spuhler, Lea Ingber und Sonja Vogelsang

Wer waren jene Schweizerinnen und Schweizer, die sich in den sechs Jahrzehnten seit dem Zweiten Weltkrieg im Namen der Entwicklungszusammenarbeit und der humanitären Hilfe im Ausland engagierten? Was waren ihre Motive, und welche Erfahrungen machten sie bei ihren Einsätzen in den sogenannten Entwicklungsländern? Diese Fragen standen im Zentrum eines grossangelegten Zeitzeugenprojekts des Vereins *humem*, dessen Name für *humanitarian memory* steht.

Um die Fragen beantworten zu können, führte der Verein 2009 und 2010 insgesamt 75 mehrstündige Interviews durch, die mit Video aufgezeichnet und inhaltlich erschlossen wurden. Der biografische Zugang zum Thema Entwicklungszusammenarbeit scheint auch in der historischen Forschung auf beträchtliches Interesse zu stossen. Jedenfalls erhielten gemäss *humem* bis Ende 2012 rund ein Dutzend Personen für verschiedenste Forschungsprojekte persönlichen Zugang zu den Interviews; dazu gehörten auch Lukas Zürcher und Lea Ingber, die für ihre Beiträge im vorliegenden Band mit Interviews von *humem* gearbeitet haben. Allerdings sind die digitalisierten Videointerviews auf den Servern von *humem* weder langfristig gesichert noch öffentlich zugänglich. Deshalb haben der Verein *humem* und das *Archiv für Zeitgeschichte* der ETH Zürich (AfZ) vereinbart, die Interviews im AfZ zu sichern und dem interessierten Publikum zugänglich zu machen.

Im Folgenden stellen wir zuerst das Projekt *humem* und das Sample der Interviews vor. Danach wird am Beispiel eines Freiwilligeneinsatzes in Tansania aufgezeigt, welches Potential im biografischen Zugang für die historische Forschung steckt. Abschliessend skizzieren wir, wie das *Archiv für Zeitgeschichte* die Zeitzeugnisse sichern, zugänglich machen und im Rahmen eines grösseren Archivierungsprojektes mit zeitgenössischen Selbstzeugnissen anreichern will.

Der Verein humem *und die Ausstellung «Die andere Seite der Welt»*

Im Rahmen der 2011 durchgeführten Jubiläumsanlässe zum fünfzigjährigen Bestehen der *Direktion für Entwicklung und Zusammenarbeit* (DEZA) präsentierte der

Verein *humem* die audiovisuelle Wanderausstellung «Die andere Seite der Welt».[1] Darin waren Auszüge aus 75 Interviews mit Schweizerinnen und Schweizern zu sehen, die im Ausland für humanitäre Organisationen, für Projekte in der Entwicklungszusammenarbeit oder für die Wahrung der Menschenrechte im Einsatz gestanden hatten. Mit einer interaktiven Video-Installation – dem sogenannten Kaleidoskop, welches dem Publikum ermöglichte, mittels elektronischer Abstimmung aus einem Set von Kurzfilmen das eigene Programm zu wählen – sowie mit Video-Stationen und Stellwänden wurden den Besuchern Einblicke in die Lebensgeschichten der Zeitzeuginnen und Zeitzeugen sowie in ihre Erfahrungen im Feldeinsatz ermöglicht.

Intentionen des Projekts

Das Zeitzeugenprojekt *humem* wurde 2006 vom Filmregisseur Frédéric Gonseth zusammen mit verschiedenen Historikern und Filmemachern initiiert. Es kann als ein Nachfolgeprojekt von *Archimob* betrachtet werden. Unter jenem Titel waren in den späten 1990er Jahren 555 Personen zu ihren Erfahrungen im Zweiten Weltkrieg befragt worden.[2] Die Videointerviews dieses in der Schweiz bislang grössten Zeitzeugenprojekts befinden sich heute – nach einem Zwischenhalt im Historischen Museum Bern – in der Cinémathèque in Lausanne.[3] Zwischen den beiden Projekten bestehen vor allem auf Seiten der Initiatoren personelle Kontinuitäten; auch einzelne Zeitzeuginnen und Zeitzeugen wurden für beide Projekte interviewt.

Der Verein *humem* verfolgte zwei Ziele. Zum einen sollte ein audiovisuelles Oral-History-Archiv der humanitären Schweiz seit 1945 aufgebaut werden; von Beginn an war vorgesehen, die Interviewsammlung später einem Archiv zu übergeben, um sie der Forschung sowie der interessierten Öffentlichkeit zugänglich zu machen. Zum anderen sollten die Interviews in der oben erwähnten Ausstellung sowie in Form einer Buchpublikation der Öffentlichkeit präsentiert werden. Dabei betonte der Verein, dass es sich nicht um ein geschichtswissenschaftliches Forschungsprojekt mit einer spezifischen Fragestellung handelte, sondern ebenso wie bei *Archimob* um ein Projekt, das in erster Linie von historisch interessierten Kul-

---

1   Informationen zum Projekt und den Ausstellungsorten auf der Homepage: http://www.humem.ch/cms (Stand 17.8.2012).
2   Informationen zum Projekt auf der Homepage: http://www.archimob.ch (Stand 17.8.2012).
3   Abgesehen von einzelnen Publikationen und Dokumentarfilmen wurden diese Interviews für historische Arbeiten bisher leider kaum verwendet. Vgl. Christof Dejung, Thomas Gull, Tanja Wirz, *Landigeist und Judenstempel. Erinnerungen einer Generation 1930–1945*, Zürich 2002; Christof Dejung, *Aktivdienst und Geschlechterordnung. Eine Kultur- und Alltagsgeschichte des Militärdienstes in der Schweiz 1939–1945*, Zürich 2006; Frédéric Gonseth Productions, *L'histoire c'est moi* (Filmmaterial), Lausanne 2004; Alex Hagmann, *Bilder der Erinnerung. Geschichte und Geschichten der Grenzzegion Basel 1933–1945* (Filmmaterial), Basel 2010.

turschaffenden initiiert und durchgeführt wurde. Finanziert wurde das Projekt (wie im Übrigen auch die Archivierung) nach dem Prinzip der 'rollenden Planung' von Stiftungen, kantonalen Lotteriefonds, Hilfswerken und Entwicklungshilfeorganisationen sowie von der DEZA, wobei die inhaltliche Unabhängigkeit des Vereins *humem* und seines Projekts gewahrt blieb.

Indem die Ausstellung dem Publikum Einblick in die Lebens- und Gedankenwelten der Zeitzeuginnen und Zeitzeugen ermöglichte, sollten die bekannten, aber abstrakten Akteure der Entwicklungszusammenarbeit und humanitären Hilfe, nämlich die schweizerischen Hilfsorganisationen, ein menschliches Gesicht erhalten. In der Ausstellung wurde das Augenmerk einerseits auf die Beweggründe für das Engagement der Interviewten gelegt und andererseits auf ihre Erlebnisse während der Auslandeinsätze. Diese Funktion einer öffentlichen Informationsplattform hielten die Ausstellungsmacher für besonders wichtig, da Erlebnis- und Erfahrungsberichte der aus dem Feld Zurückgekehrten bei den Daheimgebliebenen oft auf Unverständnis oder Desinteresse stossen würden.

Mit diesem Ansatz hat das Projekt gegenüber Entwicklungszusammenarbeit und humanitärer Hilfe insgesamt einen affirmativen Charakter und gibt eine schweizerische Perspektive wieder: Kritiker der Auslandhilfe im Allgemeinen oder bestimmter Organisationen und Formen der Hilfe im Besonderen wurden ebenso wenig interviewt wie Staatsangehörige von 'Entwicklungsländern'. Vielmehr ging es darum, differenzierte Einblicke in die Praxis von Auslandeinsätzen zu gewinnen, gegenüber den im Feld Tätigen Empathie zu wecken und den Besuchern eine Auswahl verschiedener Lebensentwürfe im Bereich der Entwicklungszusammenarbeit und humanitären Hilfe vorzustellen.

Auswahl der Interviewten und Verlauf der Interviews

Die Auswahl der Interviewpartnerinnen und Interviewpartner erfolgte in einem mehrstufigen Verfahren. Dabei wurden die berufsbiografischen Erfahrungen in der Auslandhilfe, die Erinnerungsfähigkeit sowie – im Hinblick auf die Videoaufzeichnung und die geplante Verwendung der Filme – auch die erzählerische Begabung berücksichtigt. Im Vordergrund des Interesses standen Personen, die möglichst lange in der Auslandhilfe tätig gewesen waren und selbst Felderfahrung aufwiesen. Allerdings waren dies keine harten Kriterien; so wurden im Verlaufe des Projekts auch Personen interviewt, die selbst nur einige Monate, allenfalls ein bis zwei Jahre im Ausland verbracht hatten, dafür aber in besonderen Projekten tätig gewesen waren oder in schweizerischen Organisationen leitende Funktionen eingenommen hatten. Insgesamt wurde nicht etwa Homogenität, sondern möglichst grosse Heterogenität des Samples angestrebt, wobei darauf geachtet wurde, Männer und Frauen, alle Sprachregionen, möglichst viele Organisationen und verschiedenste geografische Einsatzgebiete sowie gleichermassen Entwicklungszusammenarbeit und humanitäre Hilfe zu berücksichtigen.

Nach der Erstellung einer Liste potentieller Gesprächspartnerinnen und Gesprächspartner führten die Mitarbeiterinnen und Mitarbeiter von *humem* 2009 und 2010 insgesamt 75 jeweils mehrstündige Interviews durch. Im Vorfeld waren die Interviewenden sowie die Kameraleute in Workshops auf ihre Aufgabe vorbereitet und mit den Vorgaben zur Interviewführung, der sogenannten 'Checkliste', vertraut gemacht worden. Diese Vorbereitung sowie die Tatsache, dass viele Mitglieder des *humem*-Teams bereits im *Archimob*-Projekt mitgearbeitet hatten, führten gemäss den Projektverantwortlichen zu einem vergleichsweise homogenen Interviewstil.

Mit den Zeitzeuginnen und Zeitzeugen wurde zumeist telefonisch ein Vorgespräch geführt und ein Termin für das biografische Interview verabredet. Das Interview sollte in einer vertrauten Umgebung – wenn möglich im eigenen Heim – stattfinden, um eine unverkrampfte Gesprächsatmosphäre zu schaffen. Weil die Videos für die Ausstellung brauchbar sein sollten, wurde auf eine ansprechende Inszenierung, gleichbleibende Lichtverhältnisse und eine vorteilhafte Kleidung der Zeitzeuginnen und Zeitzeugen geachtet. Auch sollten sich die Interviewten vor der Kamera nicht zu stark bewegen. Inwiefern diese Einschränkungen, welche zur Herstellung einer präsentationstauglichen Aufnahme nötig waren, die Interviewten und ihren Redefluss beeinflussten, ist im Einzelfall zu beurteilen. Dabei ist zu bedenken, dass die Zeitzeuginnen und Zeitzeugen teils gar nicht, teils aber sehr erfahren im Umgang mit Medien und Interviewsituationen waren.

Für die Interviews existierte kein verbindliches Frageraster, doch bestand mit der 'Checkliste' ein Leitfaden mit Empfehlungen zur Durchführung des Interviews sowie zu möglichen Fragekomplexen. Der Gesprächsverlauf orientierte sich gemäss dem Erkenntnisinteresse des *humem*-Projektes an den Lebensgeschichten der Interviewten im Kontext ihrer humanitären und/oder entwicklungspolitischen Arbeit. Dem Lebenslauf folgend begannen die Interviews meistens mit Fragen über die Kindheit sowie zu prägenden Erfahrungen im Elternhaus, anschliessend folgten die Schul- und Berufsbildung sowie der Einstieg ins Erwerbsleben. Zentrale Punkte eines jeden Interviews waren der erste Kontakt mit der humanitären Arbeit, der Auslöser, sich auf diesem Gebiet zu engagieren, sowie die persönlichen Erfahrungen in den verschiedenen Feldeinsätzen. Zum Abschluss des Gesprächs erhielten fast alle Befragten Gelegenheit, sich zu Fragen der gegenwärtigen Entwicklungspolitik und der humanitären Hilfe zu äussern.

Im Anschluss an die Filmaufnahmen wurde ein Interviewprotokoll erstellt, in welchem die Interviewenden neben den wichtigsten Angaben zur befragten Person auch die persönlichen Eindrücke zum Verlauf des Interviews festhielten. Diese

Protokolle ergeben ein eindrückliches und unmittelbares Bild der Begegnung und ermöglichen Einblicke in das Wechselspiel zwischen der vorgängigen Erwartungshaltung der Interviewenden und ihrer Bewertung des tatsächlichen Interviews.

Das Sample der Zeitzeugen-Interviews

Weil das Projekt *humem* weder eine – im Hinblick auf die in der Auslandhilfe tätigen Menschen ohnehin nur schwer definierbare – Repräsentativität bei der Auswahl der Personen anstrebte, noch spezifische historische oder soziologische Fragen untersuchte, verzichtete man darauf, die in den Interviews nur unvollständig enthaltenen soziodemografischen Informationen zu Herkunft, Ausbildung und beruflichem Werdegang systematisch zu erfassen. Im Zuge der Vorbereitungsarbeiten für die Übernahme und Archivierung der Interviews führte das *Archiv für Zeitgeschichte* deshalb eine Fragebogenerhebung bei den Zeitzeuginnen und Zeitzeugen durch. Darin wurden sie um Angaben wie Geburtsdatum, Konfession, Herkunftsregion, Schul- und Berufsausbildung sowie – in natürlich stark generalisierter Form – um Angaben zu den Einsatzorganisationen und -gebieten und zur Dauer der einzelnen Einsätze gebeten. Auf diese Weise konnten für das Sample standardisierte Daten zusammengestellt werden, die sowohl für die Metadatierung der einzelnen Interviews als auch für spätere Forschungsfragen herangezogen werden können. Erwartungsgemäss variierten die Qualität und Ausführlichkeit der eingegangenen Antworten; in einigen Fällen wurden alle Fragen sehr ausführlich beantwortet, während dies in anderen Fällen nur stichwortartig erfolgte oder auch Fragen unbeantwortet blieben. Der Rücklauf war erfreulich; von 73 versandten Fragebogen wurden 56 retourniert.[4] Zentral für die hohe Rücklaufquote waren sicherlich das persönliche Engagement der Befragten, das sie bereits mit ihrer Teilnahme am Oral-History-Projekt deutlich gemacht hatten, sowie die mit der Befragung verbundene Einverständniserklärung betreffend Archivierung und Zugänglichmachung ihres Interviews.

Als wichtigstes Ergebnis zeigte sich, dass im Sample kaum gravierende Verzerrungen oder unerklärliche Verteilungen festzustellen sind. Die Resultate der Befragung erscheinen aufgrund unserer Kenntnisse der schweizerischen Entwicklungspolitik und humanitären Hilfe insgesamt plausibel, auch wenn es natürlich keine statistisch verlässliche Erhebung über die in der Auslandhilfe tätigen Menschen gibt, zu der das vorliegende Sample in Beziehung gesetzt werden könnte. So

---

4   Zwei Zeitzeuginnen aus dem ursprünglichen Sample von 75 Personen waren bereits vor dem Versand des Fragebogens verstorben.

beanspruchen die folgenden Angaben keine statistische Relevanz, sondern beziehen sich ausschliesslich auf die vorliegenden Interviews.

Dass das Projekt *humem* einen Bogen über fünf Jahrzehnte spannt und dadurch grundlegende Veränderungen der Entwicklungszusammenarbeit und der humanitären Hilfe dokumentiert, zeigt sich unter anderem im Alter, im Bildungsstand und in den Einsatzgebieten der Interviewten. So wurde ein knappes Drittel der Befragten vor 1930 geboren und war zum Zeitpunkt der Befragung achtzig oder mehr Jahre alt. Diese Generation hatte den Zweiten Weltkrieg bewusst miterlebt, und oft waren Erfahrungen in diesem Zusammenhang ausschlaggebend für das spätere Engagement in der Auslandhilfe. Für ein Zeitzeugenprojekt hingegen eher überraschend ist, dass ein Drittel der Befragten in den Jahren 2009 und 2010 das Pensionsalter noch nicht erreicht hatte und teils noch aktiv in der Entwicklungszusammenarbeit tätig war. Während manche Interviewte aus grosser zeitlicher Distanz auf ihre Erfahrungen zurückblickten, berichteten andere also sozusagen aus ihrem beruflichen Alltag.

Die Zeitzeuginnen und Zeitzeugen kamen aus allen Schichten. Unter ihren Vätern finden sich Landwirte und Handwerker ebenso wie Angestellte, Kaufleute oder Juristen. Allerdings ist der Anteil der akademisch gebildeten Väter (12 von 56) im Vergleich zur Gesamtbevölkerung hoch. Katholiken und Reformierte sind gleich gut vertreten, wobei sechs Personen keine Angabe zur Religion machten und zwei einer anderen Glaubensgemeinschaft angehörten. Auch die regionale Zugehörigkeit deckt sich ungefähr mit der Verteilung der Sprachregionen in der Schweiz. Von den 75 interviewten Zeitzeuginnen und Zeitzeugen waren zwei Drittel Männer. Diese in Bezug auf die Gesamtbevölkerung bestehende Dominanz der Männer blieb auch unter denjenigen 56 Personen erhalten, welche den Fragebogen retournierten. Dafür können verschiedene Gründe angeführt werden: die in der Schweiz höhere Erwerbsquote der Männer, der von harten Bedingungen geprägte Feldeinsatz als eine Männerdomäne oder aber die Tatsache, dass *humem* in erster Linie Personen mit langen, abwechslungsreichen und vielfach auch erfolgreichen Karrieren in der Entwicklungszusammenarbeit befragte. Dieser Fokus bei der Auswahl der Interviewten dürfte auch dafür verantwortlich sein, dass im Sample rund die Hälfte aller Befragten Führungspositionen bekleidete – Positionen, in denen Männer traditionell stärker vertreten sind. Interessant ist in dieser Hinsicht jedoch, dass unter den Zeitzeuginnen und Zeitzeugen, welche ihre ersten Einsätze noch vor dem Beginn einer staatlichen und zunehmend professionalisierten Entwicklungszusammenarbeit absolvierten – das heisst, vor den frühen 1960er Jahren –, Frauen und Männer sich die Waage halten. Dies mag Zufall sein – für eine eindeutige Antwort ist das Sample zu klein –, doch scheint es plausibel, dass verstärktes staatliches Engagement und Professionalisierung mit einer Verdrängung der Frauen einhergingen. Gerade aus den Lebensgeschichten von Frauen der älteren Generation wird nämlich deutlich, dass diese sich oft aus Abenteuerlust für einen Auslandeinsatz meldeten, und zwar zu einer Zeit, in der es für die grosse Bevölkerungsmehrheit noch kaum möglich war, andere Kontinente zu bereisen. Einige dieser Frauen erhielten im Feld die Gelegenheit, Führungsaufgaben zu übernehmen; sie konnten dort in Positionen tätig sein, welche ihnen in der Schweiz damals nur schwer zugänglich gewesen wären.

Der Rückgang des Frauenanteils im Interview-Sample korrespondiert mit einer anderen Tendenz, die sich in den vorliegenden Fragebögen eindrücklich zeigt, nämlich mit der zunehmenden Akademisierung von Entwicklungszusammenarbeit und humanitärer Hilfe. Im Vergleich zur Gesamtbevölkerung ist der Anteil von Akademikern unter den Interviewten ohnehin aussergewöhnlich hoch; so erklärten fast zwei Drittel aller Befragten, über einen Abschluss an einer Fachhochschule oder Universität zu verfügen. Besonders interessant ist jedoch, dass der Anteil der Hochschulabsolventen bei denjenigen, die vor 1970 in die Auslandhilfe einstiegen, nur rund die Hälfte ausmacht; bei jenen, die nach 1970 im Feld waren, verfügten hingegen praktisch alle über eine Hochschulbildung. Akademisierung und Vermännlichung innerhalb des Interview-Samples widerspiegeln die Professionalisierung der Entwicklungszusammenarbeit. Hatte in den 1950er und 1960er Jahren die Krankenschwester, die – vielleicht mit Albert Schweitzer im Kopf – anderen helfen und zugleich etwas erleben wollte, in der Entwicklungshilfe noch einen Platz, so waren später vorwiegend Techniker und Ingenieure gefragt, die idealerweise den 1971 an der ETH eingeführten Nachdiplomkurs INDEL (heute NADEL) absolviert hatten.[5]

Grosse Organisationen wie das IKRK oder die DEZA sind, entsprechend ihrem vergleichsweise grossen Personaletat, auch im Sample stärker vertreten als kleinere. Die starke Präsenz des Bundes erstaunt nicht, wurde dieser doch mit der bundesrätlichen Botschaft vom 5. Juni 1961 über den Einstieg in die Projektarbeit und der Erweiterung des Rahmenkredites für die Zusammenarbeit mit Entwicklungsländern (Bundesbeschluss vom 13. Juni 1961) zu einem wichtigen Arbeitgeber in der Entwicklungszusammenarbeit.[6] Auch die Verteilung der Einsatzregionen bewegt sich im Rahmen der Erwartungen. Wichtigstes Einsatzgebiet war Afrika, gefolgt von Asien; diese Regionen standen von Anfang an im Fokus der schweizerischen Entwicklungszusammenarbeit und humanitären Hilfe. Mit etwas Abstand

---

5 Karin Huser, «Professionalisierung der Entwicklungshelfer/innen. Die Ausbildung der Bundesexperten/innen, 1962–1972», in: Peter Hug, Beatrix Mesmer (Hg.), *Von der Entwicklungshilfe zur Entwicklungspolitik* (Studien und Quellen, Bd. 19), Bern 1993, S. 433–444.
6 Branka Fluri, «Umbruch in Organisation und Konzeption. Die technische Zusammenarbeit beim Bund, 1958–1970», in: Hug, Mesmer 1993, *op. cit.*, S. 382–393.

folgen Südamerika und Europa als Einsatzgebiete, wobei Europa vor allem im Zusammenhang mit der Wiederaufbauhilfe nach dem Zusammenbruch des Kommunismus sowie mit dem Krieg im ehemaligen Jugoslawien in den Interviews auftaucht.[7]

Biografische Muster?

Führen bestimmte Erfahrungen in der Kindheit und Jugend später eher zu einem beruflichen Engagement in der Auslandhilfe? Signifikant könnte in diesem Zusammenhang sein, dass verhältnismässig viele Interviewte zumindest einen Teil ihrer Kindheit und Jugend ausserhalb der Schweiz verbracht hatten. Möglicherweise hat diese Erfahrung die Bereitschaft erhöht, sich später im Ausland zu engagieren und sich mit fremden Kulturen auseinanderzusetzen. Weil schon bei der ersten Sichtung der Interviews aufgefallen war, dass sich vergleichsweise viele Befragte in Jugendorganisationen engagiert hatten, wurde den Zeitzeuginnen und Zeitzeugen bei der statistischen Erhebung auch die Frage gestellt, ob es in ihrer Jugend ein «wichtiges / prägendes Engagement in Jugendvereinen / -organisationen» gegeben habe. Gut die Hälfte der Gruppe reklamierte ein solches Engagement für sich, darunter ein beachtlicher Anteil ehemaliger Pfadfinderinnen und Pfadfinder. Allerdings sind diese Ergebnisse wenig aussagekräftig, denn zum einen ist nicht klar, wie verbreitet ein solches Engagement während der letzten fünf Jahrzehnte in der Gesamtbevölkerung war, und zum anderen blieb es den Interviewten überlassen, was sie als prägend einstuften. Weil die Rekrutierung von Entwicklungshelfern für die weiter unten geschilderten Freiwilligeneinsätze gerade über Jugendorganisationen wie die Pfadfinder erfolgte, bleibt ungewiss, welche Bedeutung gesellschaftliches Engagement in der Jugend für den späteren Einstieg in die Entwicklungszusammenarbeit hat und in welchem Ausmass der hohe Anteil von Personen, die sich in Jugendorganisationen engagierten, die Rekrutierungsstrategien widerspiegelt.

Ob Hochschulabschluss oder nicht: Wer einmal in der Entwicklungszusammenarbeit tätig war, blieb dabei – dieser Eindruck entsteht bei der Durchsicht der Fragebogen. Fast zwei Drittel aller Befragten gaben nämlich an, sich während mehr als zehn Jahren in der Entwicklungszusammenarbeit oder humanitären Hilfe engagiert zu haben; bei manchen handelte es sich um ein lebenslanges Engagement, das auch mit dem Übertritt in den Ruhestand nicht abbrach. Dass im Sample mehrheitlich solche Personen vertreten sind, dürfte aber vorwiegend auf die Selektionskriterien von *humem* zurückzuführen sein. Bei der Auswahl der Interviewten wurden die Vielfalt der Erfahrungen und die Dauer des Engagements stark gewich-

---

7 Auch Franziska Diener verweist in ihrer Lizentiatsarbeit auf die Priorisierung von insbesondere Afrika, aber auch Asien gegenüber Südamerika. Vgl. dies., *Die Schweizerische Stiftung für technische Entwicklungshilfe (Swisscontact) 1956–1971*, unveröff. Lizentiatsarbeit, Universität Zürich 2012, S. 89.

tet. Dies führte dazu, dass das Sample vorwiegend 'geglückte' Biografien als Entwicklungshelfer und Entwicklungshelferinnen enthält. Personen, die aus inhaltlichen oder persönlichen Gründen bereits nach wenigen Jahren aus der Auslandhilfe ausstiegen, fallen durch die angewandten Kriterien fast zwangsläufig weg.

So gesehen sind die im Folgenden vorgestellten Erfahrungen zweier Krankenschwestern, die Ende der 1960er Jahre im Rahmen eines Freiwilligeneinsatzes in Tansania als Entwicklungshelferinnen arbeiteten, eher untypisch für die von *humem* durchgeführten Interviews. Nach den zwei Jahren im Feld hatten sie nämlich nichts mehr mit Entwicklungshilfe zu tun. Aber die Motive der beiden jungen Frauen für ihr Engagement – eine karitative Grundhaltung kombiniert mit Fernweh und Abenteuerlust – finden sich auch in vielen anderen Interviews.

Hohe Anforderungen und grosse Enttäuschung – Erfahrungen als freiwillige Entwicklungsarbeiterinnen in Tansania 1967–1969

Die Schweizer Krankenschwestern Rita Meile und Eva Lüthi[8] lebten von 1967 bis 1969 als freiwillige Entwicklungsarbeiterinnen in Tansania. Sie hatten den Auftrag, die Bevölkerung eines Dorfes in der Songea-Region in Hygiene- und Haushaltsfragen zu schulen und eine *Dispensary*, eine Mischung aus Dorfapotheke und medizinischem Behandlungszentrum, aufzubauen.[9] Die Untersuchung ihres Einsatzes ist insofern interessant, als das Projekt in Tansania zu den frühen Missionen der Aktion *Schweizer Freiwillige für Entwicklungsarbeit* zählt, eine Aktion, die von 1964 bis 1972 dauerte. Der Einsatz der beiden Frauen fiel in die Anfangsphase der staatlichen Entwicklungshilfe der Schweiz, deren Beginn die Einsetzung des *Dienstes für technische Zusammenarbeit* (DftZ) 1961 markiert.[10] Zur Untersuchung ihres Einsatzes stehen einerseits Selbstzeugnisse der beiden Freiwilligen und andererseits der institutionelle Bestand des DftZ im *Bundesarchiv* zur Verfügung. Für das Zeitzeugenprojekt interviewte *humem* Rita Meile und Eva Lüthi beide einzeln am 22. Februar 2010. Das *Archiv für Zeitgeschichte* lud Eva Lüthi im Rahmen des DEZA-Jubiläums am 2. November 2011 zudem zu einem Zeitzeugengespräch mit einer Schulklasse ein, das ebenfalls aufgezeichnet wurde. Im Anschluss daran zeigte sich, dass Frau Lüthi über zwei Ordner mit Briefen verfügte, die sie ihren Eltern aus Tansania geschrieben hatte. Im Rahmen ihrer Masterarbeit, die dem folgenden Abschnitt zugrunde liegt, führte Lea Ingber mit den beiden Frauen weitere Gespräche und konnte auch die Briefe von Rita Meile konsultieren, die ebenfalls erhalten geblieben sind. Damit ist es möglich, Lebensbedingungen

---

8 Die Namen der Zeitzeuginnen wurden auf ihren Wunsch durch Pseudonyme ersetzt.
9 BARE2005A#1980–82#828, t.311.500, Einsatz schweiz. Freiwilliger, 1964–1969.
10 Fluri 1993, *op. cit.*, S. 384–385.

und Arbeitserfahrungen der beiden Freiwilligen in Tansania anhand von zeitgenössischen Dokumenten und retrospektiven Interviews zu untersuchen, diese verschiedenartigen Selbstzeugnisse miteinander zu vergleichen und die Selbstzeugnisse den institutionellen Akten des DftZ gegenüberzustellen. Zuvor aber soll der Einsatz von Meile und Lüthi in seinem historischen Kontext situiert werden.

Schweizer Freiwillige für Entwicklungsarbeit

Vorbild für die Aktion *Schweizer Freiwillige für Entwicklungsarbeit* war das US-amerikanische *Peace Corps*. Im Wahlkampf gegen Richard Nixon hatte John F. Kennedy 1960 die Idee einer amerikanischen Freiwilligenorganisation als Teil einer neuen *Foreign Policy of Peace* propagiert und war damit auf grosses Echo gestossen.[11] Das *Peace Corps* war ideologisch aufgeladen und gliederte sich als eine wichtige Stütze der amerikanischen Entwicklungshilfe perfekt in die aussenpolitische Strategie ein, nämlich als «Uncle Sam's Number One Weapon in International Cold War against Communism».[12] Wie das restliche Europa interessierte sich auch die Schweiz für die Etablierung eines Freiwilligenkorps, wollte jedoch die Ideologisierung des amerikanischen Vorbildes vermeiden und sich auf wirtschaftliche Aspekte konzentrieren. Der Entwurf einer Stellungnahme des EPD von 1961 hält dazu fest:

> Wenn ein kleines Land sich in eine solche Aktion einschalten will, so wird es gut beraten sein, dies in einer Weise zu tun, die auf offene Demonstrationen, die leicht als eine politische Provokation ausgelegt werden könnten, verzichtet. Es sollte sich auf seine wirtschaftliche Aufbauhilfe konzentrieren und dies in einer Art tun, die indirekt, ohne politische Nebengeräusche, zur Erreichung des Hauptziels – der Erhaltung Afrikas für die freie Welt – beiträgt.[13]

Am 18. Juni 1963 folgte die offizielle Bekanntmachung der Gründung einer Freiwilligenorganisation durch Bundesrat Traugott Wahlen. August R. Lindt, der Delegierte für technische Zusammenarbeit, wurde mit dem Aufbau des Pilotprojekts betraut und etablierte unter der Leitung von Michael von Schenck eine neue Sektion für Freiwilligeneinsätze.[14] Die erste Herausforderung der neugeschaffenen Sektion war

---

11 Sabine Kraut, «Guter Wille, wenig Erfolg. Von Kennedys Peace Corps zur Aktion 'Schweizer Freiwillige für Entwicklungsarbeit', 1961–1972», in: Hug, Mesmer 1993, *op. cit.*, S. 445–458, hier S. 445–446. Bereits im ersten Jahr wurden 580 Freiwillige ins Ausland geschickt. 1964 arbeiteten über 10 000 freiwillige Helferinnen und Helfer in 46 Einsatzländern.
12 Zitat eines demokratischen Kongressabgeordneten, zit. in: Yvonne Baumann, *John F. Kennedy und 'Foreign Aid'. Die Auslandhilfepolitik der Administration Kennedy unter besonderer Berücksichtigung des entwicklungspolitischen Ansatzes*, Stuttgart 1990, S. 206.
13 BAR E2005A#1978/137#705, t.330.0, AIO (F. Kästli), Entwurf für eine Stellungnahme des EPD zu einem Bericht von Botschafter A. Lindt (Washington) über das Peace Corps, 14. April 1961.
14 Kraut 1993, *op. cit.*, S. 449.

die Suche nach einem geeigneten Namen. An Fantasie mangelte es den Verantwortlichen nicht. Die Vorschläge reichten von «Boten der Solidarität» und «Schweizerbanner» über «Pestalozzi-Trupp» bis zu «Lotsen des Fortschritts», bevor 1964 schliesslich die Bezeichnung *Schweizer Freiwillige für Entwicklungsarbeit* ausgewählt wurde.[15] Das Ziel der Freiwilligeneinsätze umschrieb Sektionschef von Schenck als «Anregung und Anleitung an Entwicklungsländer für Hilfe zur Selbsthilfe».[16] Diese Zielsetzung definierte auch die Experteneinsätze, jedoch unterschieden sich die Freiwilligenmissionen deutlich durch die Rahmenbedingungen der Einsätze und die Erwartungshaltung des DftZ. Die Freiwilligen sollten ihre Hilfe bei der lokalen Bevölkerung vor Ort anbringen und «direkte Zusammenarbeit» leisten. Wenn sie unter den gleichen Bedingungen lebten und arbeiteten wie die Einheimischen, gewännen sie eher Vertrauen und Akzeptanz, womit die Erfolgschancen des Projekts stiegen – dies die Hoffnung der damals Verantwortlichen.[17]

Im Gründungsjahr 1963 konzentrierte sich die Sektion auf die Ausarbeitung des Selektions- und Ausbildungsverfahrens sowie die Auswahl von Einsatzländern. Die Rekrutierung von Freiwilligen stellte kaum Probleme dar, denn sowohl die privaten Hilfswerke als auch der Bund verfügten über lange Wartelisten einsatzwilliger junger Leute. Dennoch verzichtete die Sektion nicht auf die aktive Anwerbung von potentiellen Freiwilligen.[18] Das Selektions- und Ausbildungsverfahren war sehr komplex und wurde von Jahr zu Jahr weiterentwickelt. Neben dem Mindestalter und der beruflichen Ausbildung untersuchten die Sektionsverantwortlichen die Kandidaten besonders auf ihre charakterlichen Eigenschaften. Sie sollten kontaktfreudig, tüchtig und anpassungsfähig sein.[19] Die Auswahl der Einsatzländer unterlag ebenfalls bestimmten Auflagen. Um die Sicherheit der Freiwilligen zu gewährleisten, musste ein gewisses Mass an politischer, rechtlicher und sozialer Stabilität vorhanden sein. Ein weiteres Kriterium war, dass die Einsatzländer an Wissen interessiert waren, das in der Schweiz verfügbar war, womit die Bereiche Technik, Landwirtschaft und medizinische Versorgung in den Vordergrund rückten.[20] Zudem sollten bereits Beziehungen zur Schweiz bestehen, zum Beispiel durch privatwirtschaftliche oder karitative Organisationen. Auch imaginierte oder tatsächliche Ähnlichkeiten zur Schweiz, etwa die offizielle Landessprache, die Mentalität, die Topografie oder die klimatischen Verhältnisse, waren ausschlaggebend, wobei

---

15 BAR E2005A#1978/137#705, t.330.0, Namensliste, s.l, s.d.
16 BAR E2005A#1978/137#705, t.330.0, Porträt des Freiwilligen, s.l., s.d., ohne Verfasserangabe [sehr wahrscheinlich Michael von Schenck].
17 Kraut 1993, *op. cit.*, S. 449–450. Vgl. zur Wirkungsmacht dieser Vorstellungen den Beitrag von Patricia Hongler in diesem Band.
18 Kraut 1993, *op. cit.*, S. 450–451.
19 *Ibid.*, S. 451.
20 Vgl. dazu *ibid.*, S. 448–451.

offenbar vorausgesetzt wurde, derartige 'Ähnlichkeiten' erleichterten die Zusammenarbeit.[21]

Ende Februar 1964 trat der erste Jahrgang von 23 freiwilligen Entwicklungshelfern seine Einsätze in Tunesien, Kamerun und Dahomey an. Nach einer positiven Bilanz des Pilotversuchs und der Aufstockung des Budgets durch den Bundesrat wählte der DftZ in den folgenden Jahren Nepal (1965), Tschad (1966), Tansania (1967), Madagaskar und Senegal (1968) als weitere Einsatzländer für die Freiwilligenprojekte aus.[22] Die Anzahl der entsandten Freiwilligen erhöhte sich, erreichte jedoch auch in den Spitzenjahren 1969 und 1970 nicht mehr als 140 Personen. Über die acht Jahre hinweg schickte die Sektion insgesamt rund 500 Freiwillige ins Ausland.[23] Nach 1970 traten vermehrt Rekrutierungsprobleme auf, unter anderem wegen des Abflauens der ersten Begeisterungswelle für die Entwicklungshilfe und des Mangels an qualifizierten Arbeitskräften in der Schweiz.[24] 1972 löste ein neues Konzept, das *Schweizerische Entwicklungshelferprogramm*, die Aktion *Schweizer Freiwillige für Entwicklungsarbeit* ab, und der DftZ professionalisierte die Ausbildung der Entwicklungshelfer und stellte sie personalrechtlich den Experten gleich.[25]

Private Hilfsorganisationen waren im ehemaligen Tanganjika[26] bereits seit den frühen 1950er Jahren tätig, zum Beispiel die Basler Chemie in Ifakara oder Benediktiner Missionen in Ndanda und Peramiho.[27] Entwicklungshilfe von staatlicher Seite wurde erst ab Mitte der 1960er Jahre geleistet. Am 21. Oktober 1966 unterzeichnete die Schweiz ein Abkommen über technische und wissenschaftliche Zusammenarbeit mit Tansania. Die Schweizer Regierung sicherte Tansania lokale Projekte sowie die Aufnahme von Stipendiaten zu.[28] Die finanziellen Belastungen wurden zwischen den Ländern aufgeteilt, wobei die Schweiz die Löhne, die Versicherungen sowie die Reise- und Transportkosten übernahm. Tansania verpflichtete sich, für Unterkunft, lokale Mitarbeiter und medizinische Vorsorge aufzukommen.[29] Im Januar 1967 schickte der DftZ die ersten zwei Freiwilligen nach Tansa-

---

21 BAR E2005A#1978/137#705, t.330.0.
22 BAR E2005A#1978/137#705, t.330.0, Bundesratsbeschluss, Bern, 29. Januar 1965.
23 BAR E2005A#1989/82#969, t.337.5, Statistik im Entre Nous zum 5-Jahr-Jubiläum.
24 René Holenstein, *Was kümmert uns die Dritte Welt*, Zürich 1998, S. 201–203.
25 BAR E2005A#1983/18#94, t.171(69–71), Referat an der Botschafterkonferenz, Bern, 30. August 1972.
26 Das Treuhandgebiet Tanganjika wurde 1961 von der Mandatsmacht Grossbritannien unabhängig und verband sich 1964 mit Sansibar zu Tansania.
27 BAR E2200.83A-01#1983/26#44, C.8.3, Schweizer Missionen und Kirchen, Bénédictine Peramiho, 1962–1965.
28 BAR E2200.83B#1990/26#164, 771.20, Agreement on technical and scientific co-operation between the Swiss Confederation and the Government of the United Republic of Tanzania, 21. Oktober 1966, Art. 1–3.
29 BAR E2200.83B#1990/26#164, 771.20, *ibid.*, Art. 7.

nia, im November 1967 folgten die damals 24-jährigen Rita Meile und Eva Lüthi. Die beiden Krankenschwestern leisteten ihren Einsatz im Buschdorf Litowa, das etwa 120 Bewohner hatte und wo 200 Schulkinder aus den umliegenden Dörfern in einer Internatsschule untergebracht waren.[30]

Lebensbedingungen

Für das Idealbild eines Freiwilligen waren Verzichtbereitschaft und ein einfacher Lebensstil zentral.[31] In den Grundlagenpapieren definierten die Sektionsverantwortlichen ausführlich, wie ein Freiwilliger ihrer Meinung nach zu leben hatte. Sektionschef Michael von Schenck führte den Vorteil von Verzichtbereitschaft folgendermassen aus:

> Für die Entwicklung der Gemeinschaft ist der Verzicht des Einzelnen Voraussetzung. Wer Entwicklung anregt, muss Verzicht fordern. Wer Verzicht fordert, muss selbst eigenen Verzicht beweisen. Ohne eigenen Verzicht können die Freiwilligen nicht glaubhaft in der Entwicklungsarbeit an der Wurzel tätig sein.[32]

Die Freiwilligen sollten mit gutem Beispiel vorangehen und selber auf den gewohnten Lebensstandard verzichten. Die Sektionsverantwortlichen sahen zwischen den einfachen Lebensbedingungen und dem Erfolg eines Projekts eine klare Verbindung: «Erst damit ermöglicht der Freiwillige sich selber die sinngemässe Erfüllung seines besonderen Auftrages und die richtige Ausführung der ihm übertragenen Arbeit.»[33]

Die Unterkunft von Meile und Lüthi in Litowa entsprach diesen Vorstellungen vom einfachen Leben. Die Zeitzeuginnen schilderten die Hütten, in denen sie untergebracht waren, in ähnlichen Worten. Meile beschrieb sie folgendermassen:

> Also, wir haben genau wie die Afrikaner gelebt. In einer Hütte wie sie, mit Lehmboden, Grasdach. Ein Haus hat eine Decke gehabt mit Bambusröhren. Aus Lehm sind auch die Wände gewesen und die Türen waren nur zum Anlehnen. Man konnte nichts richtig schliessen. Da waren Löcher als Fenster, ohne Scheiben.[34]

Die beiden Freiwilligen lebten wie die Einheimischen in einfachen Lehmhütten mit Grasdach, die sie mit aller Art Ungeziefer teilten. Auch die Einrichtung war nach der Beschreibung von Lüthi sehr spartanisch gehalten: «Wir hatten nur Tisch

---

30 BARE2005A#1980-82#828, t.311.500, Einsatz schweiz. Freiwilliger, 1964–1969.
31 Vgl. dazu auch Abschnitt «Die Entwicklungshelfer: Ein Katalog von Tugenden», in: Gilbert Rist et al., *Wie Weisse Schwarze sehen. Beurteilung von Publikationen Schweizerischer Hilfswerke*, Basel 1979, S. 82ff.
32 BAR E2005A#1978/137#705, t.330.0, Antrag an Bundesrat, Bern, 26. November 1964, S. 4.
33 BAR E2005A#1978/137#719, t.332.3.0, Notiz von Michael von Schenck, Bern, 14. September 1965.
34 Interview Meile, 22. Februar 2010, 1:58. Die Zitate aus den Interviews wurden ins Hochdeutsche übersetzt und zugunsten der Verständlichkeit grammatikalisch angepasst.

und Stuhl, und eben Betten, einen Filter, um das Wasser zu filtrieren und dann zwei, drei Harasse für die Büchsenkost und so. Es war nicht viel.»[35]

Zusätzlich zu der einfachen Unterkunft mussten sich die Freiwilligen auch an die klimatischen und hygienischen Zustände gewöhnen. In den Interviews erzählten sie von heftigen Regenfällen, Ungeziefer und Büchsenkost. Lüthi berichtete zum Beispiel, wie sie Brot buken: «Und das Mehl [...] mussten wir immer sieben, weil das ganz voller Käfer und Raupen und nachher Fliegen war. Aber das war einfach, weil die Luft so feucht war, das konnte man gar nicht anders machen. Und dann brauchten wir es und buken es.»[36] Meile erinnerte sich auch an Begegnungen mit allerhand Ungeziefer: «Weil die Türe und die Fenster nicht geschlossen haben, hatten wir sehr viele Spinnen drinnen, wir hatten Ratten, Frösche. Die Hühner haben uns die Eier drinnen gelegt.»[37] Trotz dieser sehr primitiven Lebensbedingungen beklagten die Freiwilligen die hygienischen und klimatischen Zustände in den Interviews nicht, sondern stellten sie als Herausforderung und persönliches Abenteuer dar. Ein Zitat von Meile über ein 'gewöhnliches Abendessen' verdeutlicht dies exemplarisch: «Die Larven sind runtergefallen von der Decke auf unsere Teller und da hat man die einfach weggemacht und hat weitergegessen. Also, wir mussten uns an Manches gewöhnen. Aber [es] ist gegangen – wir haben das absolut angenommen, akzeptiert.»[38]

Mehr als vierzig Jahre nach ihrem Einsatz schilderten die Freiwilligen ihre damaligen Lebensbedingungen, die sie «absolut angenommen, akzeptiert» hätten, anschaulich und zugleich abgeklärt. Was aber hatten sie zur Zeit ihres Einsatzes in Tansania darüber geschrieben? Offenbar beschäftigten die Lebensbedingungen die Freiwilligen damals so sehr, dass sie in den ersten Monaten beinahe täglich darüber berichteten. Bei einem Vergleich der retrospektiven Interviews mit den zeitgenössischen Briefen lässt sich feststellen, dass die Freiwilligen die Lebensbedingungen bereits während ihrer Einsatzzeit grundsätzlich positiv bewerteten. Interessant ist, dass die Erzählungen in den Briefen und in den Interviews häufig nahezu identisch sind. Ein Beispiel hierfür ist die Beschreibung der Begegnung mit einer Schlange, die in das Schlafzimmer der Freiwilligen eingedrungen war. Meile und Lüthi schilderten den Zwischenfall sowohl in ihren Briefen als auch in ihren Interviews jeweils sehr ähnlich.[39] Gleichförmig ist auch die Darstellung der Unterkunft. Meile beschrieb ihren Eltern zum Beispiel das Inventar der Hütten:

---

35 Interview Lüthi, 22. Februar 2010, 2:13.
36 *Ibid.*, 2:47.
37 *Ibid.*, 2:00.
38 *Ibid.*, 2:02.
39 Vgl. Interview Meile, 22. Februar 2010, 2:00; Interview Lüthi, 2. November 2011, 0:56.

Abbildung 1: Wohnhaus der Schweizer Freiwilligen in Litowa. Wie die Einheimischen lebten sie in einer Lehmhütte mit Grasdach. Bildnachweis: AfZ IB *humem*-Archiv.

> Wir sind daran, uns so heimelig wie möglich einzurichten mit der Ware, die wir haben: 2 Tische, 1 Stuhl, 1 Kühlschrank (voller Ameisen!), 2 Betten mit Inhalt und Moskitonetz, einem Wasserfilter und einer einflammigen Kochgelegenheit. [...] Wir führen ein Lagerleben.[40]

Das von Meile dargestellte «Lagerleben» passt zu der Erinnerung von Lüthi an die spartanische Einrichtung. Mögliche Erklärungen für die stabilen Schilderungen sind, dass die Erlebnisse vor Ort so ungewohnt und intensiv waren, dass sie sich dauerhaft einprägten. Ausserdem trug die Verarbeitung und Reflexion der Erlebnisse durch die Verschriftlichung in den Briefen zur Verfestigung der Erinnerung bei. Es ist aber auch zu berücksichtigen, dass Meile und Lüthi zur Vorbereitung auf die Interviews und Auffrischung der Erinnerung ihre schriftlichen Aufzeichnungen teilweise nochmals durchlasen, was die Ähnlichkeit von zeitgenössischer und retrospektiver Darstellung zweifellos begünstigte.

Bei genauer Betrachtung zeigt sich, dass die Anpassung an die Lebensbedingungen der Einheimischen, das vordergründig «gleiche Leben wie die Afrikaner», äusserst relativ war: Im obigen Zitat werden Kühlschrank, Moskitonetz und Wasser-

---

40 Briefe Meile, 14. Dezember 1967, S. 2.

filter erwähnt – technische Hilfsmittel, die den Europäerinnen das Überleben erleichtern sollten und sie gegenüber den Einheimischen privilegierten. Dasselbe wird auch bei der Beschreibung der Ernährung deutlich. Meile berichtete darüber: «Was wir essen? In Litowa waren es Teigwaren, Reis, Mais, Büchsengemüse und viel Büchsenfrüchte. Büchsenfleisch und Reis habe ich für eine Zeitlang satt!»[41] Büchsenkost entsprach kaum der täglichen Ernährung der Bewohner Litowas. Diese Beispiele veranschaulichen die Widersprüche, die den europäischen Vorstellungen vom 'Buschleben' im 'richtigen Afrika' innewohnen. Tatsächlich verfügten Meile und Lüthi über Geräte und Lebensmittel, die sie von den Bewohnern Litowas deutlich unterschieden, auch wenn die Lebensumstände im Vergleich zu Schweizer Verhältnissen sehr einfach waren und den beiden Frauen zweifellos eine enorme Anpassungsleistung abverlangten. Illustrativ sind diesbezüglich Lüthis Ausführungen über das Ungeziefer:

> Ein schlimmer Artikel sind die Fliegen. Nichts dürfen wir herumstehen lassen und mit Hilfe eines Sprays betreiben wir Massenmord. Ganze Lager kleiner Ameisen befinden sich in unserer Hütte. Weiter sind die Wände oft voll von den eigenartigsten Spinnen, grossen, kleinen oder ganz platten. [...] Die Hauptplage aber sind die Ratten [...]. Sie fressen in all unsere Mehlsäcke ein oder mehrere Löcher.[42]

Die Freiwilligen beschrieben alle ihre Eindrücke, beklagten sich jedoch ähnlich wie in den Interviews nicht über die primitiven Lebensbedingungen. Nach einer ersten Anpassungsphase thematisierten sie die klimatischen und hygienischen Zustände in den Briefen kaum mehr. Es finden sich nur noch kurze Bemerkungen, die über die Anpassung berichten. Meile meldete im Februar 1968 nach Hause: «Was die fehlende Hygiene anbelangt, erschreckt uns kaum mehr etwas. Der Mensch ist ein Gewohnheitstier.»[43]

Es mag erstaunen, dass die Freiwilligen sich anscheinend mit den primitiven Lebensbedingungen in Tansania arrangiert hatten. In den Briefen sind die Gründe für die Identifikation mit dem einfachen Lebensstil aufgrund der täglichen Einträge besser nachvollziehbar als in den Interviews. Lüthi zog einen Vergleich zwischen der Missionsstation in Peramiho und Litowa: «Wir möchten nicht ständig hier [in Peramiho] bleiben. Es gibt zu viel Luxus, zu viel Zivilisation. Denn das haben wir uns nicht vorgestellt. Hier würden wir Afrika überhaupt fast nicht kennenlernen.»[44] Lüthi bevorzugte das einfache 'Buschleben', weil sie nur so die afrikanischen Verhältnisse wirklich erfahren könne. Diese Gegenüberstellung offenbart europäische Projektionen: Sie setzt das 'wahre' Afrika mit Natur und Armut gleich, während

---

41 Briefe Meile, 3. Januar 1968, S. 3.
42 Briefe Lüthi, 20. Dezember 1967, S. 1.
43 Briefe Meile, 15. Februar 1968, S. 2.
44 Briefe Lüthi, 17. Februar 1968, S. 1.

Abbildung 2: Unterwegs mit dem VW Käfer. Die Lebensbedingungen der Schweizerinnen waren beschwerlich, aber nicht dieselben wie jene der Einheimischen. Bildnachweis: AfZ IB *humem*-Archiv.

Zivilisation und Luxus als unafrikanisch erscheinen. Meile zeigte sich in ihren Briefen mit den Lebensbedingungen in Litowa ebenfalls zufrieden:

> Alles das mussten wir erwarten, wir wurden im Vorbereitungskurs immer wieder darauf aufmerksam gemacht. Wenn wir in einer wunderschönen Wohnung einlogiert wären, so hätten wir uns sehr wahrscheinlich enttäuscht angesehen. Wir haben, was wir uns wünschten, ein Abenteuer.[45]

Das Motiv der Abenteuerlust ist bei beiden Freiwilligen ausschlaggebend für die positive Bewertung der Lebensbedingungen. Aus den Interviews lässt sich rekonstruieren, dass Lüthi und Meile zwei Motive für ihre Bewerbung als Freiwillige angaben: Helferwille und Abenteuerlust. Während ihres Einsatzes in Tansania wollten sie den Menschen vor Ort helfen und fernab der privilegierten Touristenunterkünfte wie die Afrikaner selbst leben.[46] Das zweite Motiv sahen sie durch ihre

---

45 Briefe Meile, 2. Januar 1968, S. 1.
46 Vgl. z.B. Interview Meile, 22. Februar 2010, 1:12–1:15.

einfache Lebensführung in Litowa erfüllt, und sie stellten die strapaziösen Lebensbedingungen daher nicht in Frage.

Tätigkeiten und Vorgehen

Der Vergleich zwischen den Briefen und den Interviews lässt keine Umdeutung der Lebensbedingungen in Tansania erkennen; insbesondere wurden sie nicht im Nachhinein idealisiert oder dramatisiert. Nun soll analysiert werden, wie die Freiwilligen ihre Tätigkeiten und deren Umsetzung in ihren Selbstzeugnissen darstellten. Bereits im Dezember 1966 hatten die Sektionsverantwortlichen mit dem Dorfmanager Ralph Ibbott die Aufgabenbereiche der Freiwilligen umrissen. Sie sollten die Bewohner von Litowa und den umliegenden Dörfern medizinisch behandeln sowie Frauen und Schulkinder in Hygienefragen schulen. Zudem waren sie verantwortlich für die *Dispensaries* in den Dörfern und die Ausbildung des jeweiligen Personals.[47] Die definierten Arbeitsfelder «Hygiene und medizinische Betreuung» korrespondierten zwar mit der oben erwähnten Devise des DftZ, nur in jenen Bereichen im Ausland zu helfen, in denen die Schweiz ausgebildete Fachkräfte vorwies, liessen aber beträchtlichen Interpretations- und Handlungsspielraum. Die Freiwilligen begannen ihren Einsatz, indem sie den Pfleger in Litowa schulten und die *Dispensary* – eine einfache Grashütte – möglichst hygienisch einrichteten. Die *Dispensary* hatte feste Öffnungszeiten von 8.00 bis 11.30 Uhr morgens und von 15.00 bis 17.00 Uhr nachmittags.[48] Eine grosse Herausforderung waren die unterschiedlichen Behandlungsmethoden. Laut den Freiwilligen verlangten die Dorfbewohner bei jeder Erkältung oder Infektion eine Spritze, da sie überzeugt waren, nur eine schmerzvolle Behandlung sei auch nützlich.[49] Meile und Lüthi versuchten, den Pfleger für den Umgang mit Medikamenten zu sensibilisieren. Meile schrieb an ihre Eltern: «Der 'Pfleger' tut sicher sein Bestes, in unseren Augen oft in eigenartiger Weise. Jedem, der kommt, wird eine Menge Tabletten oder eine Spritze verabreicht, einfach, dass er zufrieden ist.»[50] Die fünf Stunden *Dispensary*-Arbeit pro Tag füllten die Freiwilligen nicht aus und sie suchten sich weitere Tätigkeitsfelder. Lüthi erinnerte sich im Interview, dass die Arbeit in der *Dispensary* nur eine von vielen Aufgaben gewesen war:

> Wir waren überall eigentlich, wir halfen den Müttern, Mutterberatung, Gartenbau, ein bisschen, was wir wussten, wie man eine mindeste Hygiene [garantiert], in der Pflege

---

47 BAR E2200.83B#1990-26#194, 771.26.2, Projektbeschreibung, Antrag, Bern, 20. Oktober 1967, S.2.
48 BAR E2200.83B#1990-26#194, 771.26.2, Jahresrapport Rita Meile, Litowa, 2. Februar 1969, S. 2. Diese nach schweizerischer Art exakt angegebenen Öffnungszeiten wurden sicherlich nicht strikt eingehalten. Die Freiwilligen orientierten sich in Litowa wie die lokale Bevölkerung am Stand der Sonne.
49 Vgl. Interview Meile, 22. Februar 2010, 1:53.
50 Briefe Meile, 19. Dezember 1967, S. 3.

der Kleider, der Wäsche, der Haut – das ging wieder ins medizinische – das Ungeziefer oder das Kochen. [...] Und dann in der Schule, mit den Lehrern zusammen Hygienekunde und Toilettenbau.[51]

Diese Auflistung verdeutlicht, wie viele Tätigkeiten unter die Arbeitsbereiche «Hygiene und medizinische Betreuung» fallen konnten. Das Aufgabengebiet der Freiwilligen gestaltete sich äusserst vielfältig: Von *Dispensary*-Arbeit über Kleiderwäsche bis zur Mütterberatung versuchten sie, die hygienischen und medizinischen Zustände zu verbessern.

Wie ein Freiwilliger seine Aufgaben umsetzten sollte, hatten Lüthi und Meile während des Vorbereitungskurses im Tessin gelernt. Die Sektionsverantwortlichen hatten in einem Handbuch allgemeine Verhaltensregeln und konkrete Arbeitsschritte zusammengestellt. Der zentrale Punkt war eine erfolgreiche Zusammenarbeit mit der lokalen Bevölkerung. Das Vorgehen der Freiwilligen sollte «jeden autoritären oder paternalistischen Stil vermeiden und sich auf die einheimischen Sitten und Bräuche abstützen».[52] Die lokale Bevölkerung sei als ebenbürtig zu betrachten und sollte in die Aktivitäten der Freiwilligen eingebunden werden. Denn nur ein Projekt, das auch ohne Beteiligung der Freiwilligen aus Eigenantrieb der Bevölkerung weiterbestehe, sei erfolgreich:

> Es genügt aber nicht, allein nur die Probleme zu lösen, die sich Dir stellen. Du musst Deine Umgebung auch die Lösung verstehen lehren und, mehr noch, vielleicht sogar das Problem überhaupt zu sehen. [...] Man sollte fast nicht bemerken, was Du dazu beigetragen hast.[53]

Der Freiwillige sollte sich quasi überflüssig machen und die Handlungskompetenz den lokalen Entscheidungsträgern übergeben. Als erfolglose Projekte galten dagegen Arbeiten, die nicht in absehbarer Zeit abgeschlossen oder von der Bevölkerung übernommen werden konnten. Diese seien «mehr als nur sinnlos, sie rauben Kraft, Zeit und Geld».[54]

Die Analyse der Interviews zeigt, dass die Freiwilligen grosse Schwierigkeiten hatten, ihre Aufgaben in Litowa so umzusetzen, wie sie die Sektionsverantwortlichen geplant hatten, und dass die angestrebten Erfolge weitgehend ausblieben. In den Gesprächen zweifelten Meile und Lüthi beide an der Nachhaltigkeit und der Sinnhaftigkeit ihrer Tätigkeiten. Angesprochen auf die Bilanz des Einsatzes konstatierte Meile:

---

51 Interview Lüthi, 22. Februar 2010, 1:53.
52 BAR E2005A#1983-18#901, t.330.2.0, Handbuch für Freiwillige.
53 *Ibid.*
54 *Ibid.*

Ich habe mich dann gerade ein bisschen distanziert [nach der Rückkehr], weil ich so keinen Sinn gesehen habe, ich bin irgendwie enttäuscht gewesen. [...] Mit den Leuten zu leben, das zu erleben, ja ... Aber Entwicklungshilfe, das ist für mich fragwürdig geworden. [...] Da habe ich Zweifel, dass etwas zurückgeblieben ist, von dem wir wollten, dass es dort wirksam bleibt.[55]

Meile erzählte sehr offen, dass sie nicht den gewünschten Erfolg verzeichnen konnte. Die Probleme bei der Umsetzung verleiteten sie sogar dazu, nicht nur die eigenen Tätigkeiten in Frage zu stellen, sondern das ganze Konzept der Entwicklungshilfe. Mit dieser ernüchternden Einschätzung ist Meile nicht allein: Auch Lüthi zeigte sich in den Interviews enttäuscht über den Verlauf ihres Einsatzes. Auf die Frage nach den grössten Erfolgen antwortete sie lakonisch «nichts» und fügte an: «Ich habe oft gar nicht so gerne an diese Zeit, also an diese Arbeit, zurückgedacht, die wir dort gemacht haben, weil ich einfach meine, dass wir dort nichts erreicht haben.»[56]

Als Gründe für den Misserfolg nannten die Freiwilligen in den Interviews die ungenügende Vorbereitung durch den DftZ, die schlechte Zusammenarbeit mit den lokalen Entwicklungspartnern und die kulturellen Unterschiede. Meile und Lüthi bemängelten, dass der DftZ sie ohne Sprachkenntnisse nur mit einem Suaheli-Wörterbuch bewaffnet nach Tansania geschickt hatte, was den Einstieg in die Arbeit enorm erschwerte.[57] Zudem hätten sich die lokalen Entwicklungspartner nicht für ihren Einsatz interessiert. Lüthi erinnerte sich an die problematische Zusammenarbeit mit den Lehrern: «Aber das war ein höllischer Kampf, dass man die Lehrer überzeugen konnte. [...] Ohne Lehrer konnten wir gar nichts machen. Wenn die uns nicht gut gefunden haben, wenn denen das egal war, dann ist nichts passiert.»[58] Das meiste Kopfzerbrechen bereitete den Freiwilligen aber die Kooperation mit der Bevölkerung in Litowa. Nach dem Handbuch des DftZ konnte ein Projekt nur dann erfolgreich sein, wenn die Bevölkerung aktiv einbezogen wurde. In den Interviews betonten Meile und Lüthi, dass sie persönlich ein gutes Verhältnis zu den Dorfbewohnern gehabt hätten, was ihre Arbeit jedoch nicht zwangsläufig erleichtert habe. Meile sagte dazu: «Weil, eben, das Arbeiten ... sie liessen sich nicht so gerne antreiben. Auch die Frauen. [...] Ein Teil hat es gern gemacht und andere eben gar nicht, haben das Gefühl gehabt: Das ist nicht nötig.»[59]

Die ernüchternde und sehr kritische Bilanz in den Interviews erstaunt und verlangt nach einer genaueren Abklärung der Umstände. Erneut können die Briefe zu

---

55 Interview Meile, 22. Februar 2010, 2:41.
56 Interview Lüthi, 2. November 2011, 1:10.
57 Vgl. z.B. Interview Lüthi, 22. Juni 2012, 0:07.
58 Interview Lüthi, 2. November 2011, 1:21.
59 Interview Meile, 22. Februar 2010, 1:56.

einem besseren Verständnis der damaligen Erlebnisse und ihrer Deutung durch die beiden Frauen hinzugezogen werden. Dabei zeigt sich, dass die Freiwilligen sich bei der Umsetzung ihres Auftrags an den Ratschlägen der Sektionsverantwortlichen im Handbuch orientierten. Sie versuchten, den Dorfbewohnern ihr Wissen zu vermitteln ohne «autoritären oder paternalistischen Stil». In einem Zitat von Meile werden diese Bemühungen deutlich:

> Wir [Meile und der *Dispensary*-Pfleger] fingen an über Düngung, Kompost, Insektentilgung und anderes mehr zu plaudern. Damit meine Anwesenheit nicht als aufdringlich bezeichnet werden konnte, gab ich vorerst nur Ratschläge auf Fragen. Wir hatten noch Samen. Die habe ich jetzt gegeben. Er könne sie probieren, vielleicht würden die Leute diese Gemüse lieben.[60]

Meile folgte den Leitlinien im Handbuch, verteilte anstatt Befehlen Ratschläge und bezog den Pfleger als ebenbürtigen Gesprächspartner in die Diskussion mit ein. Die Freiwilligen suchten das Gespräch mit der Bevölkerung und versuchten sie dadurch aktiv in die Entwicklungsprojekte einzubinden. Lüthi sah in diesem Vorgehen die Basis für die geforderte Vertrauensbildung: «Mit den Afrikanern verstehen wir uns immer besser. Wichtiger als die Arbeit ist ja der menschliche Kontakt. [...] Ich glaube, wir haben das Vertrauen gewonnen.»[61] Beide Frauen berichteten von stundenlangen Gesprächen und Diskussion über die Ideen und deren Umsetzung. Meile betonte, wie wichtig es sei, mit den Menschen zu reden und geduldig zu bleiben: «Noch einmal, wir wissen nur, dass man in jeder Situation die Ruhe bewahren muss und lächeln muss.»[62]

Die Befolgung der Handlungsanweisung des DftZ hätte theoretisch zu erfolgreichen und nachhaltigen Projekten führen sollen. Zu Beginn bewerteten die Freiwilligen daher ihre Projektbetreuung noch sehr positiv. Häufig betonten die Frauen, die Arbeit sei zwar schwierig, doch würde sie nach einiger Zeit leichter werden. Meile zeigte sich fasziniert von der fremden Umgebung und war trotz dem mühsamen Einstieg positiv eingestellt: «Alles wird erst in letzter Minute oder verspätet verrichtet. Daran müssen wir uns noch gewöhnen. Weil wir Afrika und die Leute lieben, wird sich der Aufenthalt bestimmt freudenreich gestalten.»[63] Lüthi meldete nach einem halben Jahr in Litowa: «Mit unserer Arbeit sind wir immer noch gleich weit. Doch wir werden den Weg schon noch finden. Es braucht eben Zeit. Das haben wir nun auch schon gemerkt.»[64] Die Freiwilligen nahmen die neue Situation in Tansania als Bereicherung wahr und freuten sich über ihren Einsatz.

---

60 Briefe Meile, 30. April 1968, S. 4.
61 Briefe Lüthi, 22. Februar 1968, S. 3.
62 Briefe Meile, 10. Mai 1968, S. 3.
63 Briefe Meile, 3. Januar 1967, S. 2.
64 Briefe Lüthi, 1. Juli 1968, S. 1.

Abbildung 3: Gemeinsamer Bau einer Latrine. Das zentrale Arbeitsfeld Hygiene und medizinische Betreuung wurde zur *pièce de résistance*. «Trotz allem Probieren kommt man nicht vom Fleck.» Bildnachweis: AfZ IB *humem*-Archiv.

Vergleicht man diese frühen Aussagen mit Zitaten gegen Ende des Einsatzes, lässt sich ein enormer Bewertungswandel feststellen. Lüthi konstatierte im Januar 1969: «Das ist einfach ein hoffnungsloses Dorf. Trotz allem Probieren kommt man nicht vom Fleck. Die Leute sind teilweise einfach faul (also wirklich). Zu faul um interessiert zu sein! Wir sitzen unsere Zeit hier in Litowa richtig ab.»[65] Lüthi ärgerte sich über die Einstellung der Dorfbewohner und sah in ihrer Tätigkeit keinen Sinn. Der anfängliche Optimismus der Freiwilligen war gegen Ende des Einsatzes Ernüchterung und Enttäuschung gewichen, und die Darstellung in den späten Briefen erinnert stark an die Einschätzung der Freiwilligen in den Interviews.

Wie konnte sich die anfänglich positive Einstellung der Freiwilligen derart ändern? Die Analyse der Lebensbedingungen demonstrierte, wie stabil die Bewertung der Freiwilligen auch in Ausnahmesituationen war. Ein Hauptgrund für die ernüchternde Bilanz ihrer Tätigkeiten liegt sicherlich darin, dass ihr Wunsch, den Ärmsten wirklich helfen zu können, unerfüllt blieb. Die Idee, in Afrika etwas Po-

---

65 Briefe Lüthi, 31. Januar 1969, S. 2–3.

sitives zu bewirken, konnten die Freiwilligen aus ihrer Sicht nicht verwirklichen, und sie äusserten diese Enttäuschung in den Briefen und Interviews durch Selbstzweifel und Kritik. Der Nähunterricht mit den Frauen ist ein Beispiel dafür, dass die Hilfe der Freiwilligen nicht wie gewünscht angenommen wurde:

> Am Nachmittag sollten 23 Frauen zum Nähen kommen. Eine der fleissigen Frauen kam zu mir, mich auf eine eventuelle Enttäuschung vorzubereiten. Sie sagte, sie glaube nicht, dass viele Frauen kommen würden. [...] Genau so war es. Es erschien keine einzige neue Frau.[66]

Lüthi bestätigte in ihren Briefen die fehlende Motivation der Frauen: «Der Fall scheint fast hoffnungslos zu sein. Die Frauen sind ganz einfach zu faul. Zeit hätten sie nämlich schon.»[67] Die Freiwilligen waren frustriert, dass sich die lokale Bevölkerung nicht mehr für ihre Tätigkeiten interessierte und dass sich die Menschen nicht helfen liessen. Die Enttäuschung über die anhaltende Erfolgslosigkeit beeinflusste zunehmend die Beziehung der beiden Freiwilligen untereinander. Sie waren sich nicht mehr einig, wie ihre Aufgaben am besten umzusetzen seien.[68] Dieser Aspekt kommt in den Briefen stärker zum Ausdruck als in den Interviews. Meile und Lüthi erwähnten in den Zeitzeugengesprächen die unterschiedlichen Ansichten, äusserten sich jedoch deutlich vager als in den Briefen, denn während Letztere nur für die Familie bestimmt gewesen waren, wussten die Zeitzeuginnen in den *humem*-Interviews nicht, wer ihre Aussagen zu hören bekommen würde. Dies zeigt, wie ein erwarteter Rezipientenkreis Meinungen und Aussagen beeinflussen oder zensieren kann.[69]

In den Interviews vertraten die Zeitzeuginnen dieselbe Position, die sie gegen Ende ihres Einsatzes in Tansania eingenommen hatten. Die kritische Deutung ihres damaligen Engagements ist also nicht die Folge einer Verarbeitung und Umdeutung in den vierzig Jahren zwischen der Rückkehr und den Interviews, sondern vollzog sich aufgrund der enttäuschenden Erfahrungen während des Einsatzes selbst. Die Zeitzeuginnen gaben in den Interviews die Schwierigkeiten bei der Umsetzung ihres Auftrags unumwunden zu und versuchten nicht, die Zusammenarbeit mit der Bevölkerung oder ihre Tätigkeiten in Litowa zu idealisieren. Wie bei der Analyse der Lebensbedingungen erwiesen sich die Erinnerungen der Zeitzeuginnen auch in Bezug auf ihre Tätigkeit als Entwicklungsarbeiterinnen als zuverlässig. Eine mögliche Erklärung für die nur unbedeutenden Differenzen zwischen der zeitgenössischen und der retrospektiven Darstellung ihrer Erfahrungen ist, dass der

---

66 Briefe Meile, 16. Januar 1969, S. 1.
67 Briefe Lüthi, 5. Dezember 1968, S. 7.
68 Lüthi schrieb zum Beispiel, dass es schwierig sei, ihre und Meiles Ideen auf einen Nenner zu bringen. Vgl. dazu: Briefe Lüthi, 2. April 1968, S. 3.
69 Vgl. z.B. Lynn Abrams, *Oral History Theory*, Oxford 2010, S. 110–115.

Einsatz in Tansania für die Freiwilligen ein räumlich und zeitlich klar begrenztes Erlebnis darstellte, das – ähnlich wie ein erratischer Block – in der biografischen Sinnkonstruktion der Zeitzeuginnen zwar einen Platz hatte, sich mit den sonstigen Erfahrungen aber kaum verknüpfen liess. Die Tätigkeit in der Entwicklungshilfe wurde nicht relevant für den individuellen Lebenszusammenhang, und die Erinnerung daran war eher unangenehm. Dass Eva Lüthi nicht gerne an diese Zeit zurückdachte, wurde oben bereits erwähnt. Auch Rita Meile kann der Erfahrung in Tansania heute wenig Positives abgewinnen: «Ja also, wenn ich darüber spreche, ich habe [...] ganz neutrale Gefühle. Ich sehe das einfach, dass es so war.»[70] Die Formulierungen weisen darauf hin, dass die Freiwilligen ihre Erlebnisse in Tansania als abgeschlossenen Teil ihrer Biografie verstanden, der mit ihrem sonstigen Leben in der Schweiz kaum einen Zusammenhang hatte und wenig sinnvoll erschien. Mangels Relevanz und inhaltlicher Auseinandersetzung wurden ihre Erfahrungen bis zu den *humem*-Interviews kaum bearbeitet und umgedeutet. Erst als sich *humem* und die historische Forschung für ihren Einsatz in Tansania zu interessieren begannen, setzte eine neue Phase der Erinnerungsarbeit ein. Es mag sein, dass das – aufgrund der damals nicht erreichten Ziele – jahrzehntelang für sinnlos gehaltene Engagement für die beiden Freiwilligen nun einen neuen biografischen Sinn erhielt, weil es heute aus geschichtswissenschaftlicher Perspektive interessant und damit vielleicht auch in biografischer Hinsicht wertvoller geworden ist.

Das Zeitzeugen-Archiv

Der Ansatz von *humem,* mittels inhaltlich weitgehend offener biografischer Interviews von den Anfängen der schweizerischen Entwicklungszusammenarbeit und humanitären Hilfe bis zur Gegenwart einen Bogen zu schlagen, eröffnet der Forschung vielfältige Möglichkeiten. Die vorhandenen Interviews gewähren Einblicke in die bisher kaum behandelte lebensweltliche Dimension des Wirkens von Einzelpersonen im Feld. Dabei wurde eine grosse Zahl von Personen interviewt. Weil diese punkto Zeitraum, Aufgaben und geografischer Region ihrer Auslandeinsätze ein sehr breites Spektrum abdecken, dokumentieren die Interviews zwar vielfältige Erfahrungen, beziehen sich aber selten aufeinander und bieten nur begrenzte Vergleichsmöglichkeiten. Somit handelt es sich bei den *humem*-Interviews weniger um einen Korpus, der für die Untersuchung einer ganz bestimmten Fragestellung ausreicht, als vielmehr um einen Fundus von zumeist sehr interessanten Lebensgeschichten, die für die verschiedensten historischen Untersuchungen auswertbar sind. Diese können von der Biografie einer bestimmten Person über Fallstudien zu

---

70 Interview Meile, 17. Juni 2012, 0:42.

Auslandhilfe als biografische Erfahrung 277

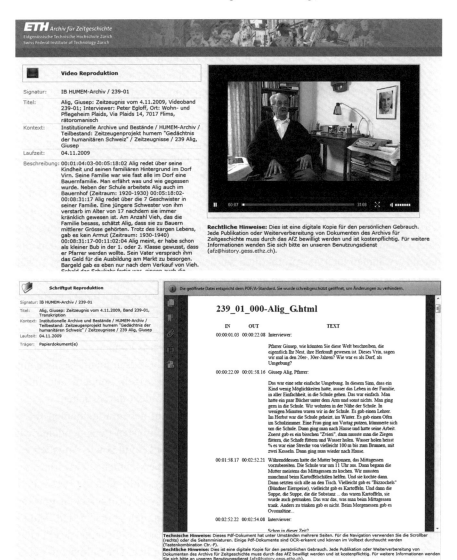

Abbildungen 4 und 5: Anzeige der Reproduktion eines Videobands nach Import in das Archivinformationssystem des *Archivs für Zeitgeschichte*. Links neben dem Video die sequenzierte Inhaltsangabe, unten die Anzeige der Volltexttranskription.

einzelnen Projekten oder Organisationen der Auslandhilfe bis zu komplexen Untersuchungen reichen, welche beispielsweise Fragen der Mentalität, des Kulturtransfers oder des kollektiven Gedächtnisses behandeln.

Für die meisten Fragestellungen wird man zu den Interviews ergänzende Dokumente hinzuziehen müssen. Gerade die Kombination von retrospektivem Interview und zeitgenössischem Quellenmaterial scheint uns, wie der Fall der beiden Krankenschwestern in Tansania zeigt, für die Forschung besonders interessant zu sein. Das *Archiv für Zeitgeschichte* plant deshalb, zusätzlich zu den Interviews auch die im Privatbesitz der Interviewten befindlichen zeitgenössischen Dokumente wie Fotos, Tagebücher und Korrespondenz zu sichern.

Das AfZ integriert die Video-Interviews und sämtliche dazugehörigen Dokumente in seine Archivdatenbank. Die Nutzung und Auswertung der Zeitzeugnisse wird massgeblich dadurch erleichtert, dass *humem* die 75 Video-Interviews mit einer Gesamtdauer von rund 250 Stunden vorbildlich erschlossen hat. In den einleitend erwähnten Interviewprotokollen wurden grundlegende Informationen zu den Interviewten sowie zum Verlauf der Interviews und der Interaktion festgehalten. Alle Interviews wurden als Volltext transkribiert, wobei die in Dialekt geführten Gespräche ins Hochdeutsche übertragen wurden. Schliesslich wurden die Gespräche in Sequenzen unterteilt, stichwortartig zusammengefasst und mit Zeitangaben indexiert. Aufgrund dieses hohen Erschliessungsstandards können sich die Nutzerinnen und Nutzer in Zukunft nicht nur durch schriftliche Zusammenfassungen und Transkriptionen schnell über die Interviews ins Bild setzen, sondern alle Interviews auch auf bestimmte Namen oder Begriffe im Volltext durchsuchen.

Via Onlinedatenbank stellt das AfZ dem Publikum neben allgemeinen Informationen über das Projekt für jedes Interview die wichtigsten Personendaten wie Name und Geburtsdatum des Zeitzeugen bzw. der Zeitzeugin sowie Angaben zur Durchführung des Interviews zur Verfügung. Die oben erwähnten stichwortartigen Zusammenfassungen werden vom Archiv daraufhin geprüft, dass die Persönlichkeitsrechte der Zeitzeuginnen und Zeitzeugen sowie von Drittpersonen gewahrt bleiben und anschliessend ebenfalls im Internet zugänglich gemacht. Die Video-Interviews selbst sowie die Volltext-Transkriptionen sind aus Gründen des Persönlichkeitsschutzes im Internet hingegen nicht frei zugänglich. Die online zur Verfügung gestellten Informationen dürften jedoch als Entscheidungsgrundlage genügen, ob sich der Gang ins Archiv lohnt. Im Lesesaal können die Videos und die Volltexttranskriptionen konsultiert werden, so dass etwa im Fall des rätoromanisch geführten Gesprächs mit Giusep Alig (vgl. Abbildungen 4 und 5) während der Betrachtung des Videos die deutsche Übersetzung gelesen werden kann.

Die Sicherung und Zugänglichmachung der 75 Zeitzeugnisse in der skizzierten Form stellen für das *Archiv für Zeitgeschichte* in technischer und finanzieller Hinsicht eine Herausforderung dar. Es verfügt zwar über eine lange Erfahrung in der Archivierung von Zeitzeugnissen und stellt der Forschung bereits heute weit mehr als zweihundert Zeitzeugenberichte zur Geschichte des 20. Jahrhunderts zur Verfügung. Mehrheitlich handelt es sich dabei jedoch um Tondokumente, während für digitale Videodaten in der vorliegenden Form nicht nur ganz erhebliche Speicherkapazitäten benötigt werden, sondern bis heute auch noch kein verlässliches Archivformat existiert. Vor diesem Hintergrund hat das AfZ den Entscheid zur Übernahme der Zeitzeugnisse keineswegs leichtfertig gefällt. Vielmehr ist es nach einer Analyse des Bestands, der Durchführung eigener ergänzender Interviews mit einigen der von *humem* befragten Personen und dem probeweisen Einsatz von Interviews in einer universitären Lehrveranstaltung zum Schluss gelangt, dass diese Zeitzeugenberichte einen einzigartigen Fundus zur Geschichte der schweizerischen Entwicklungszusammenarbeit und humanitären Hilfe darstellen – einen Fundus, der (gerade weil er nicht auf eine enge Fragestellung fokussiert, sondern breit angelegt ist) für verschiedenste Fragestellungen offen bleibt und einen wichtigen Bereich der schweizerischen Zeitgeschichte und ihrer Verflechtung mit der Weltgeschichte dokumentiert. Deshalb scheint uns die Annahme berechtigt, dass die Zeitzeugnisse nicht nur heute, sondern auch morgen und übermorgen für Lehre und Forschung, Ausstellungsprojekte, Filme oder Medienberichte interessant und nützlich sein werden.

'Entangling Archives'
Die Bestände des *Schweizerischen Bundesarchivs* zwischen Entwicklungsdiskurs und historischer Reflexion

Peter Fleer

Einleitung

1975 konnte Rudolf Strahm in seinem später vielfach aufgelegten und in mehrere Sprachen übersetzten «Werkbuch» über die Ursachen von Armut und Unterentwicklung noch überzeugt schreiben: «Man weiss heute genug über die Mechanismen der Entwicklung und Unterentwicklung. […] Heute kommt es darauf an, dass das vorhandene Wissen verbreitet und politisch genutzt wird.»[1] Zehn Jahre später musste Strahm in der siebten Auflage des Buchs, die nun unter dem von der französischen Übersetzung übernommenen Titel «Warum sie so arm sind» erschien, ernüchtert feststellen: «Drei Jahrzehnte lang betreiben die reichen Länder nun schon ihre 'Entwicklungshilfe' an die Dritte Welt. Hunderte von Milliarden Dollar an sogenannter Hilfe sind […] in die Entwicklungsländer geflossen. […] Trotz all dieser Anstrengungen gibt es heute mehr Verelendung, mehr Massenarmut, mehr Arbeitslosigkeit und mehr internationale Abhängigkeit in der Dritten Welt als je zuvor.»[2] «Nach nunmehr bald 20jähriger Erfahrung in der Entwicklungspolitik» hatte Strahm «das Gefühl, jeder definiere Entwicklung so, dass das, was er tut, gerade auch noch als Entwicklungshilfe gilt. Aus dieser Problematik ist die mangelnde Fähigkeit zur selbstkritischen Überprüfung der Entwicklungspolitik durch die, die darin tätig sind, zu erklären».[3] Mit Bezug auf den von ihm konstatierten Hass der Dritten Welt auf den Westen kam Jean Ziegler weitere gut zwanzig Jahre später zu einem ähnlichen Schluss: «Rarement dans l'Histoire, les Occidentaux ont témoigné d'un tel aveuglement, d'un tel détachement, d'un tel cynisme qu'aujourd'hui. Leur ignorance des réalités est impressionnante. Et ainsi s'alimente la haine.»[4]

---

1 Rudolf H. Strahm, Überentwicklung – Unterentwicklung. Ein Werkbuch mit Schaubildern und Kommentaren über die wirtschaftlichen Mechanismen der Armut, Stein/Nürnberg 1975, S. 7. Das «Werkbuch» war eine Neufassung des 1972 erschienenen und ebenfalls mehrfach aufgelegten und übersetzten «Werkbuchs Industrieländer – Entwicklungsländer» (Rudolf H. Strahm, *Industrieländer – Entwicklungsländer. Ein Werkbuch*, Freiburg i. Ue. 1972).
2 Rudolf H. Strahm, *Warum sie so arm sind. Arbeitsbuch zur Entwicklung der Unterentwicklung in der Dritten Welt mit Schaubildern und Kommentaren*, Wuppertal 1985, S. 7; ders., *Pourquoi sont-ils si pauvres? Faits et chiffres en 57 tableaux sur les mécanismes du sur/sous développement*, Neuchâtel 1977.
3 Strahm 1985, *op. cit.*, S. 9.
4 Jean Ziegler, *La haine de l'Occident*, Paris 2008, S. 285.

Diese provokativen Äusserungen sind alles andere als unvoreingenommene Urteile und wären gerade auch im Lichte der vorliegenden historischen Forschung über Entwicklung und Entwicklungshilfe zu differenzieren. Sie zeigen jedoch, wie umstritten das Feld 'Entwicklung' stets gewesen ist, wie Gewissheiten immer wieder niedergerissen wurden und wie fortwährend neue Themen in den Diskurs über Entwicklung eingebaut wurden.[5] Auf der anderen Seite weisen die wiederkehrenden aktualisierten Neuauflagen desselben Buchs auch auf Kontinuitäten hin, welche die Auseinandersetzung mit Entwicklung, Unterentwicklung, Entwicklungshilfe oder Entwicklungszusammenarbeit charakterisieren. Schon das oberflächliche Studium entwicklungspolitischer und -theoretischer Literatur zeigt – nicht nur im entwicklungspolitischen Sinn – eine Kontinuität des 'Über' oder 'Unter', der überzogenen Erwartungen und Hoffnungen, der Untererfüllung von gesteckten Zielen, ja des Scheiterns. Diese wertende Perspektive, die zumindest unterschwellig immer auch nach Erfolg bzw. Misserfolg von Entwicklungsbemühungen fragt, wurde lange Zeit auch von der historischen Reflexion über Entwicklungshilfe übernommen. Erst in neuerer Zeit hat die Geschichtsforschung begonnen, die 'Entwicklungshilfe' von der Last ihrer eigenen Erwartungen zu befreien, indem die für den Begriff 'Entwicklung' konstitutiven Werte und Normen konsequent historisiert werden.[6] Diese De-Essentialisierung des Untersuchungsgegenstands eröffnet neue Forschungsfelder und – hier von besonderem Interesse – neue, ungewohnte oder gar ungewöhnliche Blicke auf bekannte und unbekannte Archivquellen.

Dieser Beitrag beabsichtigt, die Bestände des *Schweizerischen Bundesarchivs* in einen Dialog zu bringen einerseits mit den nationalen und globalen entwicklungstheoretischen und -politischen Diskursen und andererseits mit theoretisch-methodischen Ansätzen der Sozial- und Geisteswissenschaften, die für die Geschichte der Entwicklungshilfe besonders interessant sind. Dieser Dialog zwischen Archivbeständen, performativen Entwicklungsdiskursen und analytisch-heuristischer Methodendiskussion wird in drei Schritten geführt. Zunächst werden die im Archiv vorhandenen Informationen über vergangenes Verwaltungshandeln

---

5 In der vierten Auflage seines Lehrbuchs bringt dies Philip McMichael beispielhaft zum Ausdruck: «This fourth edition has been revised to weave a stronger ecological theme into the story, make more visible the gendering of development, and pay attention to current trends that reformulate questions about development's future. Updating includes attention to the limits of the 'development' lifestyle, 'ecological footprints', global health questions, the 'war on poverty', social reproduction issues, the 'planet of slums' phenomenon, outsourcing, NGO-ization, African recolonization, the Latin rebellion against neoliberalism, the rise of China and India, and the ever-changing policy face of the development establishment as it seeks to retain or renew legitimacy.» Zitat in: Philip McMichael, *Development and Social Change. A Global Perspective*, Los Angeles/London/New Delhi/Singapore 2008, S. XVI.

6 Eines der ersten deutschsprachigen Beispiele dafür ist: Hubertus Büschel, Daniel Speich, «Einleitung – Konjunkturen, Probleme und Perspektiven der Globalgeschichte von Entwicklungszusammenarbeit», in: dies. (Hg.), *Entwicklungswelten. Globalgeschichte der Entwicklungswelten*, Frankfurt a.M./New York 2009, S. 7–32, hier S. 13f.

im Licht globaler Entwicklungsdiskurse betrachtet. Dabei bilden die behördlichen Zuständigkeiten und Kompetenzen das Bindeglied, das zivilgesellschaftliche, staatliche und suprastaatliche Diskurse mit den Beständen verbindet. Sodann wird ein Bild der entwicklungshilfebezogenen 'Beständelandschaft' im *Schweizerischen Bundesarchiv* skizziert, deren Konturen Hinweise auf relevante Bestände und mögliche Recherchestrategien geben. Diese qualitativen Überlegungen, die Wert auf die Querverbindungen zwischen den Beständen legen und die Vielfalt der vorhandenen Behörden- und Privatbestände betonen, werden mit einer quantitativen Sicht auf die Bestände ergänzt. Schliesslich wird versucht, einen Bogen zu schlagen zwischen den Archivbeständen und den historischen Forschungsansätzen. Dabei wird die bisherige Forschung mit Quellen aus dem *Schweizerischen Bundesarchiv* kurz skizziert, und der Methodenpluralismus und die Perspektivenvielfalt sowohl im entwicklungstheoretischen Diskurs wie in der Geschichtswissenschaft werden als Voraussetzung für neue Sichtweisen auf die Bestände hervorgehoben.[7]

Archivspuren globaler Entwicklungsdiskurse

In der zweiten Hälfte des 20. Jahrhunderts wurde 'Entwicklung' zu einem zentralen organisierenden Konzept zur Ordnung der Welt.[8] Im Zweiten Weltkrieg war die Welt in beispielloser Weise zusammengerückt, und globale Gegensätze traten in aller Deutlichkeit hervor. Dies veränderte die Wahrnehmung der wirtschaftlichen, politischen und intellektuellen Eliten in den USA und in Europa. Nach dem Krieg sahen sie eine gespaltene Welt, in der sich zwei ideologische Machtblöcke unversöhnlich gegenüberstanden und die von einem scharfen Gegensatz zwischen den reichen, entwickelten Industrienationen kapitalistischer oder kommunistischer Prägung und den armen Ländern des 'Südens' geprägt war. Die wichtigsten Strategien im Umgang mit diesen Herausforderungen bestanden im Aufbau internationaler Konfliktlösungsmechanismen, in der militärischen Aufrüstung, im weltweiten

---

7   Bei wenigen anderen Themen sind Begriffsfragen heikler und umstrittener. Dies beginnt schon bei der Benennung des Untersuchungsgegenstands. Spricht man von Entwicklungshilfe oder Entwicklungszusammenarbeit, von Entwicklungsländern oder Dritter Welt, von Unter- und Überentwicklung, von Modernisierung, Abhängigkeit oder Vulnerabilität, von Moderne oder Modernen? Und setzt man die Wörter in Anführungszeichen oder nicht? Es ist nicht Aufgabe, im Rahmen dieses Aufsatzes diese Diskussion zu vertiefen und begrifflich Position zu beziehen. Wenn hier daher meist pragmatisch der Terminus 'Entwicklungshilfe' verwendet wird, ist damit kein theoretisch-analytischer Positionsbezug verbunden. Vgl. zur Begriffsfrage etwa Karin Fischer, Gerald Hödl, Christof Parnreiter, «Entwicklung – eine Karotte, viele Esel?», in: Karin Fischer, Gerald Hödl, Irmi Maral-Hanak, Christof Parnreiter (Hg.), *Entwicklung und Unterentwicklung. Eine Einführung in Probleme, Theorien und Strategien*, Wien, S. 13–55, hier S. 24–29.

8   Vgl. James Ferguson, *The Anti-Politics Machine. «Development», Depoliticization, and Bureaucratic Power in Lesotho*, Minneapolis/London 1994, S. XIII.

Handel und in der wirtschaftlichen Entwicklung.⁹ In diesem globalen Handlungsrahmen nahm die Entwicklungspolitik eine besondere Stellung ein. Stellten die drei ersten Stossrichtungen im Grunde bekannte Politiken zur unmittelbaren bis mittelfristigen Problemeindämmung oder -lösung dar, machte Letztere ein grosses Versprechen für eine bessere Zukunft für die gesamte Welt. 'Entwicklung' war das Versprechen des hegemonialen westlichen Machtblocks unter Führung der USA an die Länder der 'Dritten Welt', sie beim Aufholen des diagnostizierten wirtschaftlichtechnischen Rückstands zu unterstützen. Im Kontext des Kalten Kriegs und der Dekolonisierung erfüllte Entwicklungspolitik zwei geostrategische Aufgaben: einerseits konkretisierte sie den Anspruch, die historische Verantwortung der reichen Industrienationen gegenüber den kolonisierten 'unterentwickelten' Ländern wahrzunehmen, andererseits war sie ein zentrales Element im Abwehrdispositiv des 'Westens' gegen die Ausbreitung des Kommunismus mit seinen konkurrierenden Zukunftsversprechen.

Ende 1948 bekräftigte die UNO-Generalversammlung den Willen der internationalen Staatengemeinschaft, «[to] give further and urgent consideration to the whole problem of the economic development of under-developed countries in *all* its aspects [...]».¹⁰ Im Zuge dieser Bestrebungen intensivierten sich in den 1950er Jahren die multilateralen und nationalen Entwicklungshilfebemühungen. Unter dem Eindruck des enormen technischen Fortschritts, der mit der nordatlantischen Moderne verbunden war, lag es nahe, die Hauptursache der Unterentwicklung im Mangel an wissenschaftlich-technischem Wissen auszumachen. Mit technischer Unterstützung und entsprechenden Wissenstransfers hoffte man, die unterentwickelten Länder auf den Weg der nachholenden Entwicklung nach westlichem Vorbild zu bringen.¹¹

Auch in der Schweiz führten die internationalen Entwicklungsbestrebungen zu einer verstärkten Wahrnehmung der krassen globalen Reichtumsunterschiede. Herausgewachsen aus der humanitären Wiederaufbauhilfe für das kriegszerstörte Europa, begann sich die private humanitäre Auslandhilfe im Verlauf der 1950er Jahre den unterentwickelten Regionen des 'Südens' zuzuwenden. Parallel dazu begann der Bund sich im Sinn des UNO-Entwicklungsprogramms in der technischen Hilfe zu engagieren. Zudem unterstützte er den Wissenstransfer durch die Vergabe von

---

9 Vgl. u.a. Jürgen Osterhammel, Niels P. Peterson, *Geschichte der Globalisierung. Dimensionen, Prozesse, Epochen*, München 2003, S. 86–100.
10 UNO Resolution A/RES/198(III), C.2 11, A/PV.170, 04 Dec. 1948, 51-0-0 (non-recorded), A/737, Economic development of under-developed countries, vgl. http://www.un.org/depts/dhl/resguide/r3.htm (5.11.2012, Hervorhebung im Original); vgl. auch Daniel Speich, «Der Blick von Lake Success: Das Entwicklungsdenken der frühen UNO als 'lokales Wissen'», in: Büschel, Speich 2009, *op. cit.*, S. 143–174, hier S. 143f.
11 *Ibid.*, S. 161–164.

Stipendien an angehende Fachleute aus Entwicklungsländern.[12] Das private und staatliche Handeln während dieser Anfangsphase der institutionalisierten Entwicklungshilfe hat in den Beständen im *Schweizerischen Bundesarchiv* vielfältige Archivspuren hinterlassen. Abgesehen von den Privatbeständen zeigen sich diese jedoch noch nicht auf der Ebene der Bestände, da die Ziele, Tätigkeitsfelder und Zuständigkeiten der Entwicklungshilfe noch unklar waren und sich erst in Umrissen abzeichneten. Dies hängt mit der archivischen Bestandsbildung zusammen, die dem Provenienzprinzip folgt. Dementsprechend ist ein Bestand ein Artefakt einer bestimmten Behörde, die über definierte Zuständigkeiten und Kompetenzen verfügt. Wo sich Informationen zu bestimmten Handlungsfeldern oder Themen finden, hängt somit davon ab, welche Bundesstellen – kraft ihrer Kompetenzen – in die damit verbundenen Geschäfte involviert waren. Die Kompetenzen einer Behörde schlagen sich – wenn auch zum Teil nur mittelbar – in deren Registraturen nieder. Diese werden in der hierarchischen Archivtektonik auf der darunterliegenden Verzeichnungsstufe durch Teilbestände repräsentiert (vgl. Grafik 1). Dabei kann es sich um aufeinanderfolgende oder um zeitlich parallel betriebene Registraturen einer Behörde handeln. Auf der nächstunteren Ebene der Serie sind jene Positionen der vorarchivischen Ordnungssysteme ersichtlich, unter denen archivierte Dossiers abgelegt sind.[13] Dasselbe Strukturprinzip wird sinngemäss auch auf die Bildung der Privatbestände von Personen und Institutionen angewandt, die vom *Schweizerischen Bundesarchiv* verwahrt werden. Abgesehen von wenigen Ausnahmen entfallen hier jedoch die Teilbestände. Indem sie die Zuständigkeiten und Kompetenzen der Bundesstellen reflektieren, sind Bestände und Teilbestände zentrale Orientierungsmarken für archivische Recherchen jeglicher Art. Im Zusammenhang mit dem Thema 'Entwicklung' gilt dies jedoch erst für die Zeit seit Ende der 1950er Jahre. Erst danach mündete die fortschreitende Institutionalisierung der Entwicklungshilfe auf Bundesebene in die Einrichtung von Bundesstellen mit entwicklungsspezifischen Kompetenzen, die dann in der Archivtektonik als Bestände und Teilbestände unmittelbar sichtbar wurden. Die Sichtbarkeit des Themas 'Entwicklung' auf Bestands- und Teilbestandsebene hängt somit unmittelbar mit den internationalen und nationalen Konjunkturen der Entwicklungspolitik zusammen. Deren Erfolge blieben während der 1950er Jahre hinter den Erwartungen zurück.

---

12 Christoph Graf, «Die Schweiz und die Dritte Welt. Die Anerkennungspraxis und Beziehungsaufnahme der Schweiz gegenüber dekolonisierten aussereuropäischen Staaten sowie die Anfänge der schweizerischen Entwicklungshilfe nach 1945», in: *Studien und Quellen*, 12 (1986), S. 37–112, hier S. 86–107; vgl. ferner die Beiträge von Patrick Moser, Andreas Minder, Ann-Katrin Wicki, Kathrin Däniker, Betty Stocker und Ka Schuppisser in: Peter Hug, Beatrix Mesmer (Hg.), *Von der Entwicklungshilfe zur Entwicklungspolitik*, Bern 1993.

13 Vgl. zu den archivischen Fachbegriffen Online-Recherche des *Schweizerischen Bundesarchivs*: https://www.swiss-archives.ch/suchinfo.aspx > Info Corner > Glossar (7.11.2012).

Die von den Entwicklungsinitiativen adressierten Konflikte entlang der Ost-West- und der Nord-Süd-Bruchlinien nahmen nicht ab, sondern verschärften sich. Die afro-asiatische Konferenz von Bandung 1955, die den Anstoss zur Gründung der Bewegung der Blockfreien gab, symbolisierte das erwachende Selbstvertrauen der Staaten der 'Dritten Welt'. Die kubanische Revolution 1959 repräsentierte in aller Deutlichkeit die Gefahr einer kommunistischen Expansion in den Entwicklungsländern. Die westlichen Eliten, allen voran jene in den USA, sahen ihren globalen Führungsanspruch in Frage gestellt. Als unmittelbare Reaktion auf die Entwicklungen in Kuba rief US-Präsident Kennedy im Frühling die Allianz für den Fortschritt aus, um die wirtschaftliche Zusammenarbeit zwischen den USA und Lateinamerika zu stärken. Ende desselben Jahres erklärte die UNO-Generalversammlung das bevorstehende Jahrzehnt zur (ersten) Entwicklungsdekade.[14] Damit war die «Entwicklungsmaschine» im globalen Massstab in Gang gesetzt.[15]

Auch die Schweiz konnte sich der weltweiten Entwicklungseuphorie nicht entziehen. Als eines der reichsten Länder war sie besonders aufgerufen, einen Beitrag zur Entwicklung der armen Weltregionen zu leisten. Zugleich erkannte man in der Schweiz, dass sich Entwicklungshilfe mit eigenen Interessen verbinden liess. Bundesrat Petitpierre verknüpfte die Maxime der Neutralität mit dem Bekenntnis zur Solidarität und hoffte, mit dem multilateralen Engagement der Schweiz in verschiedenen UNO-Entwicklungsorganisationen die aussenpolitische Position der Schweiz zu stärken.[16] Private und kirchliche Hilfswerke, aber auch Kräfte in der Bundesverwaltung betonten demgegenüber den humanitär-moralischen Aspekt und setzten stärker auf unmittelbar wirksame bilaterale Hilfe. Diese bot sich auch für die Beförderung wirtschaftspolitischer Ziele an. In der Bundesverwaltung setzte sich insbesondere das *Bundesamt für Industrie Gewerbe und Arbeit* (BIGA) dafür ein, dass die technische Hilfe zur Erschliessung von neuen Exportmärkten für die Schweizer Wirtschaft und zur Arbeitsbeschaffung im Landesinnern genutzt werde.[17] Nach einer längeren Phase des Suchens, die von Kompetenzstreitigkeiten zwischen dem EVD und dem EPD gekennzeichnet war, schuf der Bundesrat 1960 zunächst in der Abteilung für internationale Organisationen einen *Dienst für tech-*

---

14 UNO Resolution A/RES/1710 (XVI) United Nations Development Decade. A programme for international economic co-operation, 19. Dezember 1961, vgl. http://www.un.org/en/events/observances/decades.shtml (07.11.2012). Vgl. zum 'Development Project' auch McMichael 2008, *op. cit.*, S. 55–84.
15 Vgl. zur Maschinenmetapher weiter unten Fussnote 27.
16 Vgl. den Beitrag von Urs Hugelshofer in: Hug, Mesmer 1993, *op. cit.*, S. 74; Daniel Speich Chassé, «Verflechtung durch Neutralität. Wirkungen einer Schweizer Maxime im Zeitalter der Dekolonisation», in: Patricia Purtschert, Barbara Lüthi, Francesca Falk (Hg.), *Postkoloniale Schweiz. Formen und Folgen eines Kolonialismus ohne Kolonien*, Bielefeld 2012, S. 225–244, hier S. 232–236. Vgl. dazu auch den Beitrag von Daniel Trachsler in diesem Band.
17 Albert Matzinger, *Die Anfänge der Schweizerischen Entwicklungshilfe 1948–1961*, Bern/Stuttgart 1990, S. 56f.

nische Zusammenarbeit (DftZ). In der Archivtektonik hat sich dieser Institutionalisierungsschritt auf untergeordneter Ebene jedoch nicht unmittelbar niedergeschlagen. Erst mit der Schaffung des Amts des Delegierten für technische Zusammenarbeit im folgenden Jahr erhielt das Handlungsfeld Entwicklungshilfe die organisatorische Bedeutung einer eigenständigen Bundesstelle, die in der Archivtektonik als Bestand (E10133 Delegierter für technische Zusammenarbeit) und Teilbestand (E2003-03 Delegierter für technische Zusammenarbeit: Zentrale Ablage (1961–1963)) erscheint.[18]

Die fortschreitende Institutionalisierung der Entwicklungshilfe auf Bundesebene war Voraussetzung und Folge der zunehmenden Integration der Schweiz in die internationalen Entwicklungsbestrebungen, die auf der unhinterfragten Vorstellung beruhten, dass Entwicklung im Sinne der westlichen Moderne überall auf der Welt möglich sei. In der Auseinandersetzung mit der Frage, wie eine solche Entwicklung bewirkt werden könne, hatte sich seit den 1940er Jahren ein eigenständiger Wissenschaftsdiskurs entwickelt.[19] Die daraus hervorgehenden konkurrierenden Analysen und Handlungsanweisungen beeinflussten die globalen und nationalen Entwicklungspolitiken während verschiedenen Phasen in unterschiedlicher Weise und Stärke. Zum dominanten entwicklungstheoretischen Programm der 1960er Jahre wurde die Modernisierungstheorie, deren paradigmatisches Stadienmodell der spätere Berater von John F. Kennedy und Lyndon B. Johnson, Walt W. Rostow, 1960 vorgelegt hatte.[20] Für entwicklungspolitisches Handeln waren in den 1960er Jahren im Wesentlichen drei grundlegende Prämissen der Modernisierungstheorie grundlegend: die Vorstellung von Entwicklung als programmierter (und programmierbarer) Abfolge von Phasen auf einen konvergenten Endzustand hin, die Fokussierung auf die national-endogene Dimension von Entwicklung und die Betonung wirtschaftlich-technischer Erfolgsfaktoren.

Die Modernisierungstheorie blieb indessen nicht unumstritten. Bereits Mitte der 1960er Jahre setzten ihr lateinamerikanische Sozial- und Wirtschaftswissenschafter eigene theoretische Sichtweisen entgegen, welche die Abhängigkeit der unterentwickelten Länder der Peripherie von den Industriestaaten der Zentren be-

---

18 Vgl. zur Institutionalisierung der Schweizer Entwicklungshilfe Urs Scheidegger, Lukas Zürcher, Daniele Waldburger, *Im Dienst der Menschlichkeit. Meilensteine der Schweizer Entwicklungszusammenarbeit seit 1945*, Bern 2012.
19 Karin Fischer, Gerald Hödl, Wiebke Sievers, «Einleitung», in: dies. (Hg.), *Klassiker der Entwicklungstheorie. Von Modernisierung bis Post-Development*, Wien 2008, S. 9–24, hier S. 15.
20 Walt W. Rostow, *The Stages of Economic Growth. A Non-Communist Manifesto*, Cambridge 1960. Das zusammenfassende Einführungskapitel des Buchs ist auf Deutsch abgedruckt in Fischer, Hödl, Sievers 2008, *op. cit.*, S. 40–52; vgl. auch Gerhard Hauck, «Die Geschichte der Entwicklungstheorie», in: Olaf Gerlach, Stefan Kalminring, Daniel Kumitz, Andreas Nowak (Hg.), *Peripherie und globalisierter Kapitalismus*, Frankfurt a.M. 2004, S. 12–50, hier S. 15–22.

tonten.[21] Sie verorteten Unterentwicklung in der durch Kolonialismus, Imperialismus und Neokolonialismus erzwungenen asymmetrischen Einbindung des Südens in die kapitalistische Weltwirtschaft. Diese unter der Bezeichnung «Dependencia-Theorien» zusammengefassten Ansätze führten Ausbeutung und strukturelle Verzerrungen in den 'Entwicklungsländern' auf exogene Faktoren zurück und forderten eine neue, gerechtere Weltwirtschaftsordnung.[22] Die offene Kritik an der Modernisierungstheorie kann indessen nicht darüber hinwegtäuschen, dass die Dependencia-Theorien letztlich ebenso eurozentristisch waren und im Grunde auch von einem konvergenten Entwicklungspfad ausgingen, der die unterentwickelten Länder auf die Entwicklungsstufe der modernen Industrienationen führen würde.[23]

Auch in der Schweiz prägten diese internationalen Theoriediskurse die entwicklungspolitische Diskussionen. Sie haben sich entsprechend – vielfältig gebrochen – in den Archivbeständen niedergeschlagen, wobei sich zwischen Beständen und Entwicklungsdiskursen inhaltlich-thematische und systematisch-logische Bezüge herstellen lassen. Auf der inhaltlich-thematischen Ebene ergibt sich ein Zusammenhang durch die Zuständigkeiten der Behörden in den von diesen Diskursen adressierten Politikfeldern. Die Kompetenzen einer bestimmten Behörde können hierbei sehr spezifisch, aber auch ganz allgemeiner Natur sein. So ist klar, dass die *Direktion für Entwicklungszusammenarbeit und humanitäre Hilfe* eine Reihe von Kompetenzen mit unmittelbarem Bezug zur Entwicklungshilfe und der diesbezüglichen Diskurse wahrnimmt. Diese spezifischen Kompetenzen basieren auf entsprechenden Rechtsgrundlagen und können explizit benannt werden.[24] Im Falle thematisch unspezifischer Kompetenzen, etwa der Rechtsetzungskompetenz des Parlaments, ergibt sich der Zusammenhang zwischen Politikfeld und Behörde

---

21 Vgl. die Texte von Raúl Prébisch und André Gunder Frank in: Fischer, Hödl, Sievers 2008, *op. cit.*; Hauck 2004, *op. cit.*, S. 22–30; Walther L. Bernecker, «Cepalismo, Desarrollismo, Dependencia: regionale Wirtschaftstheorien und Entwicklungsstrategien in Lateinamerika», in: Şefik Alp Bahadir (Hg.), *Kulturen und Regionen im Zeichen der Globalisierung. Wohin treiben die Regionalkulturen?*, Neustadt an der Aisch 2000, S. 247–261; Cristóbal Kay, *Latin American Theories of Development and Underdevelopment*, London/New York 1989.

22 Der Terminus 'Theorie' im Zusammenhang mit den Dependencia-Ansätzen ist im Grund eine unzutreffende Verkürzung, haben sich Letztere doch nie zu einer kohärenten Theorie verdichten lassen. Es ist daher in der Literatur auch etwa von Dependencia-Ansätzen oder der Dependencia-Schule die Rede. Um die Abgrenzung gegen den geläufigen Begriff 'Modernisierungstheorie' zu betonen, wird hier jedoch gleichwohl auch die häufig anzutreffende Bezeichnung 'Dependencia-Theorie' verwendet.

23 Der Eurozentrismus der lateinamerikanischen Dependencia-Theorien ist kein Zufall. Der Subkontinent nahm in Bezug auf die Nord-Süd-Bruchlinie eine besondere Stellung ein, indem er Teil des unterentwickelten Südens war, sich kulturell und von der politischen Verfassung her jedoch dem modernen Westen zugehörig fühlte. Vgl. Stephan Scheuzger, Peter Fleer, «Einleitung: Zentren und Peripherien des Wandels – Die Moderne in Lateinamerika», in: dies. (Hg.), *Die Moderne in Lateinamerika. Zentren und Peripherien des Wandels*, Frankfurt a.M. 2009, S. 15–48, hier S. 23f.

24 Vgl. u.a. Bundesgesetz über die internationale Entwicklungszusammenarbeit und humanitäre Hilfe (vom 19. März 1976), in: *Amtliche Sammlung 1977*, S. 1352–1357.

durch den Prozess der politischen und verwaltungsmässigen Behandlung spezifischer Fragen.

Auf der systematisch-logischen Ebene beruht der Bezug zwischen Beständen und Entwicklungsdiskursen auf der ausgeprägten Transnationalität dieser Diskurse und der ihnen eigenen engen Verflechtung zwischen Zivilgesellschaft und staatlichen bzw. suprastaatlichen Institutionen. Zudem können sich Entwicklungsdiskurse auf eine nahezu unbegrenzte Vielfalt von Themen beziehen. Die Politik des Internationalen Währungsfonds, das Geschäftsgebaren multinationaler Konzerne oder schweizerische Rüstungsexporte können ebenso dazu gehören wie die rechtlichen Modalitäten der Entwicklungshilfe, das Konsumverhalten der Bevölkerung und deren Bilder über die Dritte Welt oder die Wirksamkeit von Entwicklungsprojekten. In diesem mehrschichtigen Geflecht kommt staatlichen Beständen eine nicht zu unterschätzende Relaisfunktion bei der Untersuchung historischer Diskursformationen zu. In ihnen kreuzen sich auf vielfältige Weise die Spuren der Kommunikationsverläufe vergangener Wissensproduktion von verschiedensten Akteuren.

Ein besonderer Bezug zwischen 'Entwicklung' und staatlichen Archivbeständen ergibt sich schliesslich auch aus verwaltungsgeschichtlicher Sicht. Entwicklungsdiskurse und Entwicklungshandeln finden zu wichtigen Teilen in Verwaltungskontexten statt. Entwicklungstheorien und -politiken entstehen in Universitäten und hochorganisierten internationalen Bürokratien. Auch wenn die Umsetzung der dort generierten Entwicklungskonzepte nur in Ausnahmefällen zur Herausbildung von «hochmodernistischen» autoritären Staatsbürokratien führt, wie sie eindrücklich von James C. Scott beschriebenen wurden, tendiert praktisches Entwicklungshandeln doch dazu, bürokratische Verfahren zu stärken.[25] In diesem Sinn folgen die Handlungsfelder 'Entwicklung' und 'Verwaltung' ähnlichen Grundmustern und teilen sich die zentralen 'Produktionsfaktoren' Wissen, Information und Kommunikation.[26] Interessant ist in diesem Zusammenhang auch die metaphorische Ebene. In der verwaltungsgeschichtlichen Forschung hat das Bild der Verwaltung als Maschine grosse Beachtung gefunden.[27] Das Handlungsfeld 'Ent-

---

25 James C. Scott, *Seeing Like a State. How Certain Schemes to Improve the Human Condition Have Failed*, New Haven/London 1998; vgl. hierzu auch die Fallstudie über Lesotho von James Ferguson 1994, *op. cit.*

26 Vgl. hierzu aus verwaltungsgeschichtlicher Sicht allgemein: Alfred D. Chandler Jr., James Cortada, (Hg.), *A Nation Transformed by Information*, Oxford 2000; Alfred D. Chandler Jr., *The Visible Hand. The Managerial Revolution in American Business*, Cambridge MA 1997; JoAnne Yates, *Control through Communication. The Rise of System in American Management*, Baltimore 1993; Doris Graber, *The Power of Communication: Managing Information in Public Organizations*, Washington 2003.

27 Vgl. Peter Collin, Klaus-Gert Lutterbeck, (Hg.), *Eine intelligente Maschine? Handlungsorientierungen moderner Verwaltungen (19./20. Jh.)*. Baden-Baden 2009; Jon Agar, *The Government Machine. A Revolutionary History of the Computer*, Cambridge Mass. 2003, S. 15–21.

wicklung' wurde insbesondere auch in entwicklungskritischen Arbeiten aus dem Umfeld der Post-Development-Ansätze mit der Maschinen-Metapher angesprochen, so etwa von Ilan Kapoor: «The development machine moves on, constantly evolving differentiated policies and strategies.»[28]

Konturen der «Beständelandschaft» im Schweizerischen Bundesarchiv

Vor diesem Hintergrund der Verflechtung soll im Folgenden versucht werden, eine Übersicht über die Bestände im *Schweizerischen Bundesarchiv* zu geben, die zum Thema Entwicklungshilfe 'etwas zu sagen haben'. Dabei kann es sich – schon aus Platzgründen – nicht um eine systematische, kommentierte Auflistung aller oder auch nur der 'wichtigsten' Bestände im klassischen Stil archivischer Beständeübersichten handeln. Um dem Anliegen gerecht zu werden, die Vielfalt der 'Beständelandschaft' darzustellen, soll versucht werden, eine – wenn auch nicht vollständige, so doch repräsentative – Gesamtsicht zu geben, die nicht in erster Linie auf bestimmte Bestände abhebt, sondern davon ausgeht, dass der wissenschaftliche Mehrwert vor allem in den vielfältigen Querverbindungen zwischen den Beständen zu suchen ist.

Die unklare Kompetenzlage bis zur Errichtung des DftZ im Jahr 1960 schlug sich auch in den Konturen der 'Beständelandschaft' nieder, die bezüglich des Themas 'Entwicklungshilfe' wenig ausgeprägt waren. So lassen sich für die Periode von 1945 bis 1960 zwar einige Bestände bzw. Teilbestände herausheben, die einen engeren Bezug zum Thema aufweisen als andere, deren Profil ist aber insgesamt wenig ausgeprägt:

– E2003A Abteilung für internationale Organisationen: Zentrale Ablage (1955–1972). Hier sind in erster Linie die Planpositionen o.2 Œuvres d'entraide und o.744 Bureau de l'assistance technique des Nations Unies von Bedeutung.
– E7110 Handelsabteilung: Zentrale Ablage (1916–1979). Informationen im Zusammenhang mit Entwicklungshilfe finden sich in diesem Teilbestand v.a. unter der Planposition 22 Entwicklungszusammenarbeit, Handelsförderung und mit entsprechendem Länderbezug auch unter der Planposition 8 Handelsverkehr mit dem Ausland.
– E7170B Bundesamt für Industrie, Gewerbe und Arbeit: Zentrale Ablage (1949–1997). In Betracht fallen hier insbesondere die Planpositionen 7 Wirtschafts- und Sozialpolitik / Verbandswesen / Forschung und Entwicklung / Automation, 72 Sozialpolitik / Technische Hilfe / OECE, OECD / Agence européenne de productivité, 82 Organisation de coopération et de développement économiques (OCDE) / Organisation für wirtschaftliche Zusammenarbeit und Entwicklung OECD und 87 Wirtschafts- und Sozialrat der Vereinten Nationen (ECOSOC).

---

28 Ilan Kapoor, *The Postcolonial Politics of Development*, London/New York 2008, S. 37; vgl. auch James Ferguson, der von «anti-politics machine», «'development' apparatus» oder «theoretical machine of 'development'» spricht, Ferguson 1994, *op. cit.*

'Entangling Archives' 291

Grafik 1: Online-Recherche Archivplansicht: Verzeichnungsstufen.
Siehe https://www.swiss-archives.ch/suchinfo.aspx (30.11.2012).

Mit der Institutionalisierung der Entwicklungshilfe auf Bundesebene ändert sich für die Zeit nach 1960 auch die 'Beständelandschaft', die nun deutlichere entwicklungsbezogene Konturen erhält und einen Kern von besonders relevanten Teilbeständen zeigt. Hierzu gehören zunächst die Zentralen Ablagen des *Delegierten für technische Zusammenarbeit*, der *Direktion für Entwicklungszusammenarbeit und humanitäre Hilfe* und der *Direktion für Entwicklung und Zusammenarbeit*, repräsentiert durch die Teilbestände:

- E2003-03* Delegierter für technische Zusammenarbeit: Zentrale Ablage (1961–1963)
- E2005A* Delegierter für technische Zusammenarbeit: Zentrale Ablage (1964–1979)
- E2025A* Direktion für Entwicklungszusammenarbeit und humanitäre Hilfe: Zentrale Ablage (1979–1995)
- E2026A* Direktion für Entwicklung und Zusammenarbeit: Zentrale Ablage (1996–2000)
- E2026B* Direktion für Entwicklung und Zusammenarbeit: Zentrale Ablage (2001–)

Sodann sind auch folgende Spezialregistraturen zu den Kernbeständen zu zählen:

- E2026-01* Direktion für Entwicklung und Zusammenarbeit: Teilregistratur der Abteilung Humanitäre Hilfe (1997–)
- E2026-02* Direktion für Entwicklung und Zusammenarbeit: Vertragssammlung Projektabkommen (2001–)

Wenngleich ihre Relevanz vom jeweiligen geografischen Schwerpunkt der Forschung abhängt, stellen auch die Registraturen der Koordinationsbüros Kernbestände dar. Nachfolgend sind die Teilbestände der Koordinationsbüros aufgezählt, zu denen bisher Unterlagen ans *Schweizerische Bundesarchiv* abgeliefert wurden:

- E2026-04* Direktion für Entwicklung und Zusammenarbeit: Koordinationsbüro Nairobi (1972–2006)

- E2026-07* Direktion für Entwicklung und Zusammenarbeit: Koordinationsbüro Minsk (2001–2010)
- E2026-08* Direktion für Entwicklung und Zusammenarbeit: Koordinationsbüro Sofia (1992–2007)
- E2026-09* Direktion für Entwicklung und Zusammenarbeit: Koordinationsbüro Lima (1997–2012)
- E2211.1A Schweizerisches Koordinationsbüro der Entwicklungszusammenarbeit, Jakarta: Zentrale Ablage (1989–)[29]

Eine besondere Registratur- bzw. Teilbestandskategorie stellen schliesslich die Handakten von Chefbeamten dar. Dabei handelt es sich um 'persönliche' Geschäftsakten, die von manchen höheren Kadern ausserhalb der Zentralregistratur geführt wurden.[30] Aus der Direktion für Entwicklung und Zusammenarbeit sind Handakten von Direktor Walter Fust überliefert:

- E2026-03* Direktion für Entwicklung und Zusammenarbeit: Handakten Direktor Walter Fust (1996–2008)

Um diese Kernbestände gruppiert sich ein Kreis weiterer Teilbestände in den Bereichen Aussenwirtschaft und Aussenpolitik. Beispielhaft seien an dieser Stelle hier – eher willkürlich – nur die Teilbestände E7115B Bundesamt für Aussenwirtschaft: Zentrale Ablage (1994–1999), E7113A Integrationsbüro: Zentrale Ablage (1967–1993), E2010A Politische Direktion: Zentrale Ablage (1982–2000), erwähnt. Bei diesen Teilbeständen kann davon ausgegangen werden, dass sie unabhängig von der spezifischen Fragestellung für die meisten Forschungen zum Thema Entwicklung und Entwicklungshilfe relevant sein dürften. Davon abgrenzen liesse sich ein äusserer Kreis von Beständen, die je nach konkretem Forschungsinteresse relevant sein können. Hierzu gehören etwa Teilbestände wie E1004.1 Bundesrat: Beschlussprotokolle (1848–1996), E1050.12 Bundesversammlung: Kommissionen für auswärtige Angelegenheiten (1936–1991), E2300-01 Eidgenössisches politisches Departement: Politische und militärische Berichte der Auslandvertretungen (1966–1978) oder E6100B-02 Eidgenössische Finanzverwaltung: Zentrale Ablage (1922–1989). Von Bedeutung sind hier auch die Bestände der Schweizerischen Auslandvertretungen (E2200er-Teilbestandssignatu-

---

29 Der Teilbestand E2211.1A Schweizerisches Koordinationsbüro der Entwicklungszusammenarbeit, Jakarta: Zentrale Ablage (1989–) fällt insofern aus dem Rahmen, als er beständemässig nicht wie die Teilbestände der übrigen Koordinationsbüros unter den Bestand der *Direktion für Entwicklung und Zusammenarbeit* fällt, sondern einem eigenen Bestand (E10915* Schweizerisches Koordinationsbüro der Entwicklungszusammenarbeit, Jakarta (1975–)) zugeordnet ist.

30 Archivisch handelt es sich bei Handakten um Verwaltungsakten, die denselben rechtlichen Bedingungen wie die übrigen Bundesakten unterstehen. Handaktenteilbestände sind daher klar von Privatbeständen zu unterscheiden. Von Bundesräten liegt oft ein Handaktenteilbestand und ein Privatbestand vor, vgl. etwa den Teilbestand E2800* Eidgenössisches politisches Departement: Handakten Max Petitpierre Bundesrat und den Privatbestand J1.156* Petitpierre Max (1899–1994).

ren) und die Handakten von Bundesräten und Chefbeamten (viele davon erkennbar an der Ziffer 8 an der Hunderterstelle der Teilbestandssignatur, etwa E2807 Eidgenössisches politisches Departement: Handakten Willy Spühler, Bundesrat (1966–1970)).

Die für das jeweilige Forschungsinteresse relevanten Teilstände von Bundesstellen können mithilfe von Informationen aus der einschlägigen Literatur, den amtlichen Publikationen und den Findmitteln identifiziert werden, indem die untersuchten Handlungsfelder und Zuständigkeiten in Beziehung gesetzt werden. Dabei ist zu berücksichtigen, dass die einzelnen Bestände sehr unterschiedliche Informationsbereiche und -ebenen abdecken können. So lassen sich Informationen zu konzeptionell-strategischen Überlegungen oder zu politischen Aushandlungsprozessen ebenso finden wie Informationen zu Wandel und Lernprozessen, zur Entwicklungspraxis und zu den Transfers zwischen Konzept- und Umsetzungsebene, zu Netzwerken und Wissenstransfers oder zur Selbst- und Fremdwahrnehmung von 'Entwicklungsakteuren'. Bezogen auf diese Informationsbereiche lässt sich stark verallgemeinernd feststellen, dass für die beiden erstgenannten Bereiche (konzeptionell-strategisch Ebene und politische Aushandlungsprozesse) bei der Identifikation von relevanten Beständen ein weiterer Fokus gewählt werden muss als für die übrigen Bereiche, bei denen hauptsächlich auf die fachthematischen Zuständigkeiten abgestellt werden kann. Besonders in Phasen des Umbruchs und Wandels, in denen unterschiedliche konzeptuelle Vorstellungen politisch ausgehandelt werden müssen, können Bestände von Behörden mit thematisch unspezifischen Kompetenzen zentral werden. Dies trifft ohne Zweifel in besonderem Mass auf die Bestände von Bundesrat und Parlament zu.

Im Unterschied zu den bundesstaatlichen greift bei den Privatbeständen der kompetenzorientierte Zugang nur bedingt.[31] Wohl lassen sich die Bestände von Organisationen und von Personen, deren entwicklungspolitisches Engagement bekannt ist, einfach identifizieren, für viele Privatbestände, die durchaus interessantes Material zum Thema 'Entwicklung' enthalten, ist dies jedoch nicht der Fall. Im Folgenden soll daher eine Reihe von Privatbeständen kurz skizzenhaft beschrieben werden. Zuallererst sind die Bestände von Hilfswerken und Organisationen mit entwicklungspolitischem Engagement zu nennen:

- J2.15 Schweizerisches Rotes Kreuz (1866–)
- J2.211 Schweizerische Stiftung für Entwicklungszusammenarbeit (1968–)[32]
- J2.233 Hilfswerk der evangelischen Kirchen der Schweiz (1946–)
- J2.236 Terre des Hommes

---

31 Der Zugang zu Unterlagen aus Privatbeständen unterliegt oft besonderen Bestimmungen, die jeweils im Einzelfall zu klären sind.
32 Seit 1969 *Swissaid*.

- J2.257 Schweizerischer evangelischer Kirchenbund SEK (1920–)
- J2.261 Helvetas (1955–)
- J2.327 Stiftung «Christoph Eckenstein» für das Studium der Beziehungen zur Dritten Welt (1975–2003)

Diese Bestände enthalten umfangreiches Material zu einem weiten entwicklungshilfebezogenen Handlungsspektrum, das von Aktionen zur Bewusstseinsbildung in der Schweizer Bevölkerung über konzeptionelle Diskussionen und politische Interventionen bis zu konkreter Entwicklungsarbeit in den Zielländern reicht. Dadurch wird die Entwicklungsproblematik in nahezu all ihren Facetten sichtbar. Migration und Asyl, Weltwirtschaft, Konsummuster und multinationale Konzerne, internationale Finanzströme und Fluchtkapital oder schweizerische Aussenpolitik und geostrategische Machtfragen sind einige Stichworte. Mitunter enthalten diese Bestände auch Fotos und weiteres audiovisuelles Material, das etwa die Projektarbeit in den Entwicklungsländern dokumentiert. Dies trifft insbesondere auf den Bestand J2.211 Schweizerische Stiftung für Entwicklungszusammenarbeit zu, indem sich eine beachtliche Sammlung von Fotos (Abzüge, Negative), Tondokumenten (Tonbandkassetten, Tonspulen) und Filmen (Filmspulen) findet.

Hinsichtlich der Verknüpfung von Entwicklungstheorie, Entwicklungspolitik und persönlichem entwicklungspolitischem Engagement kommt dem Bestand J2.327 besondere Bedeutung zu. Christoph Eckenstein war im Laufe seiner beruflichen Karriere Schweizer Handelsdiplomat, NZZ-Sonderkorrespondent in Südamerika und Berater der *Wirtschaftskommission für Lateinamerika und die Karibik* (ECLA/CEPAL) und des UNCTAD-Generalsekretärs Raúl Prebisch. Nach seinem frühen Tod wurde 1975 aufgrund Eckensteins testamentarischer Verfügung die *Christoph Eckenstein Stiftung für das Studium der Beziehungen zur Dritten Welt* gegründet.[33] Im Teilbestand J2.327-03* Stiftung «Christoph Eckenstein» (1975–2003) finden sich u.a. Unterlagen zu zahlreichen unterstützten Forschungsprojekten in den 1980er und 1990er Jahren. Die Namenliste der Gesuchsteller ergibt eine durchaus repräsentative Zusammenstellung eines 'Who is who' in der schweizerischen Entwicklungsszene dieser Zeit. Der Teilbestand J2.327-01 Privatperson Christoph Eckenstein (1926–1974) dokumentiert nebst dem biografischen Werde-

---

33 Vgl. hierzu Rudolf Strahm, «Der aktionserprobte Achtundsechziger im Team der EvB 1974–1978», in: Anne-Marie Holenstein, Regula Renschler, Rudolf Strahm (Hg.), *Entwicklung heisst Befreiung. Erinnerungen an die Pionierzeit der Erklärung von Bern (1968–1985)*, Zürich 2008, S. 113–166, hier S. 161–163. Eine Übersicht über entwicklungspolitische Schriften von Christoph Eckenstein findet sich in: Peter Fleer, «Die wirtschaftswissenschaftliche Forschung über Lateinamerika», in: Walther L. Bernecker, José Manuel López de Abiada (Hg.), *Die Lateinamerikanistik in der Schweiz*, Frankfurt a.M. 1993, S. 169–220. Zwischen Eckenstein und den Aktivist/innen der *Erklärung von Bern* (EvB) bestanden enge Verbindungen, die sich auch auf einer archivalischen Ebene niedergeschlagen haben. Die Akten der EvB befinden sich im *Schweizerischen Sozialarchiv*, vgl. dazu den Beitrag von Anita Ulrich und Konrad J. Kuhn in diesem Band.

gang das entwicklungspolitische Engagement Eckensteins. Darin finden sich Dossiers zur Entstehung des Bundesgesetzes über Entwicklungszusammenarbeit und humanitäre Hilfe von 1976, zur interkonfessionellen Zusammenarbeit oder der Wirtschaftspolitik der USA gegenüber der Dritten Welt.[34] Beispielhaft zeigt sich die enge Verknüpfung verschiedenster Aspekte der Entwicklungspolitik in den sogenannten «Eckenstein-» oder «Multi-Papers», welche die zu seinen Lebzeiten unbekannte Tätigkeit Eckensteins als Berater für multinationale Konzerne in den Jahren 1972–1974 und die Bemühungen der Konzerne dokumentieren, die zunehmende öffentliche Kritik zu parieren.[35]

Neben diesen Beständen von Organisationen gibt es verschiedene Privatbeständen von Persönlichkeiten, die sich in der Entwicklungshilfe oder für entwicklungspolitische Themen engagierten. Zu nennen sind vorab Armin Daeniker, Jean-François Giovannini, August R. Lindt, Raymond Probst, Cornelio Sommaruga, Edwin Stopper, die alle Chefbeamtenposten in der Bundesverwaltung bekleideten.[36] Armin Daeniker war Schweizer Botschafter in Iran (1936–1945) und Indien (1948–1952) und hatte in dieser Funktion die erste Expertenmission nach Nepal angestossen. Jean-François Giovannini wirkte 1968–1974 als erster Koordinator der schweizerischen Entwicklungshilfe in Indien und war 1992 bis 2000 stellvertretender Direktor der *Direktion für Entwicklung und Zusammenarbeit* (DEZA),[37] Raymond Probst hatte verschiedene hohe Funktionen im EDA und EVD inne, u.a. war er von 1980 bis 1984 Staatssekretär im EDA, August R. Lindt bekleidete u.a. verschiedene Botschafterposten, war 1960 bis 1962 *Delegierter für technische Zusammenarbeit* des EPD und wurde 1963 bis 1975 von der Schweiz als Berater des Präsidenten der Republik Ruanda abgestellt,[38] Cornelio Sommaruga war u.a. von 1984 bis 1986 Staatssekretär für Aussenwirtschaft, bevor er zum Präsidenten

---

34 J2.327-01 2011/85, Bd. 7, Az. 21-2, Projet «Loi sur la coopération au développement et l'aide humanitaire internationale» du Conseil Fédéral, 1972–1973; J2.327-01 2011/85, Bd. 8, Az. 22-1, Interkonfessionelle Konferenz: Schweiz und Dritte Welt 1968–1971, 1968–1971; J2.327-01 2011/85, Bd. 9, Az. 29, Wirtschaftspolitik der USA gegenüber Europa und der Dritten Welt 1961–1972, 1961–1972 (die Dossiers sind nicht frei zugänglich und wurden für diesen Aufsatz nicht ausgewertet).
35 Vgl. Strahm 2008, *op. cit.*, S. 163–165; Dossiersignaturen: J2.327-01 2011/85, Bde. 16–17, Az. 43, Debatten und Studien zu den Auswirkungen multinationaler Gesellschaften auf den Entwicklungsprozess, 1972–1974 (Teil 1 und 2), 1972–1974 (die Dossiers sind nicht frei zugänglich und wurden für diesen Aufsatz nicht ausgewertet).
36 Bestände: J1.177 Stopper Edwin (1912–1988); J1.190 Daeniker Armin (1898–1983); J1.204 Lindt August R. (1905–2000); J1.267 Sommaruga Cornelio (1932–); J1.301 Probst Raymond (1919–2001); J1.343 Giovannini Jean-François (1936–).
37 Vgl. etwa auch die persönlichen Erinnerungen von Jean-François Giovannini in: René Holenstein, *Wer langsam geht, kommt weit. Ein halbes Jahrhundert Schweizer Entwicklungshilfe*, Zürich 2010, S. 135–140.
38 Vgl. kritisch zum schweizerischen Engagement in Ruanda Lukas Zürcher, «'So fanden wir auf der Karte diesen kleinen Staat': Globale Positionierung und lokale Entwicklungsfantasien der Schweiz in Rwanda n den 1960er Jahren», in: Büschel, Speich 2009, *op. cit.*, S. 275–309. Vgl. auch den Beitrag von Lukas Zürcher in diesem Band.

des Internationalen Komitees vom Roten Kreuz (IKRK) ernannt wurde, Edwin Stopper war u.a. Delegierter des Bundesrats für Handelsverträge (1954–1960), Direktor der Eidgenössischen Finanzverwaltung (1960–1961) und Direktor der Handelsabteilung (1961–1966). Insbesondere in Bezug auf die konzeptionell-strategische Informationsebene stellen diese Privatbestände eine komplementäre Sicht zu jener der staatlichen Beständen dar. Dasselbe gilt auch für die Privatbestände von Bundesräten, die sich mit entwicklungspolitischen Fragen zu befassen hatten, wie etwa Friedrich Traugott Wahlen, Max Petitpierre oder Willy Spühler.[39]

Ein anderer Blickwinkel zeigt sich demgegenüber in den Beständen von Persönlichkeiten, die sich ausserhalb der Bundesverwaltung oder als Angestellte des Bundes auf operativer Ebene für die Entwicklungshilfe einsetzten. Allen voran ist hier Elisabeth Neuenschwander zu nennen, die als Freiwillige des *Service Civil Internationale* (SCI), als Mitarbeiterin des IKRK und als Expertin des DftZ in Nepal, Indien, Biafra, Nigeria und Algerien tätig war und sich insbesondere im Rahmen der Tibethilfe einen Namen gemacht hatte.[40] Der Bestand J1.324 Neuenschwander Elisabeth (1929–) dokumentiert die Sicht einer Pionierin der schweizerischen Entwicklungshilfe. Er ist insbesondere auch reich an persönlichen Reisetagebüchern und Fotos aus den Einsatzgebieten. Einen anderen Typus des Experten verkörperte der ETH-Architekt Walter Custer, dessen Erfahrungen als Mitglied des *Swiss Nepal Forward Team* 1950/51 im Bestand J1.221 Custer Walter (1909–1992) dokumentiert sind.[41]

Auf vier weitere Privatbestände von Persönlichkeiten, die sich mit entwicklungspolitischen Fragen auseinandergesetzt haben, sei hier hingewiesen: J1.167 Hofer Walther (1920–), J1.302 Freymond Jacques (1911–1998), J1.309 Onken Thomas (1941–2000) und J1.355 Ziegler Jean (1934–). Walter Hofer, Professor für neuere Geschichte an der Universität Bern (1960–1988) und BDP-, dann SVP-Nationalrat (1963–1979), befasste sich u.a. im Rahmen seiner Tätigkeit als Mitglied der Aussenwirtschaftskommission und der Kommission für auswärtige Angelegenheiten mit Fragen der Entwicklungszusammenarbeit. Jacques Freymond, Professor für Geschichte der internationalen Beziehungen am Institut universitaire de hautes études in Genf (1951–1978) hat sich als Historiker der Zeitgeschichte und als Mitglied und Vizepräsident des IKRK mit entwicklungspolitischen Fragen befasst. Thomas Onken war von 1987 bis 1999 SP-Ständerat des Kantons Thur-

---

39 Bestände: J1.153 Wahlen Friedrich Traugott (1899–1985); J1.156 Petitpierre Max (1899–1994); J1.227 Spühler Willy (1902–1990).
40 Daniela Meier, *Von der Damenschneiderin zur Projektleiterin. Elisabeth Neuenschwanders Berufskarriere im Spiegel der Entwicklungszusammenarbeit*, Lizentiatsarbeit Universität Bern 1995.
41 Vgl. Albert Matzinger, *Die Anfänge der Schweizerischen Entwicklungshilfe 1948–1961*, Bern/Stuttgart 1990, S. 72–82. Vgl. dazu auch den Beitrag von Sara Elmer in diesem Band.

gau; er engagierte sich u.a. auch für entwicklungspolitische Fragen und Flüchtlinge, im Zusammenhang mit den Militärdiktaturen in Zentralamerika und Chile. Jean Ziegler, bis 2002 Soziologieprofessor an der Universität Genf, SP-Nationalrat (1967–1983 und 1987–1999), UN-Sonderberichterstatter für das Recht auf Nahrung (2000–2008), kam als engagierter entwicklungspolitischer Kämpfer in diesem Beitrag bereits zu Wort.[42]

Abschliessend sei an dieser Stelle beispielhaft auf einige wenige Privatbestände ohne unmittelbar ersichtlichen Bezug zum Thema 'Entwicklung' aufmerksam gemacht, die aber – zumindest für Teilaspekte – dennoch interessantes Material enthalten. Hierzu zählt der Bestand J2.300-01 Institut für Politikwissenschaft der Universität Bern: Dokumentation zur schweizerischen Politik (1965–). Es handelt sich dabei um die seinerzeit am Institut für Politologie der Universität Bern angelegte, thematisch geordnete Zeitungsausschnittsammlung zum politischen Geschehen in der Schweiz. Der umfangreiche Bestand enthält mehrere Hundert Einträge zu den Themen Entwicklungshilfe und Entwicklungspolitik und kann insbesondere für Forschungen über den öffentlichen Entwicklungsdiskurs in der Schweiz nützlich sein. Der Bestand J2.230 Auslandschweizer-Organisation (1916–) enthält etwa länderbezogene Reiseinformationen des BIGA für Auswanderer,[43] vereinzelt auch Äusserungen von Schweizern, wie sie die Lage in den Auswanderungsländern wahrnehmen. Wie diese Beispiele zeigen, können je nach konkreten Forschungsinteressen auch auf den ersten Blick als 'exotisch' erscheinende Privatbestände interessante Informationen zum Thema 'Entwicklung' enthalten.

Ergänzend zu der bisher geleisteten 'klassischen' Darstellung der Bestände im *Schweizerischen Bundesarchiv*, die sich in erster Linie an Behördenkompetenzen und – bei Privatbeständen – an der thematischen Ausrichtung orientiert, wird im Folgenden versucht, die Konturierung der 'Beständelandschaft' auch quantitativ in den Blick zu nehmen. Auch wenn dies hier nur andeutungsweise möglich ist, können damit doch gewisse Muster und Tendenzen sichtbar gemacht werden, die bei einer inhaltlichen Analyse nur schwer zu erkennen sind. Dazu wurden auf Grundlage des Archivinformationssystems Dossiers mit einem Bezug zu Entwicklungshilfe und Entwicklungspolitik teilbestandsweise ausgezählt.[44] Selbstverständlich liefert eine solche einfache Filterung keine genauen Resultate. Insbesondere ist

---

42 Vgl. auch Jürg Wegelin, *Jean Ziegler. Das Leben eines Rebellen*, München 2011.
43 Vgl. im Bestand E7175C Bundesamt für Industrie, Gewerbe und Arbeit: Arbeitskraft und Auswanderung (1977–1997) unter der Position 4 Auswanderung / Länderdokumentation / Rückwanderung.
44 Konkret wurden Dossiers herausgefiltert, bei denen entweder der Dossiertitel oder der Titel einer darüberliegenden Planposition (Verzeichnungsstufe Serie) folgende Suchterme enthält: Entwicklungszusammenarbeit, Entwicklungshilfe, Technische Zusammenarbeit, Entwicklungsländer, wirtschaftliche Zusammenarbeit wirtschaftliche Entwicklung, Entwicklungspolitik, Humanitäre Hilfe, Unterentwicklung oder unterentwickelt (inkl. der französischen Äquivalenzen).

davon auszugehen, dass etwa mit den ebenfalls berücksichtigten Suchbegriffen «wirtschaftliche Entwicklung» oder «wirtschaftliche Zusammenarbeit» auf der einen Seite zu viele Dossiers gefiltert werden. Auf der anderen Seite fallen natürlich alle jene Dossiers aus der Zählung, deren Bezug zur Entwicklungshilfe nicht unter den gewählten Suchbegriffen erscheint. Dennoch lassen sich damit – mit der gebotenen Vorsicht – gewisse Tendenzen und Muster aufzeigen, die von heuristischem Nutzen sein können.[45]

Tabelle 1 zeigt die 25 Teilbestände, welche die grösste Anzahl Dossiers mit einem Entwicklungshilfe-Bezug aufweisen.[46] Inwiefern sich aus der Reihenfolge der Teilbestände Rückschlüsse auf die Schwerpunktsetzungen in der Schweizerischen Entwicklungszusammenarbeit ziehen liessen, kann an dieser Stelle nicht beurteilt werden. Dass Teilbestände aus dem EVD und dem EDA sehr prominent vertreten sind, entspricht insgesamt durchaus den Erwartungen. Auf den ersten Blick erstaunlich ist der absolute Spitzenplatz des Integrationsbüros. Die nähere Überprüfung im Ordnungssystem hat gezeigt, dass der grösste Teil der gefilterten Dossiers (5328) aus der Planposition 75 Organisation de coopération et de développement économique OCDE stammen und vor allem im Zusammenhang mit der multilateralen Entwicklungszusammenarbeit relevant sein dürften. Hingegen dürfte der Befund, dass insgesamt 32 Teilbestände von Schweizerischen Vertretungen im Ausland in den vordersten Rängen figurieren, wohl als Hinweis auf die wichtige Scharnierfunktion der Auslandvertretungen in der bilateralen Kooperation gelesen werden.

Aufmerksamkeit erregt der Privatbestand des Instituts für Politikwissenschaft der Universität Bern. Eine Überprüfung des Ordnungssystems ergibt, dass der Teilbestand ein breites Spektrum entwicklungspolitisch relevanter Themen abdeckt, darunter etwa Informationen zur Entwicklungshilfe und Entwicklungspolitik von Bund, Kantonen, Gemeinden sowie privaten Hilfswerken und Organisationen (Positionen 126, 226.1, 226.2, 226.3, 727), zur humanitären Hilfe und zum Flüchtlings- und Asylwesen (Positionen 127, 227.22), zu den Wirtschaftsbeziehungen zu

---

45 Vgl. hierzu auch Andreas Kellerhals, «Neues Licht auf die schweizerisch-österreichischen Beziehungen 1848–1998? Modernisierte archivische Findmittel als Instrumente historischer Heuristik und Mäeutik», in: *Mitteilungen des Österreichischen Staatsarchivs*, Bd. 55, Teil I und II: Festschrift für Lorenz Mikoletzky – Beruf(ung) Archivar, 55/I (2011), S. 245–271.

46 Dass solche quantitativen Auswertungen zumindest grob auf ihre Plausibilität geprüft werden müssen, zeigt das Beispiel des Teilbestands E3370C Bundesamt für Bildung und Wissenschaft: Zentrale Ablage (1979–2004), aus dem 1290 Dossiers herausgefiltert wurden. Eine einfache Plausibilitätsüberprüfung hat gezeigt, dass der 'Entwicklungsbezug' der gefilterten Dossiers in einem gänzlich anderen Kontext steht (die Dossiers beziehen sich auf Europa). Der Teilbestand wurde daher aus der Zusammenstellung entfernt. Gleiches gilt für E3376-02 Staatssekretariat für Bildung und Forschung: Zentrale Ablage (189 Treffer) und für E8210A Delegierter für Fragen der Atomenergie: Zentrale Ablage (128 Treffer).

Anzahl Dossiers	Signatur	Titel	Zeitraum
5474	E7113A	Integrationsbüro: Zentrale Ablage (1967–1993)	1951–1993
3315	E7115B	Bundesamt für Aussenwirtschaft: Zentrale Ablage (1994–1999)	1986–2000
2266	E2003-03	Delegierter für technische Zusammenarbeit: Zentrale Ablage (1961–1963)	1949–1972
1531	E2025A	Direktion für Entwicklungszusammenarbeit und humanitäre Hilfe: Zentrale Ablage (1979–1995)	1958–2001
1292	E7170B	Bundesamt für Industrie, Gewerbe und Arbeit: Zentrale Ablage (1949–1997)	1883–2000
1131	E7110	Handelsabteilung: Zentrale Ablage (1916–1979)	1872–1979
853	E7115A	Bundesamt für Aussenwirtschaft: Zentrale Ablage (1979–1993)	1919–1993
710	J2.30001	Institut für Politikwissenschaft der Universität Bern: Dokumentation zur schweizerischen Politik (1965–)	1966–1991
700 bis 176	E2200.xy	Schweizerische Vertretungen in Nairobi, Abidjan, Dakar, Guatemala-Stadt, Antananarivo, Lima, Yaoundé, Quito, Addis Abeba, Bangkok, Belgrad, Dar es Salaam, Lagos, Brasilia, Kinshasa, Akkra, New Delhi, Washington, Colombo, Pretoria, Harare, Bogotá, Ankara, Tunis, Khartum, La Paz, Jakarta, Rabat, San José de Costa Rica, Kairo, Santiago de Chile, Manila (Reihenfolge nach Anzahl Dossiers pro Vertretung)	1847–2005
640	E2005A	Delegierter für technische Zusammenarbeit: Zentrale Ablage (1964–1979)	1919–1989
579	E2026A	Direktion für Entwicklung und Zusammenarbeit: Zentrale Ablage (1996–2000)	1961–2005
552	E7001C	Generalsekretariat des eidgenössischen Volkswirtschaftsdepartements: Zentrale Ablage (1956–1994)	1926–1994
548	E7220A	Abteilung für Landwirtschaft: Zentrale Ablage (1883–1979)	1864–1984
513	E2210.2	Schweizerische Delegation bei der Organisation für wirtschaftliche Zusammenarbeit und Entwicklung (OECD), Paris: Zentrale Ablage (1966–)	1940–1999
394	E7111C	Handelsabteilung: Sekretariat (1962–1966)	1961–1966
340	E2010A	Politische Direktion: Zentrale Ablage (1982–2000)	1901–2000
305	E6100B-02	Eidgenössische Finanzverwaltung: Zentrale Ablage (1922–1989)	1869–1987
285	E2001E-01	Politische Direktion: Zentrale Ablage (1973–1981)	1928–1988
281	E2211.1A	Schweizerisches Koordinationsbüro der Entwicklungszusammenarbeit, Jakarta: Zentrale Ablage (1989–)	1975–2000
252	E6100C	Eidgenössische Finanzverwaltung: Zentrale Ablage (1989–2004)	1900–2009
201	E2003A	Abteilung für internationale Organisationen: Zentrale Ablage (1955–1972)	1870–1987
188	E1108A	Dokumentationsdienst der Bundesversammlung: Presseartikel (1968–1989)	1967–2000
184	E7175C	Bundesamt für Industrie, Gewerbe und Arbeit: Arbeitskraft und Auswanderung (1977–1997)	1881–1995
169	E7170-01	Staatssekretariat für Wirtschaft: fortgeführte Altablagen Vorläufer (1999–)	1932–2007
157	E3120C	Schweizerisches Bundesarchiv: Zentrale Ablage (1996–2007)	1820–2007

Tabelle 1: Bestände nach Anzahl Dossiers zum Thema 'Entwicklung' (30.11.2012).

nichteuropäischen Staaten (154.31) oder zur Exportrisikogarantie (154.2). Aus einem anderen Blickwinkel hat der Dokumentationsdienst der Bundesversammlung eine umfangreiche Presseartikelsammlung angelegt. Im entsprechenden Teilbestand E1108A Dokumentationsdienst der Bundesversammlung: Presseartikel (1968–1989) finden sich insbesondere unter den Positionen 38.6 Organisations économiques et monétaires, 38.7 Aide au développement und 38.8 Aide humanitaire Informationen zum Thema Entwicklungszusammenarbeit.[47]

Erwartungsgemäss weist die Statistik eine markante Zunahme der Dossiers über die Zeit auf. Von den gut 45 000 insgesamt gefilterten Dossiers liegen lediglich 190 im Zeitraum 1940–1949 und 1104 in den 1950er Jahren. Entsprechend der Institutionalisierung der Entwicklungshilfe auf Bundesebene ist in den 1960er Jahren eine deutliche Steigerung zu verzeichnen (8758 Dossiers). Dieser Trend setzt sich bis 1999 fort: 1970er Jahre 11 664 Dossiers, 1980er Jahre 12 170 Dossiers, 1990er Jahre 13 677 Dossiers. Dass der Zeitraum von 2000 bis 2009 nur 3469 Dossiers aufweist, kann kaum einer Trendwende bei der Aktenproduktion zugeschrieben werden. Plausibler ist die Vermutung, dass erst der kleinere Teil der Dossiers aus diesem Zeitraum ans *Schweizerische Bundesarchiv* abgeliefert worden ist.

Forschungsansätze und Auswertungsschwerpunkte

Die 1970er Jahre markieren eine Phase der Verunsicherung im Entwicklungsdiskurs in der Schweiz.[48] Entwicklungspolitische Organisationen und Hilfswerke, allen voran die Ende der 1960er Jahre ins Leben gerufene *Erklärung von Bern* (EvB), kämpften auf verschiedenen Ebenen für eine dependenztheoretisch fun-

---

47 Bei vier Teilbeständen hat die Überprüfung der Ordnungssysteme ergeben, dass die Anzahl Dossiers zum Thema 'Entwicklung' deutlich unter der Zahl der gefilterten Dossiers liegen dürfte. Immerhin beinhalten diese Teilbestände dennoch einige Planpositionen mit relevanten Dossiers: E7220A Abteilung für Landwirtschaft: Zentrale Ablage (Dossiers v. a. unter den Positionen 134 FAO – Internationale Organisation für Ernährung und Landwirtschaft und 135 OECD – Organisation de coopération et développement économique); E6100B-02 Eidgenössische Finanzverwaltung: Zentrale Ablage (Dossiers v.a. unter der Position 94 Entwicklungszusammenarbeit); E6100C Eidgenössische Finanzverwaltung: Zentrale Ablage (Dossiers v.a. unter der Position 99 Internationale Beziehungen); E7175C Bundesamt für Industrie, Gewerbe und Arbeit: Arbeitskraft und Auswanderung (Dossiers v.a. unter den Positionen 52 Schweizerische Ausländerpolitik und 82 Organisation für wirtschaftliche Zusammenarbeit und Entwicklung (OECD)).

48 Vgl. z.B. René Holenstein, «'Es geht auch um die Seele unseres Volkes'. Entwicklungshilfe und nationaler Konsens», in: Mario König et al. (Hg.), *Dynamisierung und Umbau. Die Schweiz in den 60er und 70er Jahren*, Zürich 1998, S. 115–125, hier S. 122f. Vgl. dazu auch Monica Kalt, *Tiersmondismus in der Schweiz der 1960er und 1970er Jahre: Von der Barmherzigkeit zur Solidarität*, Bern u.a. 2010 und Konrad J. Kuhn, «'Der Kampf der Entrechteten dort ist unser Kampf hier!' Entwicklungspolitisches Engagement und internationale Solidarität in der Schweiz», in: Janick Schaufelbuehl (Hg.), *1968–1978: Ein bewegtes Jahrzehnt in der Schweiz – Une décennie mouvementée en Suisse*, Zürich 2009, S. 113–124.

dierte Umorientierung des Denkens über Entwicklung. Der Aushandlungsprozess zum Bundesgesetz über Entwicklungszusammenarbeit und humanitäre Hilfe in den Jahren 1971 bis 1976 gab diesen Auseinandersetzungen, welche die bekannten modernisierungstheoretisch und karitativ inspirierten Ansätze in Zweifel zogen, eine unmittelbare bundespolitische Dimension. Gleichzeitig gewann in den 1970er Jahren jene ökonomische Denkrichtung zunehmend an Gewicht, die in den 1980er Jahren unter dem Namen 'Neoliberalismus' bekannt werden sollte. Die Installierung der Pinochet-Diktatur in Chile, welche die marktradikalen Lösungen der Chicagoer Schule konsequent durchexerzierte, gab dem Neoliberalismus eine prominente internationale Bühne.[49] Auch wenn es zu weit ginge zu behaupten, Chile habe Europa und den USA als Beispiel gedient, ist es doch bemerkenswert, dass nun einem Land des 'Südens' eine Vorreiterrolle zukam für eine Wirtschaftspolitik, die in den 1980er Jahren nicht nur in Grossbritannien und den USA, sondern auch in den internationalen Finanzinstituten diskursbestimmend wurde. Die neoliberale Wende in der globalen Entwicklungspolitik, die unter dem Eindruck der Verschuldungskrise den Ländern der Dritten Welt einschneidende makroökonomisch Restrukturierungsprogramme verschrieben, die u.a. auf eine markante Kontraktion staatlicher Sozialpolitik hinausliefen, führten insgesamt zu einer deutlichen wirtschaftlichen Verschlechterung für breite Bevölkerungsschichten in den Entwicklungsländern.[50] Entwicklungspolitisch erschienen die 1980er Jahre sowohl unter modernisierungs- wie unter dependenztheoretischen Gesichtspunkten als «verlorenes Jahrzehnt». Trotz seiner Ablehnung der bis anhin verfolgten aktiven Entwicklungspolitiken blieb der Neoliberalismus innerhalb des bisherigen Diskurshorizonts, da er – ausgeprägter als die Modernisierungs- und Dependenztheorien – von einem im Grunde alternativlosen Entwicklungspfad auf ein vorgegebenes Ziel hin ausging.[51] Dieses Paradigma geriet erst im Verlauf der 1990er Jahre immer stärker in den Verdacht, eine eurozentrische Denkfigur zu sein, aufgrund deren Entwicklung als Mittel zur neokolonialen Beherrschung der 'Dritten Welt' durch die 'Erste Welt' diente. Diese fundamentale Kritik an den epistemischen Grundlagen des Entwicklungsdiskurses wurde nicht zuletzt auch von

---

49 Vgl. Alan Angell, «Chile seit 1920», in: Walther L. Bernecker et al. (Hg.), *Handbuch der Geschichte Lateinamerikas*, Stuttgart 1996, S. 847–888, hier S. 870–875; Monica Budowski, Christian Suter, «Lateinamerika als Modernisierungsvorbild? Universalistische, korporatistische und neoliberale Modelle der Sozialpolitik», in: Scheuzger, Fleer 2009, *op. cit.*, S. 377–404, hier S. 381–387.
50 McMichael 2008, *op. cit.*, S. 130–144.
51 Vgl. zum «verlorenen Jahrzehnt» in der Schweizer Entwicklungspolitik Konrad J. Kuhn: *Entwicklungspolitische Solidarität. Die Dritte-Welt-Bewegung in der Schweiz zwischen Kritik und Politik 1975–1992*, Zürich 2011.

Wissenschaftlerinnen und Wissenschaftlern aus der 'Dritten Welt' prominent vorgetragen.[52]

Ihre unter den Titeln 'Post-Development-Ansätze', 'Postcolonial Theories', oder 'Postcolonial Studies' firmierenden theoretischen Arbeiten haben den Entwicklungsdiskurs entscheidend erweitert und neue Forschungsansätze und Fragestellungen angeregt. Im Gegensatz zu dependenztheoretisch orientierten Arbeiten, die sich stark auf sozialwissenschaftliche Methoden und 'Feldforschung' abgestützt haben, sind die Post-Development-Ansätze aus diskursanalytisch angelegten Literaturstudien hervorgegangen, die ihre Erkenntnisse in erster Linie aus der Dekonstruktion von (literarischen) Texten gewinnen.[53] Das wichtigste Referenzwerk stellt ohne Zweifel die Studie von Edward Said über den westlichen Orientalismus dar, der als unhinterfragter Wissensbestand den Orient immer schon als das 'Andere', als das – gemessen am modernen Westen – (noch) Minderwertige repräsentierte.[54] Die meisten 'postkolonialen' Autorinnen und Autoren betonten denn auch einen kulturalistischen Fokus und reihten sich in die seit den 1970er Jahren aufgekommenen poststrukturalistischen Denkströmungen ein. Theoretisch stützten sie sich stark auf den Dekonstruktivismus von Jacques Derrida und – zentral – auf die Diskursanalyse von Michel Foucault ab.[55] Thematisch befassten sich die Post-Development-Ansätze insbesondere mit Machtfragen, der Umweltproblematik und Gender-Aspekten. Mit ihrer Infragestellung ahistorischer (essentialistischer) Konzepte und der grundsätzlichen Ablehnung der grossen Entwicklungserzählung erschütterten die Post-Development-Ansätze entwicklungstheoretische Gewissheiten und vermochten dadurch auch auf die Entwicklungspolitik einzuwirken. Wenn auch nicht allein aufgrund dieses Einflusses fanden politische und institutionelle Aspekte, etwa unter dem Stichwort 'Good Governance', vermehrt Berücksichtigung in der Entwicklungspraxis. Indessen scheint sich das postdevelopmentalistische Postulat des Endes der Entwicklungsära nicht zu bewahrheiten.

In den Geisteswissenschaften lassen sich – zugegebenermassen nur holzschnittartig – ähnliche Konjunkturen der Verunsicherung und Neuorientierung

---

52 Arturo Escobar, *Encountering Development. The Making and Unmaking of the Third World*, Princeton 1995; Sebastian Conrad, Shalini Randeria, *Jenseits des Eurozentrismus. Postkoloniale Perspektiven in den Geschichts- und Kulturwissenschaften*, Frankfurt a.M. 2002; Axelle Kabou, *Weder arm noch ohnmächtig. Eine Streitschrift gegen schwarze Eliten und weisse Helfer*, Basel 1993 (Erstausgabe 1991); Homi K. Bhabha, *The Location of Culture*, London/New York 1994; Gayatri Ch. Spivak, *A Critique of Post-Colonial Reason: Toward a History of the Vanishing Present*, Cambridge, Mass. 1999.
53 Kapoor 2008, *op. cit.*, S. 6.
54 Edward Said, *Orientalism*, London 2003 (Erstausgabe 1978).
55 Vgl. hierzu etwa Aram Ziai, *Zwischen Global Governance und Post-Development. Entwicklungspolitik aus diskursanalytischer Perspektive*, Münster 2006; Arturo Escobar, «Die Hegemonie der Entwicklung», in: Fischer, Hödl, Sievers 2008, *op. cit.*, S. 263–277; Kapoor 2008, *op. cit.*, insbesondere S. 1–94 und S. 118–146; kritisch aus marxistischer Sicht: Hauck 2004, *op. cit.*, S. 41–47.

ausmachen wie im Entwicklungsdiskurs. Nach dem Zweiten Weltkrieg fanden die von der Annales-Schule eingeleitete Abkehr von der als politiklastig kritisierten Ereignisgeschichte und die Fokussierung auf wirtschaftliche und gesellschaftliche Zusammenhänge allmählich weltweite Resonanz in der Geschichtswissenschaft. In der deutschsprachigen Forschung leitete insbesondere die Bielefelder Schule in den 1970er Jahren eine eigentliche sozial- und wirtschaftsgeschichtliche Wende ein.[56] Ungeachtet ihres modernisierungstheoretischen Hintergrundes weisen diese Entwicklungen mit ihrer Betonung struktureller Erklärungsfaktoren ähnliche wissenschaftliche Orientierungen auf, wie sie ebenfalls in den 1970er Jahren durch die breitere Rezeption der Dependencia-Theorie in den Entwicklungsdiskurs eingeführt wurden. Im Unterschied dazu zeigten sich in den 1980er Jahren gegenläufige Tendenzen. Während im globalen Entwicklungsdiskurs mit der Ausbreitung des Neoliberalismus eine extrem verengte ökonomistische Sichtweise bestimmend wurde, begann sich die Geschichtswissenschaft – wenn auch zunächst nur zögerlich – gegenüber kulturwissenschaftlichen Ansätzen zu öffnen.[57] Mentalitäts-, Alltags-, Mikro- und nicht zuletzt Geschlechtergeschichte erforderten eine Erweiterung des theoretisch-methodischen Instrumentariums. Diese Entwicklungen verdichteten sich in den 1990er Jahren zur sogenannten kulturellen Wende (cultural turn) in den Geschichtswissenschaften, deren Vielschichtigkeit sich je nach Ausprägung etwa als linguistic, spatial, iconic oder auch postcolonial turn zeigen konnte. Wie die Post-Development-Ansätze in der Entwicklungstheorie gewannen poststrukturalistische Ansätze seit den 1990er Jahren auch in der Geschichtswissenschaft an Bedeutung. Insbesondere fand die Foucault'sche Diskursanalyse auch unter Historikerinnen und Historikern grosse Beachtung. Allerdings war die Wende in der Geschichtswissenschaft eher das Resultat eines fortschreitenden Rezeptionsprozesses, wohingegen die Post-Development-Ansätze als Gegenbewegung gegen den vorherrschenden neoliberalen ökonomistischen Reduktionismus zu verstehen sind. In der Globalgeschichte, die spätestens seit der Jahrhundertwende einen starken Aufschwung erlebt, vereinen sich die theoretischen Strömungen im

---

56 Hans-Ulrich Wehler, *Historische Sozialwissenschaft und Geschichtsschreibung. Studien zu Aufgaben und Traditionen deutscher Geschichtswissenschaft*, Göttingen 1980; Bettina Hitzer, Thomas Welskopp (Hg.), *Die Bielefelder Sozialgeschichte. Klassische Texte zu einem geschichtswissenschaftlichen Programm und seinen Kontroversen*, Bielefeld 2010.
57 Vgl. etwa Raphael Lutz, *Geschichtswissenschaft im Zeitalter der Extreme. Theorien, Methoden, Tendenzen von 1900 bis zur Gegenwart*, München 2010, S. 156–195; Ludolf Herbst, *Komplexität und Chaos. Grundzüge einer Theorie der Geschichte*, München 2004, S. 145–175. Auf der anderen Seite betont etwa Ute Daniel das Bruchhafte in dieser Diskussion, vgl. Ute Daniel, «Clio unter Kulturschock. Zu den aktuellen Debatten der Geschichtswissenschaft», in: *Geschichte in Wissenschaft und Unterricht* 48 (1997) S. 195–219 und 259–278.

Nachdenken über Geschichte und Entwicklung.⁵⁸ Die Überwindung des Eurozentrismus und der nationalgeschichtlichen Perspektive, die Hinwendung zu transnationalen Verflechtungen und Transfers sowie die Betonung von Differenz statt der Suche nach Konvergenz sind dabei die charakteristischen Merkmale beider Forschungsgebiete. In seiner Rezension der Festschrift *Transnationale Geschichten* zu Ehren von Jürgen Kocka macht Michael Geyer diesen Zusammenhang und die damit verbundene Verunsicherung aus der Sicht des Historikers in prägnanter Weise deutlich:

> The grand surprise is not only that there are other than European modernities, but how persistent people are in preserving their field of vision or horizon of experience even, and especially, when they change and transform themselves. They 'develop', but do not converge. Convergence toward a normative modernity, it turns out, had not happened, not least because it failed to deliver the goods when it was tried. Difference and differentiation matter, because they prove to be the more successful 'development'. A whole world of presumptions over development, modernization, and global convergence has fallen apart – and given way to a heightened interest in the conditionality and multi-directionality of transnational interaction.⁵⁹

Mit Blick auf die Bestände im *Schweizerischen Bundesarchiv* liesse sich aus diesem Zitat ein ganzes Bündel von Forschungsansätzen und Fragestellungen ableiten. Ausgehend von der Hypothese, dass enttäuschte Konvergenzerwartungen die Wahrnehmung von Differenzen schärfen und auf verschiedenen Ebenen Differenzierungsprozesse befördern, könnte beispielsweise der Frage nachgegangen werden, wie sich solche Erwartungen, Wahrnehmungsmuster und Prozesse (transnational) gegenseitig beeinflussen und über die Zeit verändern. Zur Beantwortung dieser Frage müssten konzeptuell-strategische Informationen mit Informationen zu Wandel und Lernprozessen und zur praktischen Umsetzung der Entwicklungspolitik miteinander verknüpft werden. Hierzu wäre ein Recherchedispositiv zu entwerfen, das nebst den entwicklungsbezogenen Kernbeständen auch Bestände (aus dem *Bundesarchiv* und anderen Archiven) berücksichtigt, die ein breites Perspektivenspektrum abdecken und Einsichten in sozio-ökonomische, politische und kulturelle Veränderungsprozesse sowohl in der Schweiz wie in den Empfängerländern geben. Für einen Untersuchungszeitraum in den 1960er und 1970er Jahren kämen im *Bundesarchiv* als Einstiegspunkte ausser den einschlägigen Privatbeständen etwa folgende Teilbestände in Betracht:

---

58 Sebastian Conrad, Andreas Eckert, «Globalgeschichte, Globalisierung, multiple Modernen: Zur Geschichte der modernen Welt», in: Sebastian Conrad, Andreas Eckert, Ulrike Freitag (Hg.), *Globalgeschichte. Theorien, Ansätze, Themen*, Frankfurt a.M. 2007, S. 7–52.
59 Michael Geyer, Rezension zu: Gunilla Budde, Sebastian Conrad, Oliver Janz (Hg.), Transnationale Geschichte. Themen, Tendenzen und Theorien, Göttingen 2006, in: H-Soz-u-Kult, 11.10.2006 (http://hsozkult.geschichte.hu-berlin.de/rezensionen/2006-4-032; 16.11.2012).

- E2001E Abteilung für politische Angelegenheiten: Zentrale Ablage
- E2001E-01 Politische Direktion: Zentrale Ablage
- E2003-03* Delegierter für technische Zusammenarbeit: Zentrale Ablage (1961–1963)
- E2005A* Delegierter für technische Zusammenarbeit: Zentrale Ablage (1964–1979)
- E2025A* Direktion für Entwicklungszusammenarbeit und humanitäre Hilfe: Zentrale Ablage (1979–1995)
- E2300 Eidgenössisches politisches Departement: Politische und militärische Berichte der Auslandvertretungen
- E2300-01 Eidgenössisches politisches Departement: Politische und militärische Berichte der Auslandvertretungen
- E28xy Eidgenössisches politisches Departement: Handakten von Max Petitpierre (E2800), Friedrich Traugott Wahlen (E2804), Pierre Micheli (2806), Willy Spühler (E2807), Pierre Graber (E2812), Rudolf Bindschedler (E2814), Victor H. Umbricht (E2821), Pierre Aubert (E2821)
- E7110 Handelsabteilung: Zentrale Ablage
- E7110-01 Handelsabteilung: Handakten Chefbeamte

Grundsätzlich müsste die systematische Verknüpfung der unterschiedlichen Perspektiven, die sich in den verschiedenen Beständen manifestieren, wegleitend sein. In diesem Sinn ist Breite bezüglich der zu berücksichtigenden Bestände gegenüber einer (zu) engführenden Konzentration auf wenige 'relevante' Bestände vorzuziehen. Ansatzpunkte für Bestandsverknüpfungen ergeben sich nicht nur aufgrund von Zuständigkeiten oder zeitlichen Konjunkturen, sondern ebenso durch geografische und thematische Bezüge oder durch persönliche Netzwerke und Biografien. Wünschenswert ist auf jeden Fall eine weitergehende Verknüpfung der *Bundesarchiv*-Bestände mit den Beständen anderer Archive, nicht nur in der Schweiz, sondern insbesondere auch in den Empfängerländern und bei den internationalen Organisationen. Dabei wäre ungeachtet akademischer Moden und Konjunkturen grundsätzlich der bewährte historische Theorien- und Methodenpluralismus hochzuhalten. Verknüpfungsreiche Entwicklungskonstellationen lassen sich nicht allein mit diskursanalytischen Methoden herausarbeiten, sondern auch (allenfalls im Verbund) unter systemtheoretischen Gesichtspunkten, mit institutionenökonomischen Ansätzen oder mittels Akteur-Netzwerk-Analysen – um nur einige sozialwissenschaftliche Theorieangebote herauszugreifen.

Der postkoloniale Theoretiker Ilan Kapoor hat bezogen auf die politische Instrumentalisierung von Entwicklungstheorien vor den Gefahren theoretisch-methodischer Einseitigkeit gewarnt:

> I have contended that a move to ignore or deny a given policy's cultural make-up so often speaks to attempts at naturalizing a position, imposing and universalizing it under the guise of neutrality or technical/scientific authority. Nothing is more political than this, as the cases of basic needs, governance, and adjustment have shown, resulting in significant social engineering and economic and political restructuring. The move to embrace culture is similarly suspicious: it so often surrenders to essentializing and ho-

mogenizing cultures, privileging and praising some, and judging and paternalizing others. Nothing is more politically distracting than this, as anti-corruption and human/gender rights strategies have indicated, diverting attention away from such broader issues as inequality, imperialism, and state violence.[60]

Sinngemäss lässt sich diese Warnung auch als eine Aufforderung zur historischen Perspektivenvielfalt lesen. Dies trifft ganz besonders auf das Forschungsfeld der Verwaltungsgeschichte zu, auf das hier abschliessend zurückgekommen werden soll, weil es aus einer archivisch-historischen Sicht auf die Bestände im *Schweizerischen Bundesarchiv* auch unter dem Verknüpfungsaspekt interessant erscheint. Transnationale Verflechtungen laufen zu einem guten Teil über (staatliche, suprastaatliche und nicht zuletzt auch private) Verwaltungen. Diese konfigurieren die global verlaufenden Transfers gemäss ihren eigenen Verwaltungslogiken. Entwicklungsakteure (Experten, Freiwillige, in gewissem Sinn sogar politische Akteure) werden von Verwaltungen ausgewählt und müssen deren Logiken in ihrem Handeln mitberücksichtigen und über ein Repertoire von spezifischen transnationalen Verwaltungstechniken verfügen. Vor diesem Hintergrund erscheinen akteurzentrierte Untersuchungen vielversprechend. Die Möglichkeiten reichen dabei von der Erstellung prosopografischer Profile des Personals von 'Entwicklungsverwaltungen' bis zu Analysen von globalen Expertennetzwerken. Insgesamt öffnen sich damit für die Globalgeschichte charakteristische Forschungsfelder, die von klassischen Vergleichen bis zu transfergeschichtlichen 'entangled histories' und 'histoires croisées' reichen.[61]

Die schweizerische Entwicklungshilfe und Entwicklungspolitik stellen mittlerweile ein gut untersuchtes historisches Forschungsfeld dar, das eine umfangreiche wissenschaftliche Bibliografie aufweist. An dieser Stelle soll abschliessend ein kurzer Blick auf die Untersuchungen geworfen werden, die Unterlagen aus Beständen im *Schweizerischen Bundesarchiv* ausgewertet haben. Dabei zeigen sich mengenmässig klare Konjunkturen. Bis 1991 stellten Forschungen zum Thema 'Entwicklung' eine Ausnahme dar. Dies änderte sich erst 1991/92 mit einer markanten Spitze von nahezu fünfzig durchgeführten Archivrecherchen zum Thema. Diese Spitze steht im Zusammenhang mit dem Band von Peter Hug und Beatrix Mesmer, der unter dem Titel *Von der Entwicklungshilfe zur Entwicklungspolitik* vierzig Aufsätze vereint, die auf der Grundlage von Archivrecherchen die Anfänge der schweizerischen Entwicklungshilfe seit den 1930er Jahren untersuchen, wobei der

---

60 Kapor 2008, *op. cit.*, S. 37.
61 Vgl. hierzu u.a. Hartmut Kaelble, «Die interdisziplinären Debatten über Vergleich und Transfer», in: ders., Jürgen Schriewer (Hg.), *Vergleich und Transfer. Komparatistik in den Sozial-, Geschichts- und Kulturwissenschaften*, Frankfurt a.M. 2003, S. 469–493.

zeitliche Schwerpunkt in den 1950er und 1960er Jahren liegt.[62] Danach flachte das historische Interesse am Thema 'Entwicklung' allerdings wieder deutlich ab. In den folgenden zwei Jahrzehnten waren jährlich nie über zehn Forschungen zu verzeichnen. 2006 scheint dann einen Wendepunkt zu markieren. Seither wurden pro Jahr durchschnittlich gut 25 archivische Recherchen zum Thema 'Entwicklung' durchgeführt.

Thematisch zeichnen sich dabei drei Schwerpunkte ab. Mit Abstand die meisten Forschungen wurden über die bilaterale Entwicklungshilfe der Schweiz durchgeführt, wobei afrikanische Länder klar im Vordergrund standen, gefolgt von Ländern in Lateinamerika und Asien. Forschungen zur multilateralen Zusammenarbeit finden sich eher selten. Einige Untersuchungen stellen die Entwicklungshilfe in den Kontext der schweizerischen Aussenwirtschaftspolitik und diskutieren die Eigeninteressen der Schweiz im Zusammenhang mit der Entwicklungspolitik. Stark vertreten ist ferner auch die schweizerische Binnensicht, die Fragen der politischen Auseinandersetzung in der Schweiz und der Institutionalisierung der Entwicklungshilfe auf staatlicher und privater Ebene nachgeht.[63] Insgesamt kann man feststellen, dass die historische Forschung zum Thema 'Entwicklung' die Bestände im *Schweizerischen Bundesarchiv* ausgiebig, aber nicht erschöpfend genutzt hat. Umgekehrt bieten Letztere den Forschenden noch eine Menge unentdecktes Material und sind offen für die Konfrontation mit neuen Fragestellungen.

Fazit

Sowohl für den Entwicklungsdiskurs als auch für die Geschichtswissenschaft sind Veränderungen und Wandel Grundfiguren der Reflexion. Dabei hat der global angelegte Entwicklungsdiskurs in der zweiten Hälfte des 20. Jahrhunderts die national bezogenen historischen Meisternarrative der Moderne als fortschreitenden Prozess in die Zukunft zu projizieren versucht. Beide Denkfiguren wurden seit den 1990er Jahren im Zuge der poststrukturalistischen und postmodernistischen Wenden grundsätzlich in Frage gestellt, und ihre eurozentrischen Konzepte sahen sich Pluralisierungstendenzen gegenüber, die nun von der Geschichte verlangten, multiple Modernen zu denken, und die zugleich das Entwicklungsprojekt für gescheitert erklärten.

Diese Konjunkturen haben sich über die zeitgenössischen Entwicklungsdiskurse in vielfältiger Weise in die Bestände im *Schweizerischen Bundesarchiv* ein-

---

62 Hug, Mesmer 1993, *op. cit.*
63 Die Angaben beruhen auf einer groben Auswertung der Anmeldungen, welche die Forschenden im Lesesaal des *Schweizerischen Bundesarchivs* ausfüllen müssen.

geschrieben und eine 'Beständelandschaft' geschaffen, die immer wieder Raum für neue Forschungsvorhaben bietet. Der vorliegende Beitrag hat die Topografie der 'Beständelandschaft' skizziert und Hinweise zur Orientierung gegeben, welche die historisch Forschenden unterstützen sollen, ihre theoretischen Navigationsinstrumente zu kalibrieren und mögliche Verbindungspfade zwischen den verschiedenen Beständen zu erkennen. Bewusst wurde Zurückhaltung dabei geübt, konkrete Vorschläge zu idealen Vorgehensweisen oder besonders attraktiven 'Beständemonumenten' zu geben. Diese müssen sich im Dialog mit konkreten Forschungsfragen immer erst herauskristallisieren.

In der Geschichtswissenschaft hat die epistemische Verunsicherung neue Forschungsperspektiven angeregt und bisherige Erkenntnisse in neuem Licht erscheinen lassen. Für Archivbestände bietet sich dadurch die Chance, neu gelesen zu werden und als Ort der argumentativen Rückver(un)sicherung an Bedeutung zu gewinnen. Wenn Globalisierung und Verflechtung die herausragenden Charakteristika von 'Entwicklung' sind, dann liegt das grösste Potential der Bestände für die Entwicklungsgeschichte darin, dass sie selber als Knoten eines Geflechts von vielfältigen Informationsspuren gesehen werden können. Über die Topografie der 'Beständelandschaft' im *Schweizerischen Bundesarchiv* liesse sich dann ein Netz von Verbindungslinien legen, entlang deren die Bestände auf vielfältige Weise miteinander verflochten werden können. Zugleich weist ein solches 'Beständegeflecht' über das *Schweizerische Bundesarchiv* hinaus, indem es zahlreiche Anknüpfungspunkte zur (globalen) Verflechtung mit anderen Archiven bietet. In diesem Sinn wäre 'Entangling Archives' als Aufforderung zur Verflechtung von Beständen und Archiven zu verstehen.

English Summaries

Lukas Zürcher
Negotiated Development: Contradictions and Conflicts in the Daily Life of a Swiss Couple in Ruanda around 1970

A broad array of interviews and ego-documents forms the basis for this paper, which reconstructs the daily routines of a Swiss couple, engaged in development work in Rwanda around 1970. The micro-historical perspective reconstructs manifold negotiations within the family, within the working environment and internationally. Development was no one-way thing. Rather, a close reading shows multi-directional influences behind official rhetoric. The discourse of a dominant 'West' loses some plausibility in view of the many stances of refusal and subversion by local project partners. By looking at development as a constant process of manifold negotiations, this paper shows the need to depart from 'beloved' master narratives and to direct future research towards the reconstruction of complicated and mutually disturbing interactions in aid relations.

Sara Elmer
On Buffalos, Vicious Dogs and Alpha Leaders: Swiss Efforts at Development in the Himalayas, 1958–1970

In 1958, a Swiss NGO started a rural development program in the remote Nepalese Valley of Jiri. Initial successes soon gave way to increasing difficulties, which uncovered the complexity and uncontrollability of development practice. Despite harsh criticism from staff, local authorities, and an external evaluation team, the Jiri-Project steadily expanded until 1970. This paper reconstructs the conflicts around and within the small Swiss colony in Jiri in a micro-historical approach. It sketches the archetypes of the 'expert', the 'pioneer' and the 'Nepalese' and it shows the many discursive shifts in the legitimizing of their action framework.

Patricia Hongler
"The Attitude of an Elder Brother". Ideal, Self-Conception and the Image of Africa Among Swiss Volunteers in Development Work 1964–1974

From 1964 until 1974 several hundred Swiss nationals were active as volunteer development workers on the African continent. The idea was to have these young professionals transfer their skills to the African population. However, they travelled with contradictory ideals: They were asked to deal with their African counterparts on an equal basis but at the same time had to impart their expertise. This paper inquiries into these manifest contradictions through a close reading of individual cases. Looking at daily routines, the self-perception and the specific perceptions of 'Africa' by the Swiss volunteers are singled out, and their ideals are brought into perspective.

Franziska Diener
Precision mechanics in the Mechanism of International Politics.
The Indian-Swiss Training Center in Chandigarh, 1961–1968

The business-lead Swiss Foundation for Technical Development Aid *(Swisscontact)* started a training program for engineers in precision mechanics in Chandigarh, India, in 1961. In this project, Swiss business leaders aimed at promoting their standards of skilled labour in South-East Asia. For the Swiss agency, the choice of India as a field of activity was largely accidental. The paper focuses on the conflicts between Indian organizations and *Swisscontact* which severely challenged the project after the first five years. Swiss leadership was increasingly contested. The causes were personal animosities between the staff involved and structural problems that made decisions difficult.

Lukas Meier
The Power of the Recipient. Health as a Topic of Negotiation
between Switzerland and Tanzania 1970–1980

The article looks at the history of Swiss medical aid in Tanzania covering the period between 1970 and 1980. It argues that rather than being a unilateral European imposition, Swiss development projects in East Africa can best be conceptualized as processes of negotiation, which were very much shaped by local African actors. Drawing from a rich body of empirical sources in Africa and Switzerland, the paper turns away from eurocentric perspectives in the history of development aid as well as from the highly tenacious (but empirically anaemic) belief that development was but a European-grown hegemonic project designed to suppress the African continent.

Katharina Pohl and Daniel Speich Chassé
Comparatively Good. Tensions in the Swiss and Norwegian Discourse on Development

Norway and Switzerland are two small countries, which share some important features. They are both economically strong but rather weak in terms of foreign policy. They share a discursive tradition of humanitarianism and of being 'good', while each country always kept its national economic interests well in view. But differences also abound: development aid worked as a source of national identity in Norway while it has always been domestically contested in Switzerland. The paper aims at a comparison of these two cases. A first finding is that comparing donor-policies was an important feature in the global development endeavour. A second finding is that from the point of view of small open economies the notion of a unified 'West' must be called into question.

Daniel Trachsler
Neutrality, Solidarity and the Cold War: Development Aid as a Tool of Foreign Policy in the Period of Petitpierre, 1945–1961

The Swiss Federal Council and Foreign Minister Max Petitpierre established governmental development aid as an important pillar of Swiss foreign policy between 1949 and 1961. Crucial factors for this decision were not humanitarian and economic considerations only, but also foreign policy objectives. With its activities in the field of development aid, the Swiss government wanted to contribute to the containment of the spread of communism, especially in Asia and Africa, and to demonstrate its solidarity with the Western world. However, this anticommunist intention was never publicly admitted, so as not to undermine the credibility of Switzerland's policy of neutrality.

Samuel Misteli
The UNCTAD Moment. The Genesis of the North-South-Conflict and the Politicisation of the Swiss Discourse on Development

A global North-South divide first became internationally visible at the UN Conference on Trade and Development in Geneva in 1964 (UNCTAD). On the diplomatic stage the notion of 'development' acquired a militant tone. The same radical move in development discourse also can be observed within Swiss domestic contentions around 1970. This paper aims at connecting the international discursive shift with the Swiss domestic experience. It focuses on the Swiss delegation to UNCTAD in

Geneva and on some more prominent positions within Swiss domestic politics. By highlighting the function of economic knowledge, this paper shows how specific criticism of the inequitable global economic order turned development-issues political.

Nuno Pereira
Against the "Help to Pillage" of the Third World; the Leftist Plea of the 1970s

This paper examines the main criticisms of development aid made by Swiss far-left organizations in the 1970s. According to Trotskyist and Maoist groups, far from benefiting developing countries, Swiss aid was essentially intended to fight communism and promote private investment in the Third World. These revolutionary groups went on to denounce Swiss imperialism, holding it responsible for underdevelopment. For the radical left, the 'oppressed peoples' of the Third World were on the front lines of global revolution. Swiss leftists emphasized the convergence between anti-imperialist struggles in the Third World and anti-capitalist protests in Switzerland. They therefore advocated strong support for liberation struggles in Africa, Asia and Latin America in the form of vigorous political solidarity, not development aid.

Anita Ulrich and Konrad J. Kuhn
Social Movements and International Solidarity – Archival Contents and Open Questions in Research

This paper offers an overview of sources pertinent to Swiss non-governmental developmental organisations at the *Schweizerische Sozialarchiv*, Zürich. Against the backdrop of existing research on Swiss experiences in international development and solidarity, it sketches new fields of possible research. Research has so far strongly focused on political authorities and classical diplomatic history. However, the collections of the *Sozialarchiv* show the intricate connections between non-governmental organizations, civil movements and national state actors. The utopia of global equity has propelled many individuals into development work, and as they organized themselves as pressure groups, they changed the scale and scope of official development aid. More research into these connections is mandatory and promising.

Gregor Spuhler, Lea Ingber and Sonja Vogelsang
Foreign Aid as a Biographical Experience. The Contemporary Witness Project humem, Two Volunteers in Tanzania 1967–1969 and the Safeguard of 75 Contemporary Testimonials by the Archiv für Zeitgeschichte

In 2009/10 the association *humem (humanitarian memory)* conducted a series of video-interviews with 75 Swiss experts in development under the direction of the filmmaker Frédéric Gonseth. This project built up a unique biographical memory on Swiss foreign aid in the second half of the 20th century. In a first step the paper describes this oral-history-project and the sample of interviews. The second part focuses on the experiences of two Swiss nurses in Tanzania in the 1960s. It complements the video footage with additional archival material. The third part shows how respective sources at the *Archiv für Zeitgeschichte* can be used for further research.

Peter Fleer
'Entangling Archives'. The Contents of the Swiss Federal Archives between the Discourse on Development and Historical Reflection

This paper contrasts the archival material at the Swiss National Archives *(Bundesarchiv)* with national and global development discourses and with recent research perspectives in the social sciences and humanities regarding developmental questions. A brief overview of the files relevant to development is given. The paper argues that processes of globalization and interlinking are central for any research into the history of development endeavours. Theories of post-development have multiplied the number of possible research approaches. The material at the *Bundesarchiv* can help in further diversifying the understanding of global developmental issues. The traces of diplomatic practices and of administrative routines must be followed in as broad a basis of information as possible.

Autorinnen und Autoren

Franziska Diener
Studium der Geschichte, Politikwissenschaft und Publizistikwissenschaft an der Universität Zürich. Seit Februar 2008 wissenschaftliche Mitarbeiterin im *Archiv für Zeitgeschichte* der ETH Zürich. Seit Herbst 2011 Studium zur Erlangung des Lehrdiploms für Maturitätsschulen im Unterrichtsfach Geschichte. 2012 Lizentiat zur Gründung und frühen Tätigkeit der Entwicklungshilfeorganisation Swisscontact.
Leepüntstrasse 5, CH-8600 Dübendorf
franziska.diener@gmx.ch

Sara Elmer
Studium der Zeitgeschichte, Religionswissenschaften und Staatswissenschaften in Freiburg i. Ue. 2007 Lizentiat zu den Anfängen der Schweizer Entwicklungshilfe in Nepal. 2008 Oral-History-Projekt im Auftrag der *Direktion für Entwicklung und Zusammenarbeit*. Seit Ende 2008 Assistentin und Doktorandin an der Professur für Geschichte der modernen Welt der ETH Zürich. Dissertationsprojekt «The Making of a Development Caste: Visions and Agents of Development in mid-twentieth century Nepal». 2012 Aufenthalt als Gastdoktorandin an der Universität Cambridge (finanziert durch den Schweizerischen Nationalfond).
Beundenfeldstrasse 7, CH-3013 Bern
sara.elmer@gmw.gess.ethz.ch

Peter Fleer
Studium von Geschichte, Staatsrecht und Volkswirtschaft in Bern. 1997 Promotion zum Thema «Arbeitsmarkt und Herrschaftsapparat in Guatemala 1920–1940». 1998 bis 2002 Assistent, dann Oberassistent am Institut für Geschichte der ETHZ. Seit 2002 wissenschaftlicher Mitarbeiter im *Schweizerischen Bundesarchiv*. Publikationen über Kleinbauern, ethnische Beziehungen und Fragen zu Macht und Widerstand in Lateinamerika
Schweizerisches Bundesarchiv BAR, Dienst Historische Analysen,
Archivstrasse 24, CH-3003 Bern
Peter.Fleer@bar.admin.ch

Patricia Hongler
2006 bis 2012 Studium der Allgemeinen Geschichte und Deutschen Literaturwissenschaft an den Universitäten Zürich und Wien. Seit 2012 wissenschaftliche Mitarbeiterin an der SNF-Förderungsprofessur «Makroökonomisches Wissen und in-

ternationale Organisation» von Daniel Speich Chassé an der Universität Luzern. Dissertationsprojekt zum Wissen über Afrika in der OEEC und OECD.
Historisches Seminar der Universität Luzern,
Frohburgstrasse 3, Postfach 4466, CH-6002 Luzern
patricia.hongler@unilu.ch

Lea Ingber
Studium der Allgemeinen Geschichte und der Religionswissenschaft in Zürich und Bangor (UK). 2012 Masterarbeit zum Selbstverständnis freiwilliger Entwicklungshelferinnen in Tansania 1967–1969. Seit 2009 Mitarbeiterin des *Archivs für Zeitgeschichte* der ETH Zürich.
Archiv für Zeitgeschichte, ETH Zürich, Hirschengraben 62, CH-8092 Zürich
lea.ingber@history.gess.ethz.ch

Konrad J. Kuhn
Studium der Geschichte, der Volkskunde und der Schweizergeschichte in Zürich. 2005 Lizentiat zur Geschichte des fairen Handels in der Schweiz. 2010 Promotion mit einer politischen Kulturgeschichte der Dritte-Welt-Bewegung in der Schweiz. Seit 2009 Lehrbeauftragter am Historischen Seminar der Universität Zürich und Dozent für Geschichte an der Fachhochschule Nordwestschweiz. 2012 Gast im *Schweizerischen Sozialarchiv* (mit Lukas Zürcher) zum Thema «Die Welt entwickeln – Internationale Solidarität und Entwicklungszusammenarbeit». Seit 2012 wissenschaftlicher Assistent am *Seminar für Kulturwissenschaft/Europäische Ethnologie* der Universität Basel. Forschungsprojekte zur Geschichtskultur der Schweiz im Ersten Weltkrieg und zu Problemstellungen einer aktuellen kulturwissenschaftlichen Brauchforschung.
Seminar für Kulturwissenschaft und Europäische Ethnologie, Universität Basel, Spalenvorstadt 2, CH-4051 Basel
konrad.kuhn@unibas.ch

Lukas Meier
Studium der Allgemeinen Geschichte des Mittelalters und der Neuzeit, der Politikwissenschaft und der Schweizer Geschichte in Basel und Bern. 2008 Lizentiatsarbeit zur Geschichte des *Schweizerischen Tropeninstituts* in Basel (Universität Basel). 2008–2012 Dissertation über die Geschichte des *Schweizerischen Tropeninstituts* in Tansania und der Côte d'Ivoire.
Schweizerisches Tropen- und Public Health Institut (Swiss TPH),
Socinstrasse 57, CH-4051 Basel
Lukas.Meier@unibas.ch

Samuel Misteli
2003–20010 Studium der Geschichte und der Politikwissenschaft an den Universitäten Basel und Bern. Seit 2011 Doktorand an der Universität Luzern. Wissenschaftlicher Mitarbeiter an der SNF-Förderungsprofessur «Makroökonomisches Wissen und internationale Organisation» von Daniel Speich Chassé. Dissertationsprojekt zu ökonomischem Entwicklungswissen in afrikanischen internationalen Organisationen.
Historisches Seminar der Universität Luzern,
Frohburgstrasse 3, Postfach 4466, CH-6002 Luzern
samuel.misteli@unilu.ch

Nuno Pereira
Licencié ès Lettres de l'Université de Genève, il y a été assistant suppléant en histoire en 2006–2007. Entre 2007 et 2011, il a travaillé en tant que doctorant aux universités de Lausanne et de Berne sur le projet de recherche «Le mouvement de 1968 en Suisse: le militantisme comme raison d'être et mode de vie, 1965–1978», soutenu par le FNS. En 2011–2012, il a été assistant à l'*Institut d'histoire économique et sociale* de l'Université de Lausanne. Il prépare une thèse de doctorat sur les mouvements anti-impérialistes des années 68 en Suisse.
Institut d'histoire économique et sociale, Université de Lausanne,
Quartier UNIL-Mouline, Bâtiment Géopolis, CH-1015 Lausanne
nuno.pereira@unil.ch

Katharina Pohl
Studium der Skandinavistik, Europäischen Ethnologie und Kunstgeschichte in Kiel, Tromsø und Berlin. 2008 Magisterarbeit zu norwegischen Geschichtsnarrativen und dem Holocaust. Seit 2009 Stipendiatin der *Bielefeld Graduate School in History and Sociology*, Dissertationsprojekt zur Wissensproduktion in norwegischen Mediendiskursen über 'Entwicklungshilfe' in Afrika.
Bielefeld Graduate School in History and Sociology, Universität Bielefeld,
Postfach 100131, DE-33501 Bielefeld
katharina.pohl@uni-bielefeld.de

Daniel Speich Chassé
Studium der Geschichte, politischen Philosophie und Ethnologie an der Universität Zürich, wissenschaftlicher Mitarbeiter am Institut für Geschichte der ETH Zürich. 2003 Dissertation zur Korrektion der Linth. 2003–2005 Co-Leiter eines Forschungsprojekts zur Geschichte der ETH Zürich. 2007 Fellow am *Max-Planck-Institut für Wissenschaftsgeschichte* Berlin. 2009 Fellow am *Institut d'études avancées de Nantes*,

Frankreich. Seit 2011 SNF-Förderungsprofessor für Geschichte an der Universität Luzern mit einem Forschungsprojekt zur makroökonomischer Expertise in internationalen Organisationen. 2012 Habilitation zum Privatdozenten der Universität Zürich mit einer Arbeit über die Wissensgeschichte der Entwicklungsökonomie.
Historisches Seminar der Universität Luzern,
Frohburgstrasse 3, Postfach 4466, CH-6002 Luzern
daniel.speich@unilu.ch

Gregor Spuhler
Studium der Geschichte und der Germanistik in Basel und Göttingen. 1996 Dissertation zur Geschichte der Stadt Frauenfeld im 19. und 20. Jahrhundert. 1997–2001 Mitarbeiter der *Unabhängigen Expertenkommission Schweiz – Zweiter Weltkrieg*, anschliessend Assistent für Neuere allgemeine Geschichte am Historischen Seminar der Universität Basel. Seit 2007 Leiter des *Archivs für Zeitgeschichte* der ETH Zürich. Publikationen und Lehrtätigkeit zur Geschichte der Schweiz während des Nationalsozialismus, zur Wiedergutmachung und zur Oral History.
Archiv für Zeitgeschichte ETH Zürich, Hirschengraben 62, CH-8092 Zürich
spuhler@history.gess.ethz.ch

Daniel Trachsler
Promovierter Historiker und Senior Researcher am *Center for Security Studies* (CSS) der ETH Zürich. Er hat in Zürich Geschichte, politische Wissenschaften und Staatsrecht studiert. Seine Dissertation «Bundesrat Max Petitpierre: Schweizerische Aussenpolitik im Kalten Krieg 1945–1961» wurde 2011 bei NZZ Libro publiziert. Seine Forschungsschwerpunkte umfassen u.a. aktuelle und historische Fragen der schweizerischen Aussen- und Sicherheitspolitik, zivile Friedensförderung und Gute Dienste sowie die kommunikative Vermittlung von aussen- und sicherheitspolitischen Themen. Daniel Trachsler ist Mitherausgeber der «CSS Analysen zur Sicherheitspolitik» und des «Bulletin zur schweizerischen Sicherheitspolitik».
Center for Security Studies (CSS), ETH Zürich,
Haldeneggsteig 4, CH-8092 Zürich
trachsler@sipo.gess.ethz.ch

Anita Ulrich
Studium der Geschichte und der Anglistik an der Universität Zürich. 1985 Dissertation mit einer sozialgeschichtlichen Studie zur Prostitution am Beispiel der Stadt Zürich in der Belle Epoque. Seit 1988 Vorsteherin des *Schweizerischen Sozialarchivs*.
Schweizerisches Sozialarchiv, Stadelhoferstrasse 12, CH-8001 Zürich
ulrich@sozarch.uzh.ch

Sonja Vogelsang
Studium der Allgemeinen Geschichte sowie der Slawischen Sprach- und Literaturwissenschaften in Zürich. 2010 Lizentiat über die Möglichkeiten und Grenzen der Geschichtsdarstellung im populären Fernsehen. Ab 2008 Hilfsassistenz, seit 2011 wissenschaftliche Mitarbeiterin des *Archivs für Zeitgeschichte* der ETH Zürich.
Archiv für Zeitgeschichte, ETH Zürich, Hirschengraben 62, CH-8092 Zürich
vogelsang@history.gess.ethz.ch

Lukas Zürcher
Studium in Allgemeiner Geschichte, Politikwissenschaften und Systematisch-Praktischer Theologie an den Universitäten Zürich und Genf. 2003 Lizentiat zur Politik des *Schweizerischen Evangelischen Kirchenbunds* (SEK) gegenüber dem Apartheidregime in Südafrika von 1970 bis 1990. 2010 und 2011 Stipendiat des Fonds Forschung Ellen Rifkin Hill des *Schweizerischen Sozialarchivs* in Zürich. 2012 Dissertation zu den Beziehungen zwischen der Schweiz und Ruanda von 1900 bis 1975 am Lehrstuhl für Geschichte der Neuzeit von Prof. Dr. Gesine Krüger am Historischen Seminar der Universität Zürich. 2012 Lehrbeauftragter an der Universität Zürich.
Historisches Seminar der Universität Zürich,
Karl Schmid-Strasse 4, CH-8006 Zürich
lukas.zuercher@access.uzh.ch